中央编译局文库编辑委员会

主　　任：贾高建
副 主 任：魏海生　柴方国　季正聚　崔友平
委　　员（按姓氏笔画排序）：
　　　　　冯　雷　牟建君　杨雪冬　沈红文　张凤宝
　　　　　陈家刚　胡长栓　郗卫东　葛海彦

马克思主义经典著作研究读本

主　编　杨金海　李惠斌

马克思《1857—1858年经济学手稿》研究读本

赵学清

《马克思主义经典著作研究读本》顾问委员会

贾高建　俞可平　柴方国　庄福龄　陈先达　赵家祥　詹汝琮
李洙泗　张钟朴　冯文光　安启念　韩庆祥　李小兵　张曙光

《马克思主义经典著作研究读本》编委会

主　　编　杨金海　李惠斌
副主编　　薛晓源　林进平
编　　委　(按姓氏拼音排序)
　　　　　曹典顺　冯　章　韩立新　江　洋　姜海波
　　　　　李百玲　吕梁山　苗永姝　聂锦芳　闫月梅
　　　　　杨学功　姚　颖　张　盾　张云飞　郑　锦

总　序

呈献给读者的这套"马克思主义经典著作研究读本"丛书，旨在立足于21世纪中国和世界发展的现实，对马克思、恩格斯、列宁重要著作以及有关专题思想重新进行较为深入的研究和解读，供广大读者特别是致力于深入研究马克思主义经典作家原著的读者阅读使用。计划出版40种，三年内陆续完成编写和出版工作。

马克思主义经典著作是学习和研究马克思主义理论的基础文本，历来为人们所重视。在我国学术史上，曾编写和出版过不少关于经典著作的读本，包括各种注释性读本和导读性读本，对学习和研究马克思主义理论发挥过重要作用。然而，随着时代的发展，这些读本也越来越显出历史局限性。比如，以往对经典著作的解读视角较旧，对马克思主义理解不够全面；解读的经典著作范围较小，视野有限；解读所依据的文献不足，深度不够等。进入新世纪以来，特别是自2004年中央实施马克思主义理论研究和建设工程以来，马克思主义经典著作的教学、研究以及普及工作不断加强，这就迫切要求对经典著作重新进行解读。

同时，这些年我国学界有关经典著作的翻译和研究成果不断推出，为更好地解读经典著作提供了可能。改革开放以来，特别是进入新世纪以来，随着我国社会主义现代化建设以及人类文明的深入推进，我们对马克思主义的理解以及对经典著作的研究不断深化，解读视角发生重大转变，对马克思主义的理解更加全面。例如，以往由于受革命实践的影响，我们较多地从社会主义"革命"视角去解读，而较少从社会主义"建设"视角去解读，因此，较多地注重研究其中的阶级斗争、无产阶级革命和无产阶级专政等理论，而较少研究社会和谐发展、人的全面发展等思想。革命胜利后，仍然沿袭了这种解读模式。这就造成了对马克思主义理解的片面性。实际上，马克思主义经典著作中有丰富的新社会建设思想，恰恰是这些长期被忽视的思想对我们今天的社会主义建设实践来说更有意义。近些年来，我国学者自觉地从"建设"视角研究经典著作基本观点，取得了一系列可喜成就。又如，过去对经典著作的解读主要限于对若干重要经典著作的解读，如对《共产党宣言》等五六部名著有较为详细的解读，对其他著作的解读不多。即使有收文较多的导读性读本，但常常由于篇幅所限，也只能对这些著作进行简要介绍，不可能对每一部著作展开研究。近些年来，这种情况在逐步发生变化。研究经典著作的专题成果越来越多。再如，近年来新的经典著作编译成果和相关研究成果不断推出，大大拓宽了人们对经典著作基本观点的理解。加之这些年我国学界一大批优秀的中青年学者成长起来，他们的外语水平较高，知识储备较多，研究方法较新等，对经典著作的研究和理解也更有新意。这些都为更好地解读经典著作提供了新的时代条件。

为了继承前人研究的成果，弥补以往研究的不足，总结这些年我国学界编译、研究经典著作的成果和经验，比较全面系统地解读和阐释经典著作的基本观点，中央编译局专门成立了"马克思主义经典著作及其重大理论问题研究"课题组，并对该项研究提供了基金资助。课题组不仅在局内组织力量进行研究，而且向社会公开招标，争取到社会力量的支持，一批有造诣的中青年专家参与到课题研究中来。经过课题组同仁两年多努力，已经形成一批研究成果，并将继续补充、完善并陆续推出。这套"马克思主义经典著作研究读本"丛书就是这些成果的集中体现。

本丛书力求体现如下特点，这也是丛书编著工作所力求遵循的原则：第一，体现全面性和系统性。本丛书不仅对经典作家的名著进行解读，也对其他重要著作进行解读，还要对经典作家的一些重要思想，如马克思的人类学思想、列宁的新经济政策理论等，进行专题梳理和解读。不仅从"革命"视角，而且从"建设"视角，全面、系统地梳理经典作家的思想观点。力求使这套丛书成为收文最全面、解读最系统、最能够反映经典作家著作全貌的学术成果。第二，突出文献性和考证性。每一研究读本的写作，力求充分反映国内外有关研究成果，特别是要充分反映我国新时期在经典著作翻译和研究方面所发现的新文献、取得的新成果。在此基础上，要对经典著作形成的历史背景、国内外传播、原著重要思想观点及其流变，以及后人对这些观点的理解等，进行考证研究。如果说过去的解读主要是"注"的话，那么，这套读本则要进一步体现"疏"的特点。通过这种"注疏"性考据研究，不仅使读者知其然，也知其所以然。这样，也能够为学界进一步研究提供尽可能丰富的文献资料。第三，力求权威性和准确性。一方面，研究读本所依据的经典著作文本力求具有权威性和准确性。主要依据中央编译局所编译的最新译本，如《马克思恩格斯全集》第二版、《马克思恩格斯文集》、《列宁全集》第二版、《列宁专题文集》等。对还没有新译文的文本，可以采用旧译文。同时，适当参照外文版本，进行比较研究。另一方面，所依据的其他文献资料，也力求具有权威性和准确性。要选择国内外在该研究领域最具权威性的专家学者的最具代表性的观点和最有影响力的文章。

基于上述考虑，本丛书采取大致统一的研究和写作框架。除导论外，各个读本均有五个部分组成。一是历史考证部分，其中包括写作背景、国内外主要版本和传播考证等；二是研究状况部分，包括对国内外已有的研究情况进行梳理；三是当代解读部分，包括对经典著作的内容简介，对已有研究观点的疏正，对重要理论观点及其当代意义的阐述；四是原著选编部分，根据经典著作的不同情况，或采取全选的形式，或采取节选的形式，均采用中央编译局的最新译本，个别读本同时选编原著的旧文本，以方便比较研读；五是附录部分，包括3到5篇关于本著作的国内外有一定权威性的研究文章，以及进一步研究需要参考和阅读的文献资料。

需要说明的是，对于经典著作的研究，往往会有仁者见仁、智者见智的情况。所以，尽管我们在组织编写工作中努力体现上述原则，但这些读本的观点不一定都具有代表性，更不可能与每一位读者的观点完全一致。加之作者研究角度不同，水平各异，每一读本的结构、篇章、内容、观点都不尽相同，其权威性程度也不尽一致。其中很可能有疏漏和错误之处，谨请读者批评指正。

该丛书在编写和出版过程中，得到了各个方面的大力支持。中央编译局对此项工作高度重视，始终给予鼎力支持。国家出版基金将该丛书列入2012年资助项目。中央编译出版社为该丛书申报国家出版基金项目并最终立项，以及为丛书出版做了大量工作。本丛书中收入的译著和文章的译者、作者和出版者同意我们使用相关的著作版权。该项目顾问委员会的专家对丛书的编写工作给予热情指导，编委会成员和课题组同仁为丛书的编写付出了辛勤劳动。在此一并致以衷心的谢意！

《马克思主义经典著作研究读本》
编辑委员会
2013年6月16日

目 录

导 论 1

第一部分 历史考证 11

第一章 写作背景 13
一 19世纪40—50年代欧洲北美的经济政治形势 13
二 1848年革命失败后马克思的理论活动 16

第二章 写作与传播 20
一 《1857—1858年经济学手稿》的写作 20
二 《1857—1858年经济学手稿》的传播 28

第二部分 研究状况 41

第三章 国外研究情况 43
一 关于《手稿》在马克思思想发展史上的地位 43
二 关于政治经济学的方法 48
三 关于异化理论 53
四 关于交换价值、货币、资本和剩余价值理论 56
五 关于经济危机的理论 62
六 关于未来社会的理论 66

第四章　国内研究情况 …………………………………… 70
一　关于政治经济学方法的研究 ……………………………… 70
二　关于《手稿》主要内容的研究 …………………………… 75
三　国内《手稿》研究的特点 ………………………………… 80

第三部分　当代解读 ……………………………………… 83

第五章　《1857—1858年经济学手稿》的基本内容 ………… 85
一　《手稿》是马克思计划撰写的经济学巨著《政治经济学批判》的草稿 ………………………………………………… 85
二　劳动价值理论基本创立 …………………………………… 100
三　第一次系统阐述货币理论 ………………………………… 104
四　剩余价值理论基本创立 …………………………………… 108
五　对资本的流通过程的理论分析 …………………………… 114
六　对利润和平均利润理论、利息和信用理论的阐述 ……… 132
七　《手稿》关于未来社会基本特征的丰富描述 …………… 142

第六章　《1857—1858年经济学手稿》的当代解读 ………… 151
一　政治经济学的对象是一定社会发展阶段上的生产 ……… 151
二　政治经济学的根本方法和具体方法 ……………………… 169
三　"资本的伟大的文明作用"及其历史局限性 …………… 188
四　经济的社会形态是个有机体 ……………………………… 201
五　人的全面发展与自由个性 ………………………………… 212

第四部分　经典著作选编 ………………………………… 225
马克思　1857—1858年经济学手稿（摘选） ……………… 227

第五部分　附　录 ……………………………………………… 315

附录Ⅰ　研究文献精选 …………………………………………… 317

一　关于马克思1857—1858年经济学手稿——《马克思恩格斯全集》历史考证版第2部分第1卷前言 ……………… 317

二　张钟朴：《资本论》第一部手稿（《1857—1858年经济学手稿》）——《资本论》创作史研究之二 ……………… 331

三　〔英〕马丁·尼古拉斯：从《政治经济学批判大纲》看马克思的研究方法和黑格尔的关系 ………………………… 348

四　〔英〕艾瑞克·霍布斯鲍姆：霍布斯鲍姆谈马克思的《大纲》诞生150年及其现实意义 ………………………… 368

五　顾海良：通向《资本论》的思想驿站——读《政治经济学批判（1857—1858年手稿）》 ……………………… 378

附录Ⅱ　参考文献 ………………………………………………… 406

导 论

在马克思思想发展的河流中理解《1857—1858年经济学手稿》

人不能两次踏进同一条河流。"一切皆流，无物常住。"①

人的生命过程要经过不同的年龄，人在生命旅途中对同一事物的认识及其成果随着知识、阅历的增长和研究的深入同样处在变动和发展的过程之中。同一句格言，出自缺乏阅历的青少年之口和出自饱经风霜的老年人之口，其内涵是不一样的。一条长河，在河水奔腾向前的不同阶段或不同截面上，水质水况是不一样的。理论家的思想发展如同河流，在不同阶段的不同截面上其思想的成熟程度也是不一样的。理解把握思想家的理论，必须在其思想发展的过程中去研究、考察，才能掌握其精神实质。

1857—1858年，是马克思思想河流的一个重要的阶段，一个重要的截面。

往后回溯10年，1847—1848年，马克思在19世纪40年代初完成从唯心主义向唯物主义、从革命民主主义向共产主义的深刻转变后，在理论探索中发现了唯物史观，创立了唯物辩证法。他和恩格斯在那时发表的《共产党宣言》，马克思自认为是《资本论》的入门。在《共产党宣言》中，马克思、恩格斯运用唯物史观分析资本主义，运用辩证法揭示资本主义的前途，用行云流水般的文字展现了自己的研究成果，宣布

---

① 赫拉克利特语，见《古希腊罗马哲学》，北京：商务印书馆1961年版，第17页。

"资产阶级的灭亡和无产阶级的胜利是同样不可避免的"①，代替资产阶级社会的是"每个人的自由发展是一切人的自由发展的前提"② 的社会制度。但是，此时此刻，马克思的剩余价值理论尚处在萌发过程之中，还未最终建立，《共产党宣言》的结论还需要更加坚实的理论基础的支撑，资本主义剥削秘密的揭露还有赖于他的经济学研究，还有待于政治经济学批判的深入。

往前发展10年，1867年，马克思公布了他的政治经济学批判的成果，出版了《资本论》第一卷。《资本论》运用唯物史观和唯物辩证法，在科学的劳动价值理论的基础上发现了剩余价值理论，揭露了资本主义剥削的秘密，实现了政治经济学的伟大革命，把资本主义被社会主义所代替的必然性建立在科学的理论基础之上。通过批判地继承德国古典哲学、英国古典政治经济学和法国空想社会主义，运用唯物史观和唯物辩证法研究资本主义生产方式以及和它相适应的生产关系和交换关系，得出科学社会主义的结论，马克思使自己的思想观点有机地联系成体系，熔铸为一块整钢。1867年出版的《资本论》第一卷标志着马克思思想体系的完全成熟。

而介于《共产党宣言》出版和《资本论》第一卷出版之间的1857—1858年，马克思的思想活动如何，理论研究结晶是何，理论成熟到何种程度呢？马克思写于1857—1858年的经济学手稿，真切地反映了他潜心15年于政治经济学批判后的思想心路轨迹和理论建构活动，是他15年政治经济学研究成果的体系化书写和纲要式总结，是他对经济学范畴的批判、对资产阶级政治经济学体系的批判、对资产阶级政治经济学体系的叙述和在叙述过程中对其进行批判的记录，是他计划撰写《政治经济学批判》巨著的最初手稿。

《1857—1858年经济学手稿》（以下简称《手稿》）是《共产党宣

---

① 《马克思恩格斯文集》第2卷，北京：人民出版社2009年版，第43页。
② 同上书，第53页。

言》和《资本论》第一卷之间马克思思想发展的重要记录，是《共产党宣言》和《资本论》第一卷之间的思想驿站，它标志着马克思思想发展过程中的一个决定性阶段。《共产党宣言》的结论在这里获得了较为系统的学理论证，得到了比较坚实的理论支撑，《资本论》的结构、方法和观点在这里孕育、茁壮生长。由于此时马克思考察现代资产阶级生产的视野宏大深远，阅读和摘录的材料广博众多，思考和批判的问题深入透彻，计划撰写的经济学著作规模恢弘而涵盖全面，因而《政治经济学批判》这一巨著的结构在写作过程中不断地被调整，他在寻求一个能充分表达他批判资产阶级政治经济学、剖析资本主义生产有机体的叙述逻辑和体系框架。虽然《手稿》写的仅是开头的三章，但思路既严谨又跳跃，铺陈的内容异常广泛。它不仅基本包含着后来在《资本论》四卷中得到详细讨论的主题，如资本的生产过程、资本的流通过程、资本主义生产的总过程和剩余价值理论史，以及商品、劳动、价值、货币、资本、剩余价值、资本积累、利润、利息、信用等众多学说；而且包含着他自己后来所有著作中再也没有涉及和展开的论点，如制造不再倚重人工的社会、机器自动化生产、休闲潜力、全球化的资本主义、生态学以及对未来社会概况的预言，等等。《手稿》提供了探索连四卷《资本论》也仅仅是其中一部分的那部经济学巨著的唯一的全方位的指南，包含了超越于分析19世纪资本主义的若干方法论原则和一些既抽象又具体的分析，超越了他本人在其他著作中对未来社会所做的趋势性提示。《手稿》是马克思思想河流中最重要的阶段和截面，是研究马克思思想的弥足珍贵、不可多得的思想宝库。

在不同的时代背景下解读经典，会有不一样的思路和方法。时代的需要会通过学者研究经典的目的反映出来。新的形势要求我们用新的思路来理解和把握《手稿》，为准确理解马克思思想贡献力量，为发展社会主义初级阶段政治经济学、繁荣中国特色哲学社会科学服务。

一是要在马克思思想发展的河流中来把握《手稿》，紧紧抓住其过程性的特点。研究一本理论著作，首先要关注其内在结构和基本脉络，吃透其中的基本观点。这对于研读《1857—1858 年经济学手稿》是非常重要的，但又是远远不够的。马克思在《1857—1858 年经济学手稿》中体现的思想观点是他过去 15 年经济学研究的结晶，这些思想和他之前著作中反映出来的思想观点有什么不同，是什么关系？和他之后的成熟的著作——《资本论》的思想观点有什么不同，是什么关系？只有在思想发展的河流中，才能掌握《手稿》中基本观点的本来意蕴及其来龙去脉，真正发现其理论价值。《手稿》的过程性特点要求，既不能强调《手稿》的特别重要性而忽视其草稿性质，也不能强调《手稿》的草稿性质而忽视其特别重要性。过程中的思想必须在思想发展河流的截面上来理解，在思想发展的河流中来把握。比如，马克思劳动价值理论的发展经历了从否定到肯定、从萌芽到基本创立、从基本创立到最终完成的不同阶段。研究《手稿》中的劳动价值理论，就要抓住它 40 年代已经萌芽的基础上基本创立的特点，了解它的基本要点和不完善之处及其在《政治经济学批判》和《资本论》中的发展。如果《手稿》研究忽视其过程性特点，把《手稿》中各有关理论的论述当作最终结论去降低或抬高马克思其他著作中的相关论述，我们就会犯一叶障目、以偏概全的错误。马克思学中的"青年马克思"和"老年马克思"的矛盾就是这样制造出来的，《手稿》研究要避免蹈袭旧辙。

二是要在马克思政治经济学批判的进程中来把握《手稿》，紧紧抓住其批判性特点。马克思的一生是战斗的、批判的一生，他的思想也是战斗的、批判的思想。马克思在批判德国古典哲学的过程中创立了辩证唯物主义和历史唯物主义，在批判英国古典政治经济学的过程中创立了劳动的政治经济学，在批判法国空想社会主义的过程中创立了科学社会主义。马克思的思想是在批判和扬弃前人思想的过程中建立起来的。"马克思批判资产阶级政治经济学和制定自己的理论，是二者合一的过程。"① 马克思把自己要写的一部经济学著作命名为《政治经济学批

---

① 〔苏〕维·索·维戈茨基：《〈资本论〉创作史》，马健行、郭继严译，福州：福建人民出版社 1983 年版，第 3 页。

判》，其要义就在于彻底批判资产阶级政治经济学，并在批判过程中建立自己的科学的经济理论。《手稿》的撰写，依据的是马克思自己在19世纪50年代摘录的资产阶级政治经济学家著作的大量笔记、摘录时撰写的评论以及在政治经济学批判过程中形成的思想观点。《手稿》是从批判蒲鲁东主义者达里蒙的观点开始的，而且自始至终是在批判资产阶级经济学家的错误理论中展开自己的理论阐述。在批判中建立自己的理论这一特点在《手稿》中表现得特别明显，批判别人的理论和叙述自己的理论几乎在所有论题上都紧紧地联系或缠绕在一起。马克思创立的许多经济学理论都是在批判中形成的。劳动价值理论是在批判蒲鲁东的小资产阶级货币理论过程中，批判吸收李嘉图等人的劳动价值理论合理成分而创立的。他在对李嘉图"货币数量论"的彻底批判中，制定出自己的货币理论；在批判考察李嘉图和斯密等经济学家的过程中，创立了科学的剩余价值理论；在批判洛贝尔图斯绝对地租理论的过程中，阐述自己的绝对地租理论，制定出平均利润和生产价格理论……马克思在《手稿》之后紧接着撰写的《政治经济学批判》第一分册每一章都设有专节分析批判相应的经济学说。在第一章《商品》中，有论述资产阶级经济学家"关于商品分析的历史"的A节；在第二章《货币或简单商品流通》中，有分别论述资产阶级经济学家"关于货币计量单位的学说"的B节和"关于流通手段和货币的学说"的C节。在《政治经济学批判》第一分册中，批判别人的理论和叙述自己的理论在著作中相对地有所分离，虽然总体思路上仍然是在批判中建立自己的理论体系，但在内容编排上叙述自己的理论自成体系，批判别人的理论仅仅作为补充。马克思计划撰写的经济学巨著的名称是《政治经济学批判》，《政治经济学批判》写作过程中形成的皇皇巨著《资本论》的副标题就是《政治经济学批判》。他规划的《资本论》全四册的结构中，在前三册分别研究资本的生产过程、资本的流通过程和资本主义生产的总过程后，第四册专门研究剩余价值理论的历史。从他在世时出版的《资本论》第一卷来看，虽然《资本论》副标题是"政治经济学批判"，但总体上是在叙述自己的理论，《手稿》中对别人理论的批判和自己理论的叙述紧紧缠绕在一起的情形基本不见了。但由恩格斯编辑出版的《资本论》第二、三卷在这个问题上的水平则大致和《政治经济学批判》第一分册的情形差不多。批判前人的理论，"正确的论述引以为据，错误的论述则加以批判"①，促进自己理论的建立和发展。《手稿》中的价值理论、货币理论、剩余价值理论等等都是在批判古典经济学家和形形色色的理论家的过程中制定的。只有抓住《手稿》的批判性特点，从马克思和古典经济学家以及其他学派观点的论战中，在和被批判的、被评论的其他学派及其代表人物观点的对比中，才能发现马克思思想和其他学派思想的根本区别，把握其根本创新之处。马克思在《手稿》写作中大量引用或复述古典经济学家和其他学派学者的论点，别人的观点和自己的观点缠绕在一起，再加上使用隐喻、嘲讽、反讽、诘问等多种笔法，如果我们不注意这一特点，就难以理解马克思的原意，甚至会发生把马克思批判的观点当成马克思思想的情况。

三是要在马克思政治经济学批判的目的上把握《手稿》，紧紧抓住其建设性特点。马克思的政治经济学批判不是为批判而批判，政治经济学批判的目的是为了建设。从理论上来说，批判资产阶级政治经济学的范畴和体系是为了建设无产阶级政治经济学的范畴和体系；从现实上来说，批判资本主义经济制度是为了消灭资本主义经济制度，建设共产主义经济制度。所以，贯注于《手稿》中的、隐藏在批判背后的是马克思的建设性思维，是他的拳拳的人类解放的情怀。批判本身不是目的，目的是建设！正如本丛书总序所说，对马克思主义经典著作，"以往由于受革命实践的影响，我们较多地从社会主义'革命'视角去解读，而较少从社会主义'建设'视角去解读，因此，较多地注重研究阶级斗争、无产阶级革命和无产阶级专政等理论，而较少研究社会和谐发展、人的全面发展等思想。革命胜利后，仍然沿袭了这种解读模式。这

---

① 〔法〕路易·阿尔都塞：《读〈资本论〉》，李其庆、冯文光译，北京：中央编译出版社2008年版，第6页。

就造成了对马克思主义理解的片面性。实际上,马克思主义经典著作中有丰富的新社会建设思想,恰恰是这些长期被忽视的思想对我们今天的社会主义建设实践来说更有意义。"在马克思主义政治经济学经典著作的研究中,过去我们更注重的往往是批判,看到的是资本的局限性、资本家的贪婪性和资本主义的腐朽性,要与私有制和私有观念决裂,从而对商品、货币和资本的建设性作用关注得不够,对资本是"发展社会生产力的重要的关系"、"资本的伟大的文明作用"、"资本的伟大的历史方面"、"利用资本本身来消灭资本"①等重要观点关注得不够。新形势下开展《手稿》研究,要转变思路,牢牢抓住马克思思想的建设性特点。一是要研究马克思如何在批判资产阶级政治经济学的过程中建设劳动的政治经济学的;二是要研究马克思在批判资本主义生产方式过程中提示了哪些建设新社会的思想。我们要运用唯物史观和唯物辩证法这些根本方法,研究当代中国的经济生活,继承马克思主义政治经济学的分析传统,从对资产阶级古典政治经济学、庸俗政治经济学和现代西方经济学的批判中,建设社会主义初级阶段的政治经济学,揭示社会主义市场经济的运动规律。我们要从马克思对资本主义生产特殊性的分析中挖掘其历史进步性和关于生产一般性的论述,并运用到社会主义初级阶段政治经济学的理论创造和中国特色社会主义经济建设的现实指导中去。在《手稿》研究中,要注意在资本主义生产的对立运动中发现那些促进生产力发展和人的发展的"重要的关系"。比如,在马克思对商品生产的分析中要注意挖掘关于时间节约的规律,在马克思关于资本一般的论述中注意挖掘科学抽象方法在当代经济分析中的运用,在马克思对资本的研究中注意挖掘"资本是生产的"、"资本的伟大的文明作用"等观点,在马克思对资本主义批判的研究中注意挖掘"资本的伟大的历史方面"的论述,在马克思对人的发展的研究中注意挖掘人的自由个性的论述,等等。

---

① 《马克思恩格斯全集》第 30 卷,北京:人民出版社 1995 年版,第 390 页。

在思想发展的河流中研究马克思的《手稿》，不仅要在马克思思想发展的进程中展开，还要把它放在当时的时代背景中展开，把它放在和恩格斯思想发展相互作用的过程中展开，把它和后人对它的研究联系起来展开，在《手稿》写作后160年世界经济发展的历史和现实中展开。在思想发展的河流中研究思想实际上就是用运动的观点来研究思想的发展，掌握其精神实质。

马克思《1857—1858年经济学手稿》从其产生以来经历了百年孤独。它的片断在20世纪初才迟迟露面，其全文在1939—1941年才在苏联以德文出版，但生不逢时，淹没在第二次世界大战的人类浩劫中。直到1953年民主德国重印德文版，才使马克思这一重要的著作重新引起马克思主义者的关注。从时间上看，我国学者接受和研究《手稿》比较早，对政治经济学的对象和方法、人的全面发展、异化劳动等观点的研究也比较深入，但对一些问题的研究受时代的局限比较明显。比如，在对资本的认识上，对"资本的伟大的文明作用"、"资本的伟大的历史方面"、"资本传播文明的趋势"、"资本是生产的，是发展社会生产力的重要的关系"、"利用资本本身来消灭资本"等肯定资本的论述重视不够。一批老一辈经济学家对《手稿》的研究比较深入，协作研究蔚成风气，在20世纪90年代初达到高潮，出版了几部代表性的专著，但不少理论工作者很少接触，知之不多。《手稿》传入我国至今，产生的研究成果基本上还在20世纪90年代初的水平上徘徊，难以令人满意。

根据丛书写作的统一体例，本书分为五个部分：第一部分——历史考证，主要介绍马克思写作《手稿》的历史背景和《手稿》的写作、传播情况。第二部分——研究状况，主要介绍国内外的《手稿》研究状况。第三部分——当代解读，主要介绍《手稿》的基本内容和作者对《手稿》一些重要观点的解读。这部分是全书的重点，内容分为两部分。一是，从《1857—1858年经济学手稿》的特点、劳动价值理论、货币理论、剩余价值理论、资本的流通过程的理论、利润和平均利润理论、利息和信用理论和关于未来社会基本特征等方面对《手稿》进行了梗概式的提要。二是，结合作者自己的初步研究从政治经济学的研究对象是一定社会发展阶段上的生产、政治经济学的根本方法和具体方法、"资本的伟大的文明作用"及其局限性、经济社会形态是个有机体、人的全面发展与自由个性等方面对《手稿》的一些重要观点进行了探索性解读。第四部分——经典著作选编，在《马克思恩格斯文集》第8卷摘选《1857—1858年经济学手稿》的基础上，以人的历史发展的三种社会形式，商品、货币和资本的本质和矛盾，机器体系的发展及其应用的重大意义，科学技术是极其重要的生产力，未来共产主义社会特征的预测为主题再作精选。第五部分——附录，精选了研究《手稿》的五篇代表性文献，即《马克思恩格斯全集》历史考证版第2部分第1卷前言——《关于马克思1857—1858年经济学手稿》、张钟朴的《〈资本论〉第一部手稿（〈1857—1858年经济学手稿〉）》、马丁·尼古拉斯的《从〈政治经济学批判大纲〉看马克思的研究方法和黑格尔的关系》、艾瑞克·霍布斯鲍姆的《霍布斯鲍姆谈马克思的〈大纲〉诞生150年及其现实意义》、顾海良的《通向〈资本论〉的思想驿站》，并介绍了国内外研究《1857—1858年经济学手稿》的主要文献题录。

自接受写作任务以来，我暂停退休后的书法爱好，压缩每天的例行锻炼，放弃喜爱的观光旅游，心无旁骛，夜以继日，总算在形式上完成了任务。完成这项艰难的工作要感谢许多人。首先要感谢的是伟大的马克思，他在成熟时期撰写的这本词句如此难读、内容如此丰富、思想如此深邃的《手稿》，深深地吸引了我。过去虽然读过《1857—1858年经济学手稿》，但没有任务压力而并没有深入研究，这次写作《马克思〈1857—1858年经济学手稿〉研究读本》逼着我在过去初步了解的基础上细细揣摩。带着写作的任务再读《手稿》，使我越读越放不下来，越琢磨越觉得深不可测，越涵咏越觉得意味无穷，越读越觉得马克思真不愧为伟大的千年思想家！感谢丛书主编、中央编译局原秘书长杨金海先生的高度信任和大力支持，把以半年时间完成读本写作的艰巨任务托付给我，使我在外在压力下读书思考写作，度过一段紧张而又充实的生活！感谢中央编译局郑锦研究员提供了编写体例等方面的资料并介绍其他读本的写作经验！感谢人民出版社、中央编译出版社和一些专家允许使用他们的资料！感谢研究《手稿》的国内外专家的先行研究，使我从他们的成果中获取了资料和灵感！感谢夫人余红女士承担了大量的家务并帮助录入书稿！国防大学政治学院毛一龙讲师在资料收集上提供了帮助，在此一并表示感谢！我深知，要读懂非常难读的《1857—1858年经济学手稿》是一件非常困难的事，本书反映的只是笔者极其初步的工作和非常浅薄的认识。真正读懂《手稿》需要持续地坚毅地投入时间和精力，在马克思思想发展的河流中长时间地沉潜，方能探得骊珠，悟得精髓。愿有志于马克思思想研究的同行一起努力！

第一部分 历史考证

第一章 写作背景

问题是时代的声音。回应时代的声音，解决时代的问题是理论研究的根本任务。思想家的研究成果是对现实问题的理论反映，准确理解思想家的理论成果需要深刻把握提出理论问题的时代，即这一理论成果产生的时代背景。这一背景不仅包括产生这一成果时的社会经济政治形势，而且包括理论家自己的思想准备情况。

一 19世纪40—50年代欧洲北美的经济政治形势

19世纪40年代，资本主义经济在欧洲迅速发展。随着资本主义经济的发展，资本主义和封建主义的矛盾日益尖锐，资产阶级革命运动在欧洲广泛开展。在资产阶级革命运动中，无产阶级作为独立的政治力量登上了政治舞台。1845—1846年，欧洲大陆因自然灾害所造成的农业歉收和1847年的经济危机，加速了革命的到来。1848年，意大利、法国、德国、匈牙利、捷克和波兰等国家，相继爆发了革命。1848年革命的主要任务是解决资本主义和封建主义的矛盾，为资本主义的进一步发展扫清道路。在1848年革命中，无产阶级为彻底实现民主任务而斗争，而资产阶级则力图把民主改革任务缩小到最低限度。无产阶级为了回击资产阶级的叛变行为，报之以革命起义，而资产阶级则利用窃取的政权同反动势力联合起来，对无产阶级实行血腥镇压。随着无产阶级被镇压，革命宣告失败。

1848年的革命严重地打击和削弱了封建制度，迫使封建主阶级向资产阶级作出一些让步，欧洲各国的资产阶级自由派部分地参加了政权。统治阶级实施的某些自上而下的改革，取得革命后的暂时"稳定"，为资本主义生产方式的发展和资本家的发财致富创造了有利的条件。在1848年革命失败后的十多年里，资本主义经济在欧美各国突飞猛进，全面高涨，牢牢地站稳了脚跟，进入了真正的"黄金时代"。从19世纪50年代起，欧洲国家和美国的工业、交通运输业、农业和对外贸易都有了空前的发展。例如英、法、德、美四个主要资本主义国家的煤产量从1850年的6730万吨增长到1860年的11950万吨，钢产量由1850年的342万吨增长到1860年的612万吨，世界铁路网的长度由1850年的38568公里增加到1860年的108012公里。英国整个工业生产在1850年至1870年差不多翻了一番（增长98%）。法国和德国在19世纪50—60年代增长速度更快。法国在这20年间工业产值增长了两倍，德国的工业在20年里大约翻了两番，即增长了3倍。① 恩格斯在《德国农民战争》第二版序言中曾指出，从1848年开始的德国工商业的高涨、铁路的加速建设、电报和海洋航运业的发展空前未有，它们在20年间取得的成就，比以前整整一个世纪还要多。② 资本主义经济的发展不仅表现在产品数量的增长上，而且表现在技术水平的不断提高上。英、法、德等国的蒸汽机数量成倍增长，机器生产逐渐取代手工生产，火车、轮船也已经成为重要的交通工具。交通运输的改善和运输效率的提高，加快了贸易流转，促进了社会生产和国际分工的进一步发展，世界市场真正形成。资本主义经济的蓬勃发展使产业工人数量急剧增加，无产阶级的阶级意识和组织性、觉悟性和战斗性增强。50年代资本主义的发展进一步加深了无产阶级和资产阶级的矛盾，这一矛盾在经济上表现出来的总趋势是：生产力在不断扩大，而市场或购买力却在相对缩小。这种发展趋势导致了1857年第一次世界经济危机的爆发。

---

① 樊亢主编：《资本主义兴衰史》，北京：北京出版社1984年版，第96页。
② 恩格斯：《〈德国农民战争〉第二版序言》，见《马克思恩格斯全集》第16卷，北京：人民出版社1964年版，第450页。

1857年经济危机是从美国开始的。由于美国运到欧洲的小麦落价，引起了美国工业以及整个国家经济的停滞。在 1857 年的头几个月里，纽约的银行尽管储蓄下降但还是增加了放贷量。由此而导致的投机活动的增加使总的经济状况进一步恶化，并且在纽约俄亥俄人寿保险和信托公司破产后，流行的恐慌导致许多破产。对银行系统失去信心进而导致信贷紧缩、储蓄挤兑以及货币结算业务被搁置。危机迅速从纽约蔓延到美国的其他地方，并在几星期内蔓延到欧洲、南美洲和东方的世界市场的所有中心。危机期间，大量商品积压，各主要工业部门生产明显下降，生产倒退到几年前的水平。经济停滞导致大批工厂倒闭。1857 年，仅美国就有 4900 家企业倒闭，大批工人失业，在业工人工资水平降低，生活状况更加恶化。同时，危机使大批小生产者破产，使资本的集中加剧。在1857年经济危机前后，欧美许多国家都出现了新的革命高潮即将到来的迹象。

1848 年革命失败后，资产阶级由于害怕人民群众，到处与封建贵族结成联盟，绞杀革命，取消民主，欧洲各国出现了政治上的反动。在德国，反动派逮捕、监禁、迫害革命的工人群众。1852 年 10 月在科隆对共产主义者同盟盟员的审判，把这种迫害推到了极点。1854 年在普鲁士恢复了贵族院，加强了容克贵族的统治。在法国，路易·波拿巴废除法兰西第二共和国并恢复帝制后，疯狂摧残人民的民主权利，禁止工人成立俱乐部、合作社、互助储金会等组织。在英国，自由党与保守党日益趋向联合，自由资产阶级和贵族力图组成联盟来共同对付人民群众。在意大利，许多地方都废除了宪法，大批革命工人被投入牢狱。正如马克思后来所说："在 1848 年革命失败后，大陆上工人阶级所有的党组织和党的机关报刊都被暴力的铁腕所摧毁，工人阶级最先进的子弟在绝望中逃亡到大西洋彼岸的共和国去，短促的解放梦已随着工业狂热发展、道德败坏和政治反动的时代的到来而破灭了。"①

---

① 马克思:《国际工人协会成立宣言》，见《马克思恩格斯文集》第 3 卷，北京：人民出版社 2009 年版，第 10—11 页。

二　1848年革命失败后马克思的理论活动

　　1848年革命失败后，反动势力极为猖獗，革命转入低潮。在这种情况下，马克思认为，要根据革命的实践经验重新审查自己的理论，探索革命失败的原因，阐明新的革命高潮到来的经济根源和社会基础，阐明未来革命的动力和前途，从理论上武装无产阶级和培养革命政党的骨干，为迎接新的革命高潮作好准备。而要做到这一点，必须进行大量的理论工作，特别是研究政治经济学，到"对市民社会的解剖中"去寻求答案。

　　马克思于1849年8月移居伦敦后，于1850年重新进行政治经济学研究工作。1850年全年，马克思几乎整天泡在大英博物馆的图书馆里阅读、研究、摘录政治经济学著作。他说："不列颠博物馆中堆积着政治经济学史的大量资料，伦敦对于考察资产阶级社会是一个方便的地点，最后，随着加利福尼亚和澳大利亚金矿的发现，资产阶级社会看来进入了新的发展阶段，这一切决定我再从头开始，批判地仔细地钻研新的材料。"① 他重新阅读了在巴黎和布鲁塞尔曾经读过的亚当·斯密和大卫·李嘉图的名著，还阅读了约翰·斯图亚特·穆勒的《政治经济学原理》、富拉尔顿的《论通货的调整》、托伦斯的《罗皮尔爵士法案原理》以及其他人的著作，研究了近十年的经济史，读了图克的《价格和流通状况的历史》、雷登的《文化的比较统计学》。从10月份起，马克思着重研究了货币理论方面的著作，其中有布莱克的《论调节货币过程的原理》、詹姆斯·泰勒的《论征服时期以来英国的货币制度》、亨得·桑顿的《大不列颠信用制度的性质和影响的研究》、约翰·格奥尔格·毕希的《关于银行和铸币业文集》、吉尔巴特的《银行论》、加尔涅的《货币史》。1851年8月，阅读了李嘉图的《金银条块价格高昂》、

---

① 《马克思恩格斯全集》第31卷，北京：人民出版社1998年版，第414页。

图克的《货币流通规律的研究》、约翰·德贝尔·塔克特的《劳动人口今昔状况的历史》、托马斯·霍吉斯金的《通俗政治经济学》、托马斯·查默斯的《论政治经济学》、理查·琼斯的《论财富的分配和税收的源泉》、亨利·凯里的《政治经济学原理》、蒲鲁东的《19世纪革命的总观念》、尤斯图斯·李比希的《化学在农业和生理学中的应用》、詹姆斯·F.W.约翰斯顿的《农业化学和地质学原理》、托马斯·罗伯特·马尔萨斯的《人口原理》、阿道夫·杜罗·德拉马尔的《罗马人的政治经济学》、威廉·H.普雷斯科特的《墨西哥征服史》和《秘鲁征服史》、赫尔曼·梅里韦尔的《关于殖民和殖民地的演说》等著作。从1850年9月到1853年8月，马克思边阅读，边摘录，边评论，无数次地写下了他对这个或那个经济问题的见解。这期间马克思写下了整整24本笔记，即通常所说的《伦敦笔记》。这些笔记的主题有：商品、货币、资本、雇佣劳动、土地所有制、国际贸易、工艺史及发明史、信贷、人口问题、各国经济史、风俗史、文学、世界市场、殖民制度等等。马克思在摘录文句的同时还写下了大量评注，还有几个未完成的手稿，如《反思》（1851年3月）、《完成的货币制度》（1851年3月底至4月初）、《货币、信用、危机》（1853—1854年）等。

在手稿《反思》和《完成的货币制度》中，马克思重新开始了他在1848年前进行的经济学分析。他概括了80多位经济学家关于货币的本质、货币的职能、货币流通的规律以及国际贸易、世界市场和银行体系等问题的见解，在货币的本质和职能方面取得重大进展。此时，他已经认识到货币是充当一般等价物的特殊商品，货币是金银在某种社会关系下获得的一种社会属性，明确说明了货币的价值尺度和交换手段的职能。他还指出，货币的出现使统一的交换过程被割裂为买和卖两个独立的行为，从而加深了商品生产和交换过程的矛盾，已经包含着危机的可能性。在正确认识货币本质和职能的基础上，马克思深入地批判了李嘉图的"货币数量论"，指出流通中的货币量是由资本主义生产和商业业务发展决定的，"**只有在**业务迅速发展，需要更多的流通手段来进行这种业务的**情况下**，**货币流通**才会增加。否则，流通中的过剩的货币就会以支付期票等形式作为存款等流回银行。因此，**货币流通**在这里不是**原因**。货币流通的增加归根到底是投资增长的**结果**，而不是相反。"① 因此马克思宣布："我断定，除了在实践中永远不会出现但理论上完全可以设想的极其特殊的情况之外，**即使在实行纯金属流通的情况下，金属货币的数量和它的增减，也同贵金属的流进或流出，同贸易的顺差或逆差，同汇率的有利或不利，没有任何关系**。"② 这一在批判过程中的发现，从根本上推翻了资产阶级的流通理论。

在《伦敦笔记》中，在对李嘉图著作阅读、摘录和评注的过程中，马克思对李嘉图的级差地租理论进行了深入的批判，马克思指出，李嘉图对地租的论证不对，并且也同历史事实相矛盾。他在批判李嘉图地租理论错误观点的同时，总结道，"地租问题的根本实质就在于，地租是由于使不同的生产费用所得到的产品的价格平均化而产生的，但是这种市场价格规律不过是资产阶级竞争的规律而已。"③ 马克思这一发现为后来正确确定商品生产的社会必要劳动时间奠定了牢固的基础。

整个 19 世纪 50 年代，马克思都非常关注资本主义经济危机问题，在《伦敦笔记》中的一篇题为《反思》的手稿中，马克思肯定了斯密把整个资本主义社会贸易划分为实业家与实业家之间的贸易以及实业家与消费者之间的贸易两大类，但他认为，斯密虽然做了这种划分，却没有进一步研究。他以斯密的划分为出发点展开研究，认为"危机总是最先发生在实业家与消费者之间的贸易中；自然，往往发生在有限的消费能力已经得到满足之后，不过往往只是发生在供给超出了推测估计的场合（例如粮食投机时）。"④ 他又说："生产过剩不只归因于生产的不合比例，而且也归因于资本家阶级和工人阶级之间的关系。"⑤ 在同一篇

---

① 《马克思恩格斯〈资本论〉书信集》，北京：人民出版社 1976 年版，第 34 页。
② 同上书，第 33 页。
③ 同上书，第 31 页。
④ 《马克思恩格斯全集》第 44 卷，北京：人民出版社 1982 年版，第 156 页。
⑤ 同上。

手稿中，马克思还考察了社会总资本实现过程中的货币流通问题。他指出："现实的困难是**商品**即**现实资本不能**换成黄金和银行券，由于这个原因，也就发生了 1793 年、1825 年和 1847 年的现象。"① 马克思批判了蒲鲁东、格雷等人企图借助于改革货币制度来消除经济危机的愚蠢想法。他说："在**货币制度的存**在中，不仅包含着［商品和货币］分离的可能性，而且已经存在着这种分离的现实性，并且这种情况证明，正是由于资本同货币相一致，资本不能实现其价值这一状况已经随着资本的存在，因而随着整个生产组织的存在而存在了。"②

19 世纪 50 年代，马克思不仅从理论上探讨资本主义经济危机问题，而且密切关注资本主义经济发展的实际状况，重视资本主义的经济危机问题。马克思认为，危机总是同革命形势的高涨联系在一起的，"没有商业危机，就不会有重大的革命事件。"③ 1856 年，马克思根据他平日对资本主义经济走向和资本主义经济运动规律的研究，预计一场大的金融危机将不会迟于 1857 年冬天爆发。当 1857 年秋天普遍的世界性经济危机爆发的时候，马克思极度兴奋，一方面抓紧总结自己的经济学研究工作，一方面记录危机进展情况并探讨与经济危机有关的理论问题。

正是在 19 世纪 50 年代的时代背景之下，有了 15 年政治经济学批判的思考和积淀的马克思，在新的危机爆发之时带着期望新的革命高潮早日到来的心情，发狂似的通宵总结他的经济学研究，写下了篇幅巨大的《1857—1858 年经济学手稿》。

---

① 《马克思恩格斯全集》第 44 卷，北京：人民出版社 1982 年版，第 157 页。
② 同上书，第 159 页。
③ 《马克思恩格斯〈资本论〉书信集》，北京：人民出版社 1976 年版，第 63 页。

第二章 写作与传播

马克思移居伦敦后,自己不时病魔缠身,家庭生活极度贫困,三个孩子因病夭折,经历了一系列艰难困苦。但对人类解放事业的坚定信念给他以热情和力量,为搞清政治经济学的一些基本问题,他于1857年秋至1858年5月写下了篇幅巨大的《手稿》。《手稿》成稿后经历了百年孤独,直到20世纪初才以片断问世,全文直到1939—1941年才以德文出版,1953年才开始真正意义上的传播。但真理随着时间的流逝更显示出力量和魅力,《手稿》发现后从片断到全文的出版、从德文到多种文字的传播充分证明这一点。本章主要介绍手稿的写作过程和曲折的传播过程。

一 《1857—1858年经济学手稿》的写作

(一) 写作的基本进程

1857年7月,马克思对他在1851年就已经进行过研究和摘录的巴师夏的《经济的和谐》和凯里的《政治经济学原理》进行了评论,写下1857—1858年经济学手稿的最早片断——《巴师夏和凯里》。这是一篇未完成的手稿。这一手稿包含在马克思在封皮上注明"1857年7月于伦敦"的一个笔记本中。据见证人描述,草稿《巴师夏和凯里》占

1857 年 11 月标明"**笔记本Ⅲ**"的那个笔记本的前 7 页。① 这一片断一开始使用的标题是《巴师夏〈经济的和谐〉1851 年巴黎第二版》，后来他在《我自己的笔记本的摘要》中给这一片断加上了《巴师夏和凯里》的标题。原本马克思打算给巴师夏《经济的和谐》写一个全面的评论著作，但马克思在写作过程中很快就认识到，巴师夏的著作不值得详细评论，因此放弃了自己的想法，他指出："在所有的现代经济学家中，巴师夏先生的《经济的谐和》集庸俗之大成。只有癞蛤蟆才能搞出这种谐和的烂泥汤。"②

1857 年秋，马克思开始撰写为自己弄清问题而写的经济学手稿。

先动手的是为计划中的政治经济学巨著起草的一篇总的导言，写在标号为"M"的笔记本的前 24 页，时间大约在 1857 年 8 月下旬。"手稿用德文书写，使用黑墨水，字迹潦草，排列紧密，外语词大部分用拉丁文。有许多划掉的、修改过的以及补充插入的词句（都是写作当时的改动）。"③ 在"M"笔记本的第二封页上注明了日期"伦敦，57 年 8 月 23 日"，其中 23 是从数字 20 改成的。据考证，"8 月 23 日是开始写作导言的日期。导言正文约有两个印张，写作期间显然没有较长的间断。"④ 大约在 8 月底，导言的写作中断，也可以说写好了，因为马克思在注明日期为 1859 年 1 月的《政治经济学批判》第一分册的序言中明确写道："我把已经起草好的一篇总的导言压下了，因为仔细想来，我觉得预先说出正要证明的结论总是有妨害的，读者如果真想跟着我走，就要下定决心，从个别上升到一般。"⑤ 可见，马克思自己认为导言是"起草好的"。

---

① 《马克思 1857—1858 年八个笔记本的资料》，见《马克思主义研究资料》第 5 卷，北京：中央编译出版社 2014 年版，第 40 页。
② 《马克思恩格斯〈资本论〉书信集》，北京：人民出版社 1976 版，第 121 页。
③ 《马克思 1857—1858 年八个笔记本的资料》，见《马克思主义研究资料》第 5 卷，北京：中央编译出版社 2014 年版，第 43 页。
④ 同上书，第 40 页。
⑤ 《马克思恩格斯全集》第 31 卷，北京：人民出版社 1998 年版，第 411 页。

写完导言后，马克思接着起草《政治经济学批判（1857—1858年手稿）》。这部手稿由七个笔记本组成，马克思用罗马数字Ⅰ—Ⅶ编了号。在第一个笔记本末（第46页上），马克思引了1857年11月8日伦敦《每日快讯》报上的一段话，笔记本Ⅲ的第8—45页，马克思标明的日期是11月29、30日和12月。据考证推论"第一个笔记本是1857年10月开始写作的"①。马克思在1858年5月31日致恩格斯的信中说，他要把这部规模很大的《手稿》从头到尾再读一遍，并且为这部手稿编一个目录。据此，可以认定《手稿》的写作工作当时已经停止。

最初马克思并没有给《手稿》确定标题。他只是在1858年2月开始写作最后一本笔记即第Ⅶ本笔记的封面上才写明：《政治经济学批判（续）》。1857年12月8日，马克思致信恩格斯说："我现在发狂似地通宵总结我的经济学研究，为的是在洪水之前至少把一些基本问题搞清楚。"②（"一些基本问题"在德文中是"Grundrisse"一词，意思是"大纲"。）从这两处说明的联系中产生了《政治经济学批判大纲》这一编辑标题，这部分手稿以这个标题于1939年由联共（布）中央马克思恩格斯列宁研究院第一次出版。

《政治经济学批判（1857—1858年手稿）》的结构是在写作过程逐渐形成的。马克思曾在手稿的几个地方考虑过他的著作的结构问题。据考证，《货币章》这个标题是他后来补加的。最晚是在写到笔记本Ⅱ的时候，因为在笔记本Ⅱ的第一页上已经写有《货币章（续）》的标题。马克思最初把《资本章》称为《作为资本的货币章》；后来他在笔记本Ⅲ中继续写作时写为《资本章（续笔记本Ⅱ）》。马克思直到笔记本Ⅶ都还没有给各章编号。只是在手稿的最末尾的地方，在笔记本Ⅶ的第63页上，马克思才起草——注明"这一章应补充进去"——标明数目字Ⅰ的《价值章》的开头部分。也许只是在这时，马克思才在笔记本

---

① 《马克思1857—1858年八个笔记本的资料》，见《马克思主义研究资料》第5卷，北京：中央编译出版社2014年版，第44页。
② 《马克思恩格斯〈资本论〉书信集》，北京：人民出版社1976年版，第113页。

Ⅰ中的《货币章》前面加上数目字Ⅱ。《资本章》的分篇情况也是如此。该章分为三篇：《资本的生产过程》、《资本的流通过程》和《资本是结果实的东西。利息、利润（生产费用等等）》。只是在最后一篇马克思才标明为"第三篇"，前面各篇他既没有标明数目字，也没有写上标题。① 尽管庞大的《资本章》在写作时没有分篇，但是对资本的整个研究在手稿中还是明显地分为资本的生产过程、资本的流通过程和结尾部分三部分。在1858年3月11日马克思致拉萨尔的信中，他把结尾部分称为资本的生产过程和流通过程的统一，"或资本和利润、利息"②。

《政治经济学批判（1857—1858年手稿）》虽然是为了自己弄清问题而不是为了出版，但在写作过程中形成的关于政治经济学一些基本问题的认识已经如此成熟，以致马克思直接面临着把已经写下的东西准备付印的问题。1858年2月，马克思已经打算中断手稿的写作，考虑尽快加工手稿，准备分册出版。1858年2月22日，马克思致信拉萨尔，介绍了自己的经济学著作进展情况，请他在柏林打听一下有没有可能"不定期分册"出版这一著作。1858年4月2日，马克思把"价值"和"货币"问题的详细提纲寄给了恩格斯。5月马克思中断了政治经济学批判手稿的写作。马克思的政治经济学批判手稿由七个笔记本组成，《货币章》包括笔记本Ⅰ和Ⅱ的前7页，以资本的生产过程为内容的《资本章》第一篇开始于笔记本Ⅱ，结束于笔记本Ⅳ的第15页中。结束政治经济学批判手稿的写作后，马克思打算在手稿的基础上写作《政治经济学批判》。他同弗兰茨·敦克尔出版社签订了合同。1858年5月31日，马克思致信恩格斯说，"我把自己的手稿从头到尾看一遍差不多就要花一个星期。困难的是，这些手稿（印出来有很厚一大本）很乱，其中有许多东西只是以后的篇章才用得上。因此我得编一个目录，好很

---

① 参阅《马克思1857—1858年八个笔记本的资料》，见《马克思主义研究资料》第5卷，北京：中央编译出版社2014年版，第46页。

② 《马克思恩格斯〈资本论〉书信集》，北京：人民出版社1976年版，第130页。

快地在某册某页上找到我工作中首先需要的东西。"① 为此，他于1858年6月编写了《七个笔记本的索引》。索引由两份草稿组成，一份是第一分册的计划，但这个草稿编到"资本的流通过程"这一节就中断了，一份是为《货币章》详细准备的索引。② 1858年8月至10月，马克思完成了《政治经济学批判》第一分册初稿，其中除了《价值章》和《货币章》外，还应包括《资本章》。但马克思夫人于1858年11月开始誊清的《政治经济学批判》第一分册的定稿只由前两章组成。所以，《政治经济学批判》第一分册第三章资本的开头部分和第二章的一部分被列入广义的1857—1858年经济学手稿。

（二）写作中不断调整经济学著作的结构计划

马克思对自己的政治经济学著作的结构在《导言》中这样写道："显然，应当这样来分篇：（1）一般的抽象的规定，因此它们或多或少属于一切社会形式，不过是在上面所阐述的意义上。（2）形成资产阶级社会内部结构并且成为基本阶级的依据的范畴。资本、雇佣劳动、土地所有制。它们的相互关系。城市和乡村。三大社会阶级。它们之间的交换。流通。信用事业（私人的）。（3）资产阶级社会在国家形式上的概括。就它本身来考察。'非生产'阶级。税。国债。公共信用。人口。殖民地。向国外移民。（4）生产的国际关系。国际分工。国际交换。输出和输入。汇率。（5）世界市场和危机。"③ 这是马克思在正式写作之前，为自己的经济学巨著拟定的第一个结构计划。又称五篇结构计划。

大体上到1857年11月，在《货币章》快写完时，马克思对其经济学著作的结构计划提出了新的想法。他写道："在考察交换价值、货币、价格的这个第一篇里，商品始终表现为现成的东西。形式规定很简单。

---

① 《马克思恩格斯〈资本论〉书信集》，北京：人民出版社1976年版，第137页。
② 见《马克思恩格斯全集》第31卷，北京：人民出版社1998年版，第299—312页。
③ 《马克思恩格斯全集》第30卷，北京：人民出版社1995年版，第50页。

我们知道，商品表现社会生产的各种规定，但是社会生产本身是前提。然而，商品**不是被设定在**这一规定上。事实上，最初的交换也只是表现为剩余物的交换，并不涉及和决定整个生产。这是一种处于交换价值世界之外的总生产的**现成的**剩余物。即使在发达的社会中，这些剩余物同样会作为直接现成的商品世界而出现在社会表面上。但是，商品世界通过它自身便超出自身的范围，显示出表现为**生产关系**的经济关系。因此，生产的内部结构构成第二篇。[资产阶级社会]在国家上的概括构成第三篇，[生产的]国际关系构成第四篇，世界市场构成末篇；在末篇中，生产以及它的每一个要素都被设定为总体，但是同时一切矛盾都展开了。于是，世界市场又构成整体的前提和承担者。于是，危机就是普遍指示超越这个前提，并迫使采取新的历史形态。"① 这是在手稿中提出的第二个著作结构方案，它是马克思写作过程中思想发展的产物。这个结构方案总体上和"导言"中提出的方案是一致的，但又有所区别。一是第一篇的内容大为充实，更加具体。他说："在考察价值、货币、价格的这个第一篇里，商品始终表现为现成的东西。"这表明马克思在写作过程中已经意识到研究的起点应该是商品。二是说明了第一和第二篇的联系和第一篇过渡到第二篇的必然性。马克思在第一篇中指出，商品表现为社会生产的各种规定。商品世界通过它自身便超出自身的范围。商品交换的矛盾的展开，所反映的是现代社会的人们之间的生产关系和社会关系。因此，商品矛盾的发展，必然引导人们去分析生产的内部结构。这样第一篇分析内容必然合乎逻辑地发展到第二篇的分析内容——生产的内部结构。不仅如此，和第一个结构方案相比，四、五两篇也都突出了生产。如第四篇是[生产的]国际关系，第五篇是生产及生产的每一个要素都表现为总体等。三是着重强调了随着从抽象到具体的叙述过程的展开，资本主义生产矛盾的展开以及向"新的社会形态"的转化。从抽象到具体的叙述过程进展到世界市场这个阶段，"一

---

① 《马克思恩格斯全集》第30卷，北京：人民出版社1995年版，第180—181页。

切矛盾都展开了",经济危机就会爆发,资本主义生产的发展就会超越资本主义的范围,过渡到新的更高的社会形态。

大约在1857年11月中旬,马克思从第Ⅱ笔记本的第8页开始写《资本章》。刚写了几页,就在第Ⅱ笔记本的第18页写了第三个结构计划:"Ⅰ.(1)资本的一般概念。(2)资本的特殊性:流动资本,固定资本。(资本作为生活资料,作为原料,作为劳动工具。)(3)资本作为货币。Ⅱ.(1)**资本的量**。积累。(2)用自身计量的**资本**。利润。利息。资本的价值;即同作为利息和利润的自身相区别的资本。(3)**诸资本的流通**。(α)资本和资本相交换。资本和收入相交换。资本和**价格**。(ß)**诸资本的竞争**。(γ)**诸资本的积聚**。Ⅲ.资本作为信用。Ⅳ.资本作为股份资本。Ⅴ.**资本作为货币市场**。Ⅵ.资本作为财富的源泉。资本家。在资本之后可以考察土地所有制。然后考察雇佣劳动。以所有这三者为前提,**价格运动**。现在是作为在流通的内在整体性上被规定的流通。另一方面,三个阶级作为在生产上的三种基本形式上和流通的各种前提上来看的生产。然后是**国家**。(国家和资产阶级社会。——赋税或非生产阶级的存在。——国债。——人口。——国家对外。殖民地。对外贸易。汇率。货币作为国际铸币。——最后,世界市场。资产阶级社会越出国家的界限。危机。以交换价值为基础的生产方式和社会形式的解体。个人劳动实际成为社会劳动以及相反的情况。)"① 这一结构计划和以前的结构计划相比,没有商品和货币的第一篇,可能是由于第一篇的内容已经完成,可以暂时放一放;而正在写的第二篇则写得非常详细,且带有明显的黑格尔逻辑学的印记;前两个结构计划中的"资本、雇佣劳动、土地所有制"的顺序必改为"资本、土地所有制、雇佣劳动"。对此,马克思自己在手稿中写道:"不论是按照资本的本性还是从历史上来看,资本都是现代土地所有权的**创造者**,地租的**创造者**。"② "**雇佣劳动**就其总体来说,起初是由资本对土地

---

① 《马克思恩格斯全集》第30卷,北京:人民出版社1995年版,第220—221页。
② 同上书,第234页。

所有权发生作用才创造出来的，后来在土地所有权已经作为形式形成以后，则是由土地所有者自己创造出来的。"①

仅仅在这一结构计划之后的三页手稿，马克思在写作中又提出关于第二篇的结构。马克思在第Ⅱ笔记本的第22—24页写道："资本。Ⅰ．**一般性**：（1）（a）由货币生成资本。（b）资本和劳动（以**他人**的劳动为中介）。（c）按照同劳动的关系而分解成的资本各要素（产品。原料。劳动工具）。（2）**资本的特殊化**：（a）流动资本、固定资本。资本流通。（3）**资本的个别性**：资本和利润。资本和利息。资本作为**价值**同作为利息和利润的自身相区别。Ⅱ．**特殊性**：（1）诸资本的积累。（2）诸资本的竞争。（3）诸资本的积聚（资本的量的差别同时就是质的差别，就是资本的大小和作用的**尺度**）。Ⅲ．**个别性**：（1）资本作为信用。（2）资本作为股份资本。（3）资本作为货币市场。"② 和第三个结构计划的第二篇的结构相比，资本篇的结构按照一般、特殊、个别的顺序整理得更为规范。显然，这是黑格尔的《逻辑学》在马克思的材料加工的方法上帮了很大的忙。③ 手稿《资本章》的写作，基本上是按照这个结构方案展开的。一般性的三个组成部分分别成为"资本的生产过程"、"资本的流通过程"和"资本和利润"的雏形。

手稿写到最后时，马克思在准备正式出版自己的经济学著作时，提出把原来的五篇结构调整为六册结构。他在1858年2月22日致拉萨尔的信中说，"全部著作分成六个分册：（1）资本（包括一些绪论性的章节）；（2）地产；（3）雇佣劳动；（4）国家；（5）国际贸易；（6）世界市场。当然，我有时不能不对其他经济学家进行批判，特别是不能不反驳李嘉图，因为作为资产者，李嘉图本人也不能不犯**即使从严格的经济学观点看来**的错误。但是，政治经济学和社会主义的批判和历史整个说来应当是另一部著作的对象。最后，对经济范畴或经济关系的发展的

---

① 《马克思恩格斯全集》第30卷，北京：人民出版社1995年版，第235页。
② 同上书，第233—234页。
③ 《马克思恩格斯〈资本论〉书信集》，北京：人民出版社1976年版，第121页。

简短历史概述,又应当是第三部著作。"① 这封信中提出的六册结构是由导言中提出的五篇结构发展而来的。原来五篇结构中第三篇的三大范畴变成现在的前三册,五篇结构中的后三篇变成现在的后三册。在手稿写作期间,马克思还在给拉萨尔、恩格斯的通信中谈到过六册结构。可见,《1857—1858年经济学手稿》从开始到结束,其出发点是要对资本主义经济制度作全面而深入的分析,对资产阶级经济学作全面深刻的批判,对新的社会形态取代资本主义作全面系统的论证。

二 《1857—1858年经济学手稿》的传播

(一)《1857—1858年经济学手稿》的发现

马克思逝世后,其数量庞大的遗稿由恩格斯负责处理。恩格斯作为马克思遗稿的处理者,注意力专注于《资本论》第二卷、第三卷的整理、编辑和出版。在整理、编辑和出版《资本论》第二卷、第三卷的过程中,恩格斯必然要分类整理马克思的所有遗稿,但恩格斯在《资本论》第二、第三两卷书的序言中没有提及这部被后人称为"《资本论》最初稿"的1857—1858年经济学手稿,只是在他的大量书信中偶尔地提到过一次,还是和1862年手稿放到一起提及的。②

恩格斯去世后,马克思的遗稿经由奥古斯特·倍倍尔转交给德国社会民主党档案馆,存放在柏林的德国社会民主党的档案里,并没有得到应有的重视。

---

① 《马克思恩格斯〈资本论〉书信集》,北京:人民出版社1976年版,第124页。
② 参阅《马克思恩格斯〈资本论〉书信集》,北京:人民出版社1976年版,第415页。恩格斯在致劳拉·拉法格的信中说:"第三册完成于1869—1870年,从那以后马克思再也没有去碰过它。但是探讨地租的那部分,我要同马克思的俄文摘录核对一下注释、事实和例子。也许我甚至能用1858—1862年的手稿(开头部分1859年在柏林发表过)编成第三卷的一小部分,手稿中每一章的结尾都有该章所探讨的理论问题的批判史。"恩格斯这里提到的手稿非常明确地包括政治经济学批判1857—1858年的手稿。国外学术界研究《大纲》的著名专家马塞罗·默斯托认为,在恩格斯的大量书信中从未提及1857—1858年手稿。这种说法是不准确的。

考茨基最先发现马克思1857—1858年经济学手稿的一部分——导言，但他是否发现了马克思1857—1858年全部经济学手稿，目前还不得而知。1857—1858年经济学手稿于1923年被发现归功于莫斯科马克思恩格斯研究院院长、《马克思恩格斯全集》历史考证版（MEGA）工作的组织者达维德·梁赞诺夫。梁赞诺夫在仔细检查保存在柏林的遗著后，在给莫斯科社会主义学院的关于马克思恩格斯文献遗产的报告中首次提到了马克思1857—1858年经济学手稿的存在。他写道："我在马克思的稿件中发现了有关经济学研究的另外8个笔记本。……手稿可能写于19世纪50年代中期，并且包含着马克思的著作［《资本论》］的第一个草稿，当时他还没有确定标题；手稿［还］包含着他的《政治经济学批判》的第一个文本。"①

根据马克思恩格斯研究院、法兰克福社会研究所和德国社会民主党达成的出版《马克思恩格斯全集》历史考证版的协议，马克思1857—1857年经济学手稿以及其他未发表的著作被照相复制，这批手稿大约有7000多页于1923年以影印件的形式到达莫斯科的马克思恩格斯研究院。莫斯科马克思恩格斯研究院的专家们随即进行了细致的整理和编目，展开了研究。1925—1927年间，马克思恩格斯研究院的专家帕维尔·韦勒将《资本论》的全部准备材料编目，居首的就是1857—1858年经济学手稿。到1931年，马克思1857—1858年经济学手稿已经被完全辨认并打印出来。经过莫斯科马克思恩格斯研究院专家韦勒的仔细研究，确定马克思写作这批手稿的时间为1857年10月到1858年5月。②

20世纪30年代初，德国社会民主党内部发生了政治冲突，这些遗稿于1933年伴随党的领导人进入流亡阶段，后由于德国社会民主党的"财政困难"被出售给阿姆斯特丹国际社会史研究所。但包括1857—1858年经济学手稿和1861—1863年经济学手稿在内的那捆手稿并没有

---

① 参阅〔意〕马塞罗·默斯托：《马克思的〈大纲〉：〈政治经济学大纲150年〉》，闫月梅译，北京：中央编译出版社2011年版，第222页。

② 同上书，第247页。

存入阿姆斯特丹国际社会史研究所的保险箱。据解密的苏联档案显示，早在1932年，波兰人马雷克·克里格从德国社会民主党柏林档案馆偷走了这两部文稿，并于三年后在维也纳出卖给莫斯科马克思恩格斯研究院的代表。克里格的恶行成就了一件好事，推动了马克思《1857—1858年经济学手稿》的1939—1941年版的出版。

（二）《1857—1858年经济学手稿》的出版：从片断到全文

《1857—1858年经济学手稿》的出版经历了从片断到全文的一个过程。

马克思1857—1858年经济学手稿的出版史开始于德国。马克思1857—1858年经济学手稿最先出版的部分是《导言》。卡尔·考茨基于1903年在德国《新时代》杂志上发表了手稿的《导言》部分。考茨基根据自己的研究，给这部分手稿加了标题《〈政治经济学批判〉导言》。1904年，考茨基在同一杂志上发表了《巴师夏和凯里》这个片断。《巴师夏和凯里》这个片断并未引起人们的重视，而《导言》则从1904年起引起奥托·鲍威尔、鲁道夫·希法亭等学者的关注和阐述。1907年，考茨基将《〈政治经济学批判〉导言》作为《政治经济学批判》的附录出版。考茨基在德国揭开了马克思《1857—1858年经济学手稿》出版史的首页。

20世纪30年代，马克思恩格斯列宁研究院用俄文和德文出版了《1857—1858年经济学手稿》的重要部分。1932年，《资本章》最初计划的片断发表。1933年，1857—1858年经济学手稿的另一部分作为《货币章》用俄文发表，两年后用德文发表。1933年、1935年、1939年用俄文、部分用德文发表了第Ⅱ和第Ⅳ笔记本的一些摘录。1939年和1940年，《无产阶级革命》和《古代史通报》两本杂志首次发表了1857—1858年手稿中《资本主义生产以前的各种形式》这个片断，并于1940年出版发行了单行本。

1939年，1857—1858年的全部经济学手稿以《政治经济学批判大纲（1857—1858年草稿）》为标题用德文原文在莫斯科出版了第一卷。马克思恩格斯研究院为该版作的序指出："本卷书中首次全文发表的1857—1858年的手稿，标志着马克思经济学著作中的一个决定性阶段。"[①] 两年后的1941年出版了第二卷，即附录。附录包括马克思于1850—1851年对李嘉图的《政治经济学和赋税原理》所作的评论，手稿《巴师夏和凯里》，1859年的《政治经济学批判》的草稿，《我自己的笔记本的提要》，1859年《资本章计划草稿》，以及对手稿正文的评注、人名索引和文献索引等。至此，马克思《1857—1858年经济学手稿》全部问世。虽然1939—1941年这一版本被淹没和遗忘在第二次世界大战这场人类浩劫中，但这毕竟是《手稿》出版史上的具有里程碑意义的事件。1953年，为纪念马克思逝世70年、135周年诞辰，民主德国社会民主党宣布该年为马克思纪念年。东柏林狄茨出版社以莫斯科1939—1941年德文版为根据，重印了《政治经济学批判大纲（1857—1858年草稿）》，这本装帧精美的书籍带有一条写着"新书纪念马克思年，1953"的红色缎带。1953年德文重印本后来成为全集版本的主要来源。为了在《马克思恩格斯全集》历史考证版第二版中出版《大纲》，莫斯科马克思恩格斯研究院工作人员重新审核并校订了《大纲》的正文，以新标题《卡·马克思：1857—1858年经济学手稿》于1976—1981年再版。这个版本是收入此后的全集版本的各种文本的基础。同时也是马克思《1857—1858年经济学手稿》新标题的正式使用。随着《马克思恩格斯全集》历史考证版的出版，《大纲》以同样的新标题作为《马克思恩格斯全集》德文版的一个"补卷"于马克思逝世100周年的1983年问世，正式进入《马克思恩格斯全集》德文版。

---

① 〔意〕马塞罗·默斯托：《马克思的〈大纲〉：〈政治经济学大纲150年〉》，闫月梅译，北京：中央编译出版社2011年版，第223页。

(三)《1857—1858年经济学手稿》的传播：从德文到多种文字

马克思《1857—1858年经济学手稿》一经问世，就在世界上开始传播并为许多国家所接受。1903年，手稿《导言》被考茨基出版后，埃德加·米约立即翻译成法文并发表于当年的《社会主义评论》上，这是手稿片断的最早的外文译本。1904年《导言》有了英文译本，它是由N.I.斯通从考茨基发表在《新时代》上的原文版翻译成英文的。当手稿《导言》部分于1907年由考茨基作为《政治经济学批判》的一个附录出版后，不久即引起更广泛的关注，越来越多的译本随之而来。1909年，马克思的女儿劳拉·马克思重新翻译了《导言》并将它作为附录收入她翻译的法文版《政治经济学批判》。以1953年德文版为基础的《导言》法文译本在1957年才作为《政治经济学批判》的附录出版。1922年有了俄文译本。胡鲁弗卢将《导言》俄文本译成了阿塞拜疆文，于1930年在巴库出版。1926年有了两个日文译本，一个作为《政治经济学批判》的附录出版，另一个收入1928—1935年间出版的27卷本（32册）《马克思恩格斯选集》。1927年，《导言》有了希腊文译本。1930年中文译本问世。《导言》的中译文收在上海社会科学研究会1930年出版的《马克思论文选译》中。差不多同时，1930年由上海乐群书店出版的由刘曼翻译的《政治经济学批判》和1931年由上海神州国光社出版的由郭沫若翻译的《政治经济学批判》两个版本都将《导言》收入其中。当时创刊的《萌芽》杂志，也在第一卷第1期刊载了《导言》。[①] 1946年，《导言》葡萄牙文译本在巴西作为《政治经济学批判》的一个附录首次出版。1948年，《导言》的波兰文译作发表在《新路》杂志上。1949年，南斯拉夫共产党领导人、后来成为南斯拉夫议会主席的莫沙·皮亚德编辑了《导言》的第一个塞尔维亚/塞尔维

---

① 张钟朴：《中国》，见马塞罗·默斯托：《马克思的〈大纲〉：〈政治经济学大纲150年〉》，闫月梅译，北京：中央编译出版社2011年版，第266页。

亚—克罗地亚文译本。1951年,匈牙利的"小型马克思列宁主义文库"丛书出版了匈牙利语《导言》,随后的1957年,《导言》还被收入匈牙利文《马克思恩格斯全集》第13卷中。1953年,《导言》用捷克语出版,随后被编入经典马克思主义概要中。1954年,卢西奥·科莱蒂翻译的《导言》意大利文译本出版。1962年,《导言》以"政治经济学批判导言"为题作为《政治经济学批判》的附录在古巴出版。1970年,《导言》第二个英译本出版。这个译本是S.W.梁赞斯卡娅从《马克思恩格斯全集》德文版翻译过来的,仍然以《政治经济学批判》的附录出现。1975年,特雷尔·卡弗从1953年德文本翻译过来的《导言》发表在他的《卡尔·马克思:关于方法的文本》一书中,并提供了有关这一文本的重要注释和评论。

继《导言》之后,另一篇在各国传播的手稿片断是《资本主义生产以前的各种形式》。继1939年这个片断的俄文版问世后,根据俄文版翻译的亚美尼亚文译本于1941年出版,格鲁吉亚文译本于1952年出版。1947—1948年它被从俄文译为日文。1952年,《资本主义生产以前的各种形式》的德文译本问世。1953年,《资本主义生产以前的各种形式》作为"小型马克思列宁主义文库"丛书的一部被翻译成匈牙利语出版。到1954年,译自德文的《资本主义生产以前的各种形式》日文译本出版。1954年由吉罗拉莫·布鲁内蒂翻译的意大利文本出版。1956年,《资本主义生产以前的各种形式》由日知译为中文,以单行本形式由人民出版社出版。该书在《大纲》全译本出版之前,到1963年为止曾接连印行3次。1964年,这个手稿片断的英文版出版,帮助了这个手稿片断在英语国家的传播。1966年,《大纲》的片断《资本主义生产以前的各种形式》的波兰文译作发表在学术杂志《经济学研究》上。1966年,《资本主义生产以前的各种形式》由英文译成西班牙文,以《前资本主义经济形态》在阿根廷出版。1967年西班牙的译本出版,标志着手稿的这个片断进入了西班牙语世界。1967年,捷克语译本《资本主义生产以前的各种形式》出版。1970年,戈德利埃编辑的马克思恩格斯文选《论前资本主义社会》中刊载了他重新翻译的《资本主义生产以前的各种形式》，这是这个片断的法文译本。1975年，基于英文译本的《资本主义生产以前的各种形式》葡萄牙文译本在巴西问世，译者是若昂·马亚。

1904—1905年，考茨基发表在《新时代》上的《巴师夏和凯里》这个片断被翻译成俄文，发表在俄文的一些杂志和文集中。1929年，《大纲》片断《巴师夏和凯里》的日文译本在日本出版。1936年，包括摘自《货币章》和《资本章》两个片段的《大纲》日文节译本出版。1964年，意大利《红色笔记》杂志发表了雷纳托·索尔米翻译的《机器论片断》，《工人阶级》月刊发表了格里洛翻译的《大纲》中的几篇简短摘要，如关于资本和劳动交换的一个较短的段落，关于工人的节约的一段较长的摘录，关于包含着各种预见和预测的资本主义发展的未来的章节等。1965—1968年，《大纲》的一个俄文节译本（《资本章》摘录）在苏联《哲学问题》杂志上发表。1972年，本·布鲁斯特从1953年德文本中翻译并介绍了《机器论的片断》，发表在英国的《经济与社会》杂志上。

节译本是《大纲》在一些国家传播的重要形式。在土耳其，很长时间里只有《大纲》的节译本。这些节译本或者基于《导言》，或者基于《货币章》，特别是基于《资本主义生产以前的各种形式》。1970年，丹麦学者翻译了《大纲》的重要部分，这个选译本受到丹麦学界的重视，刊印的2000册全部售光。1974年，《大纲》的塞尔维亚文/塞尔维亚—克罗地亚文节译本出版。1989年，选编内容与塞尔维亚文/塞尔维亚—克罗地亚文译本一致的《大纲》马其顿文节译本出版。

随着《政治经济学批判大纲（1857—1858年草稿）》德文全文本的出版，全文本也迅速以多语种全译本在各国出版。

最早的全译本是日文译本，它于1958—1965年在日本出版。日文译本"《政治经济批判大纲》囊括了1953年《大纲》德文版的全部内容。第一卷包括《导言》和《货币章》，第二和第三卷包括绝大部分

《资本章》，第四卷包括《资本章》的结论部分和1850—1851年对大卫·李嘉图的摘录，第五卷包括马克思本人或德文版编者草拟的马克思的笔记本的所有提要。日本因此成为第一个翻译《大纲》的国家"①。

仅慢于日文译本的是中文译本，它于1962—1978年在中国出版。从1962年开始，中国科学院经济研究所刘潇然教授根据1953年柏林狄茨出版社德文版翻译《大纲》，中译本由人民出版社分五册出版，内部发行。由中央编译局陆续编译、人民出版社陆续出版的《马克思恩格斯全集》中文第一版的第46卷（上下册）收录的是《大纲》。该卷根据1939—1941年的《大纲》德文版并参照《全集》俄文第2版第46卷（Ⅰ—Ⅱ）卷重新翻译，沿用了俄文版编者所加的全部标题，并在前面增加了中文编译者撰写的出版说明，于1979年和1980年出版。从1986年起，中央编译局开始编译卷次更多的《马克思恩格斯全集》中文第2版。该版的第2部分是"《资本论》及其手稿"，包括15卷，而《大纲》是这部分排序最前的两卷即第30卷和第31卷。第30卷于1995年、第31卷于1998年由人民出版社出版。"该版依据《马克思恩格斯全集》历史考证版第2部分第1卷第1、2分册（1976、1981年）原文并参考了民主德国《全集》德文版第42卷，对第1版的中译文重新作了校订。与原来沿用俄文版标题的第1版不同，该版除保留马克思手稿中所有原来的标题外，只在最必要的地方根据内容加了少量编者所拟的标题。篇章结构更符合原著，译文更为精确，资料也更为翔实。"②2009年，由中央编译局编译的《马克思恩格斯文集》10卷本由人民出版社出版，其中第8卷摘译了马克思的《1857—1858年经济学手稿》。

1967—1974年间，1953年柏林德文重印本的几个再版本和授权版本在民主德国和联邦德国问世。而在苏联，《手稿》俄文译本没有收入

---

① 〔意〕马塞罗·默斯托：《马克思的〈大纲〉：〈政治经济学大纲〉150年》，闫月梅译，北京：中央编译出版社2011年版，第260页。

② 张钟朴：《中国》，见马塞罗·默斯托：《马克思的〈大纲〉：〈政治经济学大纲〉150年》，闫月梅译，北京：中央编译出版社2011年版，第267页。

1955—1966年以39卷（42册）出版的俄文第二版中。只是在该版扩充为50卷后，才作为第46卷（两册）在1968—1969年出版。"与1939—1941年《大纲》第一版相比较，手稿正文部分有了更好的评注，并包括新的人名和文献索引。第二部分包括两卷书的名目索引。"[①]

法文两卷本译本由罗歇·当热维尔翻译，于1967—1968年由人文科学出版社出版，书名为《政治经济学大纲》。但有的专家认为"这个版本质量较差，不得不在1980年被一个更可靠的版本所代替"[②]。1980年，完整而精确的《大纲》法文译本由隶属于法国共产党的社会出版社出版。"这个版本是以1953年德文版和《马克思恩格斯全集》历史考证版第二版这一部分的第一卷为基础的；该译本由让-皮埃尔·列斐伏尔负责协调的多学科德国专家组翻译并以《1857—1858年手稿（〈大纲〉）》为题以两卷本形式出版"[③]。

意大利文《大纲》全译本于1968—1970年出版。恩佐·格里洛以1953年德文版为基础翻译，意大利新闻出版社分别于1868年和1970年以《1857—1858年政治经济学批判大纲》为名出版了独立的两卷书。第一卷包括1857年《导言》、《货币章》和《资本的生产过程》，第二卷以《资本的流通过程》开始。这个译本于1978年和1997年再版两次。意大利文另一个译本由乔治·巴克豪斯依据1939—1941年版本翻译，以《政治经济学批判大纲》为题的两卷本形式由埃诺迪出版社出版。该译本1977年再版。

第一个西班牙文译本于1970—1971年以《政治经济学批判大纲。1857—1858年草稿》为题在古巴出版。这个版本以1967—1968年法文版为基础，准确度较低，在古巴之外并无多大知名度。1971—1976年间，阿根廷二十一世纪出版社出版了佩德罗·斯卡龙翻译的三卷本《政

[①]〔意〕马塞罗·默斯托：《马克思的〈大纲〉：〈政治经济学大纲〉150年》，闫月梅译，北京：中央编译出版社2011年版，第251页。

[②] 同上书，第224页。

[③] 同上书，第275页。

治经济学批判大纲》。这个译本从 1953 年德文版翻译成西班牙文,参照了 1968—1969 年俄文版的修订意见,被默斯托称为"第一个准确的西班牙文译本"①。到 2002 年,这个版本再版 18 次,是最著名和最受欢迎的西班牙文译本。1972 年,出版商阿尔韦托·科尔松出版了《大纲》的第三个西班牙文译本。1977 年出版了哈维尔·佩雷斯·罗约的《大纲》的第四个西班牙文译本。1985 年,墨西哥著名的经济文化背景出版社出版了第五个西班牙文译本。这个译本的译者塞斯劳·罗塞斯是将马克思著作译成西班牙文的最重要的译者。"西班牙语国家几个出版社都有属于它们自己的《大纲》版本","西班牙语成为《大纲》译本最多的语种"②。

《大纲》第一个英文全译本由马丁·尼古劳斯翻译,标题是"大纲",副标题是"政治经济学批判大纲(草稿)"于 1973 年由企鹅出版社作为"塘鹅马克思文库"丛书的第一本出版。"塘鹅马克思文库"是由《新左派评论》和企鹅出版社启动的。英文译本的首次出版比德文重印本整整晚了 20 年。1986—1987 年,根据《马克思恩格斯全集》历史考证版第二版翻译的第二个英文全译本出版。这个译本是作为《马克思恩格斯全集》英文版第 28 卷和第 29 卷出版的。由恩斯特·旺格曼翻译的第 28 卷包括《巴师夏和凯里》、《导言》和正文第一部分,标题是"政治经济学批判大纲(1857—1858 年草稿)"。由维克托·施尼特克翻译的第 29 卷包括正文的第二部分;附加材料包括 1859 年《政治经济学批判》的草稿。

20 世纪 70 年代,东欧国家的全译本纷纷问世。1971—1977 年间,莫伊米尔·赫尔贝克和鲁特·赫尔布科娃翻译的《大纲〈手稿〉。1857—1858 年经济学手稿》捷克文三卷本由布拉格自由出版社出版,它是从 1953 年德文版翻译过来的,并根据 1968—1969 年俄文版予以修

---

① 〔意〕马塞罗·默斯托:《马克思的〈大纲〉:〈政治经济学大纲〉150 年》,闫月梅译,北京:中央编译出版社 2011 年版,第 224 页。

② 同上。

订。不久后，斯洛伐克语译本以《政治经济学批判纲要：〈大纲〉手稿》（草稿：1857—1858年经济学手稿）为题由布拉迪斯拉发的真理出版社出版。该书为两卷本，由特奥多尔·明茨以1953年德文版为基础翻译。在匈牙利，《大纲》于1972年以《卡尔·马克思和弗里德里希·恩格斯著作集》的包含两卷的一个补卷（46/Ⅰ-Ⅱ）的形式出版，后以《政治经济学批判大纲》为题单独成书出版。罗马尼亚文译本于1972—1974年间以两卷本形式由布加勒斯特政治出版社出版，书名为《政治经济学批判大纲》。这个版本以1953年德文版为基础，按照1968—1969年俄文版进行修订。1979年，完整的塞尔维亚文/塞尔维亚-克罗地亚文译本出版。这一版本以1953年德文版为基础，标题是《政治经济学批判大纲》，分别作为《马克思恩格斯著作集》的第19卷和20卷出版。1985年，《大纲》以《政治经济学批判：1857/1858》为题出版了斯洛文尼亚文译本。

20世纪70年代，在丹麦有两个形成对比的丹麦语全文译本几乎同时出版。一个是由维特-汉森翻译的题为《政治经济学大纲》的6卷本的"老左翼版本"，于1974—1978年间出版；另一个是米海尔·拉森与汉斯-约尔根·尚茨合译的题为《政治经济学批判大纲》的4卷本的"新左翼版本"，于1975—1977年出版。这两个版本都是1953年德文版翻译过来的。

20世纪80年代，第一个波斯文全译本于1985—1987年在伊朗出版。这一译本是艾哈迈德·塔代永从马丁·尼古劳斯的《大纲》英译本翻译，由巴盖尔·帕哈姆对照着罗歇·当热维尔1967—1968年法文版和1953年德文版修订的两卷本《大纲：政治经济学批判大纲》翻译。1986年出版的《政治经济学批判大纲》波兰文全译本以1953年德文本为基础，也参照了1868—1969俄文译本。《大纲》芬兰文译本两卷本由莫斯科进步出版社于1986年出版，标题是《1857—1858年经济学手稿（大纲）》。1981—1993年，第一个翻译《大纲》完整本的日本又出版了一个新的两卷本的日文译本，标题是《1857—1858

年经济学手稿》。

1991年第一个社会主义国家苏联解体，社会主义出现低潮，但《大纲》在国际上的传播并未停止，仍然持续地被译成其他语种。希腊文全译本于1989—1992年以《政治经济学批判大纲》三卷本形式由独立的左翼出版社斯托卡斯提斯出版，译者是迪奥尼西斯·迪瓦里斯，译文根据1953年德文版翻译，并参阅了法文译本（1967—1968和1980年）、英文译本（1973年）和意大利文译本（1968—1970年和1976年）。第一卷收入了《导言》和《货币章》，第二卷收入了《资本章》，第三卷收入了德文版中的各种材料。《大纲》土耳其文全译本于1999—2003年间问世。它由阿里夫·盖伦翻译，安卡拉一家独立的左翼出版社左翼出版物以两卷集形式出版，标题是《政治经济学批判大纲。草稿》。朝鲜语全译本由韩国白衣出版社于2000年以三卷本形式出版，它由金浩君从1983年民主德国出版的《马克思恩格斯全集》第42卷译成朝鲜语，标题是《政治经济学批判大纲》。《大纲》的葡萄牙文译本由巴西孔特拉庞托出版社于2008年出版，译者是马里奥·杜艾尔，译文以《马克思恩格斯全集》历史考证版第二部分第一卷第一分册和第二分册为基础，标题是《〈大纲〉。政治经济学批判纲要。1857—1858》。

特别值得一提的是，1997年，马克思的《大纲》原始文本的复制本在日本被刊印了150份，还附加了一篇由日本学者大谷祯之介撰写的导言。这是马克思《大纲》在世界上唯一的一个原始文本版本。

2008年，默斯托在为纪念《大纲》写作150年而撰写的《〈大纲〉在世界上的传播和接受（导言）》一文中统计，《大纲》完整本被翻译成22种语言，32个不同的版本，不包括节译本在内，它已经被刊印了50多万册。[①]

[①]〔意〕马塞罗·默斯托：《马克思的〈大纲〉：〈政治经济学大纲〉150年》，闫月梅译，北京：中央编译出版社2011年版，第225页。

第二部分　研究状况

第三章 国外研究情况

《1857—1858年经济学手稿》的出版和传播，引起各国学者尤其是马克思主义学者的注意和认真研究。本章主要围绕《手稿》在马克思思想史上的地位、政治经济学的方法、异化理论、价值理论、货币理论、剩余价值理论、经济危机理论和未来社会的基本特征等问题扼要介绍国外学者的研究情况。

一 关于《手稿》在马克思思想发展史上的地位

《手稿》是部什么样的著作，在马克思思想发展史上处于什么样的地位？这是对《手稿》性质的定位，是研究者最关心的问题。国外学者在深入研究的基础上，对《手稿》在马克思思想发展史上的地位，主要有两派意见：一派认为，《手稿》是一部概念体系完整的独立的著作，是一部自成一体的著作；另一派则认为，《手稿》仅仅是马克思思想发展过程中的一个阶段，是为《资本论》铺路的一部早期手稿，是需要与最终的成果《资本论》加以对比的阶段。

意大利学者安东尼·内格里持第一种观点，他在《超越马克思的马克思。〈大纲〉讲座》一书中强调，对于马克思理论来说，《大纲》绝对是决定性的著作，比如，《大纲》中共产主义的概念比其他任何地方都阐明得更为彻底。人们远远不应把《大纲》看作《资本论》的试验场，相反，需要从《大纲》开始重新思考1867年的著作。① 内格里不同意将《大纲》理解为《资本论》的预备材料，甚至认为，《大纲》和《资本论》在一定程度上是互相对立的。他在《超越马克思的马克思。〈大纲〉讲座》第二版导言中，严肃地将《大纲》界定为"一种对成熟资本主义社会的非凡的理论预言……一种对于任何一个希望与后福特主义和后现代主义进行论战的人来说的重要阅读材料"。②

英国学者戴维·麦克莱伦在为自己摘译的《马克思的大纲》撰写的简短的导言中指出，《大纲》是马克思著作中"最引人注目的部分"，是他写过的东西中最重要的著作，相比之下，《资本论》是"极度未完成的"。他在《马克思思想导论》中明确指出："从经济学的观点出发，《手稿》包含着对马克思成熟理论的第一次详细论述。……事实上，马克思经济理论的所有要素都在《手稿》中得到详细论述了。但是，既然这些因素在《资本论》中以大量的篇幅得到论述，那么《手稿》更有意思之处就在于马克思在其宏大的事业中没有再次继续发展的那些论述。"③

美国学者马丁·尼古劳斯认为，《大纲》不同于马克思的早期著作，它超越了循环运动而进入了生产的经济学层面；这里剩余价值之谜被劳动与劳动力之间的区分解决了。他认为，《大纲》是唯一一部完整解释马克思的理论的文本，而《资本论》是"艰难的未完成之作"。特别是《资本论》没有包括崩溃理论，而《大纲》则包括了。④

南斯拉夫学者彼得洛维奇在《自由大纲》一书的序言中认为，《大纲》是正确理解马克思理论的首选读物，其次才是马克思思想不同历史

---

① 〔意〕马塞罗·默斯托：《马克思的〈大纲〉：〈政治经济学大纲〉150年》，闫月梅译，北京：中央编译出版社2011年版，第275页。

② Negri, Antonio (1979), *Marx oltre Marx, Quaderno di lavoro sui Grundrisse Milan*: *Feltrinelli*; Manifestolibri, 36.

③ 〔英〕戴维·麦克莱伦：《马克思思想导论》第3版，郑一明、陈喜贵译，北京：中国人民大学2008年版，第71页。

④ 参见〔意〕马塞罗·默斯托：《马克思的〈大纲〉：〈政治经济学大纲〉150年》，闫月梅译，北京：中央编译出版社2011年版，第302页。

阶段的连续性的证明。他认为,"《大纲》在哲学上是超越《资本论》的,因为它包含了对当代世界及其具体化的较深入的批判,包含着对未来共产主义社会的较详细的说明。《大纲》论证了马克思思想的本质在于他的政治经济学批判:这种批判也是一种革命哲学,不能将其作为一种学科来理解,它是一种集所有哲学、社会和科学传统之大成的革命理论。"①

意大利学者马塞罗·默斯托认为:《手稿》"尽管没有完成,但它仍标志着马克思思想发展过程中一个决定性的阶段。作为马克思在19世纪50年代深刻研究政治经济学的成果,它包含着在《资本论》的所有准备材料中可以发现的主要理论思想。它的价值不仅仅体现在它是马克思的巨著的第一稿,《大纲》中包括大量(尽管是不完整的)对诸如共产主义社会的特征以及机械自动化等重要主题的评论,而这些主题马克思在他终其一生都未完成的著名著作中的其他地方再没有展开论述过,这向我们展示了一个许多方面都不同于20世纪对马克思主义的主要解释中呈现的那个作者的作者"②。

美国学者约翰·贝拉米·福斯特认为:《手稿》"成为将马克思的总体分析统一起来必不可少的手段。从写作年代上处于马克思的早期著作和《资本论》之间,而且还构成了两者之间在概念上的桥梁。与此同时,它还提供了一种理论和哲学的视角,这种视角在某种程度上比其他著作的视野更为开阔"③。美国学者莫伊舍·波斯顿认为:"虽然马克思在《大纲》中没有制定出他的成熟批判理论的一切方面,但他对资本主义现代性进行批判的一般本质及这种批判的基本范畴的特点和重要性在这部手稿中已经清楚地显现出来了。……由于马克思在这部手稿中仍然在着手他的范畴分析,因此,该手稿的战略意图比《资本论》的

---

① 参见〔意〕马塞罗·默斯托:《马克思的〈大纲〉:〈政治经济学大纲〉150年》,闫月梅译,北京:中央编译出版社2011年版,第316页。
② 同上书,第25—26页。
③ 参见同上书,第136页。

战略意图更容易理解。因此,《大纲》能够阐明马克思成熟的政治经济学批判的实质和核心。透过1857—1858年手稿的视角,我们就会发现,与传统马克思主义框架可能提供的对当代世界的批判理论相比,《大纲》中的批判能够为一种更为恰当的当代世界批判理论提供根据。"①

苏联学者维塔利·维戈茨基在他的研究专著《卡尔·马克思一个伟大发现的历史:论〈资本论〉的创作》中认为,《手稿》是一部"天才著作",它"把我们带入了马克思的'创作实验室',使我们有可能一步一步地考察马克思制定经济理论的过程"。因此有必要给《手稿》以应有的重视。② 他在另一部专著《〈资本论〉创作史》中还提出:"马克思从1857年10月起至1858年5月在多年来研究资本主义经济和资产阶级政治经济学基础上所写的《政治经济学批判》手稿,以及在这一手稿基础上写成的于1859年出版的《政治经济学批判》第一分册,合在一起就是《资本论》的最初稿。"③

英国学者艾瑞克·霍布斯鲍姆认为:"从任何方面说,《大纲》都是一部非常难懂的文献,但也是一部非常值得读的文献。这是因为它不仅提供了有关那部连《资本论》也仅仅是其中一部分的专著的唯一的全方位的指南,还提供了对于成熟马克思的方法论的独特介绍。它包含了能使得马克思对资本主义的分析适用于远远大于19世纪的范围的分析和洞见,它们可以用来分析制造不再倚重人工的社会的时代,自动化的时代,闲暇的能力,以及异化在这些情景中的变化。比如说他对科技的看法,就有这样的力量。它是唯一一部在某种程度上超越了马克思本人在《德意志意识形态》中对共产主义未来所作的提示的文本。总之,

---

① 参见〔意〕马塞罗·默斯托:《马克思的〈大纲〉:〈政治经济学大纲〉150年》,闫月梅译,北京:中央编译出版社2011年版,第166页。
② 同上书,第226页。
③ 〔苏〕维·索·维戈茨基:《〈资本论〉创作史》,马健行、郭继严译,福州:福建人民出版社1983年版,第75页。

《大纲》的确体现了最为丰富的马克思思想。"①

法国学者米歇尔·亨利在专著《马克思》中指出,"马克思在为别人写作《资本论》之前为自己写的这本书"使人们的基本直觉豁然开朗,即认为《资本论》随后会用它的科学性将自身武装起来。② 法国学者比岱认为,《大纲》是一部"实验性著作"和过渡性著作,它以思辨人类学为特点,并且正是由于其不足从而为《资本论》的发展留出了空间。③ 英国学者科恩认为,《大纲》是一个混合的文本。"青年马克思和老年马克思是不同的,但他们是一个智力生命的不同阶段,而《大纲》是它们之间的桥梁。但是一座桥梁不能填满一个沟壑。它连接的是对立的两个方面。"④

民主德国学者曼弗雷德·缪勒在《通往〈资本论〉的道路》一书中从概述《手稿》的理论贡献入手较为客观地评价了《手稿》的地位。他认为:"马克思在这部手稿里由于从概念上确定了在直接生产过程中所形成的资本的基本结构,以及在流通过程中所采取的形式规定,从而成功地指明了资本产生的条件。马克思在《政治经济学批判大纲》中第一次发挥了他的劳动价值理论的本质部分。在分析商品和货币的基础上,在揭示商品的二重性以及体现在商品中的劳动的二重性的基础上,马克思创立了他的学说的基石——剩余价值理论。在《大纲》中深入研究了这一理论的最重要的要素,即'纯粹'形态的剩余价值。劳动力是商品这个学说产生了。马克思把资本分为不变资本和可变资本。他在绝对剩余价值和相对剩余价值的生产中发现了剩余价值的形式和方法,发展了资本积累和资本转化的基本思想,研究了决定剩余价值率和利润率的不同规律。在这部手稿中也概述了平均利润率的理论和价值转化为生产价格的理论。最后,马克思在《大纲》中还恰当地提出了一

---

① 参见〔意〕马塞罗·默斯托:《马克思的〈大纲〉:〈政治经济学大纲〉150 年》,闫月梅译,北京:中央编译出版社 2011 年版,前言第 5 页。
② 参见同上书,第 276 页。
③ 参见同上书,第 276—277 页。
④ Cohen, G.A. (1972), "Thoughs on the Grundrisse", *Marxism Today*, Vol. 16 No. 12: 373.

系列有关资本主义生产方式的历史地位的重要论断。所以，他研究了共产主义生产方式形成的基本前提，从对资本主义生产方式所做的分析中引出了共产主义社会的某些基本特征。由于它的理论内容以及它的结构，1857—1858年的经济学手稿可以看作是《资本论》的原始文稿。"①

二 关于政治经济学的方法

《手稿》中的导言、《政治经济学批判》序言和《资本论》第一卷第二版跋一起，是马克思讨论政治经济学方法的最重要的著作。《导言》的第三节《政治经济学的方法》历来是学者们研究的热点，研究聚焦的问题之一是政治经济学的方法这个问题。

在《导言》和《〈政治经济学批判〉序言》、《资本论》第一卷第二版跋的联系中理解把握政治经济学的方法。马塞罗·默斯托认为，《导言》的第三节要解决重要的方法论问题，即如何在思维中再现现实？如何构建一个能够理解和代表社会的抽象的范畴模式？他通过对《导言》第三节文本的逻辑分析，从马克思关于政治经济学分析的起点、简单范畴和具体范畴的关系、如何安排范畴的次序等问题入手，认为，在政治经济学方法上马克思1857年的指导性目标是"从抽象上升到具体"。但是，马塞罗·默斯托在联系《政治经济学批判》和《资本论》的内容研究后进一步认为：马克思在《导言》之后写作的《手稿》的最后部分已经声明"表现资产阶级财富的第一个范畴是商品的范畴"，并将他的《政治经济学批判》第一分册的第一章和《资本论》的第一章都用来研究商品，他的研究是从商品这一"个别"开始的。"1857年的指导性目标——'从抽象上升到具体'在1859年的文本中被变成了'从个别上升到一般'。《导言》的起点——最抽象和最普遍的规定被一个具体的、历史规定的现实——商品——取代了。但是由于

---

① 〔民主德国〕曼弗雷德·缪勒：《通往〈资本论〉的道路》，钱学敏等译，济南：山东人民出版社1992年版，第2—3页。

1857年的文本没有发表，马克思没有对这一改变作出解释。"① 他接着指出，马克思给他的1859年的著作的开篇不是计划中的《导言》，而是一个简短的《序言》，在《序言》中他简明概括了自己的思想历程和所谓的唯物主义历史观。……最重要的是他1873年给《资本论》第一卷写的跋。在这个跋中，马克思对《资本论》出版后的评论，用研究方法和叙述方法的区分作出回应。研究是从个别上升到一般，叙述则是从抽象上升到具体，从而对1857年关于方法的观点的确认。② 马塞罗·默斯托对《导言》中马克思关于政治经济学方法的研究的最大特点和优点在于联系《政治经济学批判》和《资本论》来研究《导言》中关于政治经济学方法的论述。

在政治经济学巨著的结构计划中理解把握政治经济学的方法。联邦德国罗曼·罗斯多尔斯基在《马克思〈资本论〉的形成》一书中从《手稿》中关于经济学著作结构计划的角度研究政治经济学的方法。他指出，"马克思在导言中说明，'掌握具体并把它当作一个精神上的具体再现出来'的'从抽象上升到具体'的方法是唯一科学的方法。'具体之所以具体'，《导言》中著名的一句话说，'因为它是许多规定的综合。因而是多样性的统一'。因此，这只能通过作为'综合过程'的思维才能充分理解。也就是通过从最简单、具体本身的抽象的规定到具体的逐渐再造。另一方面，如果科学的（在经济学上）分析直接从'实在和具体'开始，从'现实的前提'开始，例如从人口或世界市场开始，那么所研究的现实就是一个混沌的完全模糊的表象。"③罗曼·罗斯多尔斯基接着说，从抽象上升到具体"要从一般范畴（交换价值、货币、价格）开始进行探究，经过对'生产过程的内在结构'——资本、土地所有制和雇佣劳动范畴——的分析，以达到以国家形式存在的资产

---

① 〔意〕马塞罗·默斯托：《马克思的〈大纲〉：〈政治经济学大纲〉150年》，闫月梅译，北京：中央编译出版社2011年版，第60页。

② 同上。

③ 〔联邦德国〕罗曼·罗斯多尔斯基：《马克思〈资本论〉的形成》，魏埙、张彤玉、沈玉玲等译，济南：山东人民出版社1992年版，第30页。

阶级社会的综合。这里资产阶级社会是'就它同其本身的关系'来考察的，这自然会提供全新的观点。但是，这还不是具体化的最后阶段！因为国内经济必须在与其他资本主义（以及非资本主义）国家的对外关系中才能深入了解，并且最终作为包括所有国家在内的总体中的一个因素。只有这时，我们才能到达作为'许多规定性和关系的丰富的整体'的'世界市场'和'世界经济'的范畴。最后，从'抽象上升到具体'的同样的过程也在《资本》分册中重复出现过，在那里，马克思从'资本一般'开始，又通过对竞争和信用制度的考察，到达了资本的最发达的形式——股份资本"[1]。

从《资本论》第一卷第二版跋入手探讨《手稿》中研究方法和叙述方法的交织。苏联学者W.维戈斯基认为，研究方法和叙述方法是根本不同的，被用于科学理论创立过程的不同阶段，在时间上和空间上是各自分开的。两者的区别是形式上的，因为两者都以对于实际的统一的科学认识过程为基础，在研究和叙述之间存在着某种不可分割的内在统一性。研究的特征是充分地占有材料，分析它的各种发展形式，探寻内在联系。叙述过程中反映出来的是材料的现实运动。他通过对《手稿》内容尤其是政治经济学巨著写作结构的深入考察，从发现资产阶级财富的元素形式、从商品的抽象规定到生产的内在结构的过渡、资本一般部分的结构的规定等方面，观察研究过程和叙述过程的交织，即两者的相互作用。通过分析，W.维戈斯基得出结论："研究方法和叙述方法的辩证的相互作用和交织，正是政治经济学的方法以及整个唯物辩证法的本质特征。"[2]

从政治经济学发展过程探讨政治经济学的研究方法和叙述方法都是从抽象到具体。德国学者W.雅恩和D.诺斯克认为，马克思在把他的方

---

[1] 〔联邦德国〕罗曼·罗斯多尔斯基：《马克思〈资本论〉的形成》，魏埙、张彤玉、沈玉玲等译，济南：山东人民出版社1992年版，第31页。

[2] 〔苏联〕W.维戈斯基：《〈政治经济学批判大纲〉中研究方法和叙述方法的交织》，见黄晓武主编：《〈1857—1858年经济学手稿〉研究》，北京：中央编译出版社2014年版，第170页。

法说成是从抽象上升到具体的方法时，指的是研究以及包括在研究中的叙述的总过程，同时，在一定情况下，在从抽象上升到具体的总过程的范围内，从而也就是在从属于这一运动的范围内，从方法上说还应用从具体到抽象的方法。因为"一旦得出一般的抽象的概念，研究就无须再重新从'生动的整体'出发，并从中不断发展出新的概念。相反，研究应从现存的概念体系出发，并通过排除逻辑矛盾和经过生动整体的进一步检验来发展这一概念体系，而其目的就是要对'多样性的统一'作出抽象的叙述。在这种抽象的叙述中，应借助于从抽象上升到具体的方法，从逻辑上再现不断展开的整体，而范畴推导中出现的缺陷则使人们想到理论上尚未解决的问题"[1]。所以，在W.雅恩和D.诺斯克看来，无论就马克思主义政治经济学的研究来说，或者就其叙述来说，实质上涉及的都是从抽象上升到具体的过程，至于从具体到抽象的过程，只是在政治经济学的形成时期起过作用，而自那时以后便从属于从抽象上升到具体的过程。[2]

在批评别的学者关于政治经济学方法的观点中阐明从具体上升到抽象和从抽象上升到具体是唯物辩证法不可分割的统一过程。对于维戈斯基、雅恩和诺斯克关于《手稿》中政治经济学方法的观点，民主德国学者G.法比翁克进行了批评性的评论，提出了自己的观点。在政治经济学的方法上，维戈斯基认为，马克思的政治经济学的研究方法主要涉及从具体到抽象的过程，而叙述方法主要涉及从抽象上升到具体的过程。雅克和诺斯克则认为，无论是研究还是叙述，实质上涉及的都是从抽象上升到具体的过程，至于从具体到抽象的过程，只是在政治经济学形成时期起过作用，而自那以后便从属于从抽象上升到具体的过程。法比翁克认为，他们的观点是不确切的，其原因在于他们把马克思的政治经济学方法中的具体和抽象的关系问题，同政治经济学的研究方法和叙

---

[1] 参阅黄晓武主编：《〈1857—1858年经济学手稿〉研究》，北京：中央编译出版社2014年版，第183—184页。

[2] 参阅同上书，第178页。

述方法的关系问题过于紧密地联系在一起了。他认为，政治经济学的认识发展过程和理论展开过程中的两条道路和两种方法的作用问题即从具体上升到抽象和从抽象上升到具体的作用问题，决不能同马克思的政治经济学的研究方法和叙述方法的关系问题直接混为一谈。在对两种观点的批评中，他得出的结论是，从根本上说，马克思的政治经济学理论形成方法的两个方面，从具体上升到抽象和从抽象上升到具体，无论在研究中或在叙述中都起着重要的作用，因此，"由于客观必然性的原因，无论在政治经济学有关研究对象的唯物辩证的研究中，或在唯物辩证的叙述中，都必定是交织使用"。①

从《手稿》写作过程探讨马克思的政治经济学研究方法。苏联学者伊丽娜·安东诺娃在《1857—1858年手稿〈大纲〉的研究方法和结构》一文中通过对1857—1858年经济学手稿原稿的历史的考察探讨了马克思的研究方法。她指出，"《大纲》所阐发的研究方法构成了哲学的和具体历史的亦即各个学科的研究的有机统一，这种情形类似于理论与方法的统一。"② 从对物质生产一般进行抽象哲学的考察向对物质生产进行具体经济学分析的过渡，是《大纲》中的典型过渡，由此也可以看出由抽象向具体的上升现象。伊丽娜·安东诺娃认为，哲学阐述的方面涉及物质生产的一般结构问题；它在资产阶级社会内部所处的地位的确定问题，也就是资产阶级社会本身的历史顺序问题。手稿对这个问题的研究占了重要篇幅，在某种意义上说，它决定了手稿的结构特点。就狭义的资本主义生产方式而言，在对上述诸问题的研究中，具体经济学的考察渐居主要地位。《资本论》的逻辑理所当然地取代了对方法论

---

① 〔民主德国〕G.法比翁克：《从具体上升到抽象和从抽象上升到具体是唯物辩证法的不可分割的统一过程》，见黄晓武主编：《〈1857—1858年经济学手稿〉研究》，北京：中央编译出版社2014年版，第186页。
② 〔苏联〕伊丽娜·安东诺娃：《1857—1858年手稿〈大纲〉的研究方法和结构》，见黄晓武主编：《〈1857—1858年经济学手稿〉研究》，北京：中央编译出版社2014年版，第171页。

特征的探讨。①

从手稿中"中介"概念的使用探讨政治经济学的具体方法。德国学者伯恩德·福格尔认为，在马克思政治经济学方法论的文献中，对方法论具有决定性意义的中介概念一直没有得到足够的重视，他在《关于马克思中介概念的几个方面》一文中，以《政治经济学批判大纲》为依据，专门探讨了"手稿"中的中介概念，讨论了政治经济学的一种具体方法。福格尔从马克思手稿中关于生产和分配、交换、消费的关系中，阐述了直接中介的观点；从商品、价值、货币的关系中，阐述了间接中介的观点。他认为马克思对中介的分析可以概括为四点：一是区分了直接关系中的中介和各种中介关系；二是通过直接同一性、互为手段以及互相转化这三个要素说明直接关系的中介；三是对间接关系中的中介的研究揭示了相互发生关系各方的内在结构；四是直接和间接的中项的统一在于，间接要素构成一个总体的各个环节、一个统一体内部的差别。②

三 关于异化理论

"异化"是国外理论界20世纪50年代晚期至70年代关于"早期"马克思和"晚期"马克思或"黑格尔式的"马克思和"科学的"马克思的争论或辩论的主题。许多重要的学者就此问题发表过著作和论文。这些著作和论文涉及《1857—1858年经济学手稿》中的异化思想。

特雷尔·卡弗在《马克思〈大纲〉中的异化概念》一文中认为："异化术语的使用适合于马克思关于社会生产过程中劳动与资本、工人与资本家关系的全部论述，从19世纪40年代早期开始，它既在手稿又

---

① 〔苏联〕伊丽娜·安东诺娃：《1857—1858年手稿〈大纲〉的研究方法和结构》，见黄晓武主编：《〈1857—1858年经济学手稿〉研究》，北京：中央编译出版社2014年版，第172页。
② 〔德〕伯恩德·福格尔：《关于马克思中介概念的几个方面》，见黄晓武主编：《〈1857—1858年经济学手稿〉研究》，北京：中央编译出版社2014年版，第197页。

在正式出版的著作中得到阐发。虽然在相关论述的几次准确转向和措辞中有一些差别,但这一概念在马克思的批判中仍处于中心位置。"① 他以异化概念在《1844年经济学哲学手稿》、《1857—1858年经济学手稿》和《政治经济学批判》、《资本论》第一卷中的微妙的调整对上述观点加以了说明。卡弗指出,我们在《大纲》中要比《1844年经济学哲学手稿》中更少地看到有关异化的内容。后者中有关"类存在物"的大量论述在《大纲》中消失了,可能是由于政治和理论的原因,也可能是由于其他这些更具体的领域与马克思的政治经济学批判的关系更为密切,从而占据了更优先的位置。例如,某种非常类似于《1844年经济学哲学手稿》中"类存在物"部分的内容在《资本论》第一卷中关于劳动过程和讨论中浮现出来。但它更是这样的例证,马克思将这一内容加工成一种更为紧凑和清晰的正式结构和条理分明的逻辑论证。②

法国学者吕西安·塞夫在他的《马克思主义和个性理论》一书中明确指出,《大纲》被视作在马克思的著作甚至是在其成熟著作中异化理论持续存在的一个清晰的证明,因此可以被认为是"一种对马克思主义进行反人道主义解释的全面反对"。马克思的异化理论并不是一种抽象的关于人本身的理论,而是一种反对威胁其发展的权力的个人和集体自治成就的范畴。《大纲》为科学的人类学提供了基础,简单描绘了一种关于个性的历史形式的理论。③

德国学者弗里德里希·汤姆贝格则认为,尽管马克思在《大纲》中比以前用"异化"这个词要少,但他仍然对这个词进行了更为具体的分析。但是,如果人们只将马克思的主要著作作为一种异化理论来

---

① 〔英〕特雷尔·卡弗:《马克思〈大纲〉中的异化概念》,见黄晓武主编:《〈1857—1858年经济学手稿〉研究》,北京:中央编译出版社2014年版,第432页。
② 同上书,第437页。
③ 参阅〔意〕马塞罗·默斯托:《马克思的〈大纲〉:〈政治经济学大纲〉150年》,闫月梅译,北京:中央编译出版社2011年版,第276页。

读，而很少将他的著作作为一个整体来读，就会是错误的。①

麦克莱伦将《1844年经济学哲学手稿》、《1857—1858年经济学手稿》和《资本论》第一卷的有关论述加以比较后认为，"异化"始终是马克思批判计划中的普通术语和主题，在相比较而言的结构松散和无支撑性方面，《1857—1958年经济学手稿》更像《1844年经济学哲学手稿》而不是《资本论》第一卷。麦克莱伦指出，很明显，异化"是大纲中的基本概念，马克思在《大纲》中突出强调的'不是对象化的状态而是异化、外化和取消的状态，（强调的）不是属于工人而是属于物化的资本的生产条件的巨大的对象化权力这一事实，这种对象化权力把社会劳动本身当作自身的一个要素而置于同自己相对立的地位'"②。特雷尔·卡弗赞同麦克莱伦的观点，他在其论文《马克思〈大纲中〉的异化概念》中引证了马克思的上述论述，认为马克思的论述重述了《1844年经济学哲学手稿》的思想，除了使用更精确的经济学范畴外，在异化问题上没有增加新的内容。③

罗斯多尔斯基在自己的研究著作中，特别重视引用"黑格尔式的"段落，但并未对其他研究者主要关注的异化术语进行特殊描绘或提出任何特殊问题。他在解释《资本论》中异化术语相对缺失时，引用马克思自己关于研究方法和叙述方法的区别认为，叙述方法中如此"唯心主义的"语言可能导致误读。更重要的是，他把这种对黑格尔的思想和语言的借鉴认为是进入马克思的"科学工作间"的途径，而不是某种对哲学的"逆转"。特雷尔·卡弗认为，过分注意文本中异化问题的不同论述，原因在于评论马克思的"哲学的"、黑格尔化的学派，"是他们制造了对马克思正式出版的著作的怀疑，并有效转移了人们对这些著作

---

① 参阅〔意〕马塞罗·默斯托：《马克思的〈大纲〉：〈政治经济学大纲〉150年》，闫月梅译，北京：中央编译出版社2011年版，第236—237页。
② 转引自同上书，第87—88页。
③ 参阅同上书，第100页。

的注意力"①。在《资本论》中，"哲学的"马克思没有更多出现，更多出现的是"经济学的"马克思。在那里，异化术语的详细说明要更为复杂，与政治经济学理论、生产过程的历史和当代社会情况更相关。异化术语被严谨的、紧密联系的、不断运动发展的经济学范畴体系所淹没，马克思在《资本论》中通过政治经济学范畴而不是通过异化范畴来实现他对当代资产阶级社会的批判。

四 关于交换价值、货币、资本和剩余价值理论

在价值理论形成和发展的过程中把握《手稿》中的价值理论。民主德国罗尔夫·黑克尔在《马克思生前对〈资本论〉中价值理论的发展》一文中将价值理论的形成过程分为三个阶段。第一阶段：从否认到承认并批判地克服资产阶级古典政治经济学的劳动价值理论（1843—1850）；第二阶段：始于对价值理论和货币理论的深入研究（1850—1853年伦敦笔记），直到在《资本论》手稿中论证和创立自己的价值理论（《政治经济学批判大纲（1857—1858年）》）；第三阶段：始于1859年发表的《政治经济学批判》第一分册，经过《1861—1863年手稿》和《1863—1865年手稿》，直到1867年《资本论》第一卷出版。黑克尔认为，《政治经济学大纲》第一次包含了对价值的若干基本规定。比如，对价值的定义是每一个商品（产品或生产工具）都等于一定劳动时间的物化。它的价值，即它交换其他商品或其他商品交换它的比例，等于在它身上实现的劳动时间量。虽然在别的地方马克思曾把一般劳动的一定量即社会必要劳动时间的概念当作交换过程中商品实现的基础，但是，马克思在1857—1858年还没有提出社会必要劳动时间的问题，生产商品的劳动二重性在术语上还没有固定下来，因此还使用一

---

① 参阅〔意〕马塞罗·默斯托：《马克思的〈大纲〉：〈政治经济学大纲〉150年》，闫月梅译，北京：中央编译出版社2011年版，第102页。

般劳动、"劳动本身、抽象劳动"等等概念。黑克尔认为"《政治经济学批判大纲》中阐述交换价值的一个重要特征是，马克思研究了商品在流通领域中的运动。简单流通是实现交换价值运动即商品和货币交换的领域，它是分析资本主义生产过程的前提。在马克思撰写这一手稿的后期，他确定了起始范畴，得出了阐述必须从商品开始的结论。"① 维戈斯基在《〈资本论〉创作史》中也认为，马克思在1844年对李嘉图的主要著作《政治经济学及赋税原理》的批判性评语中还完全否定劳动价值论，在《1844年经济学哲学手稿》中也反对劳动价值论，但到了1847年就放弃了对劳动价值论的完全否定态度，认为李嘉图的价值论是对现代经济生活的科学解释，完全坚持李嘉图的价值理论。而《手稿》则第一次制定了商品二重性和生产商品的劳动二重性的学说，克服了李嘉图劳动价值理论的局限，创立了科学的劳动价值理论。②

从马克思关于货币的四个文稿的比较中把握《手稿》中的货币理论。联邦德国学者罗曼·罗斯多尔斯基在《马克思〈资本论〉的形成》第二篇中通过对《手稿》货币章、《政治经济学批判》草稿的断片、《政治经济学批判》第一分册、《资本论》第一卷第一篇的比较分析后认为，"从主题的角度来看，《草稿》的第一部分同《政治经济学批判》的正文和《资本论》第一卷第一篇是一致的。因此，它应该被看作是《政治经济学批判》和《资本论》第一卷第一篇正文的第一稿"③，但"《草稿》的货币章同马克思后来阐述的货币理论的分歧非常明显，以致马克思认为必须完全重写，并且以重写的文稿作为他1859年著作的

---

① 〔民主德国〕罗尔夫·黑克尔：《马克思生前对〈资本论〉中价值理论的发展(1867—1883)》，见苑洁主编：《〈资本论〉基本理论问题研究》，北京：中央编译出版社2013年版，第152—153页。

② 〔苏〕维·索·维戈斯基：《〈资本论〉创作史》，马健行、郭继严译，福州：福建人民出版社1983年版，第3—4页。

③ 〔联邦德国〕罗曼·罗斯多尔斯基：《马克思〈资本论〉的形成》，魏埙、张彤玉、沈玉玲等译，济南：山东人民出版社1992年版，第108页。

基础"①。经过对关于货币的四个文稿的详细对比分析，罗斯多尔斯基的结论是，《手稿》中的货币理论是"马克思货币理论的最早阐述"②。

从货币的产生过程中分析《手稿》确立的货币理论结构。俄国学者阿·科甘在《〈政治经济学批判大纲〉中马克思货币理论的具有现实意义的问题》一文中指出，"马克思认为货币是货币关系和它的承担者的辩证统一体，这个对货币范畴的恰当的评定具有头等重要的意义。"③他认为，《手稿》从商品中推导出货币关系及其承担者。他援引《手稿》中马克思的论述说明，每一个商品的价值表现在一种特殊的使用价值的形式上，因此一般等价物潜在地存在于每一单个商品之中。只是在货币关系中价值本质才得到实现。货币关系的产生是商品的价值和使用价值的对立的一个发展过程，在这个过程中，价值同使用价值相分离，货币成为与商品的使用价值相独立化的价值。价值的独立性是尺度——货币关系的一个本质标志。因为货币本质上是价值的一个独立形式，所以货币关系的承担者要从这种属性中推导出来。作为这种象征化的交换价值，商品又能够按一定比例同任何其他商品相交换。交换价值本身只能象征地存在。至此，科甘认为："马克思在《大纲》里制定的货币理论结构中，第一个环节是价值的独立形式，第二个环节是它的象征性的承担者。接下来的第三个环节是体现出象征性承担者的材料。……一般地说，这种材料可以是两种根本不同的东西：即物质的东西和非物质的东西。"④"马克思在理论上从作为'经济细胞'的商品的矛盾中推导出一般商品。在进行这一推导时，他也就揭示出一般商品的价值到独立的价值形式的转变。这样，马克思从独立价值形式的第一性承担者到达隐

---

① 〔联邦德国〕罗曼·罗斯多尔斯基：《马克思〈资本论〉的形成》，魏埙、张彤玉、沈玉玲等译，济南：山东人民出版社1992年版，第108页。

② 同上书，第107页。

③ 〔俄〕阿·科甘：《〈政治经济学批判大纲〉中马克思货币理论具有现实意义的问题》，参见黄晓武主编：《〈1857—1858年经济学手稿〉研究》，北京：中央编译出版社2014年版，第362页。

④ 同上书，第365页。

藏在其后的**独立价值形式，到达货币关系本身**。"① 在《大纲》中，马克思"创立了研究货币的理论基础，并且必须考虑到所有揭示出货币本质的东西。与此相应，抽象理论上的分析是在下述次序中进行的：商品——独立的价值形式（货币关系本身）——独立的价值形式的象征性承担者——这种象征性承担者的材料，即金（作为一般等价物的商品）。"② 同时，《大纲》还包含着从简单的价值形式推导出被作为一般等价物的商品这一点。

从对《手稿》中资本概念的系统考察入手把握价值理论和剩余价值理论的制定。民主德国学者曼弗雷德·缪勒对《手稿》研究的特点在于围绕资本概念来逻辑地层层展开。他认为，在写作《手稿》时，马克思产生了政治经济学巨著的写作计划和《资本》册本身的一些计划，《资本》册计划的基础在于区分"资本一般"和资本的现实运动。从这一考虑出发，商品和货币范畴，属于资本一般概念，因为在这一概念中以最一般的方式确定了所有单个资本的相互联系。从这一认识出发，缪勒认为，《手稿》实质上已经研制出他的价值理论的一些原理，如研究了商品并证明了商品的二重性（使用价值和价值）和生产商品的劳动的二重性。在此基础上，马克思考察了价值的实体和价值量，初步分析了价值的形式，说明了货币的产生及其本质。以劳动价值论为基础，马克思分析了劳动力商品及其价值的决定和特殊的使用价值。在《手稿》中，马克思分析了资本和雇佣劳动之间交换的两个性质不同的过程，区分了不变资本和可变资本，说明了劳动力商品价值和剩余价值之间的内在联系，指出了剩余价值生产的两种方法等等。缪勒认为，《手稿》这些论述"抓住了资本的基本的、或原始的结构，因此，这些原理构成了'资本一般'的核心或这一概念的重要组成部分。马克思

---

① 〔俄〕阿·科甘：《〈政治经济学批判大纲〉中马克思货币理论具有现实意义的问题》，参见黄晓武主编：《〈1857—1858年经济学手稿〉研究》，北京：中央编译出版社2014年版，第366页。

② 同上书，第366—367页。

用这些范畴来说明资产阶级和无产阶级之间不可调和的阶级矛盾和资本的趋势及其对剩余劳动的追求。"① 缪勒认为,《手稿》还区分了"正在生成的"和"已经形成的"资本的概念,探讨竞争和资本的"现实"的运动,分析了"社会总资本",考察了资本积累,初步揭示了资本积累的一般规律,洞察了资本的内在矛盾。客观的财富世界和劳动相比进一步扩大了,并且获得了"越来越广泛和越来越完善的存在,因此相对来说,活劳动能力的贫穷的主体,同已经创造出来的价值即创造价值的现实条件相比较,形成越来越鲜明的对照。劳动本身越是客体化,作为他人的世界,——作为他人的财产——而同劳动相对立的客观的价值世界就越是增大"②。资本与商品同命运,它能否同货币交换是偶然的事情。资本扩大和发展生产力,但遇到了消费、流通等等的限制。可是任何一种限制都和资本的规定相矛盾。"资本的生产是在矛盾中运动的,这些矛盾不断地被克服,但又不断地产生出来。"③ 在《手稿》中,马克思更进一步地探讨"资本一般"概念中所包含的各个要素的发展,阐明这些要素成为"独立的现实性"。《手稿》初步分析了"市场价格"和"一般利润率",虽然没有对这些问题进行完整的发挥,但已经作了概述。缪勒认为,"马克思在 1857—1858 年间,借助于自己的研究方法不仅创立了价值和剩余价值理论的基本原理,他实际上还把这些原理看作是他的价值转化为生产价格的理论的必要组成部分、'中间环节'。就是说,在《大纲》中,已经阐述了剩余价值的生产和占有以及决定剩余价值率和利润率的不同规律。一般利润率的理论和价值转化为生产价格的理论已经作了概述或写了草稿。但绝没有完整地详细地加以'发挥'。特别是没有完整地叙述为《竞争》章所确定的那些论题、价

---

① 〔民主德国〕曼弗雷德·缪勒:《通往〈资本论〉的道路》,钱学敏等译,济南:山东人民出版社 1992 年版,第 81 页。
② 《马克思恩格斯全集》第 30 卷,北京:人民出版社 1995 年版,第 447 页。
③ 同上书,第 390 页。

值——生产价格问题的根本解决还有待于深化和精确化。"①

从考察生产开始和劳动力商品的发现使剩余价值理论产生。戴维·麦克莱伦认为：《手稿》"有两个关键的重点变化。首先，马克思现在不是像他以前那样分析市场的交换机制，而是从考察生产开始。其次，他现在说，工人出卖的不是自己的劳动，而是自己的劳动能力。这两点结合起来就产生了剩余价值理论。因为，在马克思看来，剩余价值不是由交换创造的，而是由这一事实创造的，即在资本主义条件下，生产资料的发展使资本家能够享有工人劳动能力的使用价值，并以此生产出远远超出这种劳动能力交换价值（仅仅等于工人生存所需的食物）的价值。"②

从生产过程、流通过程和作为结果实的资本的完整过程来研究《手稿》的资本和剩余价值理论。联邦德国学者罗曼·罗斯多尔斯基在《马克思〈资本论〉的形成》一书中按《手稿》分析"资本一般"的文本结构来研究资本和剩余价值问题。在该书第三篇《生产过程》中，他基本上按《资本论》第一卷的逻辑，将《手稿》的论述分为"资本主义经济价值规律的现实性"、"简单商品经济中的占有规律"、"向资本过渡"、"资本和劳动力之间的交换"、"劳动过程和价值增殖过程"、"在生产过程中价值的创造和保存（'可变'资本和'不变'资本）"、"剩余价值的一般概念和两种基本形式"、"相对剩余价值和生产力（随着资本主义生产方式和发展，资本价值增殖的增长困难）、相对剩余价值的生产方法（协作、工场手工业和机器大工业）"、"'同时并存的工作日'。资本主义的人口规律和产业后备军（马克思对马尔萨斯的批判）"、"再生产过程和占有规律的转化"、"原始积累和资本的积累"等十二章，基本上用马克思的原话将《手稿》关于资本和剩余价值问

---

① 〔民主德国〕曼弗雷德·缪勒：《通往〈资本论〉的道路》，钱学敏等译，济南：山东人民出版社 1992 年版，第 99 页。

② 〔英〕戴维·麦克莱伦：《马克思思想导论》第 3 版，郑一明、陈喜贵译，北京：中国人民大学出版社 2008 年版，第 71 页。

题上的主要观点串连起来，并对比《资本论》中的相关论述看《手稿》在《资本论》形成上的作用。同样，在该书的第四篇《流通过程》中，罗斯多尔斯基设置"前言"、"从资本的生产过程过渡到资本的流通过程。补述实现问题和再生产的最初计划"、"流通时间及其在价值决定上的影响"、"资本周转和周转时间。资本主义生产的连续性和资本分为若干部分"、"固定资本和流动资本的特有形式"等四章讨论《手稿》中关于资本流通的理论。该书第五篇《作为结果实的资本。利润和利息》分"剩余价值转化为利润。一般利润率"、"利润率下降规律及资本主义走向崩溃的趋势"、"关于利息与信用的片断"三章讨论《手稿》中的相关理论。罗斯多尔斯基的这种研究方法及其研究结论，不仅指出了《手稿》在资本、剩余价值、资本循环、资本周转、资本再生产、资本积累、利润、利润率、利息、信用等重要理论问题的贡献，还发现了这些理论和在《资本论》中呈现出来的成熟的理论之间的联系和区别，说明了《手稿》在《资本论》形成的中作用。

五 关于经济危机的理论

对抽象的危机概念、危机的原因、危机的特点与意义的深刻分析。德国学者米夏埃尔·亨利希在《存在马克思的危机理论吗?》一文中从抽象的危机概念、危机的原因、危机的特点与意义等方面对《手稿》中的危机理论进行了专门的考察。关于抽象的危机的概念，他认为马克思在论述简单商品流通中买卖分离的可能性时，就提出了抽象的危机概念："既然买和卖这两个流通的本质的要素彼此无关，在空间上和时间上相分离，它们也就没有必要合而为一。它们的彼此无关，可以导致一方对一方的固定化和彼此表面上的独立。但是，既然它们构成一个整体的两个本质的要素，就必然会出现这样的时刻，这时独立形态遭到暴力的破坏，内部的统一通过暴力的爆发在外部恢复起来。这样，在货币作为中介的规定中，在交换分成两种行为的分裂中，已经蕴藏着危机的萌芽，至少是危机的可能性，而这种可能性只有当取得典型发展的、与自身概念相符合的流通的各种基本条件已经存在的时候，才有可能成为现实。"① 关于生产过剩危机的根本原因，他指出，马克思在《手稿》中认为危机主要是由商品生产过剩引起的。对如何会出现商品生产过剩，他发现马克思在《手稿》中，先是以施托尔希、西斯蒙第工人阶级的消费可能性为产生生产过剩趋势的根本原因为例，驳斥萨伊和李嘉图否定普遍生产过剩的可能性的主张，进行了论证资本的生产过剩趋势的可能性的初步尝试。这时马克思认为，个人的消费是生产的最终界限，"一旦最终的产品在直接的和最终的消费上遇到界限，这种需求的不足就显露出来了"② 后来又在批判蒲鲁东对生产过剩的论证中，进一步思考生产过剩的根本原因。这个地方他认为蒲鲁东所谓工人用自己的工资不能买回自己的产品，完全是对价值理论的误解。"价值规定同蒲鲁东先生关于工人不能买回自己产品的发现毫不相干。……蒲鲁东关于**由此**会导致生产过剩的这种抽象的结论，也是错误的。"③ 最后，马克思在思考西斯蒙第有关观点的基础上动态考察资本主义生产方式，断定生产过剩与剥削有关，认为资本主义生产具有无界限发展的趋势，但工人阶级的消费可能性不断受到限制，因此找到了资本主义经济危机的根本原因。对于危机的特点和意义，亨利希从《手稿》中关于政治经济学巨著结构中发现了马克思对危机的特点和意义的观点。在第一个计划方案中，马克思认为，危机"迫使采取新的历史形态"④，在第二个计划方案中，马克思写道，"危机。以交换价值为基础的生产方式和社会形式的解体。"⑤ 在《手稿》的最后部分，马克思写道，"通过尖锐的矛盾、危机、痉挛，表现出社会的生产发展同它的现存的生产关系之间日益增

---

① 《马克思恩格斯全集》第30卷，北京：人民出版社1995年版，第149页。
② 同上书，第404页。
③ 同上书，第419页。
④ 同上书，第181页。
⑤ 同上书，第221页。

长的不相适应"①。

　　对危机周期性原因的初步揭示。自 1825 年发生经济危机以来，马克思生活的年代发生了一连串的经济危机，如 1836 年、1845—1847 年、1857—1858 年、1866 年、1873 年及以后几年、1882—1883 年等。作为研究资本主义经济制度的理论家，马克思对经济危机表现出深厚的研究兴趣，收集了大量的资料，做了危机笔记，在报刊上发表一系列分析经济危机的文章。在《手稿》写作过程中，恰逢 1857 年经济危机的爆发，危机问题必然是马克思关注的一个重要方面，其中一个问题就是危机的周期性问题。德国学者米夏埃尔·克赖特克在《资本主义和危机》一文中从马克思研究经济危机的历程中对《手稿》中的周期性危机问题进行了研究，他认为马克思在《手稿》中已经把固定资本的折旧和危机的周期性联系到一起，固定资本的大规模更新是周期性经济危机的物质基础。他指出：1858 年 3 月 2 日，马克思写信请教恩格斯："你能否告诉我，隔多少时间——例如在你们的工厂——更新一次机器设备？"② 在马克思看来"机器设备更新的平均时间，是说明大工业巩固以来工业发展所经过的多年周期的重要因素之一"③。在和恩格斯的讨论中马克思发现，十三年（或更短）的周期"就其必要性说来，与理论也相符，因为它为多少与大危机重现的周期相一致的工业再生产的周期规定了**一个计量单位**"④。此时，马克思"在大工业直接的物质先决条件中找到**一个决定再生产周期的因素**"⑤。克赖特克认为，马克思在对经济危机周期性的上述研究结果"在 1857—1858 年手稿的第Ⅶ笔记本中再次出现：通过固定资本和它的再生产找到了计量资本总周转的一个单位，而且这个单位同资本再生产过程发生的'不是外在的联系，而是必然的联系'。马克思接着说'毫无疑问，自从固定资本大规模发展以来，工业

---

① 《马克思恩格斯全集》第 31 卷，北京：人民出版社 1995 年版，第 149 页。
② 《马克思恩格斯〈资本论〉书信集》，北京：人民出版社 1976 年版，第 124 页。
③ 同上书，第 125 页。
④ 同上书，第 127 页。
⑤ 同上。

所经历的大约为期10年的周期,是同这样规定的资本再生产阶段联系在一起的'。他又补充说,我们将'还会发现这种规定的其他一些依据。但这是其中之一'"①。

在资本流通中通过分析商品的实现过程全面揭示危机的深刻成因。罗曼·罗斯多尔斯基在《马克思〈资本论〉的形成》一书中在资本流通中研究《手稿》中的经济危机理论。他指出,"《草稿》中论述资本流通过程从补充叙述开始,严格地说这种补充叙述已经超过流通过程和《草稿》中提出的资本的新的独特形式的抽象分析的范围。但是,这部分应看作在分析中是个有用的补充。可以在《草稿》的第383—400页看到。这个补充叙述阐明了实现问题和生产过剩危机问题。"② 罗斯多尔斯基通过援引《手稿》的有关论述,一步一步地分析了马克思的思想进程。资本在生产过程生产的产品只有在出售中才能实现,然而产品作为使用价值在自身中含有某种限制,即对该产品的需要的限制,不仅如此,产品必须同它的等价物——货币进行交换,因此,它的实现就产生更多的障碍。这是生产过剩的一般危机的可能性。接着,罗斯多尔斯基援引《手稿》中马克思论述生产和价值增殖之间矛盾导致经济危机必然性的论述进一步分析马克思的经济危机理论。马克思指出:"资本把**必要劳动时间**作为活劳动能力的交换价值的界限,把**剩余劳动时间**作为必要劳动时间的界限,把**剩余价值**作为剩余劳动时间的**界限**;与此同时,资本又驱使生产超过所有这些界限"③。"由此造成生产过剩,也就是使人突然**想起**以资本为基础的生产的所有这些必然要素;结果是,由于忘记这些必然要素而造成普遍的价值丧失。与此同时,向资本提出了这样的任务:在生产力的更高发展程度上等等重新开始它〔突破本身限

---

① 〔德〕米夏埃尔·克赖特克:《资本主义和危机》,见黄晓武主编:《〈1857—1858年经济学手稿〉研究》,北京:中央编译出版社2014年版,第486—487页。

② 〔联邦德国〕罗曼·罗斯多尔斯基:《马克思〈资本论〉的形成》,魏埙、张彤玉、沈玉玲等译,济南:山东人民出版社1992年版,第348页。

③ 《马克思恩格斯全集》第30卷,北京:人民出版社1995年版,第406页。

制〕的尝试，而它**作为资本**却遭到一次比一次更大的崩溃。"① 经过分析，罗斯多尔斯基认为："马克思强调的是，在资本对价值增殖的无限追求和资本主义社会的有限的消费能力之间的矛盾"②，是生产过剩危机的真正根源。

六　关于未来社会的理论

《手稿》肯定和发展了19世纪40年代关于共产主义理论的基本原理。苏联学者维戈斯基在《〈资本论〉创作史》第四章《〈资本论〉的最初稿（1857—1858年）》中，尽可能详细地和尽可能用马克思的原话概括《手稿》中的科学共产主义理论的基本要点，他认为："马克思在1857—1858年的《政治经济学批判》手稿中所阐述的经济理论不仅完全肯定了四十年代作出的科学共产主义理论的基本原理，而且能够对这些基本原理大大地加以深化和补充。这首先是关于资本主义具有发展生产力的巨大内在能力的结论，尽管资本主义具有它所固有的对抗性矛盾。正是在这一结论的基础上，马克思在1859年作出了关于各社会形态由于它们创立了发展生产力的可能性从而具有生命力的著名论断。其次，科学共产主义理论关于共产主义物质前提在资产阶级社会内部成熟，特别是与破坏资本主义生产方式基础（劳动时间作为唯一的尺度和社会财富的唯一源泉以及直接劳动的私人性质）有关的那些前提的科学共产主义理论的最重要原理大大发展了。最后，关于共产主义社会的预测取得了重要的成果。"③

从价值规律的消亡的角度看《手稿》中的社会主义理论。联邦德国学者罗曼·罗斯多尔斯基从社会主义社会价值规律消亡的角度来概括

---

① 《马克思恩格斯全集》第30卷，北京：人民出版社1995年版，第397页。
② 〔联邦德国〕罗曼·罗斯多尔斯基：《马克思〈资本论〉的形成》，魏埙、张彤玉、沈玉玲等译，济南：山东人民出版社1992年版，第367页。
③ 〔苏〕维·索·维戈斯基：《〈资本论〉创作史》，马健行、郭继严译，福州：福建人民出版社1983年版，第89—90页。

《手稿》中的共产主义理论。他指出，生产性的人类活动，劳动在社会主义社会里也将是非常重要的。当然它将在质和量上发生显著的变化！工人将成为生产过程的有意识的指挥者，其任务越来越成为只是简单地监督生产过程运行的机器和自然力。由于劳动具有直接社会劳动的特点，其产品将不再作为异化的和统治的物质力量而与工人相对立，劳动成为"有吸引力的劳动"。劳动性质的完全转变在量上的结果是创造出和扩大了可以支配的时间、自由的时间。社会将在共同生产的基础上合理地分配时间，实现符合社会全部需要的生产。时间的节约以及劳动时间在不同的生产部门之间的有计划的分配，成为共同生产基础上的首要的经济规律。罗曼·罗斯多尔斯基认为，马克思通过分析资本主义生产关系，把现存的社会制度科学地理解为预测未来社会主义的基础。对这两种情况研究的主题是相同的，即现代资本主义社会除了与其当前的形式相关的情况外，另一方面也与未来的从其中产生出来的社会相关联。①

从人的发展的角度来看未来社会的基本特征。德国学者伊林·费切尔在《社会的解放与人的解放：马克思在〈大纲〉中对后资本主义社会的概述》一文中重点从人的解放的角度来把握马克思关于未来社会的基本特征。他认为，资本主义社会为社会的解放和人的解放奠定了基础，后资本主义社会的人是"自由的、创造性的、能动的、社会化的人"。"随着资本主义财产关系统治的结束，新的可以支配的自由时间不再被转变为创造剩余价值和利润的剩余劳动时间，在这种条件下，每个生产者就能够利用这一时间来实现他的（归根到底，智力方面的）能力的全面发展。那种'正在成长的人'的'头脑'里具有'积累起来的社会知识'这种假设可不是一种乌托邦。"② 费切尔引用了《手稿》

---

① 〔联邦德国〕罗曼·罗斯多尔斯基：《马克思〈资本论〉的形成》，魏埙、张彤玉、沈玉玲等译，济南：山东人民出版社1992年版，第478—479页。

② 〔德〕伊林·费切尔：《社会的解放与人的解放：马克思在〈大纲〉中对后资本主义社会的概述》，见《马克思的〈大纲〉——〈政治经济学批判大纲〉150年》，闫月梅译，北京：中国人民大学出版社2011年版，第156页。

中的论述,"在大工业的生产过程中,一方面,发展为自动化过程的劳动资料的生产力要以自然力服从于社会智力为前提,**另一方面,单个人的劳动在它的直接存在中已成为被扬弃的个别劳动,即成为社会劳动**。"① 证明"自由的劳动"在具有"科学性的同时,又含有一般性的特征","作为一个主体的"人的紧张活动是作为"支配一切自然力的活动"出现,机器的发展为联合起来的生产者的解放变成现实创造了前提。每个人都在积极的创造性的活动中得到全面的发展。他在专著《马克思:思想传记》的中文版序中持有同样的观点,认为:"马克思在《政治经济学批判大纲》中勾画了一般未来社会中解放了的人的草图"。"完成了的、得到解放了的未来社会将不再把人置于强制条件下进行劳动,而是使每个人都可能通过其全面发展了的能力去积极地进行自我实现。""终究将会有一个一切人在其中自由而满意地活动的普遍王国"。②

从与《共产党宣言》、《哥达纲领批判》等著作的相关论述的比较中论述未来社会的基本特征。戴维·麦克莱伦认为:"与《共产党宣言》和《哥达纲领批判》(处于马克思预言的核心)相比,《手稿》中的某些段落表达了更好的思想。核心要素之一就是时间,因为'普遍个体'的发展首先依赖于所支配的自由时间。"③ 对于单个个体来说,他的发展、他的享受和他的活动的普遍性就依赖于节省时间。在公共生产中,首要的经济规律就是时间的节省以及在各个生产部门之间进行时间的系统分配。"这种自由时间完全是由于机器的广泛使用。在过去,机器是与工人相敌对的力量;在未来,它的功能将彻底改变"④。那时,劳动将具有社会本质,具有科学特征,变得有吸引力并能达到个人的自我实现,成为真正自由的劳动。"马克思展望这样一个时代:那时,生

---

① 《马克思恩格斯全集》第 31 卷,北京:人民出版社 1998 年版,第 105 页。
② 〔德〕伊林·费切尔:《马克思:思想传记》,黄文前译,北京:北京师范大学出版社 2013 年版,中文版序第 3—4 页。
③ 〔英〕戴维·麦克莱伦:《马克思思想导论》第 3 版,郑一明、陈喜贵译,北京:中国人民大学出版社 2008 年版,第 75 页。
④ 同上书,第 76 页。

产不是依赖于雇佣劳动的数量,而是依赖于科学技术的总体水平;那时,对财富的衡量是雇佣劳动时间和产品大小之间的极不成比例;那时,'人们作为生产过程的监控者和管理者'。到那时,人类的真正解放才会发生。"①

---

① 〔英〕戴维·麦克莱伦:《马克思思想导论》第3版,郑一明、陈喜贵译,北京:中国人民大学出版社2008年版,第77页。

第四章　国内研究情况

随着《1857—1858年经济学手稿》的传入，我国学者对《手稿》的研究逐步开展并不断走向深入，出版了一批有影响的著作和论文。从笔者收集到的著作和论文看，讨论的问题和国外基本上差不多，质量也没有超出国外的水平，但行文的风格比较适合国人的阅读习惯。下面仅就政治经济学的方法和对《手稿》主要内容的研究依据一些代表作进行介绍。

一　关于政治经济学方法的研究

从《1857—1858年经济学手稿》的方法论着手探讨政治经济学的方法。长期研究政治经济学方法论的刘永佶在《马克思经济学手稿的方法论》（以下简称《方法论》）一书中设有专篇探讨《1857—1858年经济学手稿》的方法论。该篇设有"1844年以来政治经济学方法论的进展"、"《1857—1858年经济学手稿》方法论的特点"、"《导言》的方法论意义"、"对各具体概念的改造和规定"、"《1857—1858年经济学手稿》方法论的缺陷"等五章讨论《手稿》的方法论，进而研究政治经济学的方法。《方法论》在政治经济学方法上的主要成果有：一是强调政治经济学方法的唯物主义基础。《方法论》认为，"唯物主义认识论，是马克思学说的哲学基础，他的政治经济学方法论就是建立在这个基础上，是其哲学思想在政治经济学研究领域的具体化。"[①] "唯物主义

---

① 刘永佶：《马克思经济学手稿的方法论》，郑州：河南人民出版社1990年版，第190页。

历史观是马克思认识社会历史现象的理论基础。经济问题是主要的社会问题之一，对经济的研究，无疑是形成唯物主义历史观的条件，而唯物主义历史观的形成，又是政治经济学研究的理论和方法的基础。"① 从1844年到1857年期间，马克思确立了唯物主义认识论、基本形成了唯物史观、明确了概念与历史关系等为自己的政治经济学研究奠定了唯物主义的方法论基础。二是揭示《手稿》的方法论特点。《方法论》认为，《手稿》的方法论特点是：（1）实证性的充实和加强；（2）对黑格尔《逻辑学》的再次浏览及其借鉴；（3）注重一般、特殊、个别的关系；（4）异化思想的转型和具体化；（5）历史感的充实和加强。《手稿》方法论特点是唯物史观在经济学研究上的具体运用和在运用中对黑格尔唯心主义辩证法的唯物主义改造而形成的特点。三是《导言》的方法论意义。《方法论》认为，《导言》通过规定"生产一般"、论证经济过程各环节的辩证关系和分析政治经济学巨著设想体系及其演变，系统地论述了政治经济学的方法。"《导言》中对研究方法的论述，主要涉及两个方面，一是抽象与具体的关系，二是逻辑与历史的统一。"② 四是提出了新核心概念。刘永佶认为："一个学说体系的核心概念，对这个体系来说是至关重要的，它的规定从总体上反映了政治经济学方法论的发展程度。"③《方法论》基于上述认识，分析了《手稿》对劳动价值论的改造与对劳动和资本的分析、剩余价值概念的初步规定和剩余价值概念的直接展开，认为方法论进展在《手稿》中进展的集中体现是，"在《1857—1858年经济学手稿》中提出剩余价值这个新的核心概念"④。五是对各具体概念的改造和规定。刘永佶认为，"对各具体概念的改造和规定，是《1857—1858年经济学手稿》中的重要内容，也是

---

① 刘永佶：《马克思经济学手稿的方法论》，郑州：河南人民出版社1990年版，第197页。
② 同上书，第269页。
③ 同上书，第284页。
④ 同上。

其方法论的重要方面。"① 《方法论》通过探讨《手稿》对资本积累、资本循环和周转、固定资本和流动资本、利润和利息等概念改造的方法，认为这些具体概念的改造是从本质说明现象的过程，使抽象的核心概念得以展开和验证，使政治经济学的方法更为系统。六是指出《1857—1858年经济学手稿》方法论的缺陷。《方法论》在总体探讨《1857—1858年经济学手稿》方法论的基础上，认为《手稿》在方法论上的缺陷主要是：对"一般、特殊、个别"推论法的重视和不恰当的运用；从具体到抽象概念运动中的缺陷；从抽象到具体概念转化中的缺陷；构想的《政治经济学批判》体系上的缺陷等。刘永佶关于《1857—1858年经济学手稿》方法论的研究深刻而独到，其长处在于从整体上讨论《手稿》的方法论，视野开阔，全面系统，是研究《手稿》方法论乃至政治经济学方法论的扛鼎之作。

从与黑格尔逻辑学的联系讨论政治经济学的方法。国内研究政治经济学方法的成果还比较重视探讨黑格尔逻辑学与政治经济学方法的关系。马健行从《手稿》和《资本论》的结构入手探讨了黑格尔的《逻辑学》与《资本论》结构形成的关系。他在《黑格尔的〈逻辑学〉与〈资本论〉结构的形成》一文中认为，马克思在19世纪40年代完成了对黑格尔体现在《逻辑学》中的唯心主义辩证法的批判，创立了唯物主义辩证法。唯物主义辩证法在1857年下半年写作《手稿》时得到了运用，表现为制定政治经济学科学体系的方法论原则，即研究主体是现代资产阶级社会的唯物主义原则和从抽象上升到具体的方法这两个原则。《手稿》中制定的经济学著作五篇结构方案体现了这两个原则。在写作《手稿》过程中，马克思重新浏览了《逻辑学》，在加工材料上得到了很大的帮助，他采用了黑格尔逻辑学的"正、反、合"这样一条上升的发展道路和一般性、特殊性、个别性三个规定来安排政治经济学

---

① 刘永佶：《马克思经济学手稿的方法论》，郑州：河南人民出版社1990年版，第307页。

诸范畴在经济学著作中的地位、次序和制定自己著作的结构。马健行对《手稿》中的两个结构方案进行了分析，指出："在第二个修正案的'Ⅰ. 一般性'项下，马克思主要是准备揭示资本的本质，阐明资本是带来剩余价值的价值。这是资本本质的正面揭示和说明，因而是一个肯定的过程。资本是带来剩余价值的价值是资本最一般的特性，又是资本最本质的规定性。但是，这仅仅是使资本成为资本的全部规定性的一部分，虽然是最本质的一部分。在生产过程中创造出来的剩余价值还仅仅是一种作为可能性存在的剩余价值，它要成为资本家手中的现实的剩余价值，还必须通过流通领域。商品只有通过流通得到实现，资本家手中才会握有现实的剩余价值。资本在通过流通领域时所获得的那些新规定，是草案'Ⅱ. 特殊性'项下研究的内容。资本在通过流通领域时，仍保留着它是带来剩余价值的价值这一最本质的规定性，同时它又为许多新的规定性所丰富，为资本循环、周转及社会资本再生产过程中的许多新的规定所补充。通过对资本特殊性的分析，也就是通过对资本循环、周转等问题的研究，马克思得出结论：资本不仅是带来剩余价值的价值，而且是只有在不断运动中不停顿地吸吮工人血汗才能存在下去的价值。这是对资本的进一步的规定，因而也是对大前提的第一次否定。在资本主义现实过程中，资本是以各种现实的资本：工业资本、商业资本、银行资本等具体资本存在着。资本的各种具体形式是'Ⅲ. 个别性'项下研究的对象。资本的各种具体形态是资本的一般性和特殊性的统一。对资本这些具体形式的研究表明，各种不同形式的资本是如何占有各自应得的那部分剩余价值的。毫无疑问，这是对资本本质的进一步规定和丰富。同时，这又是第二次的否定，是对第一个否定的否定，是一个合题。这样，通过这种有层次的逐步分析，一个个具体的生动的和不同形式的现实资本便呈现在我们面前了。马克思在资本一般性项下，又列了'资本的一般概念'、'资本的特殊化'、'资本的个别性'三项。这说明马克思在这里所说的一般性，同黑格尔一样，不是那种完全排斥特殊和个别的抽象的一般性，而是包含着特殊和个别的全部丰富性的具体的一般性。因此，在说明了资本的一般概念之后，还要进一步说明这种一般概念所包含的丰富性以及这种一般性是如何在资本的特殊化和个别性中展现出来。这既是一个较小的否定之否定的过程，又是一个由抽象上升到具体的过程。"① 马健行认为，马克思最成熟的著作《资本论》的结构同样贯彻了经过改造的黑格尔的逻辑学。资本的生产过程"揭示的是资本的最一般的本质，是《资本论》第一卷研究的对象。……通过对直接生产过程的研究，马克思虽然揭示了资本主义生产过程不同于其他生产过程的本质特点，但这还不是它的全部特点。生产过程的结束并未结束资本的全部生活过程。资本在生产过程中实现的价值增殖还不是现实的增殖，它还必须继续前进，只有当它顺利地通过流通过程才能实现。所以，'资本流通过程'所要揭示的问题是，资本主义经济作为最发达的商品经济而不同于一般商品经济的那些本质特征。这也就是资本的特殊化问题。生产过程和流通过程的统一构成了资本主义生产过程的整体，资本运动过程作为整体考虑时的各种具体形态，也就是资本在日常社会经济生活表面所呈现出来的各种形态，如工业资本、商业资本、借贷资本等等，与此相对应的有工业利润、商业利润、利息等等。所有这一切构成了《资本论》第三卷的对象，它们体现了不同形式的资本的个别性。可见，这里表现出来的依然是一般性、特殊性、个别性的序列，所不同的只是表达的术语。"② 恩格斯曾指出："从黑格尔逻辑学中把包含着黑格尔在这方面的真正发现的内核剥出来，使辩证方法摆脱它的唯心主义的外壳并把辩证方法在使它成为唯一正确的思想发展形式的简单形态上建立起来。马克思对于政治经济学的批判就是以这个方法作基础的，这个方法的制定，在我们看来是一个其意义不亚于唯物主义基本观点的成果。"③

---

① 马健行：《黑格尔的〈逻辑学〉与〈资本论〉结构的形成》，见《马克思主义来源研究》第十三辑，北京：商务印书馆1991年版，第37—38页。
② 同上书，第50—51页。
③ 《马克思恩格斯文集》第2卷，北京：人民出版社2009年版，第603页。

从《资本论》的逻辑,也即完成形态的马克思政治经济学方法论来看马克思对黑格尔《逻辑学》合理成分的吸收。刘永佶提出,《资本论》的逻辑主要在以下几个方面吸收了《逻辑学》的合理成分:其一,接受并改造了关于否定之否定、质量互变和对立统一的辩证思想;其二,批判地吸收了关于概念是思维过程的核心和主体的思想;其三,吸收了有关从抽象到具体概念转化的思想;其四,吸收了各思维形式辩证统一的思想;其五,吸收了关于逻辑与历史统一的思想。他认为:"马克思从政治经济学方法论上对黑格尔逻辑学的否定,其意义不仅在于体现着马克思的辩证法和辩证逻辑思想,更重要,也更具体的意义还在于政治经济学方法论本身。正是由于这种否定才真正在哲学和一般思维科学与具体的政治经济学之间架起了内在联系的桥梁,才使政治经济学方法系统化的同时,使政治经济学在科学的意义上系统化、完善化了。"①

二 关于《手稿》主要内容的研究

在国内研究《手稿》的著作中,赵洪主编的集体著作《〈资本论〉第一稿研究》(以下简称《研究》)反映了中国学术界《手稿》研究所达到的水平。该书按政治经济学的主要理论分章对《手稿》进行了深入的研究,既指出《手稿》在政治经济学主要理论上的贡献,分析其成熟程度,同时也指出了《手稿》的阶段性特点以及在后来著作中的完善。本节以该书为依据,扼要地介绍该书在《手稿》主要内容研究上的成果。

劳动价值理论的基本创立。《研究》认为,《手稿》第一次阐述商品二重性学说,分析了商品的使用价值和交换价值,研究了价值的实体和价值量,揭示了价值的本质是一种社会经济关系。但是,此时的马克思还没有严格区分交换价值和价值这两个概念,对决定价值量的社会劳

---

① 刘永佶:《马克思经济学手稿的方法论》,郑州:河南人民出版社1990年版,第487页。

动时间以及较高级的复杂劳动如何转化为简单劳动等问题还没有作出详细阐述。《手稿》第一次阐述生产商品的劳动二重性学说,揭示了商品二重性和生产商品的劳动二重性之间的联系,科学地说明了在商品生产过程中旧价值的转移和新价值形成的过程,解决了政治经济学史上的一大难题。但是,作为和抽象劳动相对应的具体劳动的概念还没有确定。《手稿》第一次提出关于价值形式的一些重要思想,在交换的发展过程中从商品的内在矛盾中直接推导出货币。但《手稿》仅分析了简单价值形式,还没有专门分析价值形式的历史发展过程。《手稿》第一次阐述商品拜物教学说,揭示了商品的价值体现了在物的形式掩盖下的商品生产者之间的生产关系。《手稿》标志着科学的劳动价值理论的基本创立,它的不足在以后的《政治经济学批判》第一分册和后来的手稿中得到克服,所阐述的基本观点在后来的著作中得到进一步的发展,在《资本论》第一卷得到最终完成。

货币理论的系统阐述。《研究》认为:《手稿》把商品价值和商品本身的矛盾作为论证货币产生的起点,把货币是商品内在矛盾运动的必然产物作为结论,说明了货币的起源,指出了货币与商品并存所产生的矛盾;《手稿》通过对货币产生历史的考察,分析了货币在交换中所起的作用,阐明货币是充当一般等价物的特殊商品,体现了生产中人与人之间的关系;《手稿》说明了黄金和白银如何、为何、从何成为货币,批判了蒲鲁东要商品不要货币和膜拜贵金属的货币金属论者,有力地说明了"金银天然不是货币,但货币天然是金银";《手稿》分析了货币流通和商品流通的关系,正确地分析了货币的价值尺度、流通手段作为物质财富的代表、支付手段和世界货币的职能,揭示了货币流通规律。总的看,《手稿》中的货币理论已经接近《资本论》的有关论述。

劳动力商品学说的创立。《研究》认为,《手稿》明确提出劳动(力)的价值和使用价值问题,已经把价值和使用价值作为劳动、或劳动力、劳动能力这一商品的两个因素看待,逐步确立了劳动力商品这一科学概念,但劳动、劳动力、劳动能力三个概念还在一定程度上同时使用；《手稿》讨论了劳动力商品的价值决定方法和工资问题，提出劳动力价值包括维持工人生存的费用、延续工人后代的费用和工人的训练费用等，但不确切地认为工资的最低额始终等于劳动商品的价值；《手稿》分析了劳动力商品的特殊使用价值，为科学揭示剩余价值来源提供了基础；《手稿》深入分析了资本同劳动的交换问题，把资本同劳动的交换和简单商品交换区分开来，从理论上解决了价值规律和剩余价值规律的一致性问题。《研究》认为，《手稿》已经基本上创立了劳动力商品的概念，分析了劳动力商品价值的决定方法和使用价值的特殊性，从而揭示了剩余价值的起源，原则上解决了价值规律和剩余价值规律的矛盾问题。但是，在这个问题上还存在着用语不规范、阐释不系统等问题，有待于进一步发展。

剩余价值理论的创立。《研究》认为，《手稿》用了大量的篇幅探讨资本主义生产过程，第一次揭示出资本主义生产的二重性：一方面是使用价值的劳动过程，另一方面是生产剩余价值的增殖过程；《手稿》研究了剩余价值生产的两种方法——绝对剩余价值的生产和相对剩余价值的生产；《手稿》首次制定了不变资本和可变资本的理论，提出剩余价值率这一衡量剥削程度的概念。剩余价值理论是马克思的第二个伟大发现，这一发现实现了政治经济学的伟大革命，为资本主义灭亡社会主义胜利奠定了理论基础。但是，《手稿》并未完成剩余价值理论的制定，特别是关于广义剩余价值理论问题还没有完全解决。

资本积累学说的形成。《研究》认为，《手稿》分析了资本的生产过程和流通过程，正确定义了资本积累，阐明了资本积累的实质考察了剩余资本的形成，揭示了商品生产所有权规律如何转化为资本主义占有规律；《手稿》剖析了资本的原始形成的历史过程，初步创建了资本原始积累学说，揭示了资本积累的实质；《手稿》考察了不变资本和可变资本的结合比例与生产力发展之间的关系，初步制定了资本有机构成学说，对资本积累的一般规律和无产阶级贫困化问题进行了初步的探索。《手稿》对这些问题的探索标志着资本积累学说的初步形成。但是，

《手稿》中的资本积累学说在理论的主要方面考察得还不够深入，资本有机构成等概念上还未建立，阐述上也存在不系统、不集中等问题。这些问题经过1861—1863年手稿的发展，在《资本论》第一卷中才完善起来。

对资本循环和周转的初步分析。《研究》认为，《手稿》分析了资本流通和货币流通的关系，分析了资本流通的各个要素，基本上勾画出资本循环的三个阶段和两个领域的全貌，但还没有建立货币资本、生产资本和商品资本的概念及其各自的循环；《手稿》分析了资本流通时间对资本数量和价值增殖的影响，提出了数量能代替速度和速度能代替数量的规律；《手稿》提出固定资本和流动资本的概念，从三种不同角度出发区分固定资本和流动资本，揭示了固定资本和流动资本在总资本中的比例大小对资本周转时间和周转次数的影响进而对价值增殖的影响，但是《手稿》对固定资本和流动资本的区分标准还不尽科学，有时还混淆了流通资本和流动资本。只是经过1861—1863手稿和1863—1865手稿的继续研究，才使资本循环和资本周转的理论在《资本论》第二卷臻于成熟。

社会资本再生产理论的萌芽。《研究》认为，《手稿》假定社会有A、B、C、D、E五个资本家，代表五个生产部门分别生产原料1、原料2、机器、生活资料、剩余产品，事实上制定了再生产理论的基础，对社会资本再生产和流通的某些原理作了初步的论述；《手稿》分析了简单再生产下的实现条件，通过对"许多资本"的价值实现和剩余价值积累问题的分析，发现了社会化大生产必须按一定比例进行的规律。但是两大部类的概念以及两大部类价值补偿和实物替换的平衡条件等都没有提出，社会资本再生产理论还仅仅处于萌芽状态。

利润和平均利润理论的初步形成。《研究》认为，《手稿》提出了作为剩余价值转化形式的利润和利润到平均利润的转化，通过分析利润同剩余价值的脱离现象阐明了利润和剩余价值的区别和联系，但《手稿》还没有提出生产价格的范畴，从价值到生产价格的转化还没有得到科学的说明；《手稿》区分了剩余价值和利润、剩余价值率和利润率两个不同的概念，揭示了利润率趋向下降的规律。但是，利润和平均利润理论仅仅是初步形成，完整的平均利润和生产价格理论的制定是在1863—1865年手稿中得到发展，并经恩格斯的编辑在《资本论》第三卷中完成的。

利息和信用理论的第一次科学论述。《研究》认为，《手稿》第一次把生息资本的分析置于剩余价值理论的科学基础之上，分析了前资本主义高利贷资本的特点及其历史作用，探讨了资本主义生产中的借贷资本及其特点，阐明了利息的本质和来源，初步形成了科学的利息理论；《手稿》通过对利润和利息分割的基础的分析，说明了利息率神秘化的根源；《手稿》分析了信用产生的基础、本质和形式，特别对信用在资本主义生产中的作用进行了系统的分析。但《手稿》对利息和信用理论的分析相对分散，反映着马克思当时在创作过程中思考的情况。《研究》指出："马克思在《草稿》中关于利息和信用论述，有的直接就是《资本论》的来源，有的虽然没有被后来经济学著作所吸纳，但它们之中并不乏十分深刻、十分精彩的论点。因此，它有着自己的独立的科学价值。"[①]

经济危机理论的初步形成。《研究》认为，《手稿》论证了货币充当流通手段而引起的经济危机的可能性，分析了货币由执行流通手段职能到支付手段职能的发展以及由此而引起的经济危机可能性的扩大，全面考察了简单商品货币关系中所包含的经济危机的可能性；《手稿》着重分析了资本的生产过程和流通过程，比较具体地分析了发生资本主义经济危机的各种基本条件，初步解决了危机的可能性向现实性的转化问题，初步揭示了经济危机产生的根源；《手稿》分析了周期性经济危机的基础、作用和后果，特别是提出了周期性经济危机日益严重的爆发最后将导致通过暴力消灭资本主义制度的论断。但是，《手稿》对经济危机产生根源的分析，虽然已经有生产社会性和资本主义私人占有之间这

[①] 赵洪主编：《〈资本论〉第一稿研究》，济南：山东人民出版社1993年版，第302页。

一资本主义基本矛盾是经济危机根本原因的思想，但还不是很精确，特别是对危机由可能变为现实的各种基本条件的分析还不甚明确，等等。这些不完善之处在19世纪60年代以后的著作中得到了进一步的发展和完善，最终建立起严整的经济危机学说。

未来共产主义经济形态的基本特征。《研究》认为，《手稿》考察了共产主义社会的生产力、生产关系和共产主义经济形态的重要特征；《手稿》把人类社会划分为三大社会形态，相应地把人的发展确定为三个阶段，即建立在自然经济基础上的以人的依赖性为特征的最初的社会形态、建立在商品经济基础上的受物的限制从而以人的独立性为特征的资本主义社会形态，以及建立在产品经济基础上的以人的全面性为特征的共产主义社会形态，形成了关于人的全面自由发展的学说；《手稿》全面分析了共产主义的劳动，认为共产主义劳动具有社会性、科学性和主体性；《手稿》科学说明了自由时间并把这一范畴引入共产主义学说，提出了共产主义社会首要的经济规律——时间节约规律。《研究》认为，《手稿》"基本实现了马克思十五年前提出的对共产主义进行'理论论证'和科学预测的夙愿。《草稿》因此成为共产主义从猜测、假说或空想转变为科学的里程碑"①。

三 国内《手稿》研究的特点

从公开发表的研究论文看，近年来的《手稿》研究呈现出以下一些特点：

一是对经济学手稿进行哲学研究的多。运用搜索工具在中国知网输入主题词"1857—1858年经济学手稿"可获得论文50篇。这些论文的标题大都是哲学方面的，如《〈1857—1858年经济学手稿〉与马克思经济哲学问题的新突破》、《〈资本论〉第一手稿的五大哲学创新——

---

① 赵洪主编：《〈资本论〉第一稿研究》，济南：山东人民出版社1993年版，第384页。

〈1857—1858年手稿〉的重新定位》、《超越经济学的视野——〈1857—1858年经济学手稿〉的哲学解读及其当代意义》、《重新遭遇异化：马克思历史现象学的最后逻辑层面——〈1857—1858年经济学手稿〉"资本章"的哲学研究》、《马克思经济学语境中的哲学话语探析——读〈1857—1858年经济学手稿〉》、《从抽象到具体的方法与历史唯物主义——〈1857—1858年手稿导言〉解读》、《从自由观的角度看〈马克思经济学手稿〉（1857—1858）的重要性》、《当代视域中的马克思经济哲学——〈1857—1858年经济学手稿〉研究》、《关于马克思交换理论的哲学思考——读〈1857—1858年经济学手稿〉》、《关于资本的哲学思考——读〈1857—1858年经济学手稿〉》……不需要再一一引录，仅从50篇论文的标题和内容看，除少数几篇外，绝大多数是对手稿进行哲学方面研究的，这表示哲学工作者比较重视挖掘《手稿》中的哲学思想和思想火花。

二是对《手稿》中人的发展思想研究的多。50篇论文中有12篇的标题和人有关，如《人的自由全面发展——马克思〈1857—1858年经济学手稿〉的伦理解读》、《人的感性活动的逻辑学何以可能——马克思〈1857—1858年经济学手稿〉蕴含的历史辩证法思想重释》、《对马克思关于人的存在价值思想的阐发——浅析马克思〈1857—1858年经济学手稿〉》、《个人自由全面发展的实现——论马克思〈1857—1858年经济学手稿〉的伦理主题》、《人的全面发展是一个渐进过程——〈1857—1858年经济学手稿〉展示的人的发展观》等等。同时，其他以人的全面发展、人的全面而自由的发展、人的自由个性等为主题词的论文也大多涉及手稿关于人的发展的有关论述。这说明理论工作者比较关注马克思的《手稿》中人的发展和人的自由个性的思想。

三是从经济学角度研究经济学手稿的比较少。在50篇论文中，从经济学角度研究《手稿》的只有区区几篇，如《论生产的目的——读马克思经济学手稿（1857—1858年）》等。《马克思经济学原生地考察——兼评1857—1858年手稿的学科性质》从标题看似乎是研究经济学的，但其内容则在发生学意蕴上考察马克思经济学是由经济史上的结构生发出来的批判实践过程,讨论的是《手稿》的科学方法论问题。而输入"政治经济学批判导言"关键词在中国知网上只能搜索到10篇文章,其中讨论政治经济学方法论的居多。仅仅从发表论文角度观察,我国学术界对《手稿》的研究还不够充分,尤其是对《手稿》进行多学科的研究更是远远不够。从研究《手稿》的著作来看,有代表性的著作和译著大多出版于20世纪70年代、80年代和90年代初,如北京大学经济系的《〈政治经济学批判〉序言、导言解说》(人民出版社1974年版),卓炯的《〈政治经济学批判〉序言、导言解说》(广东人民出版社1979年版),维·索·维戈茨基的《〈资本论〉创作史》,(福建人民出版社1983年版),王珏的《马克思的经济学手稿〈导言〉解说》(湖南人民出版社1983年版),马健行、郭继严的《〈资本论〉创作史》(山东人民出版社1983年版),常兆忠编著的《〈政治经济学批判〉序言、导言释注》(陕西人民出版社1991年版),汪水波的《马克思黄金时代的理论结晶——〈资本论〉最初手稿研究》(中共中央党校出版社1991年版),罗曼·罗斯多尔斯基的《马克思〈资本论〉的形成》(山东人民出版社1992年版),赵洪主编的《〈资本论〉第一稿研究:〈政治经济学批判〉(1857—1858年草稿)的理论成就》(山东人民出版社1992年版),缪勒的《通往〈资本论〉的道路——1857—1863年马克思的资本概念的发展》(山东人民出版社1992年版),田光和陆立军的《〈资本论〉创作史简编》(浙江人民出版社1992年版),顾海良的《马克思"不惑之年"的思考》(中国人民大学1993年版),汤在新的《马克思经济学手稿研究》(武汉大学出版社1993年版),汤在新主编的《〈资本论〉续篇探索——关于马克思计划写的六册经济学著作》(中国金融出版社1995年版)等。这些著作大都是由年长的一代马克思主义研究学者撰写或翻译的,在20世纪90年代初达到了一个高潮。至今已经过去了20多年,但无论是研究《手稿》的著作数量还是研究的水平,好像还在20多年前的水平上徘徊。随着素有研究、术有专攻的一批学者进入老年或谢世,《手稿》研究力量青黄不接的状态将会严重地突显出来。

第三部分　当代解读

第五章 《1857—1858年经济学手稿》的基本内容

马克思《1857—1858年经济学手稿》内容丰富、博大精深，面面俱到地加以介绍为篇幅所不允许。本章在简单介绍《手稿》的主题和特点后按政治经济学的一些重要理论对《手稿》进行梗概式的提要。

一 《手稿》是马克思计划撰写的经济学巨著《政治经济学批判》的草稿

《手稿》是一本什么样的著作？学界占主导地位的观点认为，《1857—1858年经济学手稿》是《资本论》三大手稿的第一部，是《资本论》的第一稿，这似乎已成定论。① 但这种观点在逻辑上和事实上都存在问题，需要进一步讨论。从逻辑上讲，1857—1858年手稿写作时马克思还没有以《资本论》为标题出版其成果的打算，而只有《政治经济学批判》的出版计划和写作活动。《资本》册只是政治经济学批判六册计划中的一册，《手稿》怎么会是《资本论》第一稿呢？从事实上看，1857—1858年手稿的部分内容后来是以《政治经济学批判·第一分册》公开出版的，这证明《手稿》是政治经济学批判的草稿，而不是《资本论》的草稿。否则，《资本论》的第一稿怎么会以《政治经济学批判》为标题出版呢？以《资本论》为标题、《政治经济学批判》为副标题出版其研究成果的想法是在写作《政治经济学批判》

---

① 国内著名学者赵洪领衔、一批著名学者集体创作的研究《1857—1858年经济学手稿》的专著《〈资本论〉第一稿研究》就是证明。

第二分册的过程中产生的，此时写作的手稿才能称为《资本论》的第一稿。我认为，在把握1857—1858年经济学手稿基本内容前有两个问题需要关注，即手稿的主题和手稿的成熟度问题。

（一）《手稿》是经济学巨著《政治经济学批判》的草稿

看一部手稿是什么著作的草稿，首先要看作者自己在写作手稿时为自己确定的是什么主题，或什么标题。就手稿的主题和标题来说，众多证据表明是《政治经济学批判》。

一是从手稿的标题看，马克思为手稿确定的标题是《政治经济学批判》。马克思从1843年年底开始研究政治经济学，在1844年春天他就给自己提出一个任务，要在报刊上从唯物主义和共产主义的立场来批判资产阶级政治经济学。由于撰写《神圣家族》这部著作，马克思暂时放下政治经济学研究，到1844年12月才又重新开始，"并且有了写作一部会重新创建经济科学的批判著作的计划"①。当时马克思打算撰写的一本著作名叫《政治和国民经济学批判》，恩格斯曾于1845年1月20日说服马克思加快写作进度，恩格斯说，"你的政治经济学著作，还是尽快把它写完吧，即使你自己还感到有许多不满意的地方，这也没有什么关系，人们的情绪已经成熟了，就要趁热打铁。"② 马克思还曾经和达姆施塔特的出版商卡尔·威廉·列斯凯签订了以两卷集出版《政治和国民经济学批判》的合同。这时，马克思多次在书信中谈及这本著作，他也把书的标题称为政治经济学或政治经济学批判。③ 但由于忙于《德意志意识形态》的写作、政治经济学批判考察的题目太大和马克思严谨的科学态度等多种原因，政治经济学著作的写作一再拖延。马克思定居伦敦后，于1850年重新开始政治经济学研究。当1857年世界性经

---

① 参见〔意〕马塞罗·默斯托：《马克思的〈大纲〉：〈政治经济学批判大纲〉150年》，闫月梅译，北京：中国人民大学出版社2011年版，第2页。
② 《马克思恩格斯〈资本论〉书信集》，北京：人民出版社1976年版，第4页。
③ 同上书，第7—9、26页。

济危机爆发的时候，马克思在极度兴奋情况下带着期望新的革命高潮早日到来的心情，写下了篇幅巨大的《1857—1858年经济学手稿》。他先是为计划中的政治经济学巨著起草了一篇总的导言，写完导言后，马克思接着起草《政治经济学批判（1857—1858年手稿）》。这部手稿由七个笔记本组成，马克思用罗马数字Ⅰ—Ⅶ编了号。最初马克思并没有给《手稿》确定标题。他只是在1858年2月开始写作最后一本笔记即第Ⅶ本笔记的封面上才写明：《政治经济学批判（续）》。可见前六本笔记本虽然没有标题，但在马克思的心中的标题是《政治经济学批判》，否则就不会在最后一本笔记本写上《政治经济学批判（续）》。"续"这个词表示第七本是前六本的继续，而《政治经济学批判》则可以认为是全部《手稿》的标题。"政治经济学批判"既是手稿标注的题目，也和马克思自己在通信中反复提到的经济学著作的名称相同。

二是手稿中为整个著作设计的结构表明《手稿》是经济学巨著《政治经济学批判》的草稿。《1857—1858年经济学手稿》是《政治经济学批判》的手稿还是《资本论》的手稿，可以通过手稿中如何设计该书的写作计划表现出来。在《手稿》中马克思曾多次谈到计划撰写的经济学著作的结构。马克思先是在《导言》中提出五篇结构：（1）一般的抽象的规定；（2）形成资产阶级社会内部结构并且成为基本阶级的依据的范畴，资本、雇佣劳动、土地所有制；（3）资产阶级社会在国家形式上的概括；（4）生产的国际关系；（5）世界市场和危机。显然这是政治经济学著作的结构计划，而不是《资本论》的结构计划。大体上到1857年11月，马克思对五篇结构计划进一步予以具体化，即第二个结构计划，并于1857年11月中旬又在《手稿》中提出第三个结构计划。这个计划是在第一篇的内容已经写完之后拟定的，所以没有第一篇，正在写的第二篇则非常详细，并且带有明显的黑格尔逻辑学的印记。其大的变化只在于把前两个结构计划中的"资本、雇佣劳动、土地所有制"的顺序改为"资本、土地所有制、雇佣劳动"。之后马克思进一步提出详细的第二篇的结构，更加规范地按照一般、特殊、个别的顺序分析资本一般。虽然，这和《资本论》的结构比较接近，但它只是第二篇的结构。手稿写到最后时，马克思把原来的五篇结构调整为六册结构：(1)资本（包括一些绪论性的章节）；(2)地产；(3)雇佣劳动；(4)国家；(5)国际贸易；(6)世界市场。六册结构是由五篇结构发展而来的。原来五篇结构中第三篇的三大范畴变成现在的前三册，五篇结构中的后三篇变成现在的后三册。可见，1857—1858年经济学手稿从开始到结束，谈的都是经济学巨著《政治经济学批判》的计划，而不是《资本论》的写作计划，这说明《1857—1858年经济学手稿》是《政治经济学批判》的手稿，是《政治经济学批判》开篇前三章——价值章、货币章和资本章的手稿，而不是《资本论》的手稿，不是《资本论》的第一稿。如果《手稿》是《资本论》第一稿，那如何解释《手稿》中为《政治经济学批判》五篇或六册设计的写作方案？

三是1859年《政治经济学批判》第一分册的出版证明《1857—1858年经济学手稿》是《政治经济学批判》的草稿。1858年2月，马克思已经打算中断手稿的写作，考虑尽快加工手稿，准备分册出版。他在5月结束手稿的写作后，于8月至10月依据《手稿》的部分内容整理加工成《政治经济学批判》第一分册，于1859年正式出版，并打算以分册形式连续出版《政治经济学批判》。依据手稿部分内容加工整理的《政治经济学批判》第一分册的正式出版，充分证明1857—1858年手稿是《政治经济学批判》的草稿而不是《资本论》的草稿，如果是《资本论》的草稿，怎么会以《政治经济学批判》为题正式出版呢？

四是马克思在写作《政治经济学批判》第二分册时的标题证明《1857—1858年经济学手稿》是《政治经济学批判》的草稿。《政治经济学批判》第一分册出版后，马克思按手稿中确定的六册计划继续推进《政治经济学批判》的写作，1861—1863年手稿一开始是作为《政治经济学批判》第二分册《第三章，资本一般》来写作的，是接着《政治经济学批判》第一分册的册和章顺序开始的，但在写作过程中他力图完全弄清楚在50年代发展起来的价值和剩余价值理论的一切结果，由此产生了一个不能再作为付印用的独特的庞大的著作手稿。在这个庞大的由 23 个笔记本构成的手稿中，第Ⅰ、Ⅱ本的第一封页上都写着标题"政治经济学批判。第三章。资本一般"或"政治经济学批判。第三章。资本一般"①，有 18 个笔记本的第一封页写着标题"政治经济学批判"或"政治经济学批判。最后的笔记。12 月"或"最后的笔记本 2。政治经济学批判"②。可见，此时马克思还是以"政治经济学批判"为标题进行写作的，是在写作过程中萌发了以"资本论"为标题、"政治经济学批判"为副标题出版其政治经济学批判成果的。这也从一个侧面证明《1857—1858 年经济学手稿》是《政治经济学批判》的草稿而不是《资本论》的草稿。

五是恩格斯明确把 1861—1863 年手稿称为《资本论》的第一稿，这证明 1857—1858 年手稿不是《资本论》第一稿。在 1884 年 2 月 16 日恩格斯致考茨基的信中，恩格斯明确地认定 1861—1863 年手稿是《资本论》第一稿。他说："……洛贝尔图斯的租的理论是一种谬论；在 1861—1863 年《资本论》的第一个手稿中，有马克思用相当讽刺的笔调写的对这种理论的详尽批判，这一批判包括在篇幅浩繁的《剩余价值理论》这一部分里，这部分我可能把它印在第二卷的末尾，或者是作为第三卷。"③ 恩格斯作为马克思遗著的代理人，在整理出版《资本论》第二卷期间于 1884 年 3 月 31 日致劳拉·拉法格的信中写道："我已和迈斯纳商定，第二册（《资本的流通过程》）先单独出版，等**粗**活一完成，我就可以开始干了。接着便是第三册和《剩余价值理论》，《剩余价值理论》是我发现的一部批判性的巨著，是《资本论》**第一稿（1862 年）的一部分。**"④ 这里，恩格斯明确认为包含剩余价值理论的 1862 年手稿即我们今天认定为 1861—1863 年手稿是《资本论》的第一

---

① 《〈1861—1863 年经济学手稿〉二十三个笔记本的资料（之一）》，见刘英主编：《〈1861—1863 年经济学手稿〉研究》，北京：中央编译出版社 2013 年版，第 98、99 页。

② 同上书，第 100—116 页。

③ 《马克思恩格斯〈资本论〉书信集》，北京：人民出版社 1976 年版，第 427—428 页。

④ 同上书，第 430—431 页。

稿，并且在"第一"两个字下加了着重号。虽然马克思在1860年2月3日致恩格斯的信中曾经提到在"我还在加工我的〈**资本论**〉"①，但信中所说的《资本论》还是指的《政治经济学批判》第二分册的"第三章，资本一般"，只是在1862年12月28日致路德维希·库格曼的信中，马克思才明确谈到《政治经济学批判》第二部分已经脱稿，"它是第一册的续篇，将以《资本论》为标题单独出版，而《政治经济学批判》这个名称只作为副标题。其实，它只包括本来应构成第一篇第三章的内容，即《资本一般》。"②马克思打算以《资本论》为标题、《政治经济学批判》为副标题出版自己著作的想法是在写作1861—1863年手稿期间——具体讲是1862年——才产生的。恩格斯把马克思1862年的手稿——即我们今天说的1861—1863年手稿——看作《资本论》的第一稿，不仅从逻辑上而且从事实上都是正确的。

六是最先整理编辑手稿的苏联专家使用的标题认为1857—1858年手稿是《政治经济学批判（1857—1858年手稿）》。1857年12月8日，马克思致信恩格斯说："我现在发狂似地通宵总结我的经济学研究，为的是在洪水之前至少把一些基本问题搞清楚"③。"一些基本问题"在德文中是"Grundrisse"一词，意思是"大纲"。马克思的这个说法和手稿笔记本有"政治经济学批判'续'"的标题使最早整理手稿的苏联专家从这两处说明的联系中产生了《政治经济学批判大纲》这一编辑标题，这部分手稿以这个标题于1939年由联共（布）中央马克思恩格斯列宁研究院第一次出版。可见，后人在最早确定手稿标题时就是以"政治经济学批判"为标题的，而这种确定是有科学依据的。马克思1857—1858年手稿的主体部分在《马克思恩格斯全集》使用的标题仍然是《政治经济学批判（1857—1858年手稿）》。

马克思在1862年12月28日致路德维希·库格曼的信中详细谈到

---

① 《马克思恩格斯〈资本论〉书信集》，北京：人民出版社1976年版，第154页。
② 同上书，第170页。
③ 同上书，第113页。

以《资本论》出版他的研究成果的想法。他说:"我很高兴地从您的信中得知,您和您的朋友对于我的政治经济学批判都抱有十分强烈的兴趣。第二部分终于已经脱稿,只剩下誊清和付排前的最后润色了。这部分大约有三十印张。它是第一册的续篇,将以**《资本论》**为标题单独出版,而《政治经济学批判》这个名称只作为副标题。其实,它只包括本来应构成第一篇第三章的内容,即《资本一般》。这样,这里没有包括资本的竞争和信用。这一卷的内容就是英国人称为'政治经济学原理'的东西。这是精髓(同第一部分合起来),至于余下的问题(除了国家的各种不同形式对社会的各种不同的经济结构的关系以外),别人就容易在已经打好的基础上去探讨了……"① 自从马克思在写作政治经济学批判第二分册过程中决定以《资本论》为标题、《政治经济学批判》为副标题出版他的著作后,他此时写作的手稿理所当然地应该被认定为《资本论》的第一稿,恩格斯正是这样来认定 1861—1863 年手稿为《资本论》第一稿的。所以,《1857—1858 年经济学手稿》应该是马克思计划撰写的经济学著作——《政治经济学批判》的草稿,而不是《资本论》的第一稿。我们应该尊重事实,顺应逻辑,采用恩格斯的说法,认定《资本论》的第一稿是马克思 1861—1863 年经济学手稿。

(二)《手稿》具有明显的草稿性质

《手稿》是一部非常成熟的著作,还是一部为自己研究工作准备的草稿,这是解读手稿遇到的第二个问题。弄清这个问题,就要研究手稿的成熟度。成熟度从内容上看,是看手稿研究的问题在马克思自己思想的发展过程中处于什么地位;从形式上看,是看《手稿》的结构和语言是否已经定型。关于内容的成熟度,我们将在本章其后的各节中予以介绍,现在仅就形式谈点看法。就篇章结构和语言的成熟度来说,《手稿》具有明显的草稿性质。《手稿》是马克思在十多年对政治经济学深

---

① 《马克思恩格斯〈资本论〉书信集》,北京:人民出版社 1976 年版,第 170 页。

刻批判的基础上，为自己搞清问题而写作的。《手稿》的写作不是为了出版给别人看的，而是给自己写作使用的。《手稿》洋洋洒洒七个笔记本，印出来是很厚的一大本，"篇幅很长，没有明确地划分章节，所加标题甚少，论述的内容不断为插入的思想所打断。原文绝大部分是用德语写的，但也夹杂着少量其他文字，有的句子是不完整的。"① 马克思自己对恩格斯说，这些手稿很乱，其中有许多东西只是以后的篇章才用得上。"因此我得编一个目录，好很快地在某册某页上找到我工作中首先需要的东西。"② 他在1858年11月29日给恩格斯的信中，谈到自己1857—1858年的这部手稿时把它叫作"草稿"③。今天我们研读《手稿》，发现马克思所言不虚，确实具有明显的草稿性质。

第一，《手稿》许多内容的最后位置尚待确定。《手稿》的总体框架虽然是按照货币章、资本章和后来补加的价值章来安排的，但其中几乎牵涉到政治经济学批判的全部内容，所以在《手稿》中经常可以看到这样的语句和意思："所有这些，在交换价值一章以前研究生产一般的第一章中就应该说明"④；价值"这一篇应该补加进来"⑤；"关于**需要体系**和**劳动体系**这些问题应当放在什么地方讨论？研究的过程中就会知道"⑥；"至于古代的土地所有制在现代小块土地所有制中再现的问题，这本身属于政治经济学的范围，我们将在关于土地所有制的一篇中加以论述"⑦；"关于**各国之间的竞争**所产生的作用，属于**国际交往**那一篇"⑧；"研究在资本增加的情况下，利润率可能降低到什么程度，而总利润还会增加，这属于利润（**竞争**）学说"⑨；"所有这一切不属于这里

---

① 参见《马克思恩格斯全集》第30卷，北京：人民出版社1995年版，前言，第10页。
② 《马克思恩格斯〈资本论〉书信集》，北京：人民出版社1976年版，第137页。
③ 同上书，第139页。
④ 《马克思恩格斯全集》第31卷，北京：人民出版社1998年版，第256页。
⑤ 同上书，第293页。
⑥ 《马克思恩格斯全集》第30卷，北京：人民出版社1995年版，第525页。
⑦ 同上书，第490页。
⑧ 《马克思恩格斯全集》第31卷，北京：人民出版社1998年版，第528页。
⑨ 《马克思恩格斯全集》第30卷，北京：人民出版社1995年版，第566页。

的讨论范围。(但是,需要辟出一篇来专门讨论交通工具,因为交通工具构成固定资本的一种形式,有自己的价值增殖规律"①;"因此,从这个角度来看,借助运输工具来缩短这种时间,直接表现为属于考察资本流通的范围。但其实这属于市场学说,而后者本身属于论述资本的那一篇"②;"第Ⅰ个要素不在这里考察,因为它和价值增殖的一般条件相重合。第Ⅶ个要素只有当不是谈论资本一般,而是谈论许多资本的时候,才予以考察。第Ⅳ个要素属于工资等等那一篇"③;"资本本身作为预先存在的价值,会怎样依照其再生产费用的提高或降低,或者由于利润的降低等等而改变其价值,这显然只是属于把资本作为现实资本,作为许多资本的相互作用来考察的那一篇要谈的问题,而不应该在这里考察资本的一般概念时来谈"④;"这个问题从根本上说只有在考察了许多资本互相间的作用和反作用以后才能加以讨论"⑤,等等。类似上述引证的关于内容安排的这些语句在《手稿》中出现得非常频繁,在《马克思恩格斯全集》第二版第30、31卷中有时一页就有多处这样的语句,这表明,马克思在写作过程中,思如潮涌,信手写来,一些内容写下来了,但发现应该在别处进行阐述,也就是他自己说的"在别的篇章才用得上"。而不像《资本论》那样框架结构严整紧密,宏伟大厦富丽堂皇!

第二,《手稿》写作过程中思路经常叉到别的问题上,要不时进行调整。在《手稿》中,我们非常频繁地读到这样的语句:"这种观点显然不属于这里所谈的问题"⑥,这个问题"还不能在这里加以阐述"⑦,"这个问题我们以后再谈",等等。《手稿》使用上述语句有这样几种情

---

① 《马克思恩格斯全集》第30卷,北京:人民出版社1995年版,第520页。
② 《马克思恩格斯全集》第31卷,北京:人民出版社1998年版,第67页。
③ 《马克思恩格斯全集》第30卷,北京:人民出版社1995年版,第517页。
④ 《马克思恩格斯全集》第31卷,北京:人民出版社1998年版,第40页。
⑤ 同上书,第62页。
⑥ 同上书,第121页。
⑦ 同上书,第34页。

况：一是所写的不属于在这里谈的内容，但这里已经谈到了或许还谈了不少；二是不属于这里谈的内容，要留待后面去谈；三是一些问题已经谈了，但还不到位，所以，"关于这一点我们回头还要谈。"① 但在哪里谈，有些作出了说明，如"我们将在下一篇谈到这个问题"②，"我们在结束本章之前，还要再回到这个题目上来"③，"这种关系，以后在考察利润和必要劳动时再研究"④；有些没有作出说明在哪里谈，只是说"这一点我们以后要考察"⑤；有些内容则明确说明在哪里谈，如"关于这一情况，我们在考察利润率的平均化、价格等等时再回过来谈"⑥；有些还注明了谈的程度，如"这一切还要回头来进行更深入和更详细的分析"⑦，"这种**积累**的概念，我们还必须作更详尽的研究"⑧；而有些内容谈不谈还不一定，如关于社会资本再生产问题的"这个例子在以后可能要详细谈到，也可能不再谈到。实际上，这个问题不属于这里要讨论的范围。"⑨ 有的内容"为了不至于忘记，在这里提一下"⑩，"这只是顺便提一下而已"⑪，等等。在《手稿》中，经常可以发现这样的情况，在叙述一个问题的过程中，往往又转而研究和阐述临时想到的某些其他问题。研究了其他问题有时又要回过头来再谈原来的问题，所以，《手稿》中经常有这样的语句："现在我们回过来谈"⑫，再"回到我们的本题上来"⑬，"现在让我们回到我们在前面中断了的论点上

---

① 《马克思恩格斯全集》第30卷，北京：人民出版社1995年版，第513页。
② 《马克思恩格斯全集》第31卷，北京：人民出版社1998年版，第151页。
③ 同上书，第67页。
④ 《马克思恩格斯全集》第30卷，北京：人民出版社1995年版，第530页。
⑤ 《马克思恩格斯全集》第31卷，北京：人民出版社1998年版，第24页。
⑥ 《马克思恩格斯全集》第30卷，北京：人民出版社1995年版，第515—516页。
⑦ 同上书，第490页。
⑧ 同上书，第501页。
⑨ 同上书，第432页。
⑩ 《马克思恩格斯全集》第31卷，北京：人民出版社1998年版，第30页。
⑪ 《马克思恩格斯全集》第30卷，北京：人民出版社1995年版，第497页。
⑫ 同上书，第541页。
⑬ 同上书，第523页。

来"①，等等。这说明《手稿》中各要素之间的关系，叙述的详略是随着马克思的思路而走的，逻辑链条正在形成过程之中，尚需以后正式写作时调整。而不像《资本论》那样，所有要素各就各位，逻辑链条环环相扣。

第三，《手稿》写作的结构不断地变动，处于逐步形成的过程之中。整个政治经济学批判这本巨著的结构在写作过程中在不停地调整优化中。《手稿》本身的结构在写作过程中也处于变动之中。至于具体的理论叙述的结构也是这样。就劳动价值理论来讲，马克思是从批判达里蒙的"劳动货币"来着手阐述的，写作的研究色彩比较浓，理论的阐述还没有形成一个组织得很好的从抽象上升到具体的结构。从哪里开始叙述，还没有找到一个起始范畴，只是在写作这个草稿的过程中，才发现商品是研究资本主义经济时由抽象上升到具体的出发点。这说明，《手稿》的写作结构尚在形成过程之中，而不像《资本论》那样，理论部分全三卷尤其是第一卷的结构已经基本定型。

第四，《手稿》中一些范畴尚未创立，一些范畴的使用不太严谨。一门创新的科学，首先是术语的革命，看一部手稿的成熟程度，就要看术语是否准确、是否完整、是否形成系统。《手稿》虽然已经比较系统地批判地建构了一些新的术语，但还有不完善的地方，如一些概念尚未建立、一些概念定义不清、概念之间的联系链条尚不完整等。就劳动价值理论来讲，在《手稿》中，决定商品价值量的"社会必要劳动时间"的概念还未确立，价值和交换价值的区分还不够严谨，还没有使用商品的"二因素"、劳动的"二重性"这样的术语来表述问题，只是在《资本论》第一卷才采用了这样更为科学的术语来表达自己的理论。就货币理论来讲，还没有对说明价值和货币本质有重要意义的价值形式两极概念——相对价值形式和等价形式，对商品价值关系中包含的价值表现，怎样从最简单的最不显眼的样子一直发展到炫目的货币形式，还没有深

---

① 《马克思恩格斯全集》第30卷，北京：人民出版社1995年版，第360页。

入讨论。就剩余价值理论来讲，社会生产力发展的三种形式——简单协作、工场手工业分工和机器生产——以及社会生产力的发展同相对剩余价值生产的关系，还没有得到系统研究和叙述。《手稿》中制定的剩余价值理论还仅仅是狭义的。由于没有生产价格等科学概念，也不可能分析从价格转化为生产价格的一系列中间环节，平均利润没有坚实的机理支撑；由于没有创立绝对地租、级差地租等概念，《手稿》对土地所有权和地租的分析几乎没有展开。广义的剩余价值理论还有待于创造。就再生产理论来说，《手稿》在"资本章"具体考察了各资本间的相互关系，但还没有提出社会生产两大部类和社会总产品价值构成的原理，没有讨论社会总产品价值补偿和实物替换的问题，还没有制定系统的社会再生产理论。一些概念使用得还不是很严格。如在固定资本和流动资本的区分上，有时把流通资本和流动资本相混淆。和成熟的《资本论》相比，不仅一些术语还未设立，一些术语定义还不清晰，更重要的是术语之间逻辑联系的链条还没有完全成型，所以术语尚需锤炼，术语之间的逻辑联系还要加强。

第五，《手稿》的叙述和用词具有较浓的哲学和逻辑学特点。和《1861—1863年经济学手稿》、《资本论》第一卷相比，《手稿》延续了《1844年经济学哲学手稿》的语言风格，具有较多的"哲学"或"逻辑学"的特点，虽然哲学味比《1844年经济学哲学手稿》少了很多，但"经济学"的味道仍然不浓。手稿中运用哲学化的概念和语句分析价值、货币、资本、剩余价值、利润、利息、生产、流通、分配等经济学问题，"肯定"、"否定"、"扬弃"、"自在"、"自为"、"主体"、"客体"、"一般性"、"特殊性"、"个别性"、"同一性"、"异己性"、"异化"、"对象化"、"外在化"等哲学化的范畴和用语比比皆是。试举两例。马克思在分析"资本和劳动的交换"时指出："被设定为非资本本身的劳动是：（1）从否定方面看的非对象化劳动（本身还是对象的东西，在客体形式上是非对象的东西）。作为这样的东西，劳动是非原料，非劳动工具，非原产品；是同一切劳动资料和劳动对象相分离的，同劳动的全部客体性相分离的劳动。……（2）从肯定方面看的非对象化劳动，非价值，或者说，自己对自己的否定性，劳动是劳动本身的非对象化的存在，因而是劳动本身的非对象的，也就是主体的存在。劳动不是作为对象，而是作为活劳动存在；不是作为价值本身，而是作为价值的活的源泉存在。"① 在分析所有权规律转化为占有规律时，马克思指出："第一条是劳动和所有权的同一性；第二条是劳动表现为被否定的所有权，或者说，所有权表现为对他人劳动的异己性的否定。"② 没有一定的哲学修养，读了这两段文字，还真是不知所云。至于一般性、特殊性、个别性等等方法在《手稿》结构和论述中的运用，没有黑格尔逻辑学的修养还真是读不懂《手稿》。

作为经济学巨著《政治经济学批判》的草稿，《手稿》内容非常丰富。马克思计划撰写的经济学著作从一般的抽象的规定到资产阶级生产的内部结构，从反映资产阶级社会三大阶级经济基础的内部结构到资产阶级社会在国家上的概括，从生产的国际关系到世界市场，牵涉到资产阶级生产的总体以及每一个要素。《手稿》作为计划撰写并开始撰写的经济学巨著的草稿，研究的视野开阔，讨论的问题繁多，因而手稿的内容非常丰富，其丰富程度超过了马克思其他的所有著作。马克思最成熟的著作《资本论》研究的内容只是其六册计划中的第一册的内容，虽然也部分地包括了土地所有权和雇佣劳动两册的部分内容，但国家、对外贸易和世界市场三册的内容在《资本论》中并没有得到体系化的阐述。而《资本论》研究的内容在《手稿》里基本上都可以找到源头，一些重要的理论，如劳动价值论、劳动二重性理论、劳动力商品理论、货币理论、剩余价值理论、资本积累理论、社会资本再生产理论、资本循环和资本周转理论、利润和平均利润理论、经济危机理论等要么在《手稿》中开始萌芽，要么已经基本创立，要么首次得到系统阐述，要么已经比较完善。写作《资本论》的基本材料是在《手稿》中得到系

---

① 《马克思恩格斯全集》第30卷，北京：人民出版社1995年版，第253页。
② 同上书，第463页。

统整理的,《资本论》的结构是在《手稿》"资本章"写作过程中生发出来的,《资本论》的方法是在《手稿》中得到系统讨论并在写作过程中系统运用、逐步成熟的。《手稿》作为经济学巨著《政治经济学批判》的草稿,其内容的丰富性不仅在于它和《资本论》的对比,更在于它包含了《资本论》以及马克思的其他著作再也没有讨论过的一些问题,以及即使讨论了也没有达到其水平的问题。戴维·麦克莱伦在《马克思思想导论》中说:"事实上,马克思经济理论的所有要素都在《手稿》中得到详细论述了。但是,既然这些因素在《资本论》中以大量的篇幅得到论述,那么《手稿》更有意思之处就在于马克思在其宏大的事业中没有再次继续发展的那些论述。"①《手稿》中的这些问题主要是哪些呢?如,自由时间及时间经济规律的思想,人的自由个性的思想,不再倚赖于人工的自动化生产的思想,科技作用的思想,资本主义生产以前的各种形式的分析,资本一般的论述,资本的伟大的文明作用的论述,等等。

值得注意的是,《手稿》对资本的论述除了和《资本论》高度一致之外,有些地方存在着一些差异。在《手稿》中,马克思充分肯定了资本的生产性,认为"资本是生产的,是发展社会生产力的重要的关系",用"伟大的文明作用"、"伟大的历史方面"、"传播文明的趋势"等词句高度评价资本,这在《资本论》和马克思的其他著作中是罕见的。而对资本贪婪本性的揭露,《手稿》所用的词语又比《资本论》和缓得多。如在分析资本原始积累时,《手稿》仅用了"血腥的"②这一形容词加以抽象修饰,而在《资本论》中则是非常具体的、令我们立刻对资本生恨的语句——"资本来到世间,从头到脚,每个毛孔都滴着血和肮脏的东西。"③这样的语句在《资本论》的"所谓原始积累"和

---

① 〔英〕戴维·麦克莱伦:《马克思思想导论》,北京:中国人民大学出版社2008年版,第71页。
② 《马克思恩格斯全集》第31卷,北京:人民出版社1998年版,第172页。
③ 《马克思恩格斯文集》第5卷,北京:人民出版社2009年版,第871页。

"资本主义积累的一般规律"两章中比比皆是。在分析绝对剩余价值生产时,《手稿》语气平缓正常,而《资本论》则把资本家比喻成"吸血鬼"、"毒蛇"、"无耻"、"卑鄙",对剩余劳动具有"狼一般的贪求",劳动者"'只要还有一块肉、一根筋、一滴血可供榨取',吸血鬼就决不罢休"①。在分析对外贸易时,《手稿》讲"对外贸易的传播文明的作用"②,而《资本论》在例证时,则说"靠'毁灭人种'的办法强行扩大亚洲市场"③,等等。同样的事情褒贬的程度差距很大,个中缘由,尚需仔细琢磨。

艾瑞克·霍布斯鲍姆在《马克思的大纲》的前言中说:"大纲作为马克思成熟时期作品的一个主要组成部分","是为《资本论》所做的理论努力的一部分","特别是作为一位经济学家的马克思成熟时期的代表作"。④ "从任何方面说,《大纲》都是一部非常难懂的文献,但也是一部非常值得读的文献。这是因为它不仅提供了有关那部连《资本论》也仅仅是其中一部分的专著的唯一的全方位的指南,还提供了对于成熟马克思的方法论的独特介绍。它包含了能使得马克思对资本主义的分析适用于远远大于19世纪的范围的分析和洞见,它们可以用来分析制造不再倚重人工的社会的时代,自动化的时代,闲暇的潜力,以及异化在这些情景中的变化。比如说他对科技的看法,就有这样的力量。它是唯一一部在某种程度上超越了马克思本人在《德意志意识形态》中对共产主义未来所做的提示的文本。总之,《大纲》的确体现了最为丰富的马克思思想。"⑤ 这是对马克思《1857—1858年经济学手稿》的非常中肯非常贴切的评论。

---

① 《马克思恩格斯文集》第5卷,北京:人民出版社2009年版,第349页。
② 《马克思恩格斯全集》第30卷,北京:人民出版社1995年版,第212页。
③ 《马克思恩格斯文集》第5卷,北京:人民出版社2009年版,第528页。
④ 见〔意〕马塞罗·默斯托:《马克思的〈大纲〉:〈政治经济学大纲〉150年》,闫月梅译,北京:中央编译出版社2011年版,前言第2页。
⑤ 同上书,前言第5页。

二 劳动价值理论基本创立

马克思的劳动价值理论的制定是一个过程。这个过程大体上经历了19世纪40年代的萌芽状态、50年代的基本创立和60年代最终完成三个阶段。《手稿》对劳动价值理论的论述是劳动价值理论基本创立的标志和证明。

马克思在1844年对李嘉图的主要著作《政治经济学及赋税原理》的批判性评语中还完全否定劳动价值理论。到19世纪40年代下半期，马克思放弃了对古典政治经济学的完全否定态度，在《哲学的贫困》、《雇佣劳动和资本》等书中，马克思认为经济研究的出发点应当首先批判地考察亚当·斯密和大卫·李嘉图。他在自己的著作中引用了许多概述李嘉图价值理论的文字，认为："李嘉图的价值论是对现代经济生活的科学解释"[①]。不仅如此，在某些观点上还超出了李嘉图的认识，从正面阐述了自己对价值决定和价格运动的观点。此时，马克思的劳动价值理论处于萌芽状态。

在《手稿》中，马克思在19世纪40年代认识的基础上继续前进，从与蒲鲁东主义者的"劳动货币"的论战开始，深入批判各种资产阶级和小资产阶级的理论，基本创立了劳动价值理论。

《手稿》第一次阐述了商品的二重性并论证了它们之间的对立统一关系。在《手稿》中马克思指出："商品在实际交换中二重地出现；一方面作为自然的产品，另一方面作为交换价值。也就是说，商品的交换价值取得了一个在物质上和商品相分离的存在。"[②] "商品是**使用价值**，即满足人的某种需要体系的物。这是商品的物质的方面……商品的使用价值是既定的前提，是某种特定的经济关系借以表现的物质基础。正是

[①] 《马克思恩格斯全集》第4卷，北京：人民出版社1958年版，第93页。
[②] 《马克思恩格斯全集》第30卷，北京：人民出版社1995年版，第94页。

这种特定的关系给使用价值打上商品的印记。"① "使用价值究竟是怎样变为商品的呢？是怎样变为**交换价值**的承担者的呢？使用价值和交换价值虽然在商品中直接结合在一起，同样它们又是直接分开的。交换价值不仅表现为不是由使用价值决定，而且正好相反，商品只有当它的所有者不把它当作使用价值来对待时，才成为商品，才实现为交换价值。只有通过商品的转让，通过商品同别的商品相交换，商品的所有者才能占有各使用价值。"②

《手稿》第一次深入分析了价值的实体和价值量的决定。马克思指出，商品"作为价值，一切商品在质上等同而只在量上不同，因此全都可以按一定的量的比例互相计量和互相替换（互相交换，可以互相兑换）"③。价值的实体是劳动，而这种劳动必须是物化在一定商品中的劳动。他说："进行生产的**只有**劳动；它是**价值**这种产品的唯一**实体**。"④ "商品作为价值是对象化劳动"⑤。商品的价值量是由劳动量或劳动时间来计量的。《手稿》说，"因为各种产品**是劳动**，所以它们能用劳动的尺度，即劳动时间来计量，或用消耗在它们上面的劳动量来计量。"⑥ 在马克思看来，决定商品价值量大小的劳动时间，不是个别的劳动时间，而是"社会劳动时间"⑦。不仅如此，《手稿》还明确指出："价值是商品的社会关系，是商品的经济上的质。"⑧ "是资本本身的和以资本为基础的生产的最抽象的表现。价值概念泄露了资本的秘密"⑨。

《手稿》第一次阐述了生产商品的劳动二重性学说。马克思在分析商品交换过程中商品和货币的对立时指出："商品不是只存在于想象之

---

① 《马克思恩格斯全集》第 31 卷，北京：人民出版社 1998 年版，第 293 页。
② 同上书，第 293—294 页。
③ 《马克思恩格斯全集》第 30 卷，北京：人民出版社 1995 年版，第 89 页。
④ 同上书，第 616 页。
⑤ 《马克思恩格斯全集》第 31 卷，北京：人民出版社 1998 年版，第 201 页。
⑥ 《马克思恩格斯全集》第 30 卷，北京：人民出版社 1995 年版，第 618 页。
⑦ 同上书，第 157 页。
⑧ 同上书，第 89 页。
⑨ 《马克思恩格斯全集》第 31 卷，北京：人民出版社 1995 年版，第 180 页。

中的一般劳动时间的对象化（这种劳动时间本身只是和自身的质相分离的、仅仅在量上不同的劳动），而是一定的、自然规定的、在质上和其他劳动不同的劳动的一定结果"①。这里的"一般劳动"实际上就是抽象劳动，而"一定的、自然规定的、在质上和其他劳动不同的劳动"，实际上就是具体劳动。在分析与资本相对立的劳动的特点时马克思写道："劳动作为同表现为资本的货币相对立的使用价值，不是这种或那种劳动，而是**劳动本身**，抽象劳动；同自己的特殊**规定性**决不相干，但是可以有任何一种规定性。当然，对于构成一定资本的特殊实体来说，必须有作为特殊劳动的劳动与之相适应"②。"与资本相对立的劳动，是单纯抽象的形式，是创造价值的活动的单纯可能性，这种活动只是作为才能，作为能力，存在于工人的身体中。"③ 这里，马克思明确地把抽象劳动看作是创造价值的劳动，而把特殊劳动看作是创造使用价值的劳动。虽然，这里没有提出具体劳动的概念，但"特殊劳动"指的就是具体劳动。马克思还通过对公有制和私有制两种社会制度下劳动特点的分析，阐明了抽象劳动的社会性和特殊劳动的私人性之间的矛盾，并把这一矛盾看作是资本主义商品生产条件下一切矛盾的根源。

《手稿》通过对简单价值形式的分析，提出了关于价值形式的一些重要观点。价值形式学说的核心是价值表现问题。一个商品的价值只有通过另一个商品的使用价值才能表现出来。在《货币章》，马克思通过分析"1舍费耳小麦值3舍费耳黑麦"这个公式，指出，"商品只有表现在另一种商品上，从而表现为一种关系的时候，才是**交换价值**。……表现另一种商品的交换价值的商品，根本不表现为交换价值，不表现为关系，而是表现为其自然属性的一定量。"④ 显然，这里分析的是简单价值形式的两极，小麦处于相对价值形式，黑麦处于等价形式。虽然相

---

① 《马克思恩格斯全集》第30卷，北京：人民出版社1995年版，第92页。
② 同上书，第254页。
③ 同上书，第255页。
④ 同上书，第157页。

对价值形式和等价形式的术语没有提出，但思想已经十分明确。在《手稿》中，马克思通过"产品（或活动）成为商品；商品成为交换价值；交换价值成为货币"①的发展过程，推导了货币的产生的过程。

《手稿》在商品二重性、劳动二重性和价值形式学说的基础上第一次阐述商品拜物教学说。马克思指出，以私有制为基础的商品生产，既"以生产者互相间的全面依赖为前提，但同时又以生产者的私人利益完全隔离和社会分工为前提"②。这种完全隔离的生产者之间的相互的全面依赖，构成他们的社会联系，这种社会联系表现在商品的价值上。生产者生产的商品必须有价值。另一方面，"每个个人行使支配别人的活动或支配社会财富的权力，就在于他是**交换价值**或**货币**的所有者，他在衣袋里装着自己的社会权力和自己同社会的联系。"③这样，体现在商品、货币中的人和人之间的社会联系，就被物与物之间的联系所掩盖。马克思写道，"活动的社会性质，正如产品的社会形式和个人对生产的参与，在这里表现为对于个人是异己的东西，物的东西；不是表现为个人的相互关系，而是表现为他们从属于这样一些关系，这些关系是不以个人为转移而存在的，并且是由毫不相干的个人互相的利害冲突而产生的。活动和产品的普遍交换已成为每一单个人的生存条件，这种普遍交换，他们的相互联系，表现为对他们本身来说是异己的、独立的东西，表现为一种物。在交换价值上，人的社会关系转化为物的社会关系；人的能力转化为物的能力。"④这就是说，产品的商品形式把生产者本身劳动的社会性质反映成为劳动产品本身的物的性质，反映成为这些物的天然的社会属性，而把生产者同社会总劳动的社会关系反映成为生产者之外的物与物之间的关系。于是，商品世界就产生了神秘性。"经济学家们把人们的社会生产关系和受这些关系支配的物所获得的规定性看作

---

① 《马克思恩格斯全集》第30卷，北京：人民出版社1995年版，第101页。
② 同上书，第108页。
③ 同上书，第106页。
④ 同上书，第107页。

物的**自然属性**,这种粗俗的唯物主义,是一种同样粗俗的唯心主义,甚至是一种拜物教"①,这种拜物教就是指"把社会关系作为物的内在规定归之于物,从而使物神秘化"②。在《手稿》中马克思还深刻分析了商品拜物教的根本原因在于生产商品的劳动所特有的社会性质。他指出,"随着活劳动的**直接**性质被扬弃,即作为单纯**单个**劳动或者单纯内部的一般劳动或单纯外部的一般劳动的性质被扬弃,随着个人的活动被确立为直接的一般活动或**社会**活动。生产的物的要素也就摆脱这种异化形式"③。也就是说,只有消灭以私有制为基础的商品生产,商品拜物教才会随之消灭。

《手稿》虽然比较系统地制定了劳动价值理论,但是与后来的《政治经济学批判》和《资本论》第一卷相比,它的阐述在结构上还比较松散,不够连贯;在表述上还不够完整,不够精练;在概念上还不够系统,不够准确;在劳动价值理论的发展河流中还有待于进一步完善。

三 第一次系统阐述货币理论

英国古典政治经济学家配第、斯密、李嘉图等人在货币的起源、货币的职能、货币的数量等问题上取得了一些进展。但他们对货币的认识是有限的、肤浅的,特别是在货币的本质上更没有一个人作出过正确的说明。至于重商主义者,庸俗学派的各种货币学说则更无科学之处。而当时蒲鲁东提出的劳动货币说,则更是一种脱离商品生产规律的乌托邦。19世纪40年代马克思在自己的著作和笔记中对货币问题有了自己的思考。在《手稿》中,马克思总结了自己以往的研究成果,从批判劳动货币论开始,在货币的起源、货币的本质、货币的职能、货币的材料、货币的流通等方面第一次全面系统地阐述了自己的货币理论。

---

① 《马克思恩格斯全集》第31卷,北京:人民出版社1998年版,第85页。
② 同上。
③ 同上书,第244页。

《手稿》是从批判蒲鲁东主义者达里蒙开始论述和制定自己的货币理论的。蒲鲁东主义者从黄金和白银在流通中的特殊作用、特权地位是经济危机根源这一认识出发，主张废除金属货币而代之以劳动货币。所谓劳动货币，就是给每个商品标明生产它所需要的劳动时间，使一切商品按生产它们所花费的劳动时间与等量的劳动时间券进行交换。在他们看来，用劳动货币直接反映商品的劳动消耗，赋予每个商品以直接交换的性质，就可以消除金和银的特权地位，从而消除经济危机的根源。马克思从劳动货币同劳动生产率提高不相容、价格和价值之间的差别使劳动货币不现实两个方面证明劳动货币论的行不通。他指出，改变流通关系，必须以改变生产关系和分配关系为前提；改变流通工具并不能改变生产关系和分配关系。"货币的不同形式可能更好地适应不同阶段的社会生产；一种货币形式可能消除另一种货币形式无法克服的缺点；但是，只要它们仍然是货币形式，只要货币仍然是一种重要的生产关系，那么，任何货币形式都不可能消除货币关系固有的矛盾，而只能在这种或那种形式上代表这些矛盾。"①

　　马克思指出，在商品交换活动中，要使商品顺利地作为交换价值来实现，它仅仅和一种特殊的商品相交换是不够的。"商品必须和一个第三物相交换，而这第三物本身不再是一种特殊的商品，而是作为商品的商品的象征，是商品的交换价值本身的象征；**因而，可以说，它代表劳动时间本身**"②。货币就是这样一种第三物，它是一种社会象征，得到了社会的公认，并表现一种社会关系。对此，马克思指出："产品成为商品；商品成为交换价值；商品的交换价值是商品内在的货币属性；商品的这个货币属性作为货币同商品相脱离，取得了一个同一切特殊商品及其自然存在形式相分离的一般社会存在；产品对作为交换价值的自身的关系，成为产品对同它并存的货币的关系……正像产品的实际交换产

---

① 《马克思恩格斯全集》第 30 卷，北京：人民出版社 1995 年版，第 69—70 页。
② 同上书，第 93 页。

生产品的交换价值一样,产品的交换价值产生货币。"①

马克思认为,商品之所以能同货币交换,那是因为它是交换价值;但是商品能交换多少货币,则取决于商品中物化的劳动时间。由于货币是一般劳动时间的化身,因此交换中商品必须先同货币交换,然后才能作为交换价值同其他商品相交换。在这里,劳动时间既是交换价值的内在尺度,又是交换价值的实体本身,而且还提供交换价值本身得以实现的因素。正是从货币的起源中,马克思揭示了货币的本质。他说:"人们互相间**物化的关系**,是物化的交换价值,而交换价值无非是人们互相间生产活动的关系。"② 他在《手稿》中详细论证了贵金属（黄金、白银）成为货币的历史过程,批判了"金银天然为货币"的无知和偏见。他指出,贵金属是一种货币材料,而货币材料是货币关系的承担者。究竟由何种材料来承担货币关系,完全是一个历史问题。贵金属作为交换价值所具有的那些属性及其自身的自然属性,能最完满地实现对那些充当货币材料的商品的要求。对"金银天然不是货币,但货币天然是金银"作了非常有力的论证。

《手稿》深入地分析了货币的职能。马克思指出,在商品流通中,货币作为交换价值同商品相对立。它作为一切商品的交换价值存在于商品之外或商品之旁;一切商品的交换价值在货币这一特殊商品上获得了一个特殊的存在。货币是媒介,只有通过它,商品才表现为交换价值。货币通过价格来表现商品的交换价值,或者说,价格是货币表现的商品的交换价值。各种商品通过同货币相比较,各交换价值的量的规定性,量的相互比例就表现了出来。货币在商品流通中表现为交换价值的尺度。货币充当价值尺度,是货币的第一个职能。货币表示商品的交换价值,不需要真实的黄金白银,只是作为想象的或观念的货币来执行其价值尺度职能。但又实现商品的交换,又需要真实的货币来充当流通手

---

① 《马克思恩格斯全集》第30卷,北京:人民出版社1995年版,第96页。
② 同上书,第110页。

段。商品只有通过以货币为媒介的运动,才能作为交换价值来实现。货币的第二个职能是流通手段。货币只有事先执行价值尺度的功能,才能在交换中执行流通手段的职能。马克思指出,流通中需要的货币量首先是由投入流通的商品的价格总额(待实现的商品价格总额)决定的,其次是货币流通的速度决定的。而价格总额又取决于按一定价格投入流通的商品量和各个商品的价格水平。于是,在货币价值不变的情况下,流通中的货币量是由商品的流通数量、各个商品的价格水平和货币的流通速度决定的。这就是货币流通的规律。根据货币流通规律,马克思进一步得出结论:价格的高低,并不取决于流通中货币的多少,而是货币的多少要取决于价格的高低;货币流通的速度不取决于流通中的货币量,而是流通中的货币量取决于货币流通的速度。马克思认为,有两种流通形式:一种是商品——货币——货币——商品,即商品借助货币同商品交换;另一种是货币——商品——商品——货币,即货币借助商品同自身发生关系。从第二种流通形式的分析中,马克思指出,货币除了充当流通手段外,还有第三种规定,即它在流通之外还有一种独立的存在,它可以从流通中被取出。这就是货币作为财富的物质代表,成为贮藏货币。在第三种规定上,货币是特殊实体和一般实体、特殊商品和一般商品的统一。作为金和银,货币是一种特殊的实体、特殊的商品。货币在一切商品面前,它又是一般实体、一般的商品。货币是在金和银的特殊存在中成为其他商品的一般交换价值。在货币上,商品的特殊性质消失了,商品表现为财富的一个要素。一般财富集中地表现在一种特殊物质(金和银)上。货币在第三种规定上,否定了货币作为铸币的性质,重新作为金银出现。《手稿》除了对货币的价值尺度、流通手段、贮藏手段的职能进行详细分析之外,还对货币的支付手段和世界货币的职能进行了初步分析。他指出:"在现代生产方式发达,因而信用事业发达的那些国家里,货币事实上几乎只是在零售贸易以及生产者和消费者之间的小额贸易中以铸币的形式出现,而在大规模交易领域里几乎只表现为**一般支付手段**。"①他还分析了货币的支付手段职能对流通中货币量的影响。他说:"在货币充当支付手段的情况下,由于支付平衡,由于支付作为正数和负数相互抵销,货币可以表现为商品的单纯观念的形式。货币在充当尺度和确定价格时就是这样。"②"流通的货币量决定于流通的商品总价格这一规律,现在得到补充:[加上]一定时期内到期的支付的总价格和支付上的节约。"③ 对于货币的世界货币的职能,马克思指出,充当世界货币的必须是实在的金银,而不能是货币符号。它是一般财富的物质代表,充当国家间的交换手段,结算国际商品交换中的差额,或者作为国际支付手段,用来清偿国际债务。

在《手稿》中,马克思对货币的各种基本理论问题都进行了研究,第一次全面而系统地阐述了自己的货币理论,在其货币思想的发展历程中占有十分突出的位置。《政治经济学批判》第一分册和《资本论》第一卷中相关论述是在这一手稿有基础上发展起来的,《手稿》关于货币的起源、职能、本质等等论述和《政治经济学批判》第一分册和《资本论》第一卷已经没有本质上的差别。当然,《手稿》还没有明确区分价值和交换价值,对货币形式的历史发展过程叙述得比较简略,对货币的支付手段和世界货币的职能叙述得还不充分,论述还有些散乱,这些在马克思今后的著作中得到了进一步的发挥。

四 剩余价值理论基本创立

在19世纪40年代末发表的《哲学的贫困》和《雇佣劳动和资本》等著作中,马克思的剩余价值理论已经有了萌芽。马克思指出:"工人拿自己的劳动换到生活资料,而资本家拿归他所有的生活资料换到劳动,即工人的生产活动,亦即创造力量。这种力量不仅能补偿工人所消

---

① 《马克思恩格斯全集》第31卷,北京:人民出版社1998年版,第317页。
② 同上书,第319页。
③ 同上。

费的东西，并且还使积累起来的劳动具有比以前更大的价值。"① 这说明马克思已经知道资本家的剩余价值是从哪里产生的，但是，剩余价值理论在19世纪40年代末还没有创立。因为此时劳动力商品学说和劳动二重性学说这两个理论前提尚未确立，价值规律同劳动与资本相交换之间的矛盾、价值规律同等量资本得到等量利润的矛盾这两个令李嘉图学派在剩余价值问题上破产的难题尚未破解。只是在经过以后若干年深入的研究之后，马克思在《手稿》中才基本创立剩余价值理论。

前面已经提到，马克思在《手稿》中创立了劳动二重性学说，这提供了解决剩余价值问题的一个理论前提，剩余价值理论的另一个理论前提——劳动力商品学说同样也是在《手稿》中创立的。

资产阶级古典经济学家从来没有把"劳动"的"劳动力"区分开，马克思自己区分这两个概念也有一个过程。在19世纪40年代末的《哲学的贫困》和《雇佣劳动与资本》中，马克思还没有区分"劳动"和"劳动力"，而在《手稿》中，马克思第一次使用"劳动力"这一科学概念，明确地提出了劳动力的价值和使用价值问题，明确地把劳动力的价值和使用价值当做劳动力商品的两个因素看待。马克思指出："劳动能力不等于它能进行的活劳动，不等于它能完成的劳动量——这是它的**使用价值**。劳动能力等于它必须用来**生产**自己和能再生产自己的那个劳动量。"② 这里，劳动能力所能实现的活劳动，或所能完成的劳动量，指的是劳动力的使用价值；劳动能力用来生产和再生产自己的劳动量，指的是劳动力的价值。他还进一步地解释劳动力的价值和使用价值。对于劳动力的价值，马克思说，"整个说来，他的商品的交换价值不是由买者**使用**这个商品的方式决定的，而只能由商品本身中存在的对象化劳动量决定；在这里也就是说，由把工人本身生产出来所花费的那个劳动量决定。"③ 对于劳动力的使用价值，马克思指出，资本家"换来的活

---

① 《马克思恩格斯全集》第6卷，北京：人民出版社1961年版，第489页。
② 《马克思恩格斯全集》第30卷，北京：人民出版社1995年版，第578页。
③ 同上书，第242页。

劳动时间，不是劳动能力的交换价值，而是劳动能力的使用价值"①。不仅如此，马克思在《手稿》中还明确指出，转化为商品的是"劳动能力"，资本家同工人的交换是"资本中用作工资的部分和活劳动能力之间的交换"②，工人"提供的使用价值只是作为他的身体的才能，能力而存在，所以在身体之外是不存在的"③。货币转化为资本的条件是：货币所有者能够用货币交换作为商品的他人劳动能力。马克思在《手稿》中还明确地批判了资产阶级古典政治经济学把劳动和劳动力混为一谈的观点。他指出："由于李嘉图让资本家同活劳动相交换，——因而立即进入生产过程，——在他的体系里就留下了无法解决的二律背反：一定量的活劳动不等于这一劳动所创造的、这一劳动客体化在其中的商品，虽然商品的价值等于它所包含的劳动量。"④

《手稿》在区分劳动力的价值和使用价值的基础上，进一步深入剖析了劳动力商品的这两个因素。他认为，劳动力价值由生产这一商品所必需的劳动时间决定，具体包括三个方面的费用：维持工人生存的费用、延续工人后代的费用和工人的训练费用。但"这种情况并不排除工人直接满足需要的范围可以有一定的伸缩，而是包含着这种伸缩。"⑤"工资当然表现活劳动能力的价值，但决不表现活劳动［创造］的**价值**，相反，后者表现为工资加上利润。"⑥ 马克思在《手稿》中把劳动力的使用价值看成是"生产力"、"创造力"、"能力"、"生产活动"、"创造价值的活动"等等，"只要这种使用价值受到资本的推动，它就会变成工人的一定的生产活动；这是工人的用于一定目的的、因而是在一定的形式下表现出来的生命力本身"⑦。"劳动能力本身是这样的使用

---

① 《马克思恩格斯全集》第 31 卷，北京：人民出版社 1998 年版，第 68 页。
② 《马克思恩格斯全集》第 30 卷，北京：人民出版社 1995 年版，第 400 页。
③ 同上书，第 242 页。
④ 同上书，第 560 页。
⑤ 同上书，第 252 页。
⑥ 同上书，第 571 页。
⑦ 同上书，第 224 页。

价值：这种能力的消费同劳动的对象化，从而同交换价值的创造直接一致。对作为资本的货币来说，劳动能力是货币交换来的直接的使用价值。"① 资本"**买来的使用价值直接就是提供交换价值的使用价值，即创造价值的使用价值。**"② 劳动力成为商品为货币转化为资本创造了前提，劳动力的使用价值作为价值源泉生产的价值大于劳动力的价值就可以说明剩余价值的来源。

《手稿》用大量的篇幅分析资本主义生产过程，从资本主义生产过程的二重性入手来说明剩余价值产生的过程。资本主义生产过程一方面是劳动过程，一方面是价值增殖过程。马克思从劳动二重性原理出发，第一次科学地说明了生产资料原有价值的保存和新价值的创造是一个统一的过程。"保存旧价值决不是一种同追加新价值分开的行为，而是自然而然地发生的行为，表现为追加新价值的自然结果。"③ 生产商品的劳动，作为具体的、有用的劳动，它生产了使用价值，并转移了生产资料的旧价值；作为抽象的一般的人类劳动，它创造新价值，这种新价值不仅补偿了劳动力自身价值，而且创造了剩余价值。马克思在《手稿》中作了这样的例解："如果维持工人一个工作日的生存，需要一个工作日，那么，资本就不存在，因为这样就等于工作日和他自己的产品相交换，从而资本就不能作为资本增殖价值，也就不能作为资本保存自己。……相反，如果维持工人整个工作日的生存，只需要例如半个工作日，那么，产品的剩余价值就自然产生出来了，因为资本家在［劳动］价格中只支付了半个工作日，而在产品中得到的却是整个对象化的工作日；也就是说，**没有什么东西**和后半个工作日相交换。……资本没有付出任何等价物就得到一个价值。……剩余价值总是超过等价物的价值。"④ "在资本方面表现为剩余价值的东西，正好在工人方面表现为超

---

① 《马克思恩格斯全集》第 31 卷，北京：人民出版社 1998 年版，第 397 页。
② 同上书，第 399 页。
③ 《马克思恩格斯全集》第 30 卷，北京：人民出版社 1995 年版，第 325 页。
④ 同上书，第 285 页。

过他作为工人的需要,即超过他维持生命力的直接需要的剩余劳动。"①

《手稿》在揭示剩余价值产生的秘密后,接着探讨剩余价值生产的两种方法——绝对剩余价值生产和相对剩余价值生产。马克思指出:"价值的增加是资本自行增殖的结果;不管这种自行增殖是**绝对剩余时间**的结果,还是**相对剩余时间**的结果,或者说,不管是绝对劳动时间实际增加的结果,还是相对剩余劳动增加的结果"②。马克思指出,工作日包括必要劳动时间和剩余劳动时间。必要劳动时间是再生产劳动力所需要的劳动时间,剩余劳动时间是"作为工作日中我们称为**必要劳动时间**的那部分以外的余额而存在的"③ 劳动时间。在必要劳动时间不变的情况下,绝对延长剩余劳动时间以增加剩余价值的生产,就是绝对剩余价值的生产。绝对剩余价值的生产,从时间方面看,是"把工作日一直延长到自然所允许的界限"④;从空间方面看,是"增加**更多的同时并存的工作日**,才能超越一个人的活的工作日所形成的**自然**界限"⑤。由于工作日的延长受到自然的生理因素和道德因素的限制,于是,资本家还采取"使工作日的必要部分越来越缩短"⑥ 来相对地增加剩余劳动的方法。马克思说:"剩余价值的第二种形式是相对剩余价值,它表现为工人生产力的发展,**就工作日来说,表现为必要劳动时间的缩短**"⑦。他在《手稿》中通过例证说明,"工人劳动的提高了的生产力,由于缩短了补偿对象化在工人身上的劳动(为创造使用价值即生存资料)所必需的时间,因而表现为工人用在资本价值增殖(创造交换价值)上的劳动时间延长了。"⑧ 马克思在分别研究了绝对剩余价值生产和相对剩余价值生产后强调指出:"资本的趋势是把绝对剩余价值和相对剩余

---

① 《马克思恩格斯全集》第30卷,北京:人民出版社1995年版,第286页。
② 同上书,第327页。
③ 同上书,第376页。
④ 同上书,第377页。
⑤ 同上书,第378页。
⑥ 同上书,第377页。
⑦ 《马克思恩格斯全集》第31卷,北京:人民出版社1998年版,第172页。
⑧ 《马克思恩格斯全集》第30卷,北京:人民出版社1995年版,第297页。

价值结合起来；就是说，**要使工作日得到最大程度的延长，并使同时并存的工作日达到最大数量，同时一方面又要使必要劳动时间减到最小限度，另一方面也要使必要工人人数减少到最小限度。**"①

《手稿》根据资本的各个部分在剩余价值生产中的不同作用，首次制定了关于不变资本和可变资本的理论。马克思认为，劳动过程的三个要素——劳动力、原料和工具，在资本主义生产的价值增殖过程中表现为资本的不同部分。"对象化在资本中的劳动时间表现为一个由三部分组成的总额：（a）对象化在原料中的劳动时间；（b）对象化在工具中的劳动时间；（c）对象化在劳动价格中的劳动时间。（a）和（b）这两个资本组成部分是始终不变的，虽然它们在过程中也会改变自己的形态，改变自己的物质存在方式，但作为价值，它们是始终不变的。"②只有（c）这部分资本才是可变的，否则，就没有起到资本的作用。也就是说，在生产过程中，活劳动把工具和材料变成自己灵魂的躯体，从而使它们起死回生。这些被转移的价值以原料和工具在生产过程中因本身的使用价值的消耗而相应地丧失价值为限，不改变自己的价值。而（c）这部分资本，即变为劳动力的那部分资本则不同。它在生产过程中表现为人的因素，是一种创造价值的能力。资本家以一个既定量的资本即物化劳动购买了这种劳动能力，这种劳动能力在生产过程中转移原料和工具的价值的同时，创造了新的价值。这种新创造的价值大于资本家用来购买劳动力的那部分资本，产生了剩余价值。所以，（c）这部分资本是可变的量。《手稿》根据资本的不同部分在价值增殖过程中的作用，把"资本划分为不变部分——劳动之前早就存在的部分，即原料和劳动工具——和可变部分，即可以同活的劳动能力相交换的生活资料。"③在这一划分的基础上，马克思在《手稿》中举例计算了资本家对工人的剥削率和利润率。100塔勒资本；60塔勒不变价值；40塔勒

---

① 《马克思恩格斯全集》第31卷，北京：人民出版社1998年版，第173页。
② 《马克思恩格斯全集》第30卷，北京：人民出版社1995年版，第281页。
③ 同上书，第446页。

工资，生产出80塔勒；因而产品=140塔勒。"在上述例子中，剩余时间对必要时间之比是100%，对资本100之比是40%"。① 这里，马克思实际上对剩余价值率和利润率作了明确的区分。对于马克思的不变资本和可变资本的区分，恩格斯给予了高度评价："他确定了资本分为不变资本和可变资本，就第一个详尽地阐述了剩余价值形成的实际过程，从而说明了这一过程，而这是他的任何一个前人都没有做到的。""这个区别提供了一把解决经济学上最复杂的问题的钥匙。"②

马克思在同一手稿中创立的劳动二重性学说、劳动力商品学说的基础上，解决了价值规律同劳动与资本相交换之间的矛盾，科学地说明了剩余价值的产生，揭示了资本主义生产的本质；根据资本的不同部分在剩余价值生产中的不同作用，把资本划分为不变资本和可变资本，区分了剩余价值和利润、剩余价值率和利润率；从资本主义生产目的出发，揭示了剩余价值生产的两种方法。这些互相联系的观点证明，狭义的剩余价值理论在1857—1858年经济学手稿中已经建立。由于《手稿》的目的不是为了付印，而是为了自己弄清问题，所以剩余价值理论的表述、术语的使用等还有一些不清楚的地方，价值规律同等量资本得到等量利润的矛盾还未得到最终解决，广义的剩余价值理论还有待于建立完善，这些在后来的《1861—1863年经济学手稿》和《资本论》中得到了进一步的发挥。

五　对资本的流通过程的理论分析

在《手稿》"资本章"的第二篇里，马克思研究了《资本的流通过程》，对资本积累问题、原始积累问题、资本循环和周转问题、再生产问题、经济危机问题等进行了研究，形成了一些重要的理论。

---

① 《马克思恩格斯全集》第30卷，北京：人民出版社1995年版，第361页。
② 《马克思恩格斯文集》第6卷，北京：人民出版社2009年版，第22页。

(一) 初步形成的资本积累学说

"资本的合乎目的的活动只能是发财致富，也就是使自身变大或增大。"① 因此，资本在生产过程结束后重新进入流通，以实现作为直接生产过程结果的产品，包括剩余价值。资本作为一个无止境的运动过程，要不断地扩大自己，就必须进行积累。"如果没有积累，资本就不可能成为生产的基础。"② 因此，资本家除了把剩余价值的一部分用于消费外，还必须把另一部分用作追加资本。马克思把剩余价值的资本化叫做资本积累。显然，资本积累的源泉是雇佣工人的无酬劳动，资本积累表明："资本借助新的活的剩余劳动，来使对象化的剩余劳动即剩余产品**增殖价值**"。③ 马克思还通过剩余资本的形成来深化对资本积累的分析。所谓剩余资本，指的是与生产过程开始以前的原有资本相对而言的资本。它是生产过程产生的，用于资本的剩余价值。剩余资本Ⅰ，是产生于第一个生产过程所生产的，而出现在第二个生产过程开始的资本。剩余资本Ⅱ则是由第二个生产过程所产生，出现在第三个生产过程开始的资本。剩余资本Ⅱ是剩余资本Ⅰ的产物。剩余资本Ⅰ和Ⅱ的形成条件是不同的。前者的条件是资本家用来购买劳动力而投入流通的价值，是他自己的基金；后者的前提是剩余资本Ⅰ，其中有资本家无偿占有的剩余价值。马克思认为，在资本积累过程中，既然资本是资本化的剩余价值，因而资本表现为统治、支配活劳动的物化劳动，表现为他人的财产；"所有权在一方面转化为占有他人劳动的权利，在另一方面则转化为必须把自身的劳动的产品和自身的劳动看作属于他人的价值的义务"④。"所有权最初表现为以自己的劳动为基础。现在所有权表现为占有他人劳动的权利，表现为劳动不能占有它自己的产品。所有权同劳动

---

① 《马克思恩格斯全集》第 30 卷，北京：人民出版社 1995 年版，第 228 页。
② 同上书，第 434 页。
③ 同上书，第 419 页。
④ 同上书，第 450 页。

之间，进一步地说，财富同劳动之间的完全分离，现在表现为以它们的同一性为出发点的规律的结果。"① "生产过程和价值增殖过程的结果，首先表现为**资本和劳动的关系本身**的，**资本家和工人的关系本身**的再生产和新生产"②，而资本积累则是这种关系的扩大范围的再生产和新生产。

《手稿》在说明资本概念的形成和资本积累时，特别注意把资本积累和资本的原始积累区分开。货币转化为资本和一般劳动转化为雇佣劳动，要以劳动者和客观的生产条件的分离为条件。"一方面，就要能找到自由的工人，另一方面，就要能找到这样的生活资料和材料等等，这些生活资料和材料原先在这种或那种形式下是那些现已丧失自己客观条件的人们的**财产**，现在同样也变成**自由的**、可以出卖的了。"③ "这种历史上的解体过程，既是把劳动者束缚于土地和地主而实际又以劳动者对生活资料的所有权为前提的农奴制关系的解体，因而这实质上是劳动者与土地相分离的过程；也是使劳动者成为自耕农、成为自由劳动的小土地所有者或佃农（隶农）、成为自由的农民的土地所有制关系的解体……也是以劳动者对劳动工具的所有权为前提的、并且把作为一定手工业技能的劳动本身当作财产（而不仅仅是当作财产的来源）的那种行会关系的解体；同样也是各种不同形式的保护关系的解体"④。"**资本的原始形成**只不过是这样发生的：作为**货币财富**而存在的价值，由于旧的生产方式解体的历史过程，一方面能**买到**劳动的客观条件，另一方面也能用货币从已经自由的工人那里换到**活**劳动本身。"⑤ 马克思在《手稿》中对资本原始形成的分析后来在《资本论》第一卷中得到了进一步的充实和发展，形成了他的资本原始积累学说。

《手稿》在不变资本和可变资本这一划分的基础上，考察了不变资

---

① 《马克思恩格斯全集》第 30 卷，北京：人民出版社 1995 年版，第 450 页。
② 同上。
③ 同上书，第 500 页。
④ 同上书，第 496 页。
⑤ 同上书，第 501 页。

本和可变资本结合比例同生产力发展之间的关系，初步制定了资本有机构成学说，提出了资本积累规律的一般要点。在马克思看来，如果两个等量资本用在不变资本和可变资本上比例不同，那么，生产率较高的资本必然有较大部分用于不变资本，生产率较低的资本必然有较大的部分用于可变资本。所以马克思在研究资本的构成时，既从资本的价值构成上加以考虑，又提出要研究"资本各部分之间（技术上）的比例"，接近于提出资本有机构成这个概念。在此基础上，《手稿》研究了不变资本和可变资本在劳动生产力不断提高条件下增长的规律性。马克思认为，在资本积累和劳动生产力不断提高的条件下，与可变资本相比，不变资本有不断增长的趋势，而可变资本本身则有下降的趋势。他写道："如果**资本的总价值不变**，那么生产力的增长就意味着，资本的不变部分（由材料和机器构成）与资本的可变部分相比，即与资本中同活劳动相交换的、构成工资基金的那部分相比会增长。……如果加入生产过程的**资本的总价值**增加，那么，与劳动生产率不变时，即必要劳动同剩余劳动的比例不变时相比，劳动基金（资本的这个可变部分）必定会**相对**减少。"① 按照马克思的分析，在资本积累过程中，由于劳动生产力的提高，不变资本与可变资本相比不断增长，同量资本可以在使用较少活劳动的条件下创造出更多的剩余劳动，改变了剩余劳动与必要劳动的比例，使同量资本推动的剩余劳动增加，必要劳动减少，从而必然造成一部分工人人口的过剩。正如马克思所说："既然资本必然引起的生产力的发展，就在于提高剩余劳动对必要劳动的比例，或者说，减少一定数量的剩余劳动所需要的必要劳动的比重，那么，假定劳动能力是个已知的一定量，资本所使用的**必要**劳动的比例就必然要不断减少，也就是说，这种劳动能力有一部分要过剩，因为要完成一定数量的剩余劳动，现在只需要它的一部分就够了，而过去则需要它的全部。"② 因此，过剩人口是资本积累的必然产物。资本积累造成的过剩人口的存在带来

---

① 《马克思恩格斯全集》第30卷，北京：人民出版社1995年版，第364页。
② 同上书，第613页。

了无产阶级的贫困化。《手稿》认为,"过剩人口同赤贫是一回事。"① 两极分化是资本主义社会资本积累的必然后果。《手稿》中关于资本积累的实质、资本积累一般规律和无产阶级贫困化等观点的论述标志着马克思资本积累学说的初步形成,为《资本论》第一卷的资本积累理论奠定了基础。

(二) 初步形成的资本循环和资本周转理论

《手稿》通过资本流通和一般货币流通的比较说明了资本流通和货币流通的关系。资本的流通既包括货币形式的资本流通,也包括作为资本的货币流通。货币流通从无数的点出发又复归到无数的点,复归点决不是出发点。而资本流通出发点就是复归点,复归点就是出发点。资本家用货币购买生产条件,从事生产,实现产品的价值,也就是使产品转化为货币,然后又重新开始这个过程。作为资本的货币流通和作为一般货币的一般流通,既有联系又有差别。其区别在于流通的形式不同、对于能否由自身产生价值各有不同、促成流通速度变化的源泉不同。其联系在于,一方面,资本流通包含有作为资本的货币流通因素,因而资本流通的不断进行离不开货币流通;另一方面,货币流通以生产过程的结果为前提,而生产过程又是资本流通的一个环节。所以,货币流通本身就是由资本流通决定的。

《手稿》在分析资本流通要素的基础上说明资本流通速度对资本数量和价值增殖的影响。马克思指出:"如果我们现在把资本流通当作一个整体来考察,那么作为流通内部的两大差别出现的是两个要素:生产过程和流通本身,二者都是作为资本流通的要素。"② 在此基础上马克思又对上述两个因素作了进一步的细分,具体为四个要素:(1)实际生产过程及其持续时间;(2)产品转化为货币及其持续时间;(3)货币按

---

① 《马克思恩格斯全集》第30卷,北京:人民出版社1995年版,第607页。
② 同上书,第513—514页。

照相应比例转化为原料、劳动资料和劳动等各个生产要素；(4)资本的一部分同活劳动能力相交换。马克思通过分析资本流通的四个要素发现资本流通速度的差异影响着资本的数量和价值增殖。一是资本流通的速度可以代替资本的数量。马克思通过例证分析发现了资本的数量代替流通速度和速度代替数量的规律，明确指出："数量代替速度和速度代替数量的规律……在力学中普遍适用，同样也在生产中普遍适用。"① 二是资本流通的速度决定一定时期内价值的再生产和增殖。价值增殖虽然是在生产过程中发生的，但生产过程不能离开流通过程单独进行。生产过程开始之前，需要货币转化为生产要素的流通过程作为前提；生产过程完成之后，又需要产品转化为货币的流通过程作为补充。于是，一定时期之内资本生产过程的次数，也就是流通过程的次数。一定时期之内资本流通次数越多，资本流通速度越快，资本的重复进入生产过程的次数就越多，资本的价值增殖量就越大。马克思指出："虽然流通并不造成**价值规定**本身的任何要素，因为这些要素完全由劳动决定，但流通的速度却决定生产过程重复的速度，决定创造价值的速度，也就是说，虽然不决定**价值**，但在某种程度上却决定价值的数量。这就是说，在生产过程中创造出来的价值和剩余价值要乘以生产过程在一定期间所能重复的次数。"② "在一定期间能够生产出多少产品，在一定期间资本能够增殖多少次，它的价值能够**再生产和倍增多少次**，就取决于流通的速度，取决于流通经历的**时间**。"③

《手稿》从三个角度区分了资本流通中的固定资本和流动资本，为以后确立严谨的固定资本和流动资本范畴奠定了基础。第一，从资本流通的整体出发，在资本循环的表面形式上区分固定资本和流动资本。马克思举例析理，明确指出："资本作为通过一切阶段的主体，作为流通和生产的运动着的统一，作为流通和生产的处在过程中的统一，它是**流**

---

① 《马克思恩格斯全集》第 30 卷，北京：人民出版社 1995 年版，第 515 页。
② 同上书，第 537 页。
③ 同上书，第 536 页。

动资本；资本作为束缚在每个这样阶段上的它自身，作为具有自身**差别**的资本，是**固定起来的**资本，**被束缚的**资本。作为流动着的资本，它把自身固定起来，而作为固定起来的资本，它在流动。"① 流动资本和固定资本的区别，首先表现为资本的形式规定，即要看资本是表现为过程的统一体，还是表现为过程的特定环节。资本的整个运动过程表现为两个流通阶段和一个生产阶段的统一。每个资本总是处于不断地从一个阶段向另一个阶段转化的运动之中，从这个意义上，马克思把资本看作是流动资本。但是，当资本处于任何一个阶段，尚未实现其向另一阶段的转化时，便总是表现为束缚在某一特殊形式上。比如，当资本离开生产过程而又不能投入市场的时候，它便作为商品固定起来；当商品已经售出但还不能和生产要素相交换的时候，它便作为生产要素固定起来，等等。从这个意义上，马克思把这些被束缚、固定在资本循环各阶段上的特殊形态的资本，看作固定资本。这就是说，流动资本和固定资本首先是从资本循环运动的表面形式上来区分的，它并不是两个特殊形态的资本，而是同一资本的两种不同形式的规定。这种区分和《资本论》第二卷关于流动资本和固定资本的划分标准不同，在后来的思想发展过程不再作为固定资本和流动资本的主题含义，渐渐地处于淡化状态，偶尔提一下。但这种划分的思想基础则为建立资本循环三个阶段的资本形式——商品资本、生产资本、货币资本——提供了基础。第二，从资本和劳动能力之间交换的"小流通"出发，把购买劳动力的资本称为真正的流动资本。马克思认为，用来购买劳动力的那部分资本"从其物质存在来看，从不离开**生产过程**，也从不**重新进入流通**"②，总是伴随着生产过程。第三，从与资本的生产过程相对立的流通过程即所谓大流通出发区分固定资本和流动资本。什么是固定资本？马克思是这样论证的："从处于生产阶段的资本和离开生产阶段的资本之间的这种对立中，产生出了**流动资本**和**固定资本**的区别。后一种资本是固定在生产过程中

---

① 《马克思恩格斯全集》第31卷，北京：人民出版社1998年版，第8页。
② 同上书，第77页。

并在生产过程本身中被消费的一种资本；尽管它来自大流通，但是并不回到那里去"①。"作为**价值**，固定资本是流通的（虽然我们将看到，它只是一部分一部分地，陆续地流通）。作为**使用价值**，固定资本是不流通的。**固定资本**从它的物质方面来看，作为生产过程的要素，从不离开它的领域，不被它的占有者转让，而是保留在他的手中。只是从它的**形式方面**来看，它才作为资本，作为长久保存的价值而流通。"② 什么是流动资本？《手稿》认为，从它的物质形态上看，包括原材料和产品，既存在于生产过程，又能存在于流通过程。马克思还有这样的说法："流动资本以产品的形式，以新创造的使用价值的形式，从生产过程被投入流通，全部进入流通"③。这说明《手稿》对流动资本的定义还不严谨，没有区分流动资本和流通资本。从它的价值形态来看，它不仅会进入流通，而且其流通以使用价值为前提。

《手稿》在说明固定资本和流动资本的上述三种区分中进一步指出了固定资本的三种规定性。一是固定资本作为使用价值从不离开生产过程，也从不进入流通，只是它价值随其物质形态的损耗而转移到产品中去并随产品的出售而进入流通。二是固定资本作为价值进入流通是伴随着它的物质形态的磨损和消失而同时实现的。固定资本随着它作为使用价值在自己的独立形式上消失的程度，而作为价值进入产品。固定资本作为价值而流通同它作为使用价值在生产过程中被消费是相适应的。只有在它作为使用价值在生产过程中完全消耗时，它的全部价值才会完全被再生产出来，即从流通中流回来。三是固定资本的价值是陆续流回的。马克思指出，"固定资本的价值是陆续流回的，而流动资本的每一部分则被全部更换"④。以固定资本和流动资本的区分为基础，马克思分析了固定资本在全部资本中所占比重对资本周转次数的影响，进而对

---

① 《马克思恩格斯全集》第 31 卷，北京：人民出版社 1998 年版，第 74 页。
② 同上书，第 75 页。
③ 同上书，第 117 页。
④ 同上书，第 84 页。

剩余价值生产和实现的影响。《手稿》从三个不同角度对固定资本和流动资本作了不同标准的区分,并在分析过程中逐渐把区分的标准归结为价值流通方式的不同,这标志着马克思对固定资本和流动资本的分析已经接近于问题的实质。当然,《手稿》对固定资本和流动资本的分析和认识,存在着许多缺点和不足,后来的《1861—1863年经济学手稿》和《资本论》第二卷则在此基础上充实完善,形成了系统的固定资本和流动资本学说。

(三) 社会资本再生产理论的萌芽

"资本作为建立在雇佣劳动基础上的生产,它的前提是把流通当作整个运动的必要条件和要素。这种特定的生产形式以这种特定的交换形式为前提,而这种交换表现为货币流通。为了更新,全部产品必须转化为货币。"[①] 全部产品都必须转化为货币,就超出了单个资本再生产的范围,牵涉到社会资本的再生产问题,涉及社会总产品的价值实现和物质补偿问题。因而《手稿》对社会资本再生产问题第一次进行了阐述。马克思假定社会上有 A、B、C、D、E 五个资本家,代表五个生产部门,并拟制了一张包含五个生产部门、物质形态上分为原料1、原料2、机器、工人的必要生活资料、剩余产品等五类用一定数字表示价值的表格。在通过这张表分析这五个生产部门的资本家如何实现他们各自的商品价值时,第一次事实上从物质形态上把社会生产分为两大部类,从价值形态上把社会总产品的价值分为 C+V+M,分析了简单再生产和扩大再生产条件下社会总产品的实现条件,发现了社会化大生产必须按一定比例进行再生产的规律。他指出:"在生产力发展的一定水平上(因为这种发展决定必要劳动对剩余劳动的比例),产品在分割为原料、机器、必要劳动、剩余劳动相应的各个部分时,以及最后剩余劳动本身分割为一个用于消费的部分和另一个重新变为资本的部分时,都有固定的比

---

① 《马克思恩格斯全集》第30卷,北京:人民出版社1995年版,第385页。

例。资本的这种内部的概念上的分割，在交换中则表现为各资本彼此按照一定的和限定的比例进行交换——虽然这种比例在生产过程中经常发生变化。……资本内部的这种分割在交换中就表现为例如五个资本之间的分配。无论如何，资本内部的这种分割既规定了可以进行交换的数额，也规定了这些资本中每一个资本进行交换和生产所必须保持的比例。……"① "同样，资本内部的这种分割，还规定了每个资本同代表它本身的某个特定要素的另一个资本相交换时所必须保持的比例。最后，还规定了每个资本都进行交换所必须保持的比例。"② 当然，"生产力的革命会改变这些比例，**会变更这些比例本身**，这些比例的基础……**始终是必要劳动对剩余劳动的比例**，或者也可以说，是对象化劳动的各种要素对活劳动的比例。……剩余劳动对必要劳动的比例固定不变，这对交换，从而对生产来说始终是一种限制，因为这等于资本的价值增殖固定不变。第二种比例——剩余产品中资本消费的部分同重新变为资本的部分之间的比例——是由第一种比例决定的。首先，**被分割为这两个部分的数额的大小取决于这个最初的比例**。其次，如果说创造资本的剩余价值是以创造剩余劳动为基础的，那么资本作为资本来增加（即积累，而如果没有积累，资本就不可能成为生产的基础，因为那样资本就会处于停滞状态，就不是进步的因素，而单纯由于人口增长等等，进步也是必需的）则取决于这种剩余产品的一部分转化为新资本。"③ 在所引的这段长长的论述中，马克思对再生产中的各部门资本在流通过程价值实现的比例、社会生产内部的各种比例、剩余劳动对必要劳动的比例、积累和消费的比例及其相互关系作了极为精辟的论述，不仅揭示了资本再生产的规律性，而且揭示了人类社会再生产过程中的一般规律性。

---

① 《马克思恩格斯全集》第 30 卷，北京：人民出版社 1995 年版，第 433 页。
② 同上。
③ 同上书，第 434—435 页。

（四）初步形成的经济危机理论

在19世纪40年代的《1844年经济学哲学手稿》、《共产党宣言》、《哲学的贫困》、《雇佣劳动和资本》等著作中，马克思几乎都提到经济危机问题。特别在后两本著作中，马克思论述了经济危机的必然性及其周期性的表现，强调指出随着资本主义生产的发展，周期性经济危机不断加深和工人状况更加恶化的必然趋势。但是，40年代马克思对经济危机的研究还是初步的，他当时特别注意的是经济危机的严重后果，而对经济危机并没有作理论上的深入探讨。而在50年代马克思对经济危机则从理论上进行了深入的研究，这在《手稿》中得到了反映。按照马克思的研究计划，《手稿》只是属于开始的篇章，还没有到达位于最后的经济危机这个篇章。但《手稿》有关地方对经济危机多有探讨，几乎涉及经济危机的所有基本思想和原理。

《手稿》分析了简单商品经济包含的危机的可能性。《手稿》"货币章"指出，随着货币的产生，随着产品和产品相交换转化为通过货币媒介进行的商品流通，随着商品货币关系的发展，它所固有的矛盾也在发展，由此产生了经济危机的可能性。对这种可能性，马克思从三个方面进行了分析。一是商品的双重存在产生的对立和矛盾导致商品过剩。马克思指出，货币出现之后，它与商品并存，商品成为双重的存在，"即一方面商品作为一定的产品存在，而这个产品在自己的自然存在形式中观念地包含着（潜在地包含着）自己的交换价值；另一方面商品作为表现出来的交换价值（**货币**）存在，而这个交换价值又抛弃了同产品的自然存在形式的一切联系，——这种二重的、**不同**的存在必然发展为**差别**，差别必然发展为**对立和矛盾**。"① 而商品的二重存在"从一开始就包含着商品的这两个分离的存在形式不能互相转换的可能性。商品的可交换性作为同商品并存的物存在于货币上，作为某种和商品不同的东

---

① 《马克思恩格斯全集》第30卷，北京：人民出版社1995年版，第96页。

西，不再和商品直接同一的东西而存在。一旦货币成为同商品并存的外在的物，商品同货币的可交换性马上就和可能出现或可能不出现的外部条件联系在一起；受外部条件的支配。"① 商品能否转化为货币，是否能够同货币相交换，它的交换价值能否实现，取决于本来和作为交换价值的商品毫不相干的、不以它为转移的各种情况。这些外部情况具有偶然性，因而商品就有可能不能顺利地换成货币，出现商品过剩。二是买卖之间可能产生的极端不协调导致商品过剩。马克思认为，交换行为分为两个互相独立的行为：商品换货币，货币换商品，买和卖。"因为买和卖取得了一个在空间上和时间上彼此分离的、互不相干的存在形式，所以它们的直接同一性就终止了。它们可能互相适应和不适应；它们可能彼此相一致或不一致；它们可能出现彼此不协调。"② 既然买和卖这两个流通的本质的要素彼此无关，在空间上和时间上相分离，它们也就没必要合而为一，它们的彼此无关，可以使它们彼此的表现上独立性进一步固定化。但是，"既然它们构成一个整体的两个本质的要素，就必然会出现这样的时刻，这时独立形态遭到暴力的破坏，内部的统一通过暴力的爆发在外部恢复起来。这样，在货币作为中介的规定中，在交换分成两种行为的分裂中，已经蕴藏着危机的萌芽，或至少是危机的可能性。"③ 三是商人阶层介入交换过程产生的新的不协调导致危机的可能性。马克思说："正像交换本身分裂为两个互相独立的行为一样，交换的总运动本身也同交换者，商品生产者相分离。为交换而交换同为商品而交换相分离。在商品生产者之间出现了一个商人阶层，这个阶层只是为卖而买，只是为再买而卖，这种活动的目的，不是占有作为产品的商品，而只是取得交换价值本身，取得货币。"④ 由于交换的这种二重化——为消费而交换和为交换而交换，产生了一种新的不协调。商人在

---

① 《马克思恩格斯全集》第30卷，北京：人民出版社1995年版，第96—97页。
② 同上书，第97页。
③ 同上书，第149页。
④ 同上书，第98页。

交换中只受商品的买和卖之间的差额支配，而消费者则必须最终补偿他所购买的商品的交换价值。"流通即商人阶层内部的交换，与流通的结局即商人阶层和消费者之间的交换，尽管归根到底必然是互相制约的，但它们是由完全不同的规律和动机决定的，彼此可能发生最大的矛盾。在这种分离中已经包含了商业危机的可能性。"① 结合着货币的支付手段职能的分析，《手稿》进一步探讨了货币的支付手段职能的发展所引起的经济危机可能性的扩大。马克思指出："在表现为货币流通的流通中，总是以交换的两极的同时性为前提。但是，在相互交换的商品的存在之间可能出现时间差异。在互相支付的性质中，就包含这样的可能性：今天进行了支付，但是一年以后才能得到对方的支付，等等。"② 这就是说，货币在执行支付手段职能之后，买和卖，商品交货和货币支付完全不必同时进行，商品和货币相交换又进一步发生了分离，因而产生了新的矛盾。这种矛盾在货币价值发生变动时会更加显露。货币价格上涨对支付者不利，对接受支付者有利；货币价值下跌，对支付者有利，对接受支付者则不利。这两种情况都会直接或间接地影响商品价值的真正实现，从而扩大了危机的可能性。当支付者到期不能支付从而造成支付平衡被打破的情况下，这种危机的可能性就会表现得更加明显。马克思指出："在货币充当支付手段的情况下，由于支付平衡，由于支付作为正数和负数相互抵销，货币可以表现为商品的单纯观念的形式，货币在充当尺度和确定价格时就是这样。每当这种平衡的机制和作为这一机制的一定基础的信用制度遭到破坏，货币就会违反现代商业的约定，违反现代商业的一般前提，突然必须以它的实在的形式出现和使用，因而就产生了冲突。"③ 这时，所有交换包括现在的销售和所有以前的赊售都要求以真实的货币支付，从而导致货币的极度匮乏，甚至导致危机。《手稿》对货币产生后并充当流通手段和支付手段而导致的经

---

① 《马克思恩格斯全集》第 30 卷，北京：人民出版社 1995 年版，第 98 页。
② 同上书，第 190 页。
③ 《马克思恩格斯全集》第 31 卷，北京：人民出版社 1998 年版，第 319 页。

济危机的可能性的分析相当深刻，已经相当完善，为进一步考察这种可能性在资本主义条件下转化为现实性奠定了理论基础。

《手稿》在简单商品经济关系中包含着经济危机可能性的基础上，进一步分析了资本主义经济危机发生的各种基本条件，通过分析资本主义生产的矛盾来揭示经济危机发生的根源，初步解决了经济危机可能性到现实性的转化问题，论证了经济危机的必然性。

马克思在《手稿》中主要从资本主义生产的以下几对矛盾去揭示经济危机根源的。一是资本生产的无限扩大和市场相对有限的矛盾。资本主义生产的目的是剩余价值，资本家总是千方百计地通过延长劳动时间和提高劳动生产力来增加剩余价值，竭力发展生产，资本主义生产有无限扩大的趋势。而生产的扩大要求有不断扩大的市场与之相适应。马克思从绝对剩余价值生产和相对剩余价值生产两个方面论证上述观点。他指出，"资本创造**绝对剩余价值**——更多的对象化劳动——要有一个条件，即流通范围要扩大，而且要不断扩大。在一个地点创造出的**剩余价值**要求在**另一个**地点创造出与之交换的剩余价值；要求首先哪怕只是生产出更多的金银，更多的货币。……因此，以资本为基础的生产，其条件是**创造一个不断扩大的流通范围**，不管是直接扩大这个范围，**还是在这个范围内把更多的地点创造为生产地点**。"① "生产**相对剩余价值**，即以提高和发展生产力为基础来生产剩余价值，要求生产出新的消费；要求在流通内部扩大消费范围"②。资本生产的无限扩大要求市场相应扩大，但市场的扩大受到以对抗性生产关系为基础的消费的限制，由此产生了资本生产无限扩大的趋势和有限的市场的矛盾，导致商品过剩。

二是生产无限扩大和消费相对缩小的矛盾。资本主义生产的目的是剩余价值，但生产归根到底要依赖于消费。在资本主义条件下，广大工人群众是主要消费者，但他们的消费却受到资本主义分配关系的限制。马克思指出，"每一个资本家都知道，他同他的工人的关系不是生产者

---

① 《马克思恩格斯全集》第 30 卷，北京：人民出版社 1995 年版，第 387—388 页。
② 同上书，第 388 页。

同消费者的关系,并且希望尽可能地限制工人的消费,即限制工人的交换能力,限制工人的工资"①,以便最大限度地增加剩余价值。资本家和工人的关系的这种关系决定了工人的有支付能力的需求及消费是极其有限的。但另一方面每一个资本家生产的商品又有赖于工人的购买和消费。因此,每一个资本家都希望其他资本家的工人成为自己的商品的尽可能大的消费者,并且按自己的希望来发展生产,而不管工人的实际消费能力有多大。"因为一种生产推动另一种生产,从而在**他人资本的工人**身上为自己创造出消费者,所以对于每一单个资本来说,工人阶级的由生产本身造成的需求**表现为**'足够的需求'。这种由生产本身造成的需求驱使生产超越它在对工人的关系上所应进行的生产的**比例**;一方面,生产必须超越这种比例;另一方面,如果'**超过工人本身需求的**'需求消失了和缩减了,那就会出现崩溃。"② 这就是说,生产一旦普遍超过了主要来自工人的有限的需求和消费,就会发生经济危机。

　　三是供给和需求之间的矛盾。马克思在《手稿》中批判了资产阶级经济学家关于供给和需求是同一的观点,明确指出:"这里存在着很大的混乱:(1)供给的这种同一性,从而供给就是由供给本身的量来计量的需求,这只有在供给是**交换价值**,即等于一定量对象化劳动时,才是真实的。只有如此,供给才是自身的需求的尺度——这是就**价值**来说的。但是作为这样的价值,供给只有同**货币**相交换才能实现,而作为同货币交换的对象,供给取决于(2)自己的**使用价值**;但是作为使用价值,供给取决于对它的现有需求量,取决于对它的需求程度。但是作为使用价值,供给决不是由对象化在它本身中的劳动时间来计量的,而是用一种和它作为交换价值的性质毫无关系的尺度来计量的。"③这就是说,供给取决于需求,取决于有支付能力的需求。马克思认为:"从事生产的资本所要求的,不是某种特定的使用价值,而是自为存在的**价**

---

① 《马克思恩格斯全集》第 30 卷,北京:人民出版社 1995 年版,第 403 页。
② 同上。
③ 同上书,第 392 页。

值,即货币——不是在流通手段这个规定上的货币,而是作为财富的一般形式的货币,或者说,它一方面是作为资本的实现形式,另一方面是作为资本复归到它原来的休眠状态的形式。"①

四是社会化大生产要求的按比例进行和资本主义生产不能保持这种比例的矛盾。社会化大生产要求生产要按一定的进行,但是以资本主义所有制为基础的、以追求剩余价值为目的的、盲目进行的资本主义生产不可能保持正确的比例,实现生产和消费、供给和需求的平衡。马克思指出,所谓合乎比例的生产,"如果说资本有按照正确比例来分配自己的趋势,那么,由于资本无限度地追求超额劳动、超额生产率、超额消费等等,它同样有超越这种比例的必然趋势。在**竞争**中,资本的这种内在趋势表现为一种由**他人的**资本对它施加的强制,这种强制驱使它越过正确的比例而不断地**前进,前进!**"② 因此,"资本既是**按比例的生产**的不断确立,又是这种生产的不断扬弃。现在比例必然会由于剩余价值的创造和生产力的提高而不断被扬弃。但是,要求生产**同时一齐按同一比例**扩大,这就是向资本提出外部的要求,这种要求决不是由资本本身产生的;同时,一个生产部门超出现有的比例,就会促使所有生产部门都超出这种比例,而且超出的比例又各不相同。"③ 以剩余价值生产为目的的资本主义生产不能实现社会大生产所客观需要的比例,当这种比例失衡达到一定程度时,就会爆发经济危机。

五是资本要超越生产一切限制的一般趋势和资本主义生产所固有的限制的矛盾。资本以提高和发展生产力来生产剩余价值,它要"摧毁一切阻碍发展生产力、扩大需要、使生产多样化、利用和交换自然力量和精神力量的限制"④,来实现自己的目的。但是,深入地考察"**就会看到一个限制,这不是一般生产的限制,而是以资本为基础的生产的限**

---

① 《马克思恩格斯全集》第 30 卷,北京:人民出版社 1995 年版,第 392—393 页。
② 同上书,第 394 页。
③ 同上书,第 394—395 页。
④ 同上书,第 390 页。

制。这种限制是二重的，或者更确切些说，是从两个方面来看的同一个限制。这里只要指出资本包含着一种**特殊的**对生产的限制——这种限制同资本要超越生产的任何界限的一般趋势相矛盾——就足以揭示出**生产过剩**的基础，揭示出发达的资本的基本矛盾；就足以完全揭示出，资本并不像经济学家们认为的那样，是生产力发展的**绝对**形式，资本既不是生产力发展的绝对形式，也不是与生产力发展绝对一致的财富形式。"①资本超越任何生产限制的本性必然受到许多限制或为生产规定了许多界限："（1）必要劳动是活劳动能力的交换价值的界限；（2）剩余价值是剩余劳动和生产力发展的界限；（3）货币是生产的界限；（4）使用价值的生产受交换价值的限制。"② 但是，资本在现实运动中却忘记和不顾这些限制或界限，导致经济危机。"与此同时，向资本提出了这样的任务：在生产力的更高发展程度上等等一再重新开始它［突破本身限制］的尝试，而它**作为资本**却遭到一次比一次更大的崩溃。"③ 资本力图超越生产的任何界限的一般趋势同资本主义生产固有的限制的矛盾，是生产过剩的经济危机的基础。通过资本主义生产的这些矛盾的分析，马克思在《手稿》中初步揭示了资本主义经济危机的根源。

《手稿》以固定资本周转的原理为基础，以机器设备的更新期限为依据，确定经济危机的周期及其物质基础。马克思在分析资本周转的时间单位时写道："把固定资本也考虑进来，情况就发生了变化，无论是资本的周转时间，还是计算周转次数的单位，也就是年，都不能继续充当资本运动的时间尺度了。相反地，现在这种单位是由固定资本所需要的**再生产时间**决定的，就是说，是由资本作为价值进入流通而又从流通中流回其价值总额所需要的总流通时间决定的。固定资本的再生产，**从物质上看**，在整个这段时间内也必须**在同样的形式下进行**，而它的必要的周转次数，即**为再生产原有资本所必需的周转次数**，或长或短地分布

---

① 《马克思恩格斯全集》第 30 卷，北京：人民出版社 1995 年版，第 395—396 页。
② 同上书，第 397 页。
③ 同上。

在若干年里。所以，用来计量这种资本周转的单位便是一个较长的**总时期**，周转的**重复**现在同这种单位发生的不是外在的联系，而是必然的联系。根据拜比吉的说法，在英国，机器的平均再生产是 5 年；实际的再生产因而也许是 10 年。毫无疑问，自从固定资本大规模发展以来，工业所经历的大约为期 10 年的周期，是同这样规定的**资本总再生产阶段**联系在一起的。我们还会发现这种规定的其他一些依据。但这是其中之一。过去，工业也同（农业的）秋收一样，有好年景和坏年景。但是，延续多年的、本身分为一些各具特点的时期或时代的工业周期，却是大工业所固有的。"① 马克思的这一论述明确地把固定资本的大规模更新作为经济危机周期的物质基础，为今后这一观点的完善提供了基础。

《手稿》深入地分析了经济危机的后果。马克思认为，经济危机使资本在物质形态上遭到严重毁坏，在价值上受到严重的损失，甚至这种价值损失会扩展到活的劳动能力本身。"在这种危机中，资本的这种矛盾暴风雨般地突然爆发出来，越来越威胁到作为社会基础和生产本身基础的资本本身。"② 在《资本是结果实的东西》一篇里，马克思指出，生产力的发展，促使利润下降。"利润的这种下降，既然意味着直接劳动同由直接劳动再生产出来以及新创造出来的对象化劳动量相比的减少，所以，资本就想尽一切办法，力图通过减少必要劳动的份额，并且同所使用的全部劳动相比进一步增加剩余劳动的量，来弥补活劳动同整个资本量之比的减少，从而弥补表现为利润的剩余价值同预先存在的资本之比的减少。因此，生产力获得最高度的发展，同时现存财富得到最大程度的扩大，而与此相应的是，资本贬值，工人退化，工人的生命力被最大限度地消耗。"③ "这些矛盾会导致爆发，灾变，危机，这时，劳动暂时中断，很大一部分资本被消灭，这样就以暴力方式使资本回复到它能够充分利用自己的生产力而不致自杀的水平。但是，这些定期发生

---

① 《马克思恩格斯全集》第 31 卷，北京：人民出版社 1998 年版，第 116—117 页。
② 《马克思恩格斯全集》第 30 卷，北京：人民出版社 1995 年版，第 391 页。
③ 《马克思恩格斯全集》第 31 卷，北京：人民出版社 1998 年版，第 150 页。

的灾难会导致灾难在更高的程度上重复发生，而最终导致用暴力推翻资本。"①

在19世纪40年代对经济危机初步研究的基础上，《手稿》对经济危机进行了全面的系统的分析和研究，阐述了经济危机理论的几乎所有的基本原理，初步创立了经济危机理论，奠定了《资本论》中严整的完善的经济危机理论的雄厚基础。

六 对利润和平均利润理论、利息和信用理论的阐述

（一）初步形成的利润和平均利润理论

手稿《资本章》在"资本的生产过程"和"资本的流通过程"两篇分析之后，合乎逻辑地转入第三篇"资本是结果实的东西（利息、利润、生产费用等等）"的分析。需要注意的是，第三篇相对于前两篇显得简略，篇名标示的所要讨论的主题内容涉及得不是很多，在其他篇章中讨论利润和平均利润的内容倒是占相当的篇幅。但第三篇在《资本章》的位置及其分析的线索是非常重要的。

开篇伊始，马克思即在承上启下的分析中提出了什么是利润，利润和剩余价值是什么关系等问题。马克思指出，在一定时期内，"资本生产一定的剩余价值，这个剩余价值不仅取决于资本在一个生产过程中所创造的剩余价值，而且取决于一定时期内生产过程重复的次数，或者说资本的再生产的次数。由于资本的再生产过程也包括流通，即资本在直接生产过程以外的运动，剩余价值就不再**表现**为由资本同活劳动的简单的直接的关系所确立的东西；相反，这一关系只表现为资本的总运动的一个要素。……因此，资本计量新生产出来的价值，不再是用这一价值

---

① 《马克思恩格斯全集》第31卷，北京：人民出版社1998年版，第150页。

的实际尺度，即剩余劳动同必要劳动之比，而是用作为这一价值的前提的它自身来计量了。具有一定价值的资本在一定时期内生产出一定的剩余价值。这样用预先存在的资本的价值来计量的剩余价值，这样表现为自行增殖的价值的资本，就是**利润**"。① 马克思的这段论述清楚地说明了什么是利润以及它和剩余价值的关系。利润是剩余价值的转化形式，是以预先存在的资本价值来计量所取得的剩余价值的特殊形式。"剩余价值率简单地决定于剩余劳动与必要劳动之比。利润率则不仅决定于剩余劳动与必要劳动之比，而且决定于交换活劳动的那部分资本与加入生产的总资本之比。"② 正是剩余价值与预先存在的整个资本价值作对比的计量方法，产生"从剩余价值转化为利润形式"的特有现象。剩余价值采取利润的形式，掩盖了剩余价值的真正来源。对此，《手稿》明确指出利润来源于生产领域而与流通领域无关。马克思驳斥了庸俗经济学家把利润视为价值的附加或"让渡"的荒唐说法，指出利润决不是"让渡利润"，而是商品价值的组成部分，是"落入资本手中的剩余价值的表现形式"③。"**直接形式上的利润无非是以对资本总价值的比率的形式出现的剩余价值总额。**"④ 更确切地说，利润必须被理解为是"**利润**只是剩余价值的**第二级的**、派生的和变形的形式，只是资产阶级的形式，在这个形式中，剩余价值起源的痕迹消失了。"⑤

《手稿》通过例证说明了一般利润率的形成。在资本主义生产中，因为剩余劳动的比例随着劳动生产率，随着原料、机器和工资之间比例以及一般进行生产所必需的规模的不同而极不相同。马克思在《资本章》第二篇中假定有五个资本有机构成不同的生产部门的利润率分别为：（a）15%；（b）12%；（c）10%；（d）8%；（e）5%。五个生产部门通过竞争形成一般利润率。他指出："**一般利润率**之所以可能，只

---

① 《马克思恩格斯全集》第31卷，北京：人民出版社1998年版，第145页。
② 同上书，第170页。
③ 《马克思恩格斯全集》第30卷，北京：人民出版社1995年版，第409页。
④ 《马克思恩格斯全集》第31卷，北京：人民出版社1998年版，第170页。
⑤ 《马克思恩格斯全集》第30卷，北京：人民出版社1995年版，第599页。

是因为这个生产部门的利润率过高,那个生产部门的利润率过低;也就是说,只是因为剩余价值——与剩余劳动相应的剩余价值——的一部分从一个资本家手中转到另一个资本家手中。"① "总剩余价值大致上是按照各个个别生产部门的资本的**量**均衡地进行分配,而不是按照他们的资本实际创造的剩余价值来分配。"② 由于竞争,利润高的部门的利润"会降低到这个水平,而另一生产部门的较低的剩余价值,由于该部门的资本被抽出并由此而形成有利的供求关系,就会提高到这个水平"③。利润率的这种平均化"是通过不同生产部门的价格关系实现的;在一些部门中价格降低到**价值以下**,在另一些部门中价格**提高到**价值以上"④。在《资本章》的第三篇,马克思引进了资本周转时间这个因素进一步讨论了利润的平均化问题。他指出:"资本的利润不取决于资本的量;在资本量相等的情况下,它取决于资本的各个组成部分(不变部分和可变部分)的比例;其次,取决于劳动生产率……;取决于由固定资本和流动资本的不同比例、由固定资本的不同的耐久程度等等所决定的周转时间"⑤。

《手稿》区分了剩余价值率和利润率,初步揭示了利润率趋向下降的规律。在《资本章》第二篇,马克思批判了李嘉图混淆剩余价值和利润的观点,指出:"**如果说剩余价值〔率〕取决于资本所使用的剩余劳动同必要劳动之比,那么,利润率无非是剩余价值同在生产过程开始前就存在的资本的总价值之比。**"⑥ 于是,"**在任何情况下,剩余价值作为利润来看时所表示的赢利的比率,必定小于剩余价值的实际的比率。因为在任何情况下,利润都是用总资本来计量的,而总资本总是大于用

---

① 《马克思恩格斯全集》第 30 卷,北京:人民出版社 1995 年版,第 421 页。
② 同上书,第 422 页。
③ 同上。
④ 同上。
⑤ 《马克思恩格斯全集》第 31 卷,北京:人民出版社 1998 年版,第 163—164 页。
⑥ 同上书,第 154 页。

在工资上的、同活劳动相交换的资本。"① 马克思考察了劳动生产力的发展对利润率的影响，发现了利润率趋向下降的趋势。在《手稿》中，马克思在利润率下降问题上与李嘉图论战时说，整个问题的解决可以简单地归结为利润率不等于剩余价值率，而是剩余价值与预付资本之比，并且生产力的增长伴随着可变资本部分相对于不变资本部分的减少。因此，总劳动中的剩余劳动部分，或者说剩余价值必然会下降。也就是说，既然利润率与剩余价值率的计量方法不同，那么，由于生产技术的不断革命和劳动生产力的提高而引起的可变资本相对于不变资本的减少，就必然表现为利润率的下降。他指出："随着资本的发展，即随着资本的生产力的发展，随着资本已经表现为对象化价值的规模的发展，随着劳动以及生产力的资本化的规模的发展，**利润率有下降的趋势**"②。《手稿》中马克思还讨论了阻碍利润率下降的因素。他说："在发达的资本运动中，存在着以不同于危机的方式阻碍资本运动的另一些因素；例如，一部分现存资本不断贬值；很大一部分资本转化为并不充当直接生产要素的固定资本，很大一部分资本被非生产地浪费掉，等等。"③"利润率的下降也可以通过建立这样一些新的生产部门来加以阻止，在这些部门中，同资本相比需要更多的直接劳动，或者说，劳动生产力即资本生产力还不发达"④。"利润率的下降可以通过取消对利润的现有扣除，——例如，降低税收，减少地租等等——来加以阻止"⑤。这些阻止利润率下降的因素和《资本论》第三卷提出的那些因素是对应的，可见，《手稿》讨论的利润率趋向于下降的规律是这个规律后来完善表述的先声。

---

① 《马克思恩格斯全集》第 31 卷，北京：人民出版社 1998 年版，第 154 页。
② 同上书，第 166 页。
③ 同上书，第 150 页。
④ 同上书，第 151 页。
⑤ 同上。

(二) 首次阐述利息和信用理论

《手稿》中论述利息和借贷资本的篇幅较短，但散见于全部手稿中的利息和借贷资本的论述却比较丰富，梳理《手稿》中马克思关于利息和借贷资本的论述，可以发现马克思在《手稿》中比较系统地论述了他于 50 年代形成的利息和信用理论。

《手稿》系统地考察了前资本主义高利贷资本的特点和历史作用。对资产阶级经济的考察必然包含着历史考察之点，包含着对早先的历史生产方式加以说明之点。《手稿》中已经把生息资本的分析置于剩余价值理论这一科学基础之上。

《手稿》分析了资本主义生产方式下的借贷资本及其反映的生产关系。马克思指出："流通表现为资本的本质过程。在商品转化为货币之前，生产过程不可能重新开始。过程的**稳定连续性**，即价值毫无阻碍地和顺畅地由一种形式转变为另一种形式，或者说，由过程的一个阶段转变为另一个阶段，对于以资本为基础的生产来说，同以往一切生产形式下的情形相比，是在完全不同的程度上表现为基本条件。"① "但是，各个阶段在时间和空间上分为各个特殊的、彼此漠不相关的过程。这样一来，对于以资本为基础的生产来说，它的本质条件，即构成资本主义生产整个过程的各个不同过程的连续性，是否会出现，就成为偶然的了。资本本身消除这一偶然性的办法就是**信用**。"② 为了缩短流通时间，加快资本周转，资本家就有了对货币资本的需要，有了对信用业务的需要。"资本的必然趋势是**没有流通时间的流通**，而这种趋势又是资本的信用和信用业务的基本规定"③。由此可见，作为信用基本形式的借贷资本的运动是从生产过程的直接本性产生出来的。作为信用基本形式的借贷资本作为资本的一种特殊形式，与之相对立的不是雇佣劳动者，而

---

① 《马克思恩格斯全集》第 30 卷，北京：人民出版社 1995 年版，第 533 页。
② 同上。
③ 《马克思恩格斯全集》第 31 卷，北京：人民出版社 1998 年版，第 51 页。

是提供利润的职能资本家。于是，借贷资本的特殊性就在于"**资本**本身成为商品，或商品（货币）作为资本出卖"①。但是这种商品是一种特殊商品，资本是作为资本——不是作为交换价值的单纯总和——进入流通并成为商品的。"因此，作为资本的商品或者作为**商品**的资本在流通中不是同等物交换；资本通过进入流通**保存了它的自为存在**；也就是说，即使资本落入另一个占有者手中，它同它的所有者仍保存着原有的关系。因此，资本只是被**贷出**。"② 借贷资本出卖的只是占有权或资本的使用价值。这种使用价值是作为资本发挥作用，是它本身的价值增殖。或者说，作为商品出现的资本本身，是作为资本的货币，或者是作为货币的资本。这种资本商品的价格就是利息。

《手稿》从资本主义生产方式的内在联系上阐明了利息的本质。在前资本主义生产方式下，利息包括利润，甚至包括类似于资本主义条件下劳动者的工资的一部分，表现为剩余收益的第一级的占有形态。资本主义条件下的利息与前资本主义的利息不同，它仅仅是利润的一部分，是剩余价值的第二级的和派生的形式。货币资本家和产业资本家的存在及其竞争是以剩余价值分为利润和利息为前提，以资本所创造的剩余价值的分化为前提的。利润和利息都是生产过程中雇佣劳动者的剩余劳动创造的剩余价值的转化形态，体现的都是资产阶级剥削无产阶级的生产关系，具有共同的来源和共同的本质。但在利息的形式上，剩余价值起源的任何痕迹都消失了，资本表现为自行增殖的价值，社会关系最终成为一种物，即货币同它自身的关系。马克思在《手稿》中对这种借贷资本和利息的拜物教予以彻底的揭露，他指出："资本家之间能够分配的不外是剩余价值。资本家之间分配这种剩余价值的比例——不论公平与否——丝毫改变不了资本和劳动之间的交换和这种交换的关系。"③ 资本不仅同资本交换，也同收入交换，"利润会

---

① 《马克思恩格斯全集》第31卷，北京：人民出版社1998年版，第264页。
② 《马克思恩格斯全集》第30卷，北京：人民出版社1995年版，第279页。
③ 同上书，第408页。

以各种不同的形式——利润、利息、地租、年金、赋税等等，在不同名称和不同阶级的居民之间进行分配……他们之间所分配的决不能多于总剩余价值或总剩余产品。"①

《手稿》在分析借贷资本和利息的基础上阐明了信用产生的基础、形式和本质。信用是商品货币关系的必然产物，只要商品货币关系存在，信用就必然存在。在前资本主义的生产方式下，高利贷是信用的基本形式。资本主义的借贷资本信用关系根本不同于资本主义以前的高利贷。资本主义信用是从生产过程的直接本性产生出来的，消除资本主义生产过程连续性障碍是资本主义信用的必要性的基础。"信用作为本质的、发达的生产关系，也只有在以资本或以雇佣劳动为基础的流通中才会**历史地**出现"②。对于信用的基础，马克思指出，货币作为资本"已经不再只和现有的劳动发生关系，而且和未来的劳动发生关系。……这种货币已经不再单纯是一般财富的抽象形式，而是取得一般财富的现实可能性即取得劳动能力的凭证，而且是取得**正在形成的劳动能力**的凭证，货币作为这样的凭证，它的作为货币的物质存在是无关紧要的，可以用任何一种要求权来代替。正如国债债权人一样，每一个资本家通过他新获得的价值，而拥有了取得未来劳动的凭证，他通过占有现有的劳动，同时也就占有了未来的劳动。"③ 对于信用的形式和手段，马克思指出，银行为了商品而支付货币，这时"货币确实是商品的交换价值的凭证，也就是说，是领取等量价值的一切商品的凭证；银行进行购买。银行是总的买者，不仅是这种或那种商品的买者，而且是一切商品的买者。因为银行正是必须使每一种商品都转化为它的作为交换价值的象征性存在。但是，既然银行是总的买者，它也必然是总的卖者"④。在这种情况下，银行一身二任，同时是总的买者和卖者。或者与此相反，

---

① 《马克思恩格斯全集》第 31 卷，北京：人民出版社 1998 年版，第 192 页。
② 《马克思恩格斯全集》第 30 卷，北京：人民出版社 1995 年版，第 534 页。
③ 同上书，第 336 页。
④ 同上书，第 103—104 页。

"在这种情况下，银行券是纯粹的纸票，它只不过声称是交换价值的公认的象征，而没有任何价值"①。在这种情况下，"银行券就不是货币，或者，只是银行及其顾客之间的习惯的货币，而不是一般市场上的习惯的货币。……因为它不是在全体公众之中流通，而是在银行及其顾客之间流通。"② 对于既是信用形式又是生产组织形式的股份公司，马克思指出："在这种形式下资本达到了它的最后形式，在这里资本不仅按它的实体来说**自在地**存在着，而且在它的**形式**上也表现为一种社会力量和社会产物"③。对于公共工程，马克思指出，"**公共工程**摆脱国家而转入由资本本身经营的工程领域，表明现实的共同体在资本形式下成长的程度。"④ 表明 "各单个资本的表面独立性和独立存在被扬弃。这种扬弃在更大的程度上发生在信用中。这种扬弃的最高形式，同时也就是资本在与它相适应的形式中的**最终确立**，就是股份资本"⑤。

对于信用在资本主义生产方式中的作用，马克思在《手稿》中予以高度关注，从几个方面展开阐述。第一，"现代信用设施既是资本积聚的结果，又是资本积聚的原因，它只构成资本积聚的一个要素"⑥。信用制度的发展，一方面突破了个别资本自己的数量界限；另一方面，信用仅表现为积聚的新要素，即各个资本被个别实行集中的资本消灭的新要素。第二，信用制度使生产不受交换界限的限制，促进了生产和交换的繁荣。"全部**信用制度**，以及与之相联系的交易过度、投机过度等等，就是建立在扩大和超越流通和交换领域的界限的必然性上的。"⑦ 第三，信用制度的发展大大节约流通费用，促进资本主义生产。信用制度的发展使货币作为支付手段的职能得到充分发挥，在支付平衡的条件

---

① 《马克思恩格斯全集》第 30 卷，北京：人民出版社 1995 年版，第 104 页。
② 同上。
③ 同上书，第 528 页。
④ 同上书，第 529 页。
⑤ 《马克思恩格斯全集》第 31 卷，北京：人民出版社 1998 年版，第 50 页。
⑥ 《马克思恩格斯全集》第 30 卷，北京：人民出版社 1995 年版，第 69 页。
⑦ 同上书，第 397 页。

下，货币表现为转瞬即逝的形式，成为相交换的价值量的纯粹观念上的、想象的尺度。"在现代生产方式发达，因而信用事业发达的那些国家里，货币事实上几乎只是在零售贸易以及生产者和消费者之间的小额贸易中以铸币的形式出现，而在大规模交易领域里几乎只表现为**一般支付手段**。"① 信用制度在资本主义条件下的发展，大大节省了流通费用，加快了资本的周转速度，提高了资本的使用效率，对资本主义生产产生了促进作用。第四，信用制度为资本自由转移提供了条件，促进了平均利润的形成。马克思指出：作为信贷货币的资本，是"与各特殊的现实的资本**相区别**的资本一般，本身是一种**现实**的存在。……这种**一般形式**上的资本，尽管也属于单个的资本家所有，但在它作为资本的**基本形式**上形成在银行中进行积累或通过银行进行分配的资本，形成像李嘉图所说的那样令人惊异地按照生产的需要进行分配的资本。这种资本同样会通过借贷等等在不同国家之间形成一种平均水平"②。

《手稿》在肯定信用制度作用的同时深刻地揭示了资本主义信用制度的限制。信用可以成为消除资本运动连续性的偶然性因素，可以是超越流通界限和交换领域的因素，扩大资本主义生产的规模，促进资本主义生产力的发展，但它不能消灭资本主义商品生产的矛盾。马克思指出，包括信用货币的各种货币形式，都不可能消灭货币关系固有的矛盾，而只能在这种或那种形式上代表这些矛盾。"资本的双重的和矛盾的条件——生产的连续性和流通时间的必要性"③ 并不因信用的作用而消失。"一定的资本（比如说通过信用）增加了一倍。于是对这个资本——原有资本——来说，就等于根本不存在流通时间了。可是这样一来，它所借得的那个资本就处于流通的地位了。如果撇开所有权不谈，那么这又和把一个资本分为两部分完全一样。"④ 所以，不应当过高地

---

① 《马克思恩格斯全集》第 31 卷，北京：人民出版社 1998 年版，第 317 页。
② 《马克思恩格斯全集》第 30 卷，北京：人民出版社 1995 年版，第 440 页。
③ 《马克思恩格斯全集》第 31 卷，北京：人民出版社 1998 年版，第 53 页。
④ 同上。

估计信用的作用。《手稿》指出，"全部**信用制度**，以及与之相联系的交易过度，投机过度等等，就是建立在扩大和超越流通和交换领域的界限的必然性上的。"① 信用制度是再生产过程的全部联系以其为基础的资本主义生产方式的固有形式，它并没有克服资本主义生产方式的固有矛盾。因为尽管信用的发展使流通或商品形态变化的各个阶段加快了，整个再生产过程因而也加快了，但是同时信用又使买和卖的行为可以互相分离相当长的时间，因而成为投机的基础。"如果支付平衡的过程由于信用突然波动而被打断，支付机制被破坏，那么人们就会突然要求货币成为实际的一般支付手段，并要求全部财富以双重形式存在，既是商品又是货币，从而要求这两种存在方式相互一致。在这样的危机时刻，货币表现为唯一的财富……在商品世界面前，价值只是以它的最适当的唯一的形式即作为货币而存在。……在这种危机中，需要的不是作为尺度的货币……需要的是作为独立化的交换价值，作为以物的形式存在的一般等价物，作为抽象财富的化身的货币，总之，是货币作为真正的货币贮藏的对象所采取的那种形式，即货币本身。"② 总之，信用制度维持价值增殖过程的连续性，趋向于没有流通时间的流通的资本趋势，但是信用制度又导致交易过度、投机过度，使生产过剩的危机加速到来，使价值增殖过程的中断更具普遍性，更具破坏性。这种情况的发生，根本原因并不是信用制度，而是资本主义经济制度的基本矛盾，但信用制度却是促使其矛盾尖锐化的一个重要因素。从这个意义上，反映资本主义生产关系和交换关系的信用制度既有促进生产力发展的重要作用，"同时又是炸毁这个社会的地雷"③。

---

① 《马克思恩格斯全集》第 30 卷，北京：人民出版社 1995 年版，第 397 页。
② 《马克思恩格斯全集》第 31 卷，北京：人民出版社 1998 年版，第 317—318 页。
③ 《马克思恩格斯全集》第 30 卷，北京：人民出版社 1995 年版，第 109 页。

七 《手稿》关于未来社会基本特征的丰富描述

《手稿》在考察资本主义生产方式的同时，在对比的意义上描述了取代资本主义社会的未来社会的基本特征，使共产主义的理想建立在深厚的理论基础之上。

未来社会是"建立在个人全面发展和他们共同的、社会的生产能力成为从属于他们的社会财富这一基础上的自由个性"① 的一种社会形态。《手稿》在考察商品货币关系背后的人与人之间的关系时，从人的发展和社会形式之间关系的角度提出了人类社会发展三大社会形式的理论。马克思指出："人的依赖关系（起初完全是自然发生的），是最初的社会形式，在这种形式下，人的生产能力只是在狭小的范围内和孤立的地点上发展着。以**物**的依赖性为基础的人的独立性，是第二大形式，在这种形式下，才形成普遍的社会物质变换、全面的关系、多方面的需要以及全面的能力的体系。建立在个人全面发展和他们共同的、社会的生产能力成为从属于他们的社会财富这一基础上的自由个性，是第三个阶段。第二个阶段为第三个阶段创造条件。因此，家长制的，古代的（以及封建的）状态随着商业、奢侈、**货币**、**交换价值**的发展而没落下去，现代社会则随着这些东西同步发展进来。"②《手稿》中重点分析的资本主义社会是人类社会历史发展进程中从人的发展角度来看的第二大形式。这一社会的典型特征是"以**物的**依赖性为基础的人的独立性"。物的依赖性表现为人通过商品货币这些物的形式而相互联系、相互依赖，但通过物的依赖，人已经在形式上取得了自由和平等，独立了。个人的产品或活动必须先转化为交换价值的形式，转化为货币，并且个人通过这种物的形式才取得和证明自己的社会权力。一切劳动产品、能力和活动进行私人交换，同"人的依赖关系"这一社会形式，"同以个人

---

① 《马克思恩格斯全集》第 30 卷，北京：人民出版社 1995 年版，第 107—108 页。
② 同上。

相互之间的统治和从属关系（自然发生的或政治性的）为基础的分配"① 相比，是一个巨大的历史进步；但同"人的自由个性"，同"在共同占有和共同控制生产资料的基础上联合起来的个人所进行的自由交换"② 相比，又是相对立的。"在以**交换价值**为基础的资产阶级社会内部，产生出一些交往关系和生产关系，它们同时又是炸毁这个社会的地雷。"③ 也就是说，《手稿》考察处在"物的依赖性为基础的人的独立性"这种社会形式下的资本主义社会由于自身的矛盾，必然要发展到"建立在个人全面发展和他们共同的、社会的生产能力成为从属于他们的社会财富这一基础上的自由个性"的一种社会形态。

未来社会的物质前提条件是以机器为基础的生产引起的历史性变化。马克思在《手稿》中指出："如果我们在现在这样的社会中没有发现隐蔽地存在着无阶级社会所必需的物质生产条件和与其相适应的交往关系，那么一切炸毁的尝试都是唐·吉诃德式的荒唐行为。"④ 对无产阶级社会所必需的物质生产条件，《手稿》进行了深刻的分析。马克思写道："活劳动同对象化劳动的交换，即社会劳动确立为资本和雇佣劳动这两者对立的形式，是**价值关系**和以价值为基础的生产的最后发展。这种发展的前提现在是而且始终是：直接劳动时间的量，作为财富生产决定因素的已耗费的劳动量。但是，随着大工业的发展，现实财富的创造较少地取决于劳动时间和已耗费的劳动量，较多地取决于在劳动时间内所运用的作用物的力量，而这种作用物自身——它们的巨大效率——又和生产它们所花费的直接劳动时间不成比例，而是取决于科学的一般水平和技术进步，或者说取决于这种科学在生产上的应用。……现实的财富倒不如说是表现在——这一点也由大工业所揭明——已耗费的劳动时间和劳动产品之间惊人的不成比例上，同样也表现在被贬低为单纯抽

---

① 《马克思恩格斯全集》第 30 卷，北京：人民出版社 1995 年版，第 108 页。
② 同上。
③ 同上书，第 109 页。
④ 同上。

象物的劳动和由这种劳动看管的生产过程的威力之间在质的不成比例上。劳动表现为不再像以前那样被包括在生产过程中，相反地，表现为人以生产过程的监督者和调节者的身份同生产过程本身发生关系。……这里已经不再是工人把改变了形态的自然物作为中间环节放在自己和对象之间；而是工人把由他改变为工业过程的自然过程作为中介放在自己和被他支配的无机自然界之间。工人不再是生产过程的主要作用者，而是站在生产过程的旁边。"① 这里马克思分析了资本主义社会生产力发展带来的巨大变化，这种变化突出地表现在科学在生产上的应用以及生产过程中人的作用的变化，这是资本主义社会为未来社会准备的物质基础和人的条件。马克思接着说："在这个转变中，表现为生产和财富的宏大基石的，既不是人本身完成的直接劳动，也不是人从事劳动的时间，而是对人本身的一般生产力的占有，是人对自然界的了解和通过人作为社会体的存在来对自然界的统治，总之，是社会个人的发展。**现今财富的基础是盗窃他人的劳动时间**，这同新发展起来的由大工业本身创造的基础相比，显得太可怜了。一旦直接形式的劳动不再是财富的巨大源泉，劳动时间就不再是，而且必然不再是财富的尺度，因而交换价值也不再是使用价值的尺度。**群众的剩余劳动**不再是一般财富发展的条件，同样，**少数人的非劳动**不再是人类头脑的一般能力发展的条件。"② 于是，"以交换价值为基础的生产便会崩溃，直接的物质生产过程本身也就摆脱了贫困和对立的形式。个性得到自由发展，因此，并不是为了获得剩余劳动而缩减必要劳动时间，而是直接把社会必要劳动缩减到最低限度，那时，与此相适应，由于给所有的人腾出了时间和创造了手段，个人会在艺术、科学等等方面得到发展"。③ 在生产力高度发展的前提下，一旦直接生产过程摆脱了贫困和对立的形式即资本主义的形式，生产力的发展就为联合起来的个人共同占有和控制，一切人的发展不仅有

---

① 《马克思恩格斯全集》第31卷，北京：人民出版社1998年版，第100页。
② 同上书，第100—101页。
③ 同上书，第101页。

时间，而且有手段，社会个人的个性就会得到自由发展。

马克思在《资本章》第二篇写道："在必要劳动时间之外，为整个社会和社会的每个成员**创造大量可以自由支配的时间**（即为个人生产力的充分发展，因而也为社会生产力的充分发展创造广阔余地），这样创造的非劳动时间，从资本的立场来看，和过去的一切阶段一样，表现为少数人的非劳动时间，自由时间。资本还添加了这样一点：它采取技艺和科学的一切手段，来增加群众的剩余劳动时间，因为它的财富直接在于占有剩余劳动时间；因为它的**直接目的**是**价值**，而不是使用价值。于是，资本就违背自己的意志，成了为社会可以自由支配的时间创造条件的工具，使整个社会的劳动时间缩减到不断下降的最低限度，从而为全体［社会成员］本身的发展腾出时间。但是资本的趋势始终是：一方面**创造可以自由支配的时间，另一方面把这些可以自由支配的时间变为剩余劳动**。如果它在第一个方面太成功了，那么，它就要吃到生产过剩的苦头，这时必要劳动就会中断，因为**资本无法实现剩余劳动**。这个矛盾越发展，下述情况就越明显：生产力的增长再也不能被占有他人的剩余劳动所束缚了，工人群众自己应当占有自己的剩余劳动。当他们已经这样做的时候，——这样一来，**可以自由支配的时间**就不再是**对立的存在物**了，——那时，一方面，社会的个人的需要将成为必要劳动时间的尺度，另一方面，社会生产力的发展将如此迅速，以致尽管生产将以所有的人富裕为目的，所有的人的**可以自由支配的时间**还是会增加。因为真正的财富就是所有个人的发达的生产力。那时，财富的尺度决不再是劳动时间，而是可以自由支配的时间。以**劳动时间作为财富的尺度**，这表明财富本身是建立在贫困的基础上的，而可以自由支配的时间只是**在同剩余劳动时间的对立中并且是由于这种对立**而存在的，或者说，个人的全部时间都成为劳动时间，从而使个人降到仅仅是工人的地位，使他从属于劳动。"[①] 马克思对资本主义条件下机器生产引起的历史性变化

---

① 《马克思恩格斯全集》第 31 卷，北京：人民出版社 1998 年版，第 103—104 页。

的分析，实际上从另一个角度说明了未来社会的物质生产条件。特别值得注意的是，马克思在这里提出了未来社会的共同富裕思想。马克思认为，在生产力高度发展的条件下，当工人群众自己占有自己的剩余劳动的时候，生产将以所有个人的富裕为目的，那时，所有个人的真正的财富就是所有个人的发达的生产力。所有个人不仅有充分的自由时间发展自己，同时这种发展又是所有个人的真正财富——生产力本身的发展。

未来社会的劳动表现为活动本身的充分发展。劳动是人以自身的活动来引起调整和控制人和自然之间的物质变换，改造自然界、客观世界和对象世界的活动。劳动同时也是改造自身即改造主观世界或主体的活动。马克思在《手稿》中明确指出，劳动"是他们本身不停顿的运动过程，他们在这个过程中更新他们所创造的财富世界，同样地也更新他们自身"。①《手稿》不仅在一般意义讨论了劳动，更详细地分析了资本主义社会的雇佣劳动，并在与资本主义雇佣劳动对立的角度分析了未来社会的劳动。未来社会的劳动是全面发挥人的体力和智力的真正自由的劳动，甚至可以说，"个性的劳动也不再表现为劳动，而表现为活动本身的充分发展"②。马克思指出，未来社会"劳动会成为吸引人的劳动，成为个人的自我实现，但这决不是说，劳动不过是一种娱乐，一种消遣，就像傅立叶完全以一个浪漫女郎的方式极其天真地理解的那样。真正自由的劳动，例如作曲，同时也是非常严肃，极其紧张的事情"③。他还说："劳动不可能像傅立叶所希望的那样成为游戏……自由时间——不论是闲暇时间还是从事较高级活动的时间——自然要把占有它的人变为另一主体，于是他作为这另一主体又加入直接生产过程。对于正在成长的人来说，这个直接生产过程同时就是训练，而对于头脑里具有积累起来的社会知识的成年人来说，这个过程就是［知识的］运用，实验科学，有物质创造力的和对象化中的科学。对于这两种人来说，只

---

① 《马克思恩格斯全集》第31卷，北京：人民出版社1998年版，第108页。
② 《马克思恩格斯全集》第30卷，北京：人民出版社1995年版，第286页。
③ 同上书，第616页。

要劳动像在农业中那样要求实际动手和自由活动,这个过程同时就是身体锻炼。"①

未来社会的劳动在质和量上将发生重要的变化。从质上来看,"在大工业的生产过程中,一方面,发展为自动化过程的劳动资料的生产力要以自然力服从于社会智力为前提,**另一方面,单个人的劳动在它的直接存在中已成为被扬弃的个别劳动,即成为社会劳动**"②。"随着大工业的这种发展,**直接劳动**本身不再是生产的基础,一方面因为直接劳动变成主要是看管和调节的活动,其次也是因为,产品不再是单个直接劳动的产品,相反地,作为生产者出现的,是社会活动的**结合**。"③ 这样,劳动不再具有使人厌恶的强迫劳动的异化性质,劳动产品不再作为异化的和统治的物质力量而与工人相对立,劳动变成傅立叶和欧文所说的"有吸引力的劳动"了。就劳动的量来说,未来社会的劳动从根本上减少了劳动的时间,其结果是创造出和扩大了可以自由支配的时间、自由的时间。当然,在未来社会,剩余劳动仍然存在,但一方面它不再是在少数人的支配下,为了少数人的利益而存在的了;另一方面,由于未来社会劳动生产力的充分发展,每个社会成员的劳动量将会被减少到一个最低的限度。不仅如此,传统的把人分为体力劳动者和脑力劳动者的劳动分工也会消失,劳动时间和自由时间的差别也将会由于劳动时间和自由时间开始互相接近、互相补充而失去在资本主义社会对立的特征。

由于未来社会劳动的质和量方面的变化,未来社会将会根据生产力的要求在社会各类不同生产部门和不同的个人间分配劳动。《手稿》写道:"如果共同生产已成为前提,时间的规定当然仍有重要意义。社会为生产小麦、牲畜等等所需要的时间越少,它所赢得的从事其他生产,物质的或精神的生产的时间就越多。正像在单个人的场合一样,社会发展、社会享用和社会活动的全面性,都取决于时间的节省。一切节约归

---

① 《马克思恩格斯全集》第 31 卷,北京:人民出版社 1998 年版,第 108 页。
② 同上书,第 105 页。
③ 同上。

根到底都归结为时间的节约。正像单个人必须正确地分配自己的时间，才能以适当的比例获得知识或满足对他的活动所提出的各种要求一样，社会必须合乎目的地分配自己的时间，才能实现符合社会全部需要的生产。因此，时间的节约，以及劳动时间在不同的生产部门之间有计划的分配，在共同生产的基础上仍然是首要的经济规律。这甚至在更加高得多的程度上成为规律。"① 在未来社会中，用劳动时间衡量的劳动可以履行两个不同的职能：一是在生产过程中衡量生产各种商品所需要的劳动量，以便更经济地使用劳动，同时计量每个劳动者提供的劳动量；二是作为向每个劳动者分配劳动产品的根据，确定每个劳动者在共同产品中得到的份额。由于未来社会的劳动是在共同生产中的劳动，因而劳动者提供劳动得到的是共同生产中一定份额。马克思指出："共同生产，作为生产的基础的共同性是前提。单个人的劳动一开始就被设定为社会劳动。因此，不管他所创造的或协助创造的产品的特殊物质的形态如何，他用自己的劳动所购买的不是一定的特殊产品，而是共同生产中的一定份额。"② 这一论述成为《资本论》第一卷和《哥达纲领批判》中按劳分配思想的最早的论述。

未来社会的人是自由而全面发展的人。马克思研究资本主义生产、批判资产阶级政治经济学、论证共产主义取代资本主义的必要性和可能性，其根本宗旨是人的解放，是人的全面而自由的发展。《手稿》探讨的是价值、货币和资本等问题，但贯穿其中的是"现实的人"，是物与物关系背后的人与人之间的关系。马克思论证的未来社会的根本特征是"建立在个人全面发展和他们共同的、社会的生产能力成为从属于他们的社会财富这一基础上的自由个性"③。个人自由而全面的发展既是未来社会发展的前提，又是未来社会发展的结果。"以物的依赖性为基础的人的独立性"为特征的资本主义社会在发展的过程中形成了普遍的社

---

① 《马克思恩格斯全集》第30卷，北京：人民出版社1995年版，第123页。
② 同上书，第122页。
③ 同上书，第107—108页。

会物质变换、全面的关系、多方面的需要以及全面的能力的体系，为人的自由而全面的发展准备了条件。

"全面发展的个人——他们的社会关系作为他们自己的共同的关系，也是服从于他们自己的共同的控制的——不是自然的产物，而是历史的产物。要使**这种**个性成为可能，能力的发展就要达到一定的程度和全面性，这正是以建立在交换价值基础上的生产为前提的，这种生产才在产生出个人同自己和同别人相异化的普遍性的同时，也产生出个人关系和个人能力的普遍性和全面性。"[1] 马克思在《手稿》中指出，"资本的伟大的历史方面就是**创造**这种**剩余劳动**，即从单纯使用价值的观点，从单纯生存的观点来看的多余劳动，而一旦到了那样的时候，即一方面，需要发展到这种程度，以致超过必要劳动的剩余劳动本身成为普遍需要，成为从个人需要本身产生的东西，另一方面，普遍的勤劳，由于世世代代所经历的资本的严格纪律，发展成为新的一代的普遍财产，最后，这种普遍的勤劳，由于资本的无止境的致富欲望及其唯一能实现这种欲望的条件不断地驱使劳动生产力向前发展，而达到这样的程度，以致一方面整个社会只需要用较少的劳动时间就能占有并保持普遍财富，另一方面劳动的社会将科学地对待自己的不断发展的再生产过程，对待自己的越来越丰富的再生产过程，从而，人不再从事那种可以让物来替人从事的劳动，——一旦到了那样的时候，资本的历史使命就完成了。"[2] 资本创造的高度发达的生产力，使社会只需用较少的劳动就能占有并保持社会财富，把社会必要劳动时间缩减到最低限度，从而为人发展丰富的个性腾出了时间，创造了手段。已经站在生产过程旁边从事监督和调节的社会结合的生产者，一旦在共同生产的基础上获得了发展丰富个性的时间，个人就会在艺术和科学等等方面得到新的发展。人的全面发展将会使人对自然界的了解更加深刻，通过人作为社会体的存在来对自然界的统治更加科学。应用于科学于生产过程的共同生产将会使生产力得到

---

[1] 《马克思恩格斯全集》第30卷，北京：人民出版社1995年版，第112页。
[2] 同上书，第286页。

新的更大的发展,从而又为人的全面而自由的发展创造条件。

"发现、创造和满足由社会本身产生的新的需要。培养社会的人的一切属性,并且把他作为具有尽可能丰富的属性和联系的人,因而具有尽可能广泛需要的人生产出来——把他作为尽可能完整的全面的社会产品生产出来(因为要多方面享受,他就必须有享受的能力,因此他必须是具有高度文明的人)"①。所有人成为具有丰富个性的人,具有高度文明的人,自由而全面发展的人,是《共产党宣言》中宣告的"每个人的自由发展是一切人的自由发展的条件"的实现,是共产主义的最终目的。

---

① 《马克思恩格斯全集》第30卷,北京:人民出版社1995年版,第389页。

第六章 《1857—1858年经济学手稿》的当代解读

自马克思《1857—1858年经济学手稿》传入我国后，我国学者进行了大量的研究，翻译了一批国外有代表性的研究著作，出版了一批非常有质量的成果。仔细研读《手稿》和学界的研究成果，感到还有不少问题需要深入讨论，本章仅选择其中几个问题谈点看法。

一 政治经济学的对象是一定社会发展阶段上的生产

《手稿》导言是马克思在1857年开始写作时最先动手的部分，其重要贡献之一是科学地规定了政治经济学的对象。但是，人们对导言关于政治经济学对象的论述仍然存在不同认识。正确把握政治经济学的对象，既要浸润于《导言》之中，立足于《导言》的论述来把握其原意，又要跳出《导言》，在马克思政治经济学批判和资产阶级经济制度研究的更加广阔的视野中，联系他理论研究的系列成果——《资本论》及其手稿来解读。

政治经济学研究什么？这是《手稿》"导言"要回答的第一个重大问题。要回答这个问题，必然牵涉现代资产阶级政治经济学在对象确定上存在的问题。和马克思同时代的以前的资产阶级经济学家在政治经济学的对象上也谈生产，但他们在分析生产的时候，都以单个的、孤立的个人作为出发点。他们从《鲁滨逊漂流记》中获得所谓的启迪，从孤岛上的鲁滨逊开始,先假设一种脱离社会关系的自然状态,然后提出若干单个人的共同生活,在此基础上"抽象"出个人和生产的一般规定,论证各种"规律"。资产阶级经济学家在规定"生产一般"时,仅注意生产的非本质的一般属性,忽略生产的特殊社会性质,将生产划分为生产、分配、交换、消费的四个环节,肤浅地分析它们的联系,并时髦地在政治经济学教科书中流行。资产阶级经济学家认为生产不同于分配,分配在不同的时期会有不同的形式,而生产则是永恒的。更有甚者,他们还把资产阶级生产关系和资产阶级生产一样说成是"永恒自然规律",等等。资产阶级政治经济学关于研究对象的问题集中在,作为出发点的人是单个的孤立的个人,还是社会的个人?社会生产是否只有一般属性,还有没有特殊的社会属性?生产四个环节的关系是肤浅的表象的,还是辩证的深刻的?资产阶级生产及其关系是永恒的,还是必然灭亡的?正是在批判资产阶级经济学家关于政治经济学对象的各种观点的过程中,马克思回答了政治经济学对象上的上述若干问题,在《导言》中提出了科学的政治经济学的对象。

(一) 现代资产阶级生产是政治经济学研究的本题

"导言"在"Ⅰ.生产、消费、分配、交换(流通)"标题下分4个小节展开论述。在第1节"生产"中,马克思开宗明义:"摆在面前的对象,首先是**物质生产**。"① 这就把物质生产作为研究的对象,这是政治经济学对象的初步界定。这一界定否定了古典经济学家李嘉图把分配作为政治经济学本题的观点,同时排除了将消费、分配、交换作为政治经济学对象的可能。问题在于,这一初步的界定是不够的,随之而来的问题是,是什么人的物质生产?马克思接着指出:"在社会中进行生产的个人——因而,这些个人的一定社会性质的生产,当然是出发点。"② 这就对作为政治经济学对象的物质生产进行了进一步的界定:

---

① 《马克思恩格斯全集》第30卷,北京:人民出版社1995年版,第22页。
② 同上。

物质生产是社会个人的一定社会性质的生产。这里强调的重点在于,进行生产的主体是"在社会中进行生产的个人",是"社会的个人",不是简单的孤立的个人;从事的生产是"一定社会性质的生产",不是抽象的一般生产。这一界定批判了斯密和李嘉图把单个的孤立的猎人和樵夫当作出发点的观点。在斯密和李嘉图看来,资产阶级社会孤立的个人,是"由自然造成的"个人,他们的社会关系永远是一样的。对每一个新的历史时代进行解释的人,如巴师夏、凯里、蒲鲁东等人,通常自欺欺人地认为他们自己时代的最独特特征是自远古以来就存在的。马克思指出,"孤立的一个人在社会之外进行生产——这是罕见的事,在已经内在地具有社会力量的文明人偶然落到荒野时,可能会发生这种事情——就像许多个人不在**一起**生活和彼此交谈而竟有语言发展一样,是不可思议的。"① 所以,物质生产,社会个人的一定社会性质的生产,总是指一定社会发展阶段上的生产。马克思指出:"说到生产,总是指在一定社会发展阶段上的生产——社会个人的生产,因而,好像一说到生产,我们就要把历史发展过程在它的各个阶段上——加以研究,或者一开始就要声明,我们指的是某个一定的历史时代,例如,是现代资产阶级生产——这种生产事实上是我们研究的本题。"② 马克思的这一论述,鲜明地规定了政治经济学的研究对象是"一定社会发展阶段上的生产",具体到当前就是"现代资产阶级生产",回答了政治经济学研究对象是什么的问题。

为了揭露资产阶级经济学家在"生产一般"概念上玩弄的神秘化,马克思认为资本主义生产具有一般和特殊两个层次。一个层次是生产一般,是存在于现实中的任何一个具体阶段的社会生产的一个抽象。"**生产一般**是一个抽象,但是,只要它真正把共同点提出来,定下来,免得我们重复,它就是一个合理的抽象"③。另一个层次是"现实的历史的

---

① 《马克思恩格斯全集》第 30 卷,北京:人民出版社 1995 年版,第 25 页。
② 同上书,第 26 页。
③ 同上。

生产阶段"①的特殊性，只适用于特殊时期生产的特殊规定。对资本主义生产来说，就是"使资本成为人类生产某一个特殊发展的历史阶段的要素的那些特殊规定"②。就生产一般来说，关于生产的一般要素的规定"本身就是有许多组成部分的，分为不同规定的东西"，其中有些"属于一切时代，另一些是几个时代共有的"，但是在其普遍组成部分中主要包括人类劳动和生产对象。就资本主义生产的特殊规定来说，资本和雇佣劳动的特殊规定性，"只有随着特殊的**物质生产方式**的发展和在工业**生产力**的特殊发展阶段上，才成为真实的。"③"资本是资产阶级社会的支配一切的经济权力"④，决定其他一切生产的地位和影响，也决定其他一切关系的地位和影响。马克思在《导言》第1节结束时总结道："一切生产阶段所共有的、被思维当作一般规定而确定下来的规定，是存在的，但是所谓一切生产的一般条件，不过是这些抽象要素，用这些要素不可能理解任何一个现实的历史的生产阶段。"⑤所以，政治经济学就是要研究"一个现实的历史的生产阶段"的生产——现代资产阶级生产，即资本主义生产，揭示资本主义经济运动的规律。

(二) 生产的总体以及生产与分配、交换、消费的一般关系

在深入研究资本主义生产这个政治经济学的对象之前，我们循着《导言》的思路来考察一下作为总体的生产以及生产与分配、交换、消费的一般关系。

一切生产都是个人在一定社会形式中并借这种社会形式而进行的对自然的占有。生产始终是一定的社会体即社会的主体在或广或窄的由各生产部门组成的总体中活动着。现代资产阶级生产是一个包含着生产、

---

① 《马克思恩格斯全集》第30卷，北京：人民出版社1995年版，第29页。
② 同上书，第214页。
③ 同上书，第255页。
④ 同上书，第49页。
⑤ 同上书，第29页。

分配、交换、消费四个环节的"总体",是一个"有机整体"①。马克思批判地引用詹姆斯·穆勒的生产四环节说,深入分析这四个环节是如何相互联系的。关于生产与消费的关系,马克思指出,生产与消费的同一性表现在三个方面:(1)直接的同一性,生产是消费,消费是生产。消费的生产,生产的消费。(2)每一方表现为对方的手段,以对方为媒介;这表现为它们的相互依存;这是一个运动,它们通过这个运动彼此发生关系,表现为互不可缺,但又各自处于对方之外。生产为消费创造作为外在对象的材料;消费为生产创造作为内在对象,作为目的的需要。没有生产就没有消费;没有消费就没有生产。(3)每一方都为对方提供对象。生产为消费提供外在的对象,消费为生产提供想象的对象;两者的每一方不仅直接就是对方,不仅中介着对方,而且,两者的每一方由于自己的实现才创造对方;每一方是把自己当作对方创造出来。"消费不仅是使产品成为产品的终结行为,而且也是使生产者成为生产者的终结行为;另一方面,生产生产出消费,是由于生产创造出消费的一定方式,其次是由于生产把消费的动力,消费能力本身当作需要创造出来。"② 关于生产与分配的关系,马克思指出:"在分配是产品的分配之前,它是(1)生产工具的分配,(2)社会成员在各类生产之间的分配(个人从属于一定的生产关系)——这是同一关系的进一步规定。这种分配包含在生产过程本身中并且决定生产的结构,产品的分配显然只是这种分配的结果。"③ "分配关系和分配方式只是表现为生产要素的背面。个人以雇佣劳动的形式参与生产,就以工资形式参与产品、生产成果的分配。分配的结构完全取决于生产的结构。分配本身是生产的产物,不仅就对象说是如此,而且就形式说也是如此。就对象说,能分配的只是生产的成果,就形式说,参与生产的一定方式决定分配的特

---

① 《马克思恩格斯全集》第 30 卷,北京:人民出版社 1995 年版,第 41 页。
② 同上书,第 34—35 页。
③ 同上书,第 37 页。

殊形式,决定参与分配的形式。"① 关于生产和交换的关系,马克思认为,既然交换只是生产和生产决定的分配一方同消费一方之间的中介要素,而消费本身又表现为生产的一个要素,交换显然也就作为生产的要素包含在生产之内。"可见,交换就其一切要素来说,或者是直接包含在生产之中,或者是由生产决定。"②

在分析了生产与分配、交换、消费的关系后,马克思得出两点结论:(1)生产是一个有机的整体,生产、分配、交换、消费构成生产这个有机整体的各个环节,一个统一体内部的差别。(2)生产作为总体中的一个特殊的环节支配着其他三个要素。他说:"生产既支配着与其他要素相对而言的生产自身,也支配着其他要素。过程总是从生产重新开始。交换和消费不能是起支配作用的东西,这是不言而喻的。分配作为产品的分配,也是这样。而作为生产要素的分配,它本身就是生产的一个要素。因此,一定的生产决定一定的消费、分配、交换和**这些不同要素相互间的一定关系**。当然,生产**就其单方面形式来说**也决定于其他要素。"③ 这里需要注意的是,马克思在讨论生产、分配、交换、消费的辩证关系时,虽然也偶尔牵涉到特殊社会阶段上的生产,但更多的是从生产一般的角度展开的,所以在运用这些辩证关系分析一定社会发展阶段上的生产时,一定要在生产、分配、交换、消费一般关系的基础上研究它们之间特殊的关系。

(三)《手稿》和《资本论》对政治经济学对象的确证

马克思为政治经济学巨著起草的这篇总的导言虽然没有发表,但它确立的政治经济学研究的本题规定着他的政治经济学研究的总的方向,他接着开始写作的《手稿》和以后写作的《资本论》基本是按确定的本题或对象展开研究的。

---

① 《马克思恩格斯全集》第 30 卷,北京:人民出版社 1995 年版,第 36 页。
② 同上书,第 40 页。
③ 同上。

作为政治经济学对象的"现代资产阶级生产"或资本主义生产，在《手稿》中被从不同角度不同层次进行了考察。从抽象的意义上看，资本主义生产是"物质生产"，是劳动者运用劳动资料作用于劳动对象的改造自然的活动。《手稿》认为，现代资产阶级生产"首先是**物质生产过程**；是一般生产过程，因此，资本的生产过程同一般物质生产过程没有区别。"① 从技术基础上看，资本主义生产是与工场手工业和机器大工业相适应的生产，在资本主义生产发达的国家是"以机器为基础的生产"②。《手稿》中，马克思分析了工场手工业和机器大工业的社会生产过程，他指出："生产资本，或与资本相适应的生产方式，只能有两种形式：工场手工业或大工业。在前一种情况下，占统治地位的是分工；在后一种情况下，占统治地位的是劳动力的结合（具有相同的劳动方式）和科学力量的应用，在这里，劳动的结合和所谓劳动的共同精神都转移到机器等等上面去了。在第一种情况下，工人（积累的工人）数量同资本的数量相比应该很大；在第二种情况下，固定资本同大量共同劳动的工人人数应该很大。但是，在这第二种情况下，积聚许多工人，把他们当作同样多的机器轮子配置在机器中间，这已经是前提条件。"③ 马克思对工场手工业的分工以及以应用机器为基础的生产对使用价值生产和价值创造的影响进行了深入的分析，特别是对机器体系基础上的自动化生产对社会生产力及其对价值和剩余价值生产的影响的分析更是其他著作所未涉及的。从生产的社会形式上看，资本主义生产是"以价值为基础的生产"④，是"以交换价值为目的的生产"⑤，是商品生产。马克思指出："通过转让而进行占有，这是这样一种社会生产制度的基本形式，这种社会生产制度的最简单、最抽象的表现就是交换价

---

① 《马克思恩格斯全集》第 30 卷，北京：人民出版社 1995 年版，第 262—263 页。
② 《马克思恩格斯全集》第 31 卷，北京：人民出版社 1998 年版，第 91 页。
③ 《马克思恩格斯全集》第 30 卷，北京：人民出版社 1995 年版，第 588 页。
④ 《马克思恩格斯全集》第 31 卷，北京：人民出版社 1998 年版，第 100 页。
⑤ 同上书，第 102 页。

值。"① 《手稿》对商品、价值、货币这些商品生产的范畴进行了深入的分析，发现了商品生产的一般规律，揭示了被商品这种物所掩盖的人与人之间的生产关系。从个人发展的阶段看，资本主义生产是"以个人自由为基础的社会生产"②。《手稿》分析了商品生产的以物的依赖性为基础的人的独立性性质，马克思指出："毫不相干的个人之间的互相的和全面的依赖，构成他们的社会联系。这种社会联系表现在**交换价值**上，因为对于每个个人来说，只有通过交换价值，他自己的活动或产品才成为他的活动或产品；他必须生产一般产品——**交换价值**，或本身孤立化的、个体化的交换价值，即**货币**。另一方面，每个个人行使支配别人的活动或支配社会财富的权力，就在于他是**交换价值**的或**货币**的所有者。他在衣袋里装着自己的社会权力和自己同社会的联系。"③ 他认为商品生产制度是自由、平等的制度，是比以往以人的依赖性为特征的社会生产的巨大进步。从生产的社会性质看，资本主义生产是"以资本为基础的生产"④，是"以资本为基础的生产方式"⑤。马克思指出：剩余价值是从资本的生产过程中产生的，"资本作为资本创造的是一定的剩余价值，因为它不能一下子生出无限的剩余价值；然而它是创造更多剩余价值的不停的运动。剩余价值的量的界限，对资本来说，只是它力图不断克服和不断超越的自然限制即必然性。"⑥ 《手稿》分析了剩余价值生产及其两种形式，揭示了资本主义剥削的本质。正是在对现代资本主义生产多层次全方位的考察中，《手稿》揭示了资本主义生产关系和生产力矛盾运动的规律，初步论证了资本主义经济制度灭亡的必然性。

马克思自己认为，《资本论》第一卷"这部著作是我 1859 年发表

---

① 《马克思恩格斯全集》第 31 卷，北京：人民出版社 1998 年版，第 294 页。
② 同上书，第 43 页。
③ 《马克思恩格斯全集》第 30 卷，北京：人民出版社 1995 年版，第 106 页。
④ 同上书，第 376 页。
⑤ 同上书，第 601 页。
⑥ 同上书，第 297 页。

的《政治经济学批判》的续篇"①。作为《政治经济学批判》续篇的《资本论》在研究对象上必然是《政治经济学批判》的继续和延伸,必然是《政治经济学批判》导言关于研究对象的落实、深化和证明。

  《资本论》研究的是人类社会资本主义阶段的社会生产,是"资本主义生产"。在《资本论》第一卷第一版序言中,马克思明确指出:"我要在本书研究的,是资本主义生产方式以及和它相适应的生产关系和交换关系。到现在为止,这种生产方式的典型地点是英国。因此,我在理论阐述上主要用英国作为例证。"② 这里,马克思提出的政治经济学对象主要是资本主义生产方式,与资本主义生产方式相适应的生产关系和交换关系只处于研究对象中的次要地位。这里,政治经济学对象进一步具体化了。但是需要指出的是,这里的"资本主义生产方式"和"资本主义生产"是同义词。理由如下:一是在这段关于研究对象的论述之后,马克思紧接着使用的概念是"资本主义生产"。比如在同一页,"问题并不在于资本主义生产的自然规律所引起的社会对抗的发展程度的高低,问题在于这些规律本身,在于这些以铁的必然性发生作用并且正在实现的趋势。"③ 马克思紧接着又说:"在其他一切方面,我们也同西欧大陆所有其他国家一样,不仅苦于资本主义生产的发展,而且苦于资本主义生产的不发展。"④ 这在一定意义上表明,资本主义生产包含资本主义生产方式以及和它相适应的生产关系和交换关系。二是从《资本论》法文版第一卷标题的校订可以看出,《资本论》研究的是资本主义生产。德文版《资本论》第一卷的标题是"资本的生产过程",在法文版中马克思将第一卷的标题校订为"资本主义生产的发展"⑤。这和《导言》中所说的"一定社会发展阶段上的生产"、"现代资产阶级生产",高度吻合。三是在马克思亲自校订的法文版《资本论》第一

---

① 《马克思恩格斯文集》第 5 卷,北京:人民出版社 2009 年版,第 7 页。
② 同上书,第 8 页。
③ 同上。
④ 同上书,第 9 页。
⑤ 《资本论》第一卷,北京:中国社会科学出版社 1983 年版,第 1 页。

卷中,"资本主义生产方式"这一概念有多处被校改为"资本主义生产"。据笔者初步统计,《资本论》第一卷通行版中"资本主义生产方式"有 18 处在法文版中被校订为"资本主义生产"。① 在关于研究对象的这段论述就有改动。马克思说:"我要在本书研究的,是**资本主义生产方式**以及和它相适应的**生产关系和交换关系**。英国是这种生产的典型地点。因此,我从这个国家借用了主要的事实和实例作为阐述我的理论的例证。"② 这里,德文版第一版中特指资本主义生产方式的"这种生产方式"被校订为"这种生产"。对于"这种生产"的含义,紧接着使用的概念"资本主义生产"给予了证明。可见,虽然马克思对《资本论》的研究对象和《导言》的叙述不同,但在《资本论》中,《手稿》关于政治经济学对象的规定不但没有改变,反而更加具体化了。

一个社会发展阶段上的生产从技术组织层面分析是运用什么劳动资料、采用什么劳动结合方式进行生产的问题;从劳动交换层面看是社会个人的劳动采用什么方式进行联系和交换的问题;从社会性质层面看是社会个人在什么所有制基础上进行生产的问题。《资本论》把现代资本主义生产看作一个有机体,从不同层面对资本主义生产方式进行剖析。在《资本论》中,生产方式有三层含义:一是在生产的技术组织层面上使用的生产方式,即生产资料和劳动者采用什么方式结合起来生产的问题;二是在劳动交换的社会形式层面使用的生产方式,即生产要素和生产出来的产品如何交换的问题;三是在物质生产的社会性质层面上使用的生产方式,即在生产要素分配基础上的生产成果分配的问题。与这三类生产方式相对应产生不同层面的生产关系和交换关系。

---

① 赵学清:《资本论第一卷法文版和德文第四版"生产方式"概念比较研究》,见郑锦主编:《资本论版本及传播研究》,北京:中央编译出版社 2013 年版,第 480 页。通行版 18 处修改的具体页码为: 389(337,2), 421(367), 497(437), 555(494), 590(530,2), 645(583,2), 683(623), 685(624), 721(662), 728(673), 820(767), 857(808), 870(822), 879(831), 880(832)等。括号内为法文版中译本(中国社会科学出版社 1983 年版)页码,括号内有 2 个数据时,后一数据为修改次数。

② 《资本论》第 1 卷,北京:中国社会科学出版社 1983 年版,第 10 页。

在生产的技术组织层面上使用的生产方式，在《资本论》中有时指的是劳动生产条件，有时指的是劳动过程的技术性质，有时指的是劳动过程，有时指的是生产方法，有时指的是现代工业这种具体的生产形式，有时指的是工场手工业、手工业、家庭劳动、工厂制度等具体的生产形式，一句话，是从技术组织层面看资本主义生产是使用什么技术、采用什么组织形式进行的生产。在生产的技术组织层面上使用的生产方式以生产资料为基础。不同的生产资料产生不同的生产条件，产生不同的劳动过程，产生生产资料和劳动力之间不同的社会结合，产生不同的劳动的技术过程和组织形式。在这个意义上，马克思认为不同生产方式"以不同生产资料为基础"，① 生产方式的变革是生产资料改革的必然产物。在生产的技术维度上使用的生产方式既是生产力的组织形式，又是生产关系所赖以表现的存在形式。人们在社会生产过程中的经济关系体现在社会生产的组织形式中，是通过社会生产的组织形式连接起来的，而社会生产的组织形式又依据于社会生产所采用的技术并随着技术的变化而变化。生产方式作为生产的技术组织形式，一方面由生产力的发展变化决定，另一方面又决定着一定社会发展阶段上生产关系的发展变化，同时一定社会发展阶段的生产关系还会使生产方式具有社会性质的色彩。在社会生产的技术组织层面上使用的生产方式是《手稿》研究的"现代资产阶级生产"和《资本论》所研究的"资本主义生产方式"的一个重要方面。在资本主义生产中，技术组织层面上的生产方式经历了协作、工场手工业和机器大工业三个历史阶段。《手稿》分析了工场手工业和机器大工业，并对机器促进社会生产的发展和剩余价值的生产的作用进行了深入的分析，尤其对自动化生产以及科学在生产中的运用的分析更是达到了马克思自己著作中的最高水平。《资本论》延续《手稿》的分析传统，更加全面地系统地分析了技术组织层面上的生产方式发展的历史进程，分析了生产方式的发展对劳动生产力和相对剩余价值

---

① 《马克思恩格斯文集》第5卷，北京：人民出版社2009年版，第438页。

生产的影响,并使这些分析成为研究资本主义生产的有机组成部分。

在一定社会发展阶段上,社会生产的个人要通过一定方式互相交换其活动即交换劳动。一定社会发展阶段上的生产中劳动交换的方式是生产方式的另一层含义。《手稿》从人的发展角度讨论了社会生产发展的三个阶段或三种形式和《资本论》中的有关论述高度一致。《手稿》指出:"人的依赖关系(起初完全是自然发生的),是最初的社会形式,在这种形式下,人的生产能力只是在狭小的范围内和孤立的地点上发展着。以**物**的依赖性为基础的人的独立性,是第二大形式,在这种形式下,才形成普遍的社会物质变换、全面的关系、多方面的需要以及全面的能力的体系。建立在个人全面发展和他们共同的、社会的生产能力成为从属于他们的社会财富这一基础上的自由个性,是第三个阶段。"① 在《资本论》中,马克思深入分析了他在《手稿》中提出的三种形式之一——以物的依赖性为基础的人的独立性形式即商品生产形式,并且在分析商品生产形式的同时,在对比的视角上概略地分析过其他的社会生产形式。在生产的劳动交换维度上划分人类社会曾经的生产方式和将来可能采用的生产方式,可以把人类社会的生产方式划分为三大类型:一种是传统的自给自足的生产,即自然经济,这种生产方式以"人的依赖性"为特征;一种是商品生产,或商品经济(市场经济),这种生产方式"以物的依赖性为基础的人的独立性"为特征;一种是"与商品生产截然相反的生产形式",即产品经济,以人的自由个性为特征。任何社会生产说到底是人改造自然利用自然的活动,在活动中发生的关系就是劳动的交换关系。生产的进行不仅要依托于技术组织形式,还要依赖于人与人之间的活动交换即劳动交换,劳动交换所采取的形式就是劳动交换维度上的生产方式。离开对劳动交换维度上的生产方式的分析,同样不能揭示一定社会发展阶段经济运动的规律。《手稿》所分析的主要是采用商品生产形式的资本主义生产,它开始分析的《货币章》是在

---

① 《马克思恩格斯全集》第 30 卷,北京:人民出版社 1995 年版,第 107—108 页。

资本主义商品生产的特殊中分析商品生产一般，说明价值和货币的本质，接着的《资本章》在《货币章》研究结论的基础上分析资本主义商品生产这种特殊。《资本论》对资本主义生产方式的研究，不仅分析了随着生产力发展的技术组织维度的生产方式的发展变化，而且分析了劳动交换维度上的生产方式——商品生产。《手稿》和《资本论》从分析商品生产入手，结合对商品生产的技术组织形式的分析，在价值规律的基础上说明了剩余价值的来源，揭示了剩余价值生产的秘密。资本主义生产，就是"资本主义形式的商品生产"①。

"一个社会发展阶段上的生产"的特殊性在于它的社会性质，也就是说它是在什么生产关系基础上进行生产的。因此一个社会发展阶段的生产方式不仅可以从生产的技术组织层面和劳动交换层面展开分析，更重要的是在生产的社会性质层面上展开分析。一个社会发展阶段的生产从社会性质层面分析，就是经济社会形态意义上的社会生产方式。在这个意义上的社会生产或社会生产方式，在《资本论》有时指的是生产制度，有时指的是经济制度，有时指的是"原始共同体"的生产方式、"建立在奴隶制基础上的生产方式"、"封建生产方式"、"资本主义生产方式"和"联合起来劳动的生产方式"等具体的历史的社会生产方式。马克思所讲的原始共同体的生产、奴隶生产、小农民和小市民的生产、资本主义生产就是在生产的社会性质维度上使用的生产方式。在生产的社会性质层面上使用的生产方式，往往强调的是一种生产的特殊的社会历史性质，更多的是侧重在生产关系方面来研究一个特定社会的物质生产。在这个意义上，《资本论》主要研究的是资本主义生产方式即资本主义生产。资本主义生产方式就是生产的资本主义形式。现代资本主义生产只是看做人类经济史上一个暂时阶段，只是物质生产的一种生产形式。

资本主义生产作为生产的社会历史形式是一个总体概念，它不仅包

---

① 《资本论》第1卷，北京：中国社会科学出版社1983年版，第185页。

含资本和雇佣劳动的关系，是一种经济制度，而且包含着生产的技术组织形式（协作、工场手工业、机器和大工业等）和劳动交换形式（商品生产）。资本主义生产作为人类社会历史发展一个特定阶段的社会生产形式可以从不同的层面进行分析，表现为立体的、多维的有机的形式。《资本论》中生产方式的不同用法和含义正是在理论逻辑展开的不同阶段从不同层次、不同方面，以不同方式对资本主义社会生产有机体的分析。概括起来，资本主义这个特殊社会发展阶段的社会生产有机体可以从技术组织、劳动联系和社会性质的层面来进行全方位的探讨。这些探讨和结论是互为前提、互相联系、相互依赖的，把它们放到对资本主义生产方式的理解体系中才能显示出它的真正价值。

现代资本主义生产作为一种"经济的社会形态"标志着人类社会发展的一个特定阶段，是社会生产的资本主义形式，这种社会生产以资本家阶级占有生产的物质条件、劳动者一无所有作为其前提和后果，是主客观生产条件以资本的形式组织起来进行社会生产的一种形式，是以资本家占有剩余价值为目的的生产形式，是占有社会财产的资产阶级剥削和占有劳动者阶级剩余劳动的一种形式。现代资本主义生产或资本主义生产方式，从它技术组织形式上看，经历了从协作到工场手工业到机器和大工业的发展过程，雇佣工人经历了从形式上隶属于资本到实际上隶属于资本的发展过程。从它的劳动交换形式看，它破坏了"传统的自给自足的生产方式"，把一切生产卷入商品生产过程，把一切生产要素和产品都变成商品，最后把一切生产都变为资本主义的商品生产，资本主义商品生产是商品生产的最高形式。现代资本主义生产是"资本支配生产本身并赋予生产一个完全改变了的独特形式"①，也就是说，资本主义生产的社会历史性质是由资本支配生产而被赋予的，资本和雇佣劳动的关系决定着这种生产方式的社会性质。② 在这个意义上，资本主义生产方式就是资本主义生产，就是资本主义商品生产，就是采用机器和

---

① 《马克思恩格斯文集》第7卷，北京：人民出版社2009年版，第364页。
② 参阅同上书，第996页。

大工业的资本主义商品生产，就是以剩余价值为动机和目的的资本主义商品生产。资本主义生产作为一种"一种特殊的历史的生产方式"，是人类历史上一个特殊的发展阶段，正是马克思要研究的政治经济学的对象。

长期以来，在政治经济学对象上存在着不同的认识。主流的观点认为，政治经济学的对象是生产关系。其根据主要是斯大林在《苏联社会主义经济问题》中的论述。斯大林指出："政治经济学的对象是人们的生产关系，即经济关系。这里包括：（一）生产资料的所有制形式；（二）由此产生的不同的社会集团在生产中的地位以及他们的相互关系，或如马克思所说的，'互相交换其活动'；（三）完全以它们为转移的产品分配形式。这一切共同构成政治经济学的对象。"[1] 受这种观点的影响，人们在理解《政治经济学批判导言》和《资本论》关于政治经济学对象的论述时就不知不觉地往这一传统上靠。把政治经济学的研究对象概括为生产关系，和马克思在《手稿》、《资本论》中关于政治经济学对象的论述不相符合，其最大的问题是把政治经济学对象理解窄了，丢掉了资本主义生产或资本主义生产方式这一丰富的有机体，把《资本论》关于研究对象中的第二位的内容当成了唯一的内容。离开一定社会发展阶段上的社会生产方式的分析，生产关系的分析就无从下手，生产关系就只能是脱离活生生的社会生产的僵死的概念，从而也就无法揭示生产力——生产方式——生产关系之间的矛盾运动。政治经济学的对象必须回到《手稿》和《资本论》的正确规定上来，只有深入分析一个社会发展阶段上的生产或一个社会发展阶段上的生产方式以及和它相适应的生产关系和交换关系，才能揭示这个社会发展阶段上的经济运动的规律。

根据对《导言》和《资本论》关于政治经济学对象的研究，政治经济学的对象应该是一定社会发展阶段上的社会生产。一定社会发展阶

---

[1] 《斯大林选集》下卷，北京：人民出版社 1979 年版，第 594—595 页。

段的生产方式是政治经济学研究对象的主要内容，而与其相适应的生产关系和交换关系则是第二位的研究内容。从生产的技术组织、劳动交换形式和社会历史性质三个角度对资本主义生产进行的分析，不可避免地要研究这个过程中的人和自然的关系、人和人之间的关系，不可避免地要研究这个过程中的生产关系和交换关系。生产方式的三个层面（生产的技术组织、生产的劳动交换、生产的社会性质）以及和它相适应的生产关系和交换关系，都包含在特定社会发展阶段的生产之中。在这个意义上，《导言》所讲的"现代资产阶级生产"和《资本论》所讲的"资本主义生产方式以及和它相适应的生产关系和交换关系"是一致的。

在资本主义社会中，商品生产成了占统治地位的生产方式。因此，马克思要研究资本主义生产，就是研究"商品生产的资本主义形式"——资本主义商品生产。资本主义商品生产，从它的一般性质来说，它生产的产品是商品，商品交换要遵循等价原则，它的基本规律是价值规律。这和其他采用商品生产这种生产方式的社会是一致的。在资本主义条件下，生产商品是生产剩余价值的手段，资本主义生产的各种特殊规律都建立在商品生产的一般规律之上，并在商品生产一般规律的前提下发挥作用。所以要揭示现代社会的经济运动规律，就必须从分析商品生产入手，进而分析资本主义的商品生产。而《手稿》和《资本论》的理论部分全三卷正是这样做的。

在《手稿》的写作过程中，马克思终于发现，在现代资产阶级生产中，"表现资产阶级财富的第一个范畴是**商品**的范畴"[1]，随后写作的《政治经济学批判》第一分册就是从商品这个元素形式开始的。[2]《资本论》第一卷吸收了《1857—1858年经济学手稿》和《政治经济学批判》第一分册的研究成果，从资本主义经济的细胞——商品入手，分析了商品的价值决定，揭示商品内含的矛盾，说明了商品生产的一般规

---

[1]《马克思恩格斯全集》第31卷，北京：人民出版社1998年版，第293页。

[2] 参见同上书，第419页。

律——价值规律，同时，马克思通过对商品的分析，揭示了被商品这个物所掩盖的人与人之间的关系。可以这样说，如果不是通过对商品的分析，对商品生产的分析，就根本揭示不出被商品掩盖的人和人之间的生产关系。在分析了商品生产一般之后，马克思就进而分析资本主义商品生产。马克思发现了劳动力这一特殊商品，并在价值规律的基础上科学地说明了剩余价值的产生，说明了资本主义生产方式中最核心的范畴——资本和雇佣劳动。但是，十分重要的是，马克思对资本增殖秘密的揭露是从商品生产的一般规定——价值形成的角度入手的。他仔细分析了资本主义商品生产的价值形成过程，发现了劳动力的价值和劳动力在劳动过程中创造的价值是两个量，从而揭示了剩余价值产生的秘密。如果不分析资本主义商品生产的价值形成过程，就不能揭开资本剥削雇佣劳动之谜。如果不分析劳动力商品，也同样揭不开价值增殖之谜。在《资本论》第一卷第七篇中，马克思还把资本主义商品生产当作一个循环往复的再生产过程来考察，进一步揭露了资本主义生产方式的对抗性质。

《手稿》在分析研究了"资本的生产过程"之后紧接着就分析"资本的流通过程"。《资本论》也同样，在第一卷考察了资本的生产过程之后，第二卷考察的是资本主义商品生产的流通过程。通过对单个资本的商品生产和商品流通的考察，马克思不仅发现了单个资本循环中购、产、销的比例关系，更重要的是揭示了资本循环的规律以及这种规律对于剩余价值生产和实现的重要性；通过对单个资本商品再生产和商品流通的分析，马克思不仅总结了物质再生产的速度规律，更重要的是揭示了资本周转的规律及其对剩余价值生产和实现的重要性；通过对社会总资本的再生产和流通的考察，马克思不仅发现了社会再生产的按比例规律，而且说明了资本主义再生产的根本矛盾以及这种矛盾的表现形式——经济危机。马克思形式上考察的是资本主义商品生产的流通过程，但揭示出来则是物质生产的一般规律、商品流通的特殊规律和资本主义剩余价值的实现规律。试想，《手稿》和《资本论》如果不分析资本主义商品生产的流通过程,马克思从何入手分析资本主义交换关系?怎能揭示出资本主义物质再生产的一般规律和资本主义商品生产和流通的特殊规律。

《手稿》在分析了资本的生产过程和流通过程之后,接着展开分析的是资本的生产过程和流通过程的统一,虽然这一分析还仅仅是初步的。在《手稿》那里,虽然没有资本主义生产总过程的概念,但它非常明确在分析资本的生产过程和流通过程之后要分析的资本的生产过程和流通过程的统一,而这正是资本主义生产的总过程。《资本论》第三卷考察的是资本主义商品生产的总过程。通过对资本主义商品生产总过程的分析,马克思不仅在越来越接近现实的层面上揭示了社会生产的比例规律,商品生产的生产价格规律,而且通过对这些经济现象的分析,透彻地说明了各个社会阶级如何参与社会价值产品分配,职能资本家、生息资本家和大土地所有者如何瓜分雇佣工人生产的剩余价值的规律。如果《手稿》和《资本论》不分析包括生产、流通和分配在内的资本主义商品生产的总过程,马克思怎能揭示出资本主义生产关系的背面——资本主义的分配关系。总之,我们可以这样说,在《手稿》的"价值篇"、"货币篇",《政治经济学批判》第一分册和《资本论》第一卷第一篇中,马克思着重考察了"历史规定的社会生产方式(商品生产)的生产关系"[①]。在《手稿》的《资本章》和《资本论》理论部分前三卷中,通过考察资本主义商品生产的生产过程、流通过程和包括生产、流通和分配在内的总过程,马克思不仅说明了资本主义社会物质生产的规律、商品生产的规律和资本主义商品生产的规律,而且说明了与资本主义商品生产相适应的资本主义生产关系和交换关系。

社会主义初级阶段作为社会主义的一个相当长的历史发展阶段,其生产方式以及和它相适应的生产关系和交换关系必然有其特点。只有通过系统地研究社会主义初级阶段的商品生产及其和它相适应的生产关系

[①] 郭大力、王亚南译:《资本论》第1卷,北京:人民出版社1953年版,第58页。

和交换关系,才能揭示社会主义初级阶段经济运动的规律,才能丰富和发展马克思主义政治经济学的宝库。而要科学地推进这一研究,就必须科学地确定社会主义初级阶段政治经济学的研究对象。根据分析《手稿》和《资本论》研究对象的结论,可以推论社会主义初级阶段政治经济学的研究对象是,社会主义初级阶段的社会生产以及和它相适应的生产关系和交换关系。

二 政治经济学的根本方法和具体方法

《手稿》中的"导言"以《政治经济学批判导言》为名,与著名的《政治经济学批判序言》一起,为我国理论界所熟知,并得到较为深入的研究。"导言"关于政治经济学方法的见解,论述专门,详细深刻。不少学者认为,马克思在《政治经济学批判导言》中把他研究政治经济学的方法概括为由抽象上升为具体的方法,一些学者则认为把政治经济学的方法概括为由抽象上升到具体是不正确的。研究马克思《1857—1858年经济学手稿》需要对这个问题重新进行一番审视。重新审视政治经济学的方法问题,除了《导言》的相关论述之外,1859年《政治经济学批判》第一分册的"序言"和1873年《资本论》第一卷第二版的跋应予以特别重视。此外,还有作为佐证的《资本论》及其大量的手稿。深刻理解政治经济学的方法,既要从《导言》和《手稿》的论述出发,也要前后关照马克思在其他著作中的论述;既要从马克思关于政治经济学方法的论断出发,也要从马克思研究工作和理论著述的实际出发。只有这样,才能融会贯通地领会马克思的思想,掌握政治经济学的方法。

(一) 政治经济学的根本方法

马克思面对的和研究的是"现代资产阶级生产",他是用什么方法来指导研究的呢?马克思在同一时期正式出版的《政治经济学批判》

的"序言"中写道，这个方法是自1843年以来在研究实践中所得到的、并且一经得到就用于指导研究工作的总的结果——唯物史观。马克思指出："我所得到的、并且一经得到就用于指导我的研究工作的总的结果，可以简要地表述如下：人们在自己生活的社会生产中发生一定的、必然的、不以他们的意志为转移的关系，即同他们的物质生产力的一定发展阶段相适合的生产关系，这些生产关系的总和构成社会的经济结构，即有法律的和政治的上层建筑竖立其上并有一定的社会意识形式与之相适应的现实基础。物质生活的生产方式制约着整个社会生活、政治生活和精神生活的过程。不是人们的意识决定人们的存在，相反，是人们的社会存在决定人们的意识。社会的物质生产力发展到一定阶段，便同它们一直在其中运动的现存生产关系或财产关系（这只是生产关系的法律用语）发生矛盾。于是这些关系便由生产力的发展形式变成生产力的桎梏。那时社会革命的时代就到来了。随着经济基础的变更，全部庞大的上层建筑也或慢或快地发生变革。在考察这些变革时，必须时刻把下面两者区分开来：一种是生产的经济条件方面所发生的物质的、可以用自然科学的精确性指明的变革，一种是人们借以意识到这个冲突并力求把它克服的那些法律的、政治的、宗教的、艺术的或哲学的，简言之，意识形态的形式。我们判断一个人不能以他对自己的看法为根据，同样，我们判断这样一个变革时代也不能以它的意识为根据；相反，这个意识必须从物质生活的矛盾中，从社会生产力和生产关系之间的现存冲突中去解释。无论哪一个社会形态，在它所能容纳的全部生产力发挥出来以前，是决不会灭亡的；而新的更高的生产关系，在它的物质存在条件在旧社会的胎胞里成熟以前，是决不会出现的。所以人类始终只提出自己能够解决的任务，因为只要仔细考察就可以发现，任务本身，只有在解决它的物质条件已经存在或者至少是在生成过程中的时候，才会产生。大体说来，亚细亚的、古希腊罗马的、封建的和现代资产阶级的生产方式可以看作是经济的社会形态演进的几个时代，资产阶级的生产关系是社会生产过程的最后一个对抗形式，这里所说的对抗，不是指个人的对抗，而是指从个人的社会生活条件中生长出来的对抗；但是，在资产阶级社会的胎胞里发展的生产力，同时又创造着解决这种对抗的物质条件。因此，人类社会的史前时期就以这种社会形态而告终。"① 这一在十多年科学研究中得到的"总的结果"精辟地概括了唯物史观的主要观点，如生产力和生产关系的矛盾运动、经济基础和上层建筑的矛盾运动、社会存在和社会意识的矛盾运动、社会基本矛盾的运动和社会革命、"两个决不会"原理、经济的社会形态演进的规律等。唯物史观的这些重要原理浓缩在这短短的一段话中，成为马克思政治经济学研究的重要的方法论指导。唯物史观为马克思的经济理论研究建立了方法论基础，促进了马克思的经济研究。马克思正是在唯物史观的指导下展开政治经济学研究、写作政治经济学批判手稿，创作《资本论》的。

"根据唯物史观，历史过程中的决定性因素**归根到底**是现实生活的生产和再生产"②。从唯物主义这一思想出发，马克思在《导言》中确定了自己政治经济学"研究的本题"——"现代资产阶级生产"。现代资产阶级生产从生产一般的角度进行考察，表现为生产、分配、交换、消费四个环节。生产、分配、交换、消费构成作为生产总体的各个环节，是一个统一体内部的差别。一定的生产决定一定的消费、分配和交换和这些不同要素相互间的一定关系。当然，生产就其单方面形式来说也决定于其他要素。"现代资产阶级生产"从技术层面进行考察，是劳动者运用劳动资料作用于劳动对象生产使用价值的过程，与资产阶级生产相适应的技术组织形式是协作、工场手工业和机器大工业的发展过程，在《手稿》中马克思用了相当的笔墨研究了"以机器为基础的生产"③。"现代资产阶级生产"从交换的角度进行考察，是"以交换价值为目的的生产"④。在《手稿》中，马克思分析了商品、交换价值、价

---

① 《马克思恩格斯全集》第 31 卷，北京：人民出版社 1998 年版，第 412—413 页。
② 《马克思恩格斯〈资本论〉书信集》，北京：人民出版社 1976 年版，第 499 页。
③ 《马克思恩格斯全集》第 31 卷，北京：人民出版社 1998 年版，第 91 页。
④ 同上书，第 102 页。

值、货币等商品生产的基本范畴,揭示了商品生产的一般规律。在《政治经济学批判》第一分册中,马克思以《手稿》的研究为基础正式公布了自己关于商品和货币理论的研究成果。在《资本论》中,马克思浓缩了《政治经济学批判》第一分册关于商品和货币学说的主要内容,并进一步予以完善发展,形成了系统的商品和货币理论。"现代资产阶级生产"从其性质来考察,是"以资本和雇佣劳动为基础的生产"①,是"以资本为基础的生产方式"②。在《手稿》中,马克思制定了劳动力商品学说和劳动二重性学说,对货币转化为资本基础上的生产过程和价值增殖过程进行了初步的分析,制定了剩余价值理论。在《资本论》中,马克思进一步发展了《手稿》中提出的劳动价值理论、劳动力商品理论和劳动二重性学说,并在此基础上深入分析资本的生产过程,使剩余价值理论这一伟大发现更加完善和充实。

根据唯物史观,"人们在自己生活的社会生产中发生一定的、必然的、不以他们的意志为转移的关系,即同他们的物质生产力的一定发展阶段相适合的生产关系……社会的物质生产力发展到一定阶段,便同它们一直在其中运动的现存生产关系或财产关系(这只是生产关系的法律用语)发生矛盾。于是这些关系便由生产力的发展形式变成生产力的桎梏。那时社会革命的时代就到来了。"③《手稿》深入分析了以资本和雇佣劳动为基础的生产,分析了资本主义社会的生产力和生产关系的矛盾运动,深刻揭示了资本作为生产关系的伟大的文明作用和历史局限性,证明资本主义经济制度"通过尖锐的矛盾、危机、痉挛,表现出社会的生产发展同它的现存的生产关系之间日益增长的不相适应。用暴力消灭资本——不是通过资本的外部关系,而是被当作资本自我保存的条件——,这是忠告资本退位并让位于更高级的社会生产状态的最令人信

---

① 《马克思恩格斯全集》第 30 卷,北京:人民出版社 1995 年版,第 236 页。
② 同上书,第 601 页。
③ 《马克思恩格斯全集》第 31 卷,北京:人民出版社 1998 年版,第 412—413 页。

服的形式。"① 在《资本论》中，马克思深入讨论了资本追求剩余价值的内在动力和许多资本激烈竞争带来的外在压力共同作用所造成的生产无限扩大的趋势，分析了生产无限扩大的趋势与资产主义社会价值产品的分配所造成的有支付能力的需求相对缩小的矛盾。资本主义社会生产力和生产关系的矛盾在资本有机构成不断提高条件下的资本积累过程中，最终导致资本主义被新的更高级的社会形态取代。马克思指出："随着这种集中或少数资本家对多数资本家的剥夺，规模不断扩大的劳动过程的协作形式日益发展，科学日益被自觉地应用于技术方面，土地日益被有计划地利用，劳动资料日益转化为只能共同使用的劳动资料，一切生产资料因作为结合的、社会的劳动的生产资料使用而日益节约，各国人民日益被卷入世界市场网，从而资本主义制度日益具有国际的性质。随着那些掠夺和垄断这一转化过程的全部利益的资本巨头不断减少，贫困、压迫、奴役、退化和剥削的程度不断加深，而日益壮大的、由资本主义生产过程本身的机制所训练、联合和组织起来的工人阶级的反抗也不断增长。资本的垄断成了与这种垄断一起并在这种垄断之下繁盛起来的生产方式的桎梏。生产资料的集中和劳动的社会化，达到了同它的资本主义外壳不能相容的地步。这个外壳就要炸毁了。资本主义私有制的丧钟就要响了。剥夺者就要被剥夺了。从资本主义生产方式产生的资本主义占有方式，从而资本主义私有制，是对个人的、以自己劳动为基础的私有制的第一个否定。但资本主义生产由于自然过程的必然性，造成了对自身的否定。这是否定的否定。这种否定不是重新建立私有制，而是在资本主义时代的成就的基础上，也就是说，在协作和对土地及靠劳动本身生产的生产资料的共同占有的基础上，重新建立个人所有制。"②

根据唯物史观，"生产关系的总和构成社会的经济结构，即有法律

---

① 《马克思恩格斯全集》第 31 卷，北京：人民出版社 1998 年版，第 149 页。
② 《马克思恩格斯文集》第 5 卷，北京：人民出版社 2009 年版，第 874 页。

的和政治的上层建筑竖立其上并有一定的社会意识形式与之相适应的现实基础。物质生活的生产方式制约着整个社会生活、政治生活和精神生活的过程。不是人们的意识决定人们的存在，相反，是人们的社会存在决定人们的意识。……随着经济基础的变更，全部庞大的上层建筑也或慢或快地发生变革。"① 《手稿》中的"导言"概略地揭示了"国家形式和意识形式同生产关系和交往关系的关系。法的关系。家庭关系"②。还稍微详细地讨论了艺术生产同经济基础的关系。《政治经济学批判》的六册计划还有专门研究国家这个上层建筑的《国家》册。

以上的简短分析证明，《手稿》、《政治经济学批判》第一分册和《资本论》的研究和写作是在唯物史观指导下开展的，正如恩格斯指出的那样，马克思的经济学本质上是建立在唯物主义历史观的基础上的。③ 列宁也认为，自从《资本论》问世以来，唯物主义历史观已经不是假设，而是科学地证明了的原理。④ 可以这样认为，马克思运用历史唯物主义原理指导他的政治经济学研究，而其政治经济学研究的成果——《资本论》又证实了历史唯物主义原理。唯物史观是政治经济学的根本方法，或者用马克思自己的话来说，在《政治经济学批判》序言那里，"我说明了我的方法的唯物主义基础"⑤。

不仅如此，马克思在加工材料、写作《手稿》时，还批判地运用了黑格尔的《逻辑学》，在建构《资本论》的体系结构时，对黑格尔的辩证法进行了唯物主义改造。唯物辩证法从根本上奠定了分析资本主义经济制度的方法论基础。马克思自己认为，《资本论》第一卷是"把辩证方法应用于政治经济学的第一次尝试"⑥，还多次讲到辩证方法是

---

① 《马克思恩格斯全集》第31卷，北京：人民出版社1998年版，第412—413页。
② 《马克思恩格斯全集》第30卷，北京：人民出版社1995年版，第50页。
③ 参阅《马克思恩格斯文集》第2卷，北京：人民出版社2009年版，第597页。
④ 《列宁选集》第1卷，北京：人民出版社1995年版，第10页。
⑤ 《马克思恩格斯文集》第5卷，北京：人民出版社2009年版，第20页。
⑥ 《马克思恩格斯〈资本论〉书信集》，北京：人民出版社1976年版，第239页。

《资本论》的方法。① 有足够的证据说明，马克思自己认为辩证方法是《资本论》的方法，所以，唯物辩证法是政治经济学的又一根本方法。

马克思在青年时期熟读黑格尔的著作，对黑格尔的著作有深入的研究。写作《手稿》时，马克思浏览了黑格尔的《逻辑学》，并在材料加工的方法上受益于《逻辑学》。1858 年马克思在给恩格斯的信中写道："完全由于偶然的机会——弗莱里格拉特发现了几卷原为巴枯宁所有的黑格尔的著作，并把它们当作礼物送给了我，——我又把黑格尔的《逻辑学》浏览了一遍，这在材料加工的**方法**上帮了我很大的忙。"② 在《资本论》第二版跋中，马克思集中讨论了《资本论》或政治经济学的方法。他援引了伊·伊·考夫曼在《欧洲通讯》上发表的《卡尔·马克思的政治经济学批判的观点》一文中关于《资本论》方法的评论，明确指出："这位作者先生把他称为我的实际方法的东西描述得这样恰当。并且在谈到我个人对这种方法的运用时又抱着这样的好感，那他所描述的不正是辩证方法吗？"③ 他在同一篇跋中接着说："我的辩证方法，从根本上来说，不仅和黑格尔的辩证方法不同，而且和它截然相反。……观念的东西不外是移入人的头脑并在人的头脑中改造过的物质的东西而已。"④ 马克思甚至"公开承认我是这位大思想家（指黑格尔——引者注）的学生，并且在关于价值理论的一章中，有些地方我甚至卖弄起黑格尔特有的表达方式"⑤。他指出："辩证法在对现存事物的肯定的理解中同时包含对现存事物的否定的理解，即对现存事物的必然灭亡的理解；辩证法对每一种既成的形式都是从不断的运动中，因而也是从它的暂时性方面去理解；辩证法不崇拜任何东西，按其本质来说，它是批判的和革命的。"⑥这说明马克思自己认为他在从事政治经济学研

---

① 《马克思恩格斯文集》第 5 卷，北京：人民出版社 2009 年版，第 21—22 页。
② 《马克思恩格斯〈资本论〉书信集》，北京：人民出版社 1976 年版，第 121 页。
③ 《马克思恩格斯文集》第 5 卷，北京：人民出版社 2009 年版，第 21 页。
④ 同上。
⑤ 同上。
⑥ 同上。

究和写作时运用的是辩证方法，是经过唯物主义改造的黑格尔的辩证法。恩格斯在评价马克思的《政治经济学批判》第一分册时说："从黑格尔逻辑学中把包含着黑格尔在这方面的真正发现的内核剥出来，使辩证方法摆脱它的唯心主义的外壳并把辩证方法在使它成为唯一正确的思想发展形式的简单形态上建立起来。马克思对于政治经济学的批判就是以这个方法做基础的，这个方法的制定，在我们看来是一个其意义不亚于唯物主义基本观点的成果。"① 恩格斯的评论明确地指出马克思对于政治经济学的批判的方法是唯物辩证法，并且把唯物辩证方法的制定看作同发现唯物史观同等重要的地位。马克思自己对政治经济学方法的论述和恩格斯对马克思政治经济学批判方法的评论，证明唯物史观和唯物辩证法是政治经济学的根本方法。

《手稿》、《政治经济学批判》第一分册和《资本论》在经济学著作结构的形成和经济范畴的运动等方面处处体现着辩证法的光辉。

马克思在《手稿》写作过程中先后酝酿过政治经济学巨著的多个结构方案，特别是在分析"资本一般"时，严谨地运用辩证法"一般—特殊—个别"的原理。他在讨论"资本和劳动的交换"时，中断写作，插入了关于"资本一般"章的结构设想："资本。Ⅰ **一般性**：(1)(a)由货币生成资本。(b)资本和劳动（以**他人**劳动为中介）。(c)按照同劳动的关系而分解成的资本各要素（产品。原料。劳动工具）。(2)**资本的特殊化**：(a)流动资本，固定资本。资本流通。(3)**资本的个别性**；资本和利润。资本和利息。资本作为**价值**同作为利息和利润的自身相区别。Ⅱ **特殊性**：(1)诸资本的积累。(2)诸资本的竞争。(3)诸资本的积聚（资本的量的差别同时就是质的差别，就是资本的大小和作用的**尺度**）。Ⅲ **个别性**：(1)资本作为信用。(2)资本作为股份资本。(3)资本作为货币市场。"② 在这里，黑格尔逻辑学中的一般—特殊—个别的关系被娴熟地运用于分析"资本一般"的结构架构中，并成

---

① 《马克思恩格斯文集》第2卷，北京：人民出版社2009年版，第603页。
② 《马克思恩格斯全集》第30卷，北京：人民出版社1995年版，第233—234页。

为后来《资本论》写作的思路。《资本论》第一卷研究资本的生产过程，第二卷研究资本的流通过程，第三卷研究资本主义生产的总过程，正是《手稿》关于"资本一般"结构的具体展现和充实完善，体现了唯物主义改造过的黑格尔辩证法的光辉。

　　唯物辩证法不仅体现在政治经济学体系结构的构造上，还体现在政治经济学范畴的提炼、分析和运动上。从政治经济学范畴的确定来看，马克思在《手稿》、《政治经济学批判》第一分册和《资本论》中的经济范畴及其运动不是凭空虚构的，而以资本主义经济的现实运动为基础，是对资本主义经济现象的抽象。商品这个起始概念，是资本主义社会财富的元素形式，是劳动生产物在资本主义社会里依以表现的最简单的社会形式。"资本主义生产方式占统治地位的社会的财富，表现为'庞大的商品堆积'，单个的商品表现为这种财富的元素形式。"① "货币是实际财富的纯粹抽象"，"货币作为**一般财富的物质代表**，只有当它重新投入流通，和个别特殊形式的财富相交换而消失的时候，才能够实现"。②……商品、价值、货币、资本、剩余价值、资本积累、资本循环、资本周转、利润、利息、地租等等这一系列的经济范畴都建立在对资本主义社会经济现象的分析上，是对资本主义经济现象的抽象、概括和提炼。从政治经济学范畴的运动上看，《手稿》和《资本论》中的范畴都内含着对立统一的关系，处于相互联系、相互转化的过程之中。比如，商品作为劳动产品，具有使用价值和价值二重属性，体现着具体劳动和抽象劳动、私人劳动和社会劳动的矛盾，孕育着转化为货币的必然性。商品转化为货币根源于商品的内在矛盾，劳动产品转化为商品，最初是直接的产品交换，是偶然的简单的交换，X 量物品 A = Y 量物品 B，前一个商品的价值表现为相对价值，后一个商品处于等价形式。相对价值形式和等价形式是同一价值与众不同的互相依赖、互为条件、不可分离的两个因素，同时又是同一价值表现的互相排斥、互相对立的两极。

---

① 《马克思恩格斯文集》第 5 卷，北京：人民出版社 2009 年版，第 47 页。
② 《马克思恩格斯全集》第 30 卷，北京：人民出版社 1995 年版，第 187 页。

随着交换的扩大和发展，简单的个别的价值形式经过扩大的总和的价值形式过渡到一般价值形式和货币形式。商品中潜在的使用价值和价值的对立表现出来，从商品中分化出一种商品固定地充当一般等价物。"可见，随着劳动产品转化为商品，商品就在同一程度上转化为货币。"[①]《手稿》和《资本论》中揭示的商品到货币的转化、货币到资本的转化、资本到剩余价值的转化、剩余价值到资本的转化、价值到生产价格的转化、剩余价值到利润的转化、利润到平均利润的转化、剩余价值到地租的转化等等，都是基于资本主义经济现象的经济范畴的辩证转化。从政治经济学范畴的辩证转化看，《手稿》和《资本论》中的范畴运动，不是从纯概念的运动，而是在现实经济运动基础上资本主义经济的矛盾从萌芽到生长、激化和解决的过程，经济范畴运动发展的动力是资本主义经济的内在矛盾。资本主义经济的基本矛盾萌芽于商品，发展于货币，激化于资本，表现于经济危机，解决于消灭私有制和建立公有制。

　　孕育于《手稿》之中的《资本论》的理论体系是由经济范畴以及经济范畴之间的联系、发展和转化构成的。它的经济范畴（或经济概念）是从资本主义生产方式的大量现象中抽象出来的，是唯物主义的；它的经济范畴不是僵化的、封闭的，而是随着《资本论》的叙述过程不断地展开其潜在的各种规定性；它的经济范畴不是固定的、不变的，而是随着直接生产过程、流通过程和总过程的演进辩证转化的。唯物辩证法的三大规律及其重要范畴在《资本论》中得到了自然贴切的运用，叙述过程中的例证比比皆是。如，对商品的使用价值和价值、具体劳动和抽象劳动、私人劳动和社会劳动的分析就是对立统一规律的生动体现；对商品到货币的转化、货币到资本的转化、资本到剩余价值的转化、剩余价值到资本的转化、货币资本到生产资本的转化、生产资本到商品资本的转化、商品资本到货币资本的转化、资本直接生产过程到资

[①] 《马克思恩格斯文集》第5卷，北京：人民出版社2009年版，第106页。

本流通过程的转化、资本流通过程到资本主义生产总过程的转化等就是概念辩证转化的绝妙例证；小业主转化为资本家对预付资本最低限额的要求就是质量互变规律的鲜活案例；封建生产方式向资本主义生产方式和资本主义生产方式向联合起来劳动的生产方式的转变就是否定之否定规律在经济社会形态演进上的客观写照，等等。《资本论》揭示的经济范畴之间的有机联系是对立统一规律、质量互变规律和否定之否定规律的运用和证明。可以这样认为，马克思在撰写《资本论》的同时又创作了一部唯物辩证法，书写了一部科学方法论。没有唯物的辩证方法的创建和运用，就没有《资本论》严整的结构和宏伟的大厦。

（二）政治经济学的具体方法

唯物史观和唯物辩证法是政治经济学的根本方法，基于唯物史观和唯物辩证法的其他方法只是根本方法的具体化。基于唯物史观和唯物辩证法，马克思在政治经济研究中运用了许多具体的方法。

研究复杂的资本主义经济运动需要科学的抽象法。自然科学比如物理学是在自然过程表现得最确实、最少受干扰的地方观察自然过程的，在可能的情况下，是在保证过程以其纯粹形态进行的条件下从事实验的。但研究现实的资本主义经济运动不能像自然科学那样进行。从事政治经济学研究必须运用思维的抽象力。马克思指出："分析经济形式，既不能用显微镜，也不能用化学试剂，二者必须用抽象力来代替。"[①]在政治经济学研究中运用抽象法，是从经济现象中抽象掉一些无关紧要的要素，找寻出最重要的东西在纯粹的形式上进行分析，正如《手稿》所说，"实质上是弄清纯粹的形式规定的问题，也就是说，不是要把一些毫不相干的东西夹杂进来。"[②] 抽象法在政治经济学研究过程和叙述过程中的运用有两个侧面，一是从社会经济运动复杂的现象中找寻出最重要的范畴，即"抽象出"。"抽象出"，指的是"从具体中抽象出来

[①] 《马克思恩格斯文集》第5卷，北京：人民出版社2009年版，第8页。
[②] 《马克思恩格斯全集》第31卷，北京：人民出版社1998年版，第131页。

的"最一般的东西。《导言》第 3 节"政治经济学的方法"中所讲的抽象更多是在"抽象出"的意义上使用的,比如,"劳动"这个范畴只有在"最丰富的具体发展的场合",在"一种东西为许多东西所共有,为一切所共有"的社会,才能被抽象出来。"一般的抽象的规定"是从许多社会形式中抽象出来的,"它们或多或少属于一切社会形式"。《手稿》中"资本一般"这一范畴就是从许多特殊资本中抽象出来的范畴。马克思在《手稿》中写道:"尽管与各特殊资本相区别的**资本一般**,(1) **仅仅表现为一种抽象**;不过不是任意的抽象,而是抓住了与所有其他财富形式或(社会)生产发展方式相区别的资本的特征的一种抽象。资本一般,这是每一种资本作为资本所共有的规定,或者说是使每个一定的价值额成为资本的那种规定。而且这种抽象内部的种种差别也是表明每一种资本特性的一种抽象特殊性,每一种资本就是这些抽象特殊性的肯定或否定(例如,固定资本或流动资本)。(2) 但是,与各特殊的现实的资本**相区别**的资本一般,本身是一种**现实的**存在。这一点虽然普通的经济学并不**理解**,但已承认,而且构成它关于[利润]平均化等等学说的极其重要的因素。例如,这种**一般形式上**的资本,尽管也属于单个的资本家所有,但在它作为资本的**基本形式**上形成在银行中进行积累或通过银行进行分配的资本,形成像李嘉图所说的那样令人惊异地按照生产的需要进行分配的资本。这种资本同样会通过借贷等等在不同国家之间形成一种平均水平。……因此,一般的东西,一方面只是**思维中的**特征,同时也是一种同特殊事物和个别事物并存的、**特殊的**现实形式。"① 抓住了"资本一般",明确地弄清楚资本这个资产阶级社会的基础和资本主义关系的基本前提,"就必然会得出资产阶级生产的一切矛盾,以及这种关系超出它本身的那个界限。"② 又如,《手稿》中商品这一起始范畴的产生,同样是从资本主义制度社会下的经济现象当中找寻出最简单、最普遍、最平凡但又包含着资本主义制度生产一切矛盾的

---

① 《马克思恩格斯全集》第 30 卷,北京:人民出版社 1995 年版,第 440—441 页。
② 同上书,第 293 页。

经济细胞。二是在对经济范畴和经济运动进行研究或展开叙述时，作出必要的假定，排除一些次要的无关的因素，在纯粹的条件下进行考察。抽象掉一些和主题无关的因素，即"抽象掉"。"抽象掉"是"抽象出"的背面。"抽象掉"指的是，具体中被抽象掉的东西，即和最一般的东西无关紧要的要素。"只有这样，才能在研究每一个别关系时不致老是牵涉到一切问题。"① 马克思在《手稿》和《资本论》中大量运用假定来抽象掉和分析主题无关的因素，比如，在《资本论》第二卷分析货币资本的循环时，马克思写道："为了纯粹地理解这些形式，首先要把一切同形式变换和形式形成本身无关的因素撇开。因此，这里不但假定商品是按照它们的价值出售的，而且假定这种出售是在不变的情况下进行的。所以，也把在循环过程中可能发生的价值变动撇开不说。"② 如果不抽象掉和分析主题无关的各种因素，我们的分析就会无从下手。马克思在政治经济学研究中成功地运用了抽象的分析方法，《手稿》和《资本论》都是明证。抽象法是否得到科学运用直接关系到研究结论的科学性。资产阶级经济学家在研究过程中也使用抽象法，但由于抽象错了，"抽象出"的不是本质的关系，"抽象掉"的恰恰是不应该排除的关系，所以其结论就必然是错误或片面的。在《手稿》中马克思曾多次对资产阶级经济学家错误的抽象进行批评。比如，他在批评巴师夏时指出："借助于某种极廉价的抽象过程，任意地时而抛掉特殊关系的这一方面，时而抛掉那一方面，来把这种关系化为简单流通的抽象规定，从而**证明**，个人在生产过程的比较发达的领域中所处的那种经济关系，只不过是简单流通的关系，等等。巴师夏先生就是用这种方式拼凑出他的神正论——《**经济的和谐**》。"③ 马克思把巴师夏的这种抽象法称为"儿戏般的抽象法"④。

---

① 《马克思恩格斯〈资本论〉书信集》，北京：人民出版社1976年版，第131页。
② 《马克思恩格斯文集》第6卷，北京：人民出版社2009年版，第32页。
③ 《马克思恩格斯全集》第31卷，北京：人民出版社1998年版，第364页。
④ 《马克思恩格斯全集》第30卷，北京：人民出版社1995年版，第204页。

研究成果的体系化必须运用从抽象到具体的叙述方法。马克思指出:"在形式上,叙述方法必须与研究方法不同。研究必须充分地占有材料,分析它的各种发展形式,探寻这些形式的内在联系。只有这项工作完成以后,现实的运动才能适当地叙述出来。这点一旦做到,材料的生命一旦在观念上反映出来,呈现在我们面前有就好像是一个先验的结构了。"① 在相对意义上看,唯物史观侧重于指导研究,唯物辩证法侧重于指导叙述。《手稿》是为自己弄清问题而写的,既是研究,又是叙述,以研究为主,它是研究过程的记录,同时也是叙述过程的展现。《政治经济学批判》第一分册、《资本论》则是以叙述为主,带有研究的色彩。从抽象到具体的叙述方法以根本方法指导下的具体到抽象的研究成果为基础。没有唯物史观和唯物辩证法指导的从具体到抽象的深入研究,没有对社会经济运动的透彻研究成果,就没有从抽象到具体的叙述过程。《手稿》的内容是马克思一生黄金时间的研究成果,是他从1842年开始的资产阶级政治经济学批判和资本主义现实经济运动的研究的结晶。他对以英国古典政治经济学为代表的资产阶级经济学进行了深入的研究和批判,对欧美各国尤其是英国的资本主义经济运动进行了长时间的跟踪分析和研究,他充分地占有了理论资料和实际资料,对资本主义经济的各种发展形式和各式各样的经济理论进行深入的分析,初步揭示了资本主义社会各种经济现象及其在理论上的反映的内在联系,在理论上已经解决了许多难题。《手稿》是为自己弄清问题而写,所以其研究性质明显,叙述的特点还不甚突出。《手稿》中关于政治经济学巨著结构计划的不断调整,就是在寻找完美的叙述逻辑和叙述方法。《手稿》是在研究的基础上终于探寻到政治经济学理论体系的叙述起点——商品。但是,以此为基础的《政治经济学》第一分册和后来在此基础上发展起来的《资本论》则是以叙述研究成果为主了,当然叙述本身也是研究,叙述方法的应用就非常明显。形式上是研究方法和叙

---

① 《马克思恩格斯文集》第5卷,北京:人民出版社2009年版,第22页。

述方法的区分，本质上是唯物史观和唯物辩证法在政治经济学研究不同阶段的运用和证明。研究需要：充分地占有材料，分析它的各种发展形式，探寻这些形式的内在联系；叙述则要在研究的基础上恰如其分地叙述客观反映现实的资本主义经济运动的研究成果，观念地反映材料的生命，呈现出来的是经济理论的严整体系。《资本论》以商品为起始范畴，因为商品是元素形式，是经济细胞，是最简单的范畴。从商品转化到货币，范畴的内容丰富了，复杂了。货币作为一种固定地充当一般等价物的特殊商品，比一般商品具有更多的规定性。货币到资本的转化，比商品、价值、货币包含着更多的规定性，是更复杂的生产关系，是一个运动过程。……从商品→价值→货币→资本→剩余价值→剩余价值的资本化→资本积累的一般规律→资本积累的历史趋势，从资本循环（货币资本、生产资本、商品资本的循环）→资本周转（固定资本、流动资本、周转速度）→资本主义再生产（两大部类的实物补偿和价值平衡）→经济危机，从利润→平均利润→利息（地租）→利润率趋向下降的规律→资本主义基本矛盾的激化→阶级（被剥夺者、掘墓人），从最简单最抽象的商品开始，然后逐步过渡到货币、资本、剩余价值、利润、利息这些越来越具体的范畴，一直到最具体的三大阶级，到资产阶级社会最表面的经济现象，资本主义制度的矛盾从孕育的萌芽到矛盾的爆发，真正体现了资本主义制度产生、发展和灭亡的必然过程。建立在研究成果基础上的从抽象到具体的叙述方法"显然是科学上正确的方法。具体之所以是具体，因为它是许多规定的综合，因而是多样性的统一。因此它在思维中表现为综合的过程，表现为结果，而不是表现为起点"。①"从抽象上升到具体的方法只是思维用来掌握具体，把它当作一个精神上的具体再现出来的方式。"在那里，"抽象的规定在思维行程中导致具体的再现"②。在抽象上升到具体的叙述过程中，不仅范畴的转化是一个从抽象到具体的转化过程，具体到每一个经济范畴——商

---

① 《马克思恩格斯全集》第30卷，北京：人民出版社1995年版，第42页。
② 同上。

品、价值、货币、资本、剩余价值等，同样有一个从简单到复杂，从抽象到具体的上升过程。概念的前进运动的特征是"它从一些简单的规定性开始，而在这些规定性之后的规定性就愈来愈丰富，愈来愈具体。因为结果包含着自己的开端，而开端的运动用某种新的规定性丰富了它。……在继续规定的每一个阶段上，普遍的东西不断提高它以前的全部内容，它不仅没有因其辩证的前进运动而丧失了甚么，丢下了甚么，而且还带着一切收获物，使自己的内部不断丰富和充实起来"①。在《资本论》中的同一个概念，如果处在从抽象到具体的较早发展阶段，它的规定性只是最一般的规定性，它的许多潜在的规定性还有待于在转化过程的进展中展露出来，随着转化过程的进展，这个概念就会愈来愈丰富。处于转化进程较早阶段的概念潜在地包含着在后的概念。而处于转化进程较后阶段的概念，它的规定性则相对地得到较充分的展开，是相对丰满的相对具体的概念，在后的概念是以展开的形式包含着自己的在先的概念。在先的概念如同出自小孩之口的格言，在后的概念如同出自老人之口的同一句格言。综上所述，从抽象到具体的叙述方法，只是政治经济学的叙述方法，是唯物辩证法和唯物史观在研究成果叙述过程中的具体化。

政治经济学研究要遵循逻辑与历史相一致的方法。逻辑与历史的统一，是一个重要的科学方法。黑格尔首次提出这一原理并运用于哲学和逻辑学之中。马克思在唯物主义的基础上，批判地继承了黑格尔逻辑与历史相统一的合理内核，运用于政治经济学研究之中，使逻辑与历史相统一的方法成为政治经济学的具体方法。逻辑是客观现实在人的思维中的反映，通过概念、判断、推理等思维形式表现出来。历史是指客观事实发展的基本过程和本质关系。逻辑是历史的反映，是从理论上通过概念的发展再现历史的基本过程和本质关系。历史比逻辑丰富，逻辑比历史深刻。逻辑与历史相一致，是指"历史进程从哪里开始，思想进程也

---

① 黑格尔:《大逻辑》，转引自张世英:《论黑格尔的逻辑学》，上海：上海人民出版社1981年版，第107—108页。

应当从哪里开始,而思想进程的进一步发展不过是历史进程在抽象的、理论上前后一贯的形式上的反映;这种反映是经过修正的,然而是按照现实的历史过程本身的规律修正的,这时,每一个要素可以在它完全成熟而具有典型性的发展点上加以考察"①。政治经济学要研究的资本主义制度经济制度是历史的现实的产物,其方法必然要求从最简单关系进到比较复杂的关系,但历史常常是跳跃式地和曲折地前进的,如果处处跟随着它,那就势必不仅会注意许多无关紧要的材料,而且也会常常打断思想进程。因此,逻辑的方式是唯一适用的方式。但逻辑的方式实际上也是历史的方式,只不过它摆脱了历史的形式以及起扰乱作用的偶然性而已。《手稿》和后来的《资本论》较好地贯彻了逻辑与历史相一致的原则。从政治经济学的逻辑范畴的出发点看,《手稿》、《资本论》的逻辑起点和资本主义制度经济历史进程的起点相一致。《手稿》经过探索最后发现了政治经济学批判这一巨著的起点范畴是商品,《政治经济学批判》第一分册和《资本论》都是从商品展开其叙述过程的。货币、资本、剩余价值、资本积累等重要的经济范畴及其反映的生产关系都是商品这个细胞逐步分蘖的结果。从政治经济学逻辑发展的顺序看,《手稿》、《资本论》的逻辑发展顺序和资本主义制度经济客观历史进程相一致。《手稿》的逻辑线索虽然还不是非常完整,但从马克思对政治经济学巨著的结构计划中,可以清楚地看到从商品→货币→资本→剩余价值→资本积累→资本主义矛盾的尖锐化→经济危机→资本主义制度灭亡的逻辑链条,至于《资本论》的逻辑发展进程更是非常严谨地再现了资本主义制度产生、发展和灭亡的基本进程。马克思的政治经济学研究进程证明逻辑与历史一致是政治经济学的一种方法。

政治经济学研究要运用分析和综合的方法。分析的方法是将研究对象进行解剖,找出其中的普遍性,发现本质联系,揭示客观规律。分析的方法如同剥葱,一层一层剥去葱皮,直抵葱心。综合的方法则是将分

---

① 《马克思恩格斯文集》第2卷,北京:人民出版社2009年版,第603页。

析的结论加以联结和总合,形成有机的整体。分析和综合互为前提,分析是综合的前提,没有分析就没有综合;综合是分析的发展,综合包含了分析。《手稿》和《资本论》从整体结构到个别范畴都运用了分析和综合的方法。《手稿》对资本一般的研究计划,是先分析资本的一般性,再分析资本的特殊性,最后再综合起来研究其个别性。资本论第一卷先分析资本的生产过程,第二卷再分析资本的流通过程,最后综合起来分析资本主义制度生产的总过程。第一、二、三卷的卷内结构以及对每一个命题的研究也同样运用了分析和综合的方法。如《资本论》第二卷先分析个别资本的循环,再分析个别资本的周转,最后综合起来研究社会总资本的再生产;对商品的研究,先分析使用价值,再分析价值,最后综合起来研究它的内在矛盾;……马克思在政治经济学的研究过程中在唯物史观和唯物辩证法的基础上自如地运用分析和综合的方法。

政治经济学研究需要使用数量分析的方法。经济问题不仅有质的规定性,而且有量的规定性。政治经济学研究要透彻地揭示社会经济客观运动的规律,就必须运用数量分析的方法。《手稿》和《资本论》大量地运用数量分析于研究和叙述过程中。社会必要劳动时间和价值量的分析、货币流通量的分析、必要劳动时间和剩余劳动时间比例以及剩余价值率的分析、固定资本折旧率的分析、资本流通时间和周转速度的分析、社会再生产模型及其平衡的分析、利润率和平均利润率的分析等等都是运用数量分析的案例。不仅如此,马克思还创造性把质量互变规律成功地运用于社会经济运动的说明中。如在分析货币转化为资本、货币占有者转化为资本家时,马克思指出:"不是任何一个货币额或价值额都可以转化为资本。相反地,这种转化的前提是单个货币占有者或商品占有者手中有一定的最低限额的货币或交换价值。"[①] 与此相联系,并不是任何货币占有者都可以成为资本家。货币占有者要成为资本家,必

---

① 《马克思恩格斯文集》第5卷,北京:人民出版社2009年版,第356页。

须雇佣一定数量的工人,剥削一定数量的剩余价值。马克思说:"资本主义生产发展到一定高度,就要求资本家能够把他作为资本家即人格化的资本执行职能的全部时间,都用来占有从而控制他人的劳动,用来出售这种劳动的产品。……货币或商品的占有者,只有当他在生产上预付的最低限额大大超过了中世纪的最高限额时,才真正变为资本家。在这里,也像在自然科学上一样,证明了黑格尔在他的《逻辑学》中所发现的下列规律的正确性,即单纯的量的变化到一定点时就转变为质的区别。"①

《资本论》是政治经济学研究的典范,《资本论》的方法是《手稿》中关于政治经济学方法论述的使用、发展和证明,是唯物史观和唯物辩证法的具体运用和完美证明。《资本论》正是在运动中唯物地辩证地分析资本主义生产方式,在科学体系中研究经济范畴的辩证转化,在肯定和否定的二分法中把握资本主义生产方式,在暂时性方面理解资本主义生产方式,在批判和革命的高度对待资本、资本家和资本主义。从方法论的角度看,马克思运用唯物史观和唯物辩证法从资本主义经济的具体生活中抽象出经济范畴,是从具体到抽象。从具体经济活动中抽象出的范畴及其联系构成了《资本论》的框架和理论体系。在叙述研究成果的时候则是从最简单的经济范畴——商品出发,一步一步地从抽象到具体,在前进过程中不断地带上新的规定性,和资本主义经济的现实越来越接近。建构《资本论》理论体系的唯物辩证法以及以这一根本方法为基础的抽象法、叙述法、历史逻辑统一法、数量分析法等具体方法使《资本论》成为一部科学的方法论著作。如果我们仅仅从《手稿》一部著作中的论述来给政治经济学的方法下结论,就会失之于片面。必须把《手稿》和《政治经济学批判》第一分册、《资本论》及其手稿联系起来把握政治经济学的方法,只有这样,我们才能得出科学的结论。

---

① 《马克思恩格斯文集》第 5 卷,北京:人民出版社 2009 年版,第 357—358 页。

三 "资本的伟大的文明作用"及其历史局限性

将马克思最成熟、最具代表性的著作《资本论》和《手稿》进行比照性的研读发现，在对资本主义制度的基础——资本的认识上，《手稿》有一些在《资本论》和其他著作中没有再次出现的一些论述，比如"资本的伟大的历史方面"，"资本的伟大的文明作用"，"资本是生产的……是发展社会生产力的重要的关系"，"资本的文明化趋势"，"利用资本来消灭资本"，等等。深入研究马克思在《手稿》中关于资本的伟大的文明作用和历史局限性的论述，有助于我们正确认识资本，在社会主义初级阶段正确地运用资本。

（一）"资本的伟大的文明作用"

《手稿》在分析资本的过程中，充分肯定了资本在发展社会生产、推动科学进步、提升消费水平、传播文明因素、促进人的发展等方面的历史作用，对资本的历史进步性给予了比他自己任何一本书都充分的肯定，至少涉及以下一些方面：

第一，资本是生产的，有利于社会生产力的迅猛发展。《手稿》指出，"从资本的观点来看，资本以前的各个生产阶段都表现为生产力的桎梏"①，而资本则恰恰相反。资本作为资本创造的是一定的剩余价值，因为它不能一下子生出无限的剩余价值，所以它是创造更多剩余价值的不停的运动。为了追求剩余价值，资本力图不断克服和不断超越剩余价值的量的界限。"尽管按照资本的本性来说，它本身是狭隘的，但它力求全面地发展生产力，这样就成为新的生产方式的前提，这种生产方式的基础，不是为了再生产一定的状态或者最多是扩大这种状态而发展生产力，相反，在这里生产力的自由的、无阻碍的、不断进步的和全面的

---

① 《马克思恩格斯全集》第30卷，北京：人民出版社1995年版，第396页。

发展本身就是社会的前提，因而是社会再生产的前提；在这里唯一的前提是超越出发点。"① "资本所打碎的界限，就是对资本的运动、发展和实现的限制。在这里，资本决不是废除一切界限和一切限制，而只是废除同它不适应的、对它来说成为限制的那些界限。资本在它自己的界限内——尽管这些界限从更高的角度来看表现为对生产的限制，会由于资本本身的历史发展而变成这种限制——感到自由，没有限制，也就是说，只受自身的限制，只受它自己的生活条件的限制。……资本通过自由竞争对行会制度等等所作的否定这个历史方面只不过意味着，足够强大的资本借助于与它相适应的交往方式，摧毁了束缚和妨碍与资本相适应的运动的那些历史限制。"② 但是，"**自由竞争**是资本同作为另一个资本的它自身的关系，即资本作为资本的现实行为。只有随着自由竞争的发展，资本的内在规律——这些规律在资本发展的历史准备阶段上仅仅表现为一些倾向——才确立为规律，以资本为基础的生产才在与它相适应的形式上确立起来。因为自由竞争就是以资本为基础的生产方式的自由发展，就是资本的条件和资本这一不断再生产这些条件的过程的自由发展。"③ "自由竞争是资本的现实发展。它使符合资本本性，符合以资本为基础的生产方式，符合资本概念的东西，表现为单个资本的外在的必然性。各资本在竞争中相互之间施加的、以及资本对劳动等等施加的那种相互强制（工人之间的竞争仅仅是各资本竞争的另一种形式），就是财富作为资本取得的**自由**的同时也是**现实的**发展。"④ 资本主义生产追逐剩余价值的本性为生产的无限扩大提供了强大的内在动因，资本主义市场经济优胜劣汰的竞争规律为生产的无限扩大提供了强大的外在压力。内在动因和外在压力的结合迫使资本家增加资本积累、扩大生产规模、开拓世界市场、进行技术革新，推动生产力不断发展。正如《共产

---

① 《马克思恩格斯全集》第 30 卷，北京：人民出版社 1995 年版，第 539 页。
② 《马克思恩格斯全集》第 31 卷，北京：人民出版社 1998 年版，第 41—42 页。
③ 同上书，第 42 页。
④ 同上。

党宣言》所说,"资产阶级在它的不到一百年的阶级统治中所创造的生产力,比过去一切世代创造的全部生产力还要多,还要大。自然力的征服,机器的采用,化学在工业和农业中的应用,轮船的行驶,铁路的通行,电报的使用,整个整个大陆的开垦,河川的通航,仿佛用法术从地下呼唤出来的大量人口——过去哪一个世纪料想到在社会劳动里蕴藏有这样的生产力呢?"① "资本的伟大的历史方面"② 就是创造剩余劳动。为了追求剩余劳动,资本在发展过程中克服民族界限和民族偏见,克服把自然神化的现象,克服在一定界限内满足现状、不思进取、闭关自守地满足于现状和重复旧生活方式的状况,摧毁一切阻碍发展生产力、扩大需要、使生产多样化、利用和交换自然力量和精神力量的限制。"由于资本的无止境的致富欲望及其唯一能实现这种欲望的条件不断地驱使劳动生产力向前发展,而达到这样的程度,以致一方面整个社会只需要用较少的劳动时间就能占有并保持普遍财富,另一方面劳动的社会将科学地对待自己的不断发展的再生产过程,对待自己的越来越丰富的再生产过程,从而,人不再从事那种可以让物来替人从事的劳动"③。"发展社会劳动的生产力,是资本的历史任务和存在理由。资本正是以此不自觉地创造着一个更高级的生产形式的物质条件。"④ 资本主义发展的历史证明,资本主义和以往经济社会形态相比,确实更有利于生产力的发展,这种生产力确实为新的经济社会形态创造了物质基础。"由此可见,**资本是生产的**,也就是说,是**发展社会生产力的重要的关系**。只有当资本本身成了这种生产力本身发展的限制时,资本才不再是这样的关系。"⑤

第二,资本传播文明,通过世界市场将整个地球联为一个整体。资本并不直接是生产过程和价值增殖过程的统一,而只是和各种条件联结

---

① 《马克思恩格斯文集》第 2 卷,北京:人民出版社 2009 年版,第 36 页。
② 《马克思恩格斯全集》第 30 卷,北京:人民出版社 1995 年版,第 286 页。
③ 同上。
④ 《马克思恩格斯文集》第 7 卷,北京:人民出版社 2009 年版,第 288 页。
⑤ 《马克思恩格斯全集》第 30 卷,北京:人民出版社 1995 年版,第 286 页。

在一起的过程，而且正如流通过程表明的那样，是和外部条件联结在一起的过程。资本创造剩余价值以流通范围的扩大和不断扩大为条件。马克思在《手稿》中考察资本的流通过程时，明确指出："以资本为基础的生产，其条件是**创造一个不断扩大的流通范围**，不管是直接扩大这个范围，**还是在这个范围内把更多的地点创造为生产地点**。"①"资本一方面具有创造越来越多的剩余劳动的趋势，同样，它也具有创造越来越多的**交换地点的补充趋势**"②。资本，"从本质上说，就是推广以资本为基础的生产或与资本相适应的生产方式。创造**世界市场**的趋势已经直接包含在资本的概念本身中"③。在资本的运动中，一方面，资本的必然趋势是不断扩大流通范围，在一切地点把生产变成由资本推动的生产，使生产本身的每一个要素都从属于交换，要消灭直接的、不进入交换的使用价值的生产，也就是说，要用以资本为基础的生产来代替以前的、从资本的观点来看是原始的生产方式，使它们受资本的统治。在一定的民族社会内部，从资本把所有劳动都变为雇佣劳动这一点上已经可以看到，这种情况是必然的。另一方面，"在国外市场方面，资本通过国际竞争来强行传播自己的生产方式，竞争一般说来是资本贯彻自己的生产方式的手段。"④ 当一个在资本基础上的工业民族通过国际交换把别的民族的产品和生产过程纳入自己资本流通的范围时，就会慢慢地通过商品的重炮打开别国的大门，传播资本的生产方式以及与此相适应的生产关系交换关系和价值观念。在国际交往中，"资本传播文明的作用表现得特别明显"⑤。"这种传布的（传播文明的）趋势是资本特有的"⑥。早在1848年发表的《共产党宣言》中，马克思就生动描述了资本传播文明的过程。他说："不断扩大产品销路的需要，驱使资产阶级奔走于

---

① 《马克思恩格斯全集》第30卷，北京：人民出版社1995年版，第387—388页。
② 同上书，第388页。
③ 同上。
④ 《马克思恩格斯全集》第31卷，北京：人民出版社1998年版，第128页。
⑤ 《马克思恩格斯全集》第30卷，北京：人民出版社1995年版，第528页。
⑥ 同上书，第542页。

全球各地。它必须到处落户，到处开发，到处建立联系。资产阶级，由于开拓了世界市场，使一切国家的生产和消费都成为世界性的了。使反动派大为惋惜的是，资产阶级挖掉了工业脚下的民族基础。古老的民族工业被消灭了，并且每天都还在被消灭。它们被新的工业基础排挤掉了，新的工业的建立已经成为一切文明民族生命攸关的问题；这些工业所加工的，已经不是本地的原料，而是来自极其遥远的地区的原料；它们的产品不仅供本国消费，而且同时供世界各地消费。旧的、靠本国产品来满足的需要，被新的、要靠极其遥远的国家和地带的产品来满足的需要所代替了。过去那种地方的和民族的自给自足和闭关自守状态，被各民族的各方面的互相往来和各方面的互相依赖所代替了。物质的生产是如此，精神的生产也是如此。各民族的精神产品成了公共的财产。民族的片面性和局限性日益成为不可能，于是由许多民族的和地方的文学形成了一种世界的文学。资产阶级，由于一切生产工具的迅速改进，由于交通的极其便利，把一切民族甚至最野蛮的民族都卷到文明中来了。它的商品的低廉价格，是它用来摧毁一切万里长城、征服野蛮人最顽强的仇外心理的重炮。它迫使一切民族——如果它们不想灭亡的话——采用资产阶级的生产方式；它迫使它们在自己那里推行所谓的文明，即变成资产者。一句话，它按照自己的面貌为自己创造出一个世界。"① 马克思恩格斯在十年前描述的资本传播文明的情况，在十年后写作的《手稿》中从学理上得到了证明。世界一百多年来世界市场的建立和全球化的发展证实了马克思的论断。

第三，资本探索自然，推动了科学的发展。资本的目的是生产剩余价值。生产绝对剩余价值受到工作日长度的限制，而生产相对剩余价值则以提高和发展生产力为基础来实现。生产相对剩余价值要求获得的剩余劳动不单纯是量上的剩余，同时劳动从而剩余劳动的质的差别的范围不断扩大，越来越多样化，本身越来越分化。"于是，就要探索整个自

---

① 《马克思恩格斯文集》第 2 卷，北京：人民出版社 2009 年版，第 35—36 页。

然界，以便发现物的新的有用属性；普遍地交换各种不同气候条件下的产品和各种不同国家的产品；采用新的方式（人工的）加工自然物，以便赋予它们以新的使用价值。……要从一切方面去探索地球，以便发现新的有用物体和原有物体的新的使用属性，如原有物体作为原料等等的新的属性；因此，要把自然科学发展到它的最高点；同样要发现、创造和满足由社会本身产生的新的需要。培养社会的人的一切属性，并且把他作为具有尽可能丰富的属性和联系的人，因而具有尽可能广泛需要的人生产出来——把他作为尽可能完整的全面的社会产品生产出来（因为要多方面享受，他就必须有享受的能力，因此他必须是具有高度文明的人）——这同样是以资本为基础的生产的一个条件。新生产部门的这种创造，即从质上说新的剩余时间的这种创造，不仅是一种分工，而且是一定的生产作为具有新使用价值的劳动从自身中分离出来；是发展各种劳动即各种生产的一个不断扩大和日益广泛的体系，与之相适应的是需要一个不断扩大和日益丰富的体系。因此，如果说以资本为基础的生产，一方面创造出普遍的产业，即剩余劳动，创造价值的劳动，那么，另一方面也创造出一个普遍利用自然属性和人的属性的体系，创造出一个普遍有用性的体系，甚至科学也同一切物质的和精神的属性一样，表现为这个普遍有用性体系的体现者，而在这个社会生产和交换的范围之外，再也没有什么东西表现为**自在的更高的东西**，表现为自为的合理的东西。因此只有资本才创造出资产阶级社会，并创造出社会成员对自然界和社会联系本身的普遍占有。由此产生了资本的伟大的文明作用；它创造了这样一个社会阶段，与这个社会阶段相比，一切以前的社会阶段都只表现为人类的**地方性发展**和对**自然的崇拜**。只有在资本主义制度下自然界才真正是人的对象，真正是有用物；它不再被认为是自为的力量；而对自然界的独立规律的理论认识本身不过表现为狡猾，其目的是使自然界（不管是作为消费品，还是作为生产资料）服从于人的需要。资本按照自己的这种趋势，既要克服把自然神化的现象，克服流传下来的、在一定界限内闭关自守地满足现有需要和重复旧生活方式的状况，又要克服民族界限和民族偏见。资本破坏这一切并使之不断革命化，摧毁一切阻碍发展生产力扩大需要、使生产多样化、利用和交换自然力量和精神力量的限制。"① 资本探索自然的结果是"发明就将成为一种职业"②，整个生产过程表现为科学在工艺上的应用。马克思指出，"资本的趋势是赋予生产以科学的性质"③，使"生产过程从简单的劳动过程向科学过程的转化，也就是向驱使自然力为自己服务并使它为人类的需要服务的过程的转化"④。随着探索自然的深入和凝结着科学的机器大工业的发展，现实财富的创造较少地取决于劳动时间和已消耗的劳动量，较多地取决于在生产中运用的劳动资料的力量，而劳动资料的巨大效率又和生产它们时所花费的直接劳动时间不成比例，相反地，这种效率取决于科学的一般水平和技术进步，或者说取决于这种科学在生产上的应用。马克思指出，拥有巨大生产效率的机器体系，是人的劳动的产物，是人的意志用来支配自然界的器官，或者说，是在自然界实现人的意志的器官。"它们是**人的手创造出来的人脑的器官**；是对象化的知识力量。固定资本的发展表明，一般社会知识，已经在多大程度上变成了**直接的生产力**，从而社会生活过程的条件本身在多么大的程度上受到一般智力的控制并按照这种智力得到改造。"⑤

第四，资本刺激消费，培养社会的人的属性。在"导言"中，马克思曾经在一般意义上分析过生产和消费的关系，具体到分析资本的流通过程时，马克思认为，生产相对剩余价值，即以提高和发展生产力为基础来生产剩余价值，要求生产出新消费；要求在流通内部扩大消费范围。一是要求在量上扩大现有的消费；二是要求把现有的消费推广到更大的范围来造成新的需要；三是要求生产出新的需要，发现和创造出新

---

① 《马克思恩格斯全集》第30卷，北京：人民出版社1995年版，第389—390页。
② 《马克思恩格斯全集》第31卷，北京：人民出版社1998年版，第99页。
③ 同上书，第94页。
④ 同上书，第95页。
⑤ 同上书，第102页。

的使用价值。① 从这个意义上说，发展生产力，发展生产的能力，因而也是发展消费的能力和消费的资料。资本家要求自己的工人节约，却决不要求其余的工人界即他的消费者节约。虽然在资本主义对抗性的分配关系下，消费能力受到了限制。但"资本家不顾一切'虔诚的'的词句，寻求一切办法刺激工人的消费，使自己的商品具有新的诱惑力，强使工人有新的需求等等。资本和劳动关系的这个方面正好是重要的文明因素，资本的历史合理性就是以此为基础的，而且资本今天的力量也是以此为基础的"②。资本主义条件下消费的发展，一方面，再生产出一定的社会关系中的个人，即处在资本主义生产过程原有关系和他们彼此之间原有关系中的个人——资本家和工人，另一方面，以资本为基础的生产的条件是，"培养社会的人的一切属性，并且把他作为具有尽可能丰富的属性和联系的人，因而具有尽可能广泛需要的人生产出来——把他作为尽可能完整的和全面的社会产品生产出来"③。"结果就是：生产力——财富一般——从趋势和可能性上来看的普遍发展成了基础，同样，交往的普遍性，从而世界市场成了基础。这种基础是个人全面发展的可能性，而个人从这个基础出发的实际发展是对这一发展的**限制**的不断扬弃，这种限制被意识到是限制，而不是被当做**神圣的界限**。个人的全面性不是想象的或设想的全面性，而是他的现实联系和观念联系的全面性。由此而来的是把他自己的历史作为**过程**来理解，把对自然界的认识（这也作为支配自然界的实践力量而存在着）当作对他自己的现实躯体的认识。发展过程本身被设定为并且被意识到是这个过程的前提。但是，要达到这点，首先必须使生产力的充分发展成为**生产条件**，不是使一定的**生产条件**表现为生产力发展的界限。"④

第六，资本为新社会创造历史前提。在《手稿》中，马克思认为，

---

① 参见《马克思恩格斯全集》第 30 卷，北京：人民出版社 1995 年版，第 388 页。
② 同上书，第 247—248 页。
③ 同上书，第 389 页。
④ 同上书，第 541 页。

资本本身在其历史发展中所造成的生产力的发展,在达到一定点以后,就会不是造成而是消除资本的自行增殖。越过一定点,生产力的发展就变成对资本的一种限制;因此,越过一定点,资本关系就变成对劳动生产力发展的一种限制。一旦达到这一点,资本即雇佣劳动就同社会财富和生产力的发展发生像行会制度、农奴制、奴隶制同这种发展所发生的同样的关系,就必然会作为桎梏被摆脱掉。于是,就会发生如同后来在《资本论》中所说的那样否定之否定过程:"雇佣劳动和资本本身已经是以往的各种不自由的社会生产形式的否定,而否定雇佣劳动和资本的那些物质条件和精神条件本身则是资本的生产过程的结果。"① "生产力获得最高度的发展,同时现存财富得到最大限度的扩大,而与此相应的是,资本贬值,工人退化,工人的生命力被最大限度地消耗。这些矛盾会导致爆发,灾变,危机,这时,劳动暂时中断,很大一部分资本被消灭,这样就以暴力方式使资本回复到它能够充分利用自己的生产力而不致自杀的水平。但是,这些定期发生的灾难会导致灾难在更高的程度上重复发生,而最终导致用暴力推翻资本。"② 消灭私有制后,"一方面,社会的个人的需要将成为必要劳动时间的尺度,另一方面,社会生产力的发展将如此迅速,以致尽管生产将以所有的人富裕为目的,所有的人的**可以自由支配的时间**还是会增加。因为真正的财富就是所有个人的发达的生产力。那时,财富的尺度决不再是劳动时间,而是可以自由支配的时间。"③ 那时,"建立在个人全面发展和他们共同的、社会的生产能力成为从属于他们的社会财富这一基础上的自由个性"④ 就会成为现实。

(二) 资本的历史局限性

和以往的社会形态相比,资本确实有利于社会生产力的发展,有利

---

① 《马克思恩格斯全集》第 31 卷,北京:人民出版社 1998 年版,第 149 页。
② 同上书,第 150 页。
③ 同上书,第 104 页。
④ 《马克思恩格斯全集》第 30 卷,北京:人民出版社 1995 年版,第 107—108 页。

于社会关系的发展，有利于更高级的社会形态的各种要素的创造，有其伟大的历史方面，具有伟大的文明作用。但是，资本的生产是在矛盾中运动的，这些矛盾不断地被克服，但又不断地产生出来。不仅如此。资本不可遏止地追求的普遍性，在资本本身的性质上遇到了限制。资本不是发展社会生产力的绝对形式，它具有历史局限性。

第一，"必要劳动是活劳动能力的交换价值的界限"①。以剩余价值为目的的资本主义生产内在地具有突破任何限制发展生产力的冲动，但是，它受到了有支付能力的需求的限制。每个资本家都知道，他和自己的工人的关系不是生产者和消费者的关系，他尽可能地把活劳动的交换价值保持在必要劳动之下，限制工人的工资。每一个资本家都幻想其他资本家的工人成为自己的商品的尽可能大的消费者。但是，每一个资本家同自己工人的关系就是资本和劳动的关系本身，就是本质关系，这种关系不可能突破必要劳动是活劳动的交换价值这一界限。资本家用来交换活劳动能力的交换价值是由雇佣工人的必要劳动来再生产的，因而必要劳动的存在以创造剩余劳动为条件，如果活劳动能力的交换价值突破必要劳动的界限，剩余价值就会受到侵蚀，就损害了资本主义生产本身。所以，资本主义生产永远也突破不了这个界限。

第二，"剩余价值是剩余劳动和生产力发展的界限"②。在资本主义生产中，活劳动生产力的提高所以会增加资本的价值是因为它减少了必要劳动，从而以它减少必要劳动的同一时间创造出剩余劳动。生产力提高所以能增加剩余劳动，只是因为它缩小了必要劳动对剩余劳动的比例。在生产力提高以前资本的剩余价值越大，资本由于生产力提高而得到的剩余价值的增加就越多。资本的剩余价值不断增加，但是同生产力的发展相比，增加的比例却越来越小。资本的界限始终是一个工作日中必要劳动时间与整个工作日之比，资本只能在这个界限以内运动。因此，马克思指出："资本把**必要劳动时间**作为活劳动能力的交换价值的

---

① 《马克思恩格斯全集》第30卷，北京：人民出版社1995年版，第397页。
② 同上。

界限，**把剩余劳动时间**作为必要劳动时间的界限，**把剩余价值**作为剩余劳动时间的**界限**；与此同时，资本又驱使生产超出所有这些界限，因为资本把**劳动能力**单纯作为交换者，作为货币同自己相对立，而把剩余劳动时间作为剩余价值的唯一界限，因为它是剩余价值的创造者。"①

第三，"货币是生产的界限"②。作为资本主义生产过程成果的物品，其价值必须要通过流通实现为货币，于是资本主义生产就会遇到等价物的限制。这首先是货币量的限制，但不是作为流通手段的货币，而是作为货币的货币。其次是剩余等价物的限制，即剩余价值需要剩余等价物。资本主义生产的前提是把流通当作整个运动的必要条件和因素。这种特定的生产形式以特定的交换形式为前提，而这种交换表现为货币流通。为了使资本主义生产能够顺利进行，全部产品必须转化为货币，同时剩余价值必须同剩余价值相交换。这样，向货币的转化，交换价值本身，是生产的界限；换句话说，以价值为基础的交换，或以交换为基础的价值是生产的界限。资本主义生产就受到了流通的限制。

第四，"使用价值的生产受交换价值的限制"③。资本作为生产出来的产品会遇到现有消费量或消费能力的限制。作为一种特定的使用价值，资本的数量在一定限度内是可多可少的，但是达到一定程度就不再为消费所需要了。作为特定的、片面的、质的使用价值，例如谷物，它的量本身只是在一定限度内才是需要的。而这种限度一方面决定于作为使用价值的产品的性质，产品的特殊效用、用途，另一方面决定这种特殊产品的需要量。使用价值本身不具有价值本身所具有的无限度性，一定的物品只有在一定的限度内才能被消费，都是需要的对象。因此，使用价值的生产受到了交换价值的限制。

由于资本主义生产的上述四个界限造成了资本主义生产过剩。生产过剩是资本主义社会生产力的自由的、无阻碍的、不断进步的和全面的

---

① 《马克思恩格斯全集》第 30 卷，北京：人民出版社 1995 年版，第 406 页。
② 同上书，第 397 页。
③ 同上。

发展和资本这种狭隘的生产形式矛盾激化的表现,是资本的限制。"**资本**的限制就在于:这一切发展都是对立地进行的,生产力,一般财富等等,知识等等的创造,表现为从事劳动的个人本身的**外化**,他不是把他自己创造出来的东西当作**他自己的财富**的条件,而是当作**他人财富**和自身贫穷的条件。但是这种对立的形式本身是暂时的,它产生出消灭它自身的条件。"① 资本的限制表明,资本既不是生产力发展的绝对形式,也不是与生产力发展绝对一致的财富形式。

资本主义和以往经济社会形态相比存在着历史进步性,在其自身的发展中又存在着自身无法克服的矛盾和局限性。"资本的生产是在矛盾中运动的。这些矛盾不断地被克服,但又不断地产生出来。不仅如此,资本不可遏止地追求的普遍性,在资本本身的性质上遇到了限制,这些限制在资本发展到一定阶段时,会使人们认识到资本本身就是这种趋势的最大限制,因而驱使人们利用资本来消灭资本。"② 资本主义由于自身发展的辩证法必然会灭亡,必然被新的经济社会形态所代替。资本主义的灭亡和新的经济社会形态的产生必然需要具备一定的历史条件,这一历史条件集中地表现为一种社会生产关系容纳生产力发展的空间大小和新的经济社会形态的物质条件的成熟状况,《手稿》借用小说中的人物形象描述了这一历史条件:"在以**交换价值**为基础的资产阶级社会内部,产生出一些交往关系和生产关系,它们同时又是炸毁这个社会的地雷(有大量对立的社会统一形式,而这些形式的对立性质决不是通过平静的形态变化就能炸毁的。另一方面,如果我们在现在这样的社会中没有发现隐蔽地存在着无阶级社会所必需的物质生产条件和与之相适应的交往关系,那么一切炸毁的尝试都是唐·吉诃德的荒唐行为。)"③ 在紧接着撰写的《政治经济学批判序言》中,马克思把《手稿》的这一重要论述概括为"两个决不会",即"无论哪一个社会形态,在它所能

---

① 《马克思恩格斯全集》第30卷,北京:人民出版社1995年版,第540—541页。
② 同上书,第390—391页。
③ 同上书,第109页。

容纳的全部生产力发挥出来以前,是决不会灭亡的;而新的更高的生产关系,在它的物质存在条件在旧社会的胎胞里成熟以前,是决不会出现的。"① 运用这一原理观察分析我们所处的时代可以发现,当代资本主义经济制度虽然已经日益成为生产力发展的桎梏,但资产阶级还能通过调整生产关系来对生产力的发展要求作出反映,还能在一定程度上容纳生产力的发展。从单个资本转化为股份资本,从股份资本发展到私人垄断资本,从私人垄断资本发展到国家垄断资本,从国家垄断资本到资本国际垄断的初步形成,是资本形式在资本主义自身范围内的日益社会化。资本关系和形式的不断社会化还能为生产力日益社会化、日益国际化的发展要求提供一定的可能性,目前虽然存在着尖锐的矛盾,但还有容纳全部生产力发挥的一定空间。虽然资本主义这种经济社会形态存在明显的病征,但还没有病入膏肓,在目前还看不出马上灭亡的征兆。

马克思设想的代替资本主义的更高的经济社会形态——全体社会成员占有全部生产资料的社会主义——由于其存在的物质条件还没有完全成熟,目前还不会出现。现实的社会主义和马克思的理想存在着较大的差距,还是初级阶段的社会主义。目前在美、日、英、德、法等国存在的是还能容纳生产力发展的不断改良的资本主义,在中国取代半殖民地半封建经济社会形态的是新民主主义,我们正在建设的是初级阶段的社会主义。人们只能提出自己能够解决的任务。我们的任务是在中国这个特殊的国度内建设初级阶段的社会主义。在当代中国,如何对待和利用资本主义,如何"利用资本来消灭资本"②,是初级阶段的社会主义建设的重大问题。根据马克思主义的基本原理,现阶段对资本主义应该采取"两个决不能"的态度。对国外的资本主义,我们应该学会利用资本主义,和资本主义和平共处;对国内的资本主义因素,我们应该学会利用资本发展社会生产力,促进人的全面自由发展。

---

① 《马克思恩格斯文集》第 2 卷,北京:人民出版社 2009 年版,第 592 页。
② 《马克思恩格斯文集》第 8 卷,北京:人民出版社 2009 年版,第 91 页。

四 经济的社会形态是个有机体

《手稿》"货币章"在考察商品交换时,从人的联系和发展的角度提出著名的三大社会形式理论。马克思指出:"人的依赖关系(起初完全是自然发生的),是最初的社会形式,在这种形式下,人的生产能力只是在狭小的范围内和孤立的地点上发展着。以**物**的依赖性为基础的人的独立性,是第二大形式,在这种形式下,才形成普遍的社会物质变换、全面的关系、多方面的需要以及全面的能力的体系。建立在个人全面发展和他们共同的、社会的生产能力成为从属于他们的社会财富这一基础上的自由个性,是第三个阶段。第二个阶段为第三个阶段创造条件。"① 马克思在同一时期写作的《政治经济学批判序言》中,从社会形态演进的角度提出"亚细亚的、古代的、封建的和现代资产阶级的生产方式"② 以及取代资产阶级生产方式的未来社会五种社会形态,这和《德意志意识形态》一书中提出的五种社会形态的观点基本上是一致的。马克思《手稿》中关于社会形式的论述给后来的马克思主义者留下了一个重大的理论问题,人类社会发展究竟是三大形态还是五大形态,它们是什么关系,由此引起了哲学、政治经济学、历史学等众多哲学社会科学领域学者的关注和讨论。

马克思在《政治经济学批判》这一巨著写作过程中提出的关于人类社会形态发展的这两个划分究竟是什么关系?这是研究《手稿》回避不了的重大理论问题。对于这个问题,国内理论界有不同的解读,归纳起来,大致有三种情况:一是强调人类社会发展的五个阶段而轻视三个阶段;二是强调人类社会发展的三大阶段而轻视甚至否定五个阶段;三是认为人类社会发展三个阶段和五个阶段的理论是统一的,三个阶段的分析包含在人类社会发展的五个阶段之中,从人的联系和发展角度考

---

① 《马克思恩格斯全集》第30卷,北京:人民出版社1995年版,第107—108页。
② 《马克思恩格斯全集》第31卷,北京:人民出版社1998年版,第413页。

察社会发展只是考察经济社会形态的一个层面。

对于人类社会发展三大阶段和五大阶段理论的解读，不能仅仅从马克思一本著作中的一段论述来轻率地做出结论，而应该放在马克思思想发展的河流中进行系统的综合的考察。我们先从这段论述的上下文中来考察马克思《手稿》的关于人类社会发展三阶段的思想，然后再结合马克思其他著作中的相关论述进行思想发展史的考察，在此基础上得出结论。

关于人类社会发展三阶段的论断是马克思在《手稿》"货币章"考察商品交换时提出来的。在商品交换中，一切产品和活动转化为交换价值，既要以生产中人的一切固定的依赖关系的解体为前提，又要以生产者互相间的全面的依赖为前提。每个个人的生产，依赖于其他一切人的生产；同样，他的产品转化为他本人的生活资料，也要依赖于其他一切人的消费。"每个人为另一个人服务，目的是为自己服务；每一个人都把另一人当作自己的手段互相利用。"① "交换，在所有方面确立了主体之间的平等，那么内容，即促使人们去进行交换的个人和物质材料，则确立了**自由**。可见，平等和自由不仅在以交换价值为基础的交换中受到尊重，而且交换价值的交换是一切**平等**和**自由**的生产的、现实的基础。作为纯粹观念，平等和自由仅仅是交换价值的交换的一种理想化的表现；作为在法律的、政治的、社会的关系上发展了的东西，平等和自由不过是另一次方上的这种基础而已。"② 这时，人们的联系，人们之间的关系表现为物的全面依赖，表现在不断交换的必要性和作为全面中介的交换价值上。参与交换的生产者是独立的、自由的、平等的、对自己商品拥有所有权的个人。人人只顾自己，只追求自己的私人利益。但自己的商品能否卖掉，能否购买到自己需要的物品，则是由不以任何人为转移的社会条件决定的。也就是说，人的独立性要以物的依赖性为基础。马克思指出："毫不相干的个人之间的互相的和全面的依赖，构成

---

① 《马克思恩格斯全集》第 30 卷，北京：人民出版社 1995 年版，第 198 页。
② 同上书，第 199 页。

他们的社会联系。这种社会联系表现在**交换价值**上，因为对于每个个人来说，只有通过交换价值，他自己的活动或产品才成为他的活动或产品；他必须生产一般产品——**交换价值**，或本身孤立化的，个体化的交换价值，即**货币**。另一方面，每个个人行使支配别人的活动或支配社会财富的权力，就在于他是**交换价值**的或**货币**的所有者。他在衣袋里装着自己的社会权力和自己同社会的联系。"① 这种以物的依赖性为基础的人的独立性，作为个人发展的一个阶段，是从"在狭小的范围内和孤立的地点上"存在的"人的依赖关系"发展起来的，是对"人的依赖关系"的否定。在"人的依赖关系"发展阶段，个人之间的关系表现为较明显的人的关系，但人是作为"受到他人限制的那种规定性"的个人而互相发生关系。受到他人限制的规定性，马克思举例说，"如作为封建主和臣仆、地主和农奴等等或作为种姓成员，或属于某个等级等等。"② 很显然，"人的依赖关系"——个人发展的这个阶段是由更重要的决定人的依赖纽带、血统差别、教学差别等等的经济关系和社会关系决定的。"以物的依赖为基础的人的独立性"阶段，个人之间的关系表现为物的关系，物的联系，表现为货币关系。"这种物的联系比单个人之间没有联系要好，或者比只是以自然血缘关系和统治从属关系为基础的地方性联系要好。"③ 在货币关系中，在发达的交换制度中，人的依赖关系被打破了，被粉碎了，人在交换中成为自由的平等的主体。在"以物的依赖性为基础的人的独立性"这个发展阶段，"流通中发展起来的交换价值过程，不但尊重自由和平等，而且自由和平等是它的产物；它是自由和平等的现实基础。"④ "交换价值制度，或者更确切地说，货币制度，事实上是自由和平等的制度。"⑤ 货币制度是实现平等和自由的制度。但是，"各个人**看起来似乎**独立地（这种独立一般只不

---

① 《马克思恩格斯全集》第 30 卷，北京：人民出版社 1995 年版，第 106 页。
② 同上书，第 113 页。
③ 同上书，第 111 页。
④ 《马克思恩格斯全集》第 31 卷，北京：人民出版社 1998 年版，第 362 页。
⑤ 同上书，第 363 页。

过是错觉,确切地说,可叫作——在彼此关系冷漠的意义上——彼此漠不关心)自由地互相接触并在这种自由中互相交换;但是,只有在那些不考虑个人互相接触的**条件**即**生存条件**的人看来(而这些条件又不依赖于个人而存在,它们尽管由社会产生出来,却表现为似乎是**自然条件**,即不受个人控制的条件),各个人才显得是这样的。"① 在"以物的依赖性为基础的人的独立性"的这个发展阶段,人在交换过程中的独立、自由、平等仅仅是形式上的,在更深入的发展中所出现的矛盾,是这种自由和平等的内在矛盾错乱,会转化为自己的对立面——不自由和不平等。"以物的依赖性为基础的人的独立性",实质上是另一种形式的依赖,雇佣工人依赖于资本家,"罗马的奴隶是由锁链,雇佣工人则由看不见的线系自己的所有者手里。"② 产品的商品形式和商品的货币形式掩饰了这种不平等,掩盖了这种依赖关系。"以物的依赖性为基础的人的独立性",是"同以个人相互之间的统治和从属关系(自然发生的或政治性的)"③ 相对立的,更是同"在共同占有和共同控制生产资料的基础上联合起来的个人所进行的自由交换相对立"④。这个阶段只是证明个人还处在创造自己的社会生活条件的过程中。马克思指出:"全面发展的个人——他们的社会关系作为他们自己的共同的关系,也是服从于他们自己的共同的控制的——不是自然的产物,而是历史的产物。要使**这种**个性成为可能,能力的发展就要达到一定的程度和全面性,这正是以建立在交换价值基础上的生产为前提的,这种生产才在产生出个人同自己和同别人相异化的普遍性的同时,也产生出个人关系和个人能力的普遍性和全面性。"⑤ 个人发展的"自由个性"阶段,是在"以物的依赖性为基础的人的独立性"阶段发展过来的。只有通过建立在交换价值基础上的生产,才在产生出自己同自己和同别人相异化的普遍性的同

---

① 《马克思恩格斯全集》第 30 卷,北京:人民出版社 1995 年版,第 113 页。
② 《马克思恩格斯文集》第 5 卷,北京:人民出版社 2009 年版,第 662 页。
③ 《马克思恩格斯全集》第 30 卷,北京:人民出版社 1995 年版,第 108 页。
④ 同上书,第 109 页。
⑤ 同上书,第 112 页。

时，产生出个人关系和个人能力的普遍性和全面性。但这仅仅是一种可能性，要使受到市场交换训练和洗礼的个人关系和个人能力的普遍性和全面性得以实现，必须使商品生产转换为"在共同占有和共同生产资料的基础上联合起来的个人"进行的共同生产。由此可见，在马克思那里，自由个性或全面发展的个人，是反映在个人发展上的一个阶段，而自由个性的实现不仅取决于个人的全面发展的可能性，更取决于"共同占有和共同控制生产资料"以及在此基础上的"共同生产"。

对马克思关于人类社会发展三大阶段论述的前言后语的考察中可以发现，人类社会发展的"人的依赖关系"、"以物的依赖性为基础的人的独立性"和"建立在个人全面发展和他们共同的、社会的生产能力成为从属于他们的社会财富这一基础上的自由个性"的三大阶段，仅仅是个人发展的三大阶段，而人的发展水平只是经济的社会形态在个人身上的反映，只是经济的社会形态的一个层面，个人的发展水平实质上取决于个人背后以一定经济制度为基础的生产，取决于这种生产中的经济关系以及是由这种经济关系决定的社会关系。

在考察了《手稿》中个人发展三大阶段的前言后语，弄清其本意后，我们再来简略地考察一下马克思经济社会形态理论发展的脉络，厘清个人发展三大阶段理论和人类社会发展五种形态理论的关系。

19世纪40年代，马克思在《德意志意识形态》中指出，历史是生产力及其决定的交往方式从低级向高级发展的历史。生产力的发展表现为分工的发展，"分工的每一个阶段还决定个人在劳动材料、劳动工具和劳动产品方面的相互关系。"① "分工的各个不同发展阶段，同时也就是所有制的各种不同形式"②。作为例证，他们举出资本主义私有制之前的三种所有制形式：" 第一种所有制形式是部落所有制"；"第二种所有制形式是古典古代的公社所有制和国家所有制"③；第三种形式是封

---

① 《马克思恩格斯文集》第1卷，北京：人民出版社2009年版，第521页。
② 同上。
③ 同上。

建的或等级的所有制。① 这三种所有制加上资本主义所有制和取代资本主义所有制之后的未来社会，构成分工为基础的以所有制为表征的不同社会形态。以所有制作为表征的"经济的社会形态"的演进关系的分析结论标志着马克思"经济的社会形态"理论的酝酿。在《共产党宣言》中，马克思已经谈到了古罗马的奴隶社会、中世纪的封建社会、资本主义社会和取代资本主义的联合体，还重点分析了封建社会如何被资本主义取代，资本主义如何由于自身的矛盾而被新的经济社会形态取代。这标志着19世纪40年代末期马克思"经济的社会形态"学说的初步形成。《共产党宣言》认为，所有制问题是共产主义运动的基本问题。一切所有制关系都经历了经常的历史更替、经常的历史变更。随着资本主义社会生产力的发展，资产阶级用来推翻封建制度的武器现在对准了资产阶级本身。"共产党人可以把自己的理论概括为一句话：消灭私有制。"②"代替那存在着阶级和阶级对立的资产阶级旧社会的，将是这样一个联合体，在那里，每个人的自由发展是一切人的自由发展的条件。"③ 19世纪40年代马克思从所有制入手分析经济的社会形态的演进，实际上就是从生产关系的总和上研究"经济的社会形态"。

在《雇佣劳动与资本》等著作中，马克思指出："各个人借以进行生产的社会关系，**即社会生产关系，是随着物质生产资料、生产力的变化和发展而变化和改变的。生产关系总合起来就构成所谓社会关系，构成所谓社会，并且是构成一个处于一定历史发展阶段上的社会，具有独特的特征的社会。古典古代**社会、**封建**社会和**资产阶级**社会都是这样的生产关系的总和，而其中每一个生产关系的总和同时又标志着人类历史发展的一个特殊阶段。"④ 这一论述不仅明确指出"经济的社会形态"的本质属性是生产关系的总和，而且列举了古典古代社会即奴隶社会、

---

① 《马克思恩格斯文集》第1卷，北京：人民出版社2009年版，第522页。
② 《马克思恩格斯文集》第2卷，北京：人民出版社2009年版，第45页。
③ 同上书，第53页。
④ 《马克思恩格斯文集》第1卷，北京：人民出版社2009年版，第724页。

封建社会、资产阶级社会三种"经济的社会形态"。虽然马克思在这个时候还没有形成原始社会的完整想法，但从基本原理的层面上，他已经把社会形态归结为生产关系的总和，已经从生产力和生产关系的矛盾运动来解释社会形态的演进，可以说，马克思的"经济的社会形态"学说在19世纪40年代末期已经接近成熟了。

19世纪50年代，马克思初步完成了政治经济学的批判，写下了《政治经济学批判（1857—1858年手稿）》，并从这一手稿中抽出一部分整理修改为《政治经济学批判》第一分册正式出版。在《政治经济学批判（1857—1858年手稿）》中，马克思不仅系统地研究资本主义社会的生产关系，在一般意义上讨论"经济的社会形态"的方方面面，而且在《货币章》研究"交换价值和社会交换关系的性质"时提出了著名的物质生活生产的三种社会形式。显然，这段重要论述是从生产活动的社会形式这个生产关系的重要方面来区分个人发展阶段的。可见，个人发展的三种社会形式不但和家长制的、古代共同体的、封建的、资本主义的社会形态不矛盾，反而是人的发展这种层面的生产关系从属于决定社会经济形态性质的生产关系。人的依赖关系这种生产的社会形式，实际上就是自然经济，和家长制的、古代共同体的、封建制度等"经济的社会形态"相适应。以物的依赖性为基础的人的独立性，实际上就是商品生产，存在于家长制的、古代共同体的和封建的"经济的社会形态"的缝隙中，并随着其发展瓦解这些"经济的社会形态"，导致资本主义这种"经济的社会形态"的产生和发展。人的自由个性则和取代资本主义制度之后的新的经济社会形态相适应。人的依赖关系、以物的依赖性为基础的人的独立性和人的自由个性属于物质生活生产的社会形式层面引起的个人发展的阶段，它们囊括在一个社会的生产关系的总和中，这就使三种社会形式和"经济的社会形态"具有共生关系。在同一手稿的《资本主义生产以前的各种形式》中，马克思继续自己在《德意志意识形态》中从所有制角度分析社会历史演进的传统，他不再仅仅囿于西欧的资料，而是比较和分析了资本主义生产方式之前欧洲和东方社会都存在的三种所有制形式：亚西亚所有制、古代所有制和日耳曼所有制，揭示了它们之间的共同点和差异性。这使得"经济的社会形态"的学说具有更广的适用范围，同时也为马克思晚年研究东方社会的发展道路留下了伏笔。

1859年，马克思在《政治经济学批判》序言中，第一次在正式出版的著作中提出"经济的社会形态"的科学概念，形成"经济的社会形态"及其演进规律的最经典的论述。马克思在这一最经典论述中把生产关系的总和看作"经济的社会形态"的基本规定性，是"经济的社会形态"的本质属性。① 生产关系的总和包括若干重要方面，因而在研究过程中，不管是过去的研究过程，还是今后的研究过程必然会从不同的角度展开分析，由此决定了马克思著述中"经济的社会形态"可能存在着从社会生产不同层面展开研究得出的结论。

19世纪60年代，《资本论》在生产关系的总和上揭示了资本主义这一"经济的社会形态"产生、发展和被新的经济社会形态取代的规律。1867年出版的《资本论》是"经济的社会形态"的研究成果在研究资本主义这一特殊的"经济的社会形态"上的创造性运用，是"经济的社会形态"及其演进规律的具体证明。《资本论》分析的主题是资本主义生产，由于在经济的社会形态演进的横断面上研究资本主义这一特殊的"经济的社会形态"，因而《资本论》对资本主义生产的各个层面的研究达到了前所未有的高度。

在个人发展的社会形式方面，马克思在《商品的拜物教性质及其秘密》一节里，深入地讨论了个人发展的三种社会形式。在《资本论》中，马克思是从劳动产品的价值形式这一特殊的社会生产类型入手分析商品拜物教性质及其秘密的，这和《手稿》分析交换价值和社会交换关系的性质入手是一脉相承、高度一致的。《手稿》通过分析提出的物质生活生产的三种社会形式，即"人的依赖关系"、"以物的依赖性为

---

① 赵学清：《经济的社会形态的本意与社会主义初级阶段的本质属性》，载《南京政治学院学报》2013年第4期。

基础的人的独立性"、人的"自由个性",和《资本论》中揭示的"直接的社会关系"、"物化的社会关系"、"自由人联合体"三种生产方式不仅在表述上基本相同,而且在本质上深度契合。《资本论》第一卷对人的依赖关系的分析,是以欧洲昏暗的中世纪为例作说明的。马克思指出,在欧洲昏暗的中世纪,"人都是互相依赖的:农奴和领主,陪臣和诸侯,俗人和牧师。物质生产的社会关系以及建立在这种生产的基础上的生活领域,都是以人身依附为特征的。但是,正因为人身依附关系构成该社会的基础,劳动和产品也就用不着采取与它们的实际存在不同的虚幻形式。它们作为劳役和实物贡赋而进入社会机构之中。在这里,劳动的自然形式,劳动和特殊性是劳动的直接社会形式,而不是像在商品生产上那样,劳动的一般性是劳动的直接社会形式。"① 对以物的依赖性为基础的人的独立性,马克思指出:"在商品生产者的社会里,一般的社会生产关系是这样的:生产者把他们的产品当作商品,从而当做价值来对待,而且通过这种物的形式,把他们的私人劳动当做等同的人类劳动来发生关系。"② 对于人的自由个性,马克思以自由人联合体为例明确指出:"设想有一个自由人联合体,他们用公共的生产资料进行劳动,并且自觉地把他们许多个人劳动力当作一个社会劳动力使用。……这个联合体的总产品是一个社会产品,这个产品的一部分重新用作生产资料。这一部分依旧是社会的。而另一部分则作为生活资料由联合体成员消费。因此,这一部分要在他们之间进行分配。……仅仅为了同商品生产进行比较,我们假定,每个生产者在生活资料中得到的份额是由他的劳动时间决定的。这样,劳动时间就会起双重作用。劳动时间的社会的有计划的分配,调节着各种劳动职能同各种需要的适当的比例。另一方面,劳动时间又是计量生产者在共同劳动中个人所占份额的尺度,因而也是计量生产者在共同产品的个人可消费部分中所占份额的尺度。"③

---

① 《马克思恩格斯文集》第 5 卷,北京:人民出版社 2009 年版,第 94—95 页。
② 同上书,第 97 页。
③ 同上书,第 96 页。

马克思在《资本论》第一卷同样是从商品生产的角度深入分析《手稿》中的从人的发展角度划分的三大社会形态的,这说明从生产关系总和上把握的"经济的社会形态"包含了从个人发展的社会形式层面上分析社会发展的内容。

在社会生产的劳动资料方面,马克思指出:"动物遗骸的结构对于认识已经绝种的动物的有机体有重要的意义,劳动资料的遗骸对于判断已经消亡的经济的社会形态也有同样重要的意义。各种经济形态的区别,不在于生产什么,而在于怎样生产,用什么劳动资料生产。劳动资料不仅是人类劳动力发展的测量器,而且是劳动借以进行的社会关系的指示器。"① 这就从另一个角度对适合物质生产力的一定发展阶段的生产关系从劳动资料的角度进行了说明。

在生产条件的分配即所有制方面,马克思继承了以往重视所有制的传统,对资本主义生产方式以及与其相适应的生产关系和交换关系的分析都建立在生产条件的资本主义私有制的基础之上。他指出,资本主义生产矛盾运动的结果是,"在资本主义时代的成就的基础上,也就是说,在协作和对土地及靠劳动本身生产的生产资料的共同占有的基础上,重新建立个人所有制。"②《资本论》的这一结论,再一次证明了所有制关系在生产关系总和中的核心地位,证明了19世纪40年代以来马克思重视所有制形式在生产关系中地位的一以贯之。

在主客观生产条件参与生产的方式方面,马克思指出:"不论生产的社会的形式如何,劳动者和生产资料始终是生产的因素。但是,二者在彼此分离的情况下只在可能性上是生产因素。凡是要进行生产,它们就必须结合起来。实行这种结合的特殊方式和方法,使社会结构区分为各个不同的经济时期。"③ 正是主观生产条件以雇佣劳动、客观生产条件以资本这一特殊的结合方式——雇佣劳动和资本,才使

---

① 《马克思恩格斯文集》第5卷,北京:人民出版社2009年版,第210页。
② 同上书,第874页。
③ 《马克思恩格斯文集》第6卷,北京:人民出版社2009年版,第44页。

社会经济结构表现为资本主义。资本和雇佣劳动的关系是资本主义生产关系的轴心,决定着资本主义这种特殊的"经济的社会形态"的全部性质。

在资本主义生产关系的实质方面,马克思指出,生产剩余价值或赚钱是资本主义生产的直接目的和决定动机,是资本主义生产的绝对规律。"把价值看做只是劳动时间的凝结,只是对象化的劳动,这对于认识价值本身具有决定性的意义。同样,把剩余价值看做只是剩余劳动时间的凝结,只是对象化的剩余劳动,这对于认识剩余价值也具有决定性的意义。使各种经济的社会形态例如奴隶社会和雇佣劳动的社会区别开来的,只是从直接生产者身上,劳动者身上,榨取这种剩余劳动的形式。"① 这实际上是从榨取剩余劳动的形式方面分析了各种"经济的社会形态"的区别。

在产品的分配方面,《资本论》指出,在新创造的价值产品中,雇佣工人只获得自己创造的价值产品中相当劳动力价值的那部分——工资,他们创造的剩余价值被资本家阶级和地主阶级无偿占有。产业资本家无偿占有表现为利润的一部分剩余价值,借贷资本家无偿占有表现为利息的一部分剩余价值,地主无偿占有表现为地租的一部分剩余价值。这些一定的分配形式是资本主义社会客观生产条件为资本家和地主阶级占有、劳动者只占有人身的生产条件——劳动力以及资本家阶级、地主阶级和雇佣劳动者阶级之间的一定的社会关系为前提的。这一分析结论是《手稿》"导言"关于生产和分配关系论述的具体运用。

在"经济的社会形态"的演进方面,马克思通过研究资本的原始积累,证明了资本主义的经济结构从封建社会的经济结构中产生的过程;通过对资本主义社会基本矛盾的分析,证明了资本主义这种"经济的社会形态"必然被社会主义取代的必然性。

---

① 《马克思恩格斯文集》第5卷,北京:人民出版社2009年版,第251页。

19世纪60—70年代,马克思通过对资本主义社会生产关系总和的各个侧面的研究,从方法论上证明了资本主义生产这一有机体可以从不同层面展开研究,其结论既相互联系,又内在统一。19世纪70年代末80年代初,马克思在晚年继续研究东方国家的社会发展问题,对"经济的社会形态"及其演进的规律作出了新的思考,完善了"经济的社会形态"演进的理论。

马克思从最初关注资本主义国家的经济问题到提出并应用"经济的社会形态"学说于理论研究和实践指导历经40余年时间,"经济的社会形态"学说经历了从初创到成熟再到完善的整个过程,思考的角度和表述的用词在思想发展过程中也有不同。经济的社会形态是个有机体,这个有机体可以从不同的层次、不同的侧面进行研究。《手稿》中从人的发展的角度对经济社会形态的研究是其中非常重要的一个层面,其研究的结论有机地融合在完整的经济社会形态理论中。三大社会形式理论对经济社会形态的分析角度是人的联系和发展,而五大社会形态理论则是对社会经济生活的总体分析。我们要在马克思思想演进的进程中思考《手稿》中提出的人的发展三大阶段的思想。要在思想发展的进程中理解把握马克思在不同时期关于"经济的社会形态"的论述,力求融会贯通,完整准确。

五 人的全面发展与自由个性

一切人的全面而自由的发展是人类追求的理想,是共产主义社会最本质的特征。马克思终生孜孜以求的就是寻求实现人类解放的路径,实现人的全面而自由的发展或实现人的自由个性。在撰写《手稿》十年前发表的《共产党宣言》中,马克思恩格斯明确指出:"代替那存在着阶级和阶级对立的资产阶级旧社会的,将是这样一个联合体,在那里,每个人的自由发展是一切人的自由发展的条件。"① 在撰写《手稿》十年之后出版的《资本论》第一卷中，马克思继续坚持自己的观点，把消灭资本主义私有制之后的社会规定为，"一个更高级的、以每一个个人的全面而自由的发展为基本原则的社会形式"②。可见马克思关于人的发展的思想在其思想发展长河中是一以贯之的。这里的问题是，介于《共产党宣言》和《资本论》之间的《手稿》在人的发展问题上有什么独到之处呢？下面我们来讨论这个问题。

（一）人的发展的三大阶段

《手稿》在"货币章"分析货币的产生和本质时，从个人关系和个人能力发展的角度，将人类社会划分为三个大的阶段，或三种社会形态。马克思指出："人的依赖关系（起初完全是自然发生的），是最初的社会形式，在这种形式下，人的生产能力只是在狭小的范围内和孤立的地点上发展着。以物的依赖性为基础的人的独立性，是第二大形式，在这种形式下，才形成普遍的社会物质变换、全面的关系、多方面的需要以及全面的能力的体系。建立在个人全面发展和他们共同的、社会的生产能力成为从属于他们的社会财富这一基础上的自由个性，是第三个阶段。第二个阶段为第三个阶段创造条件。"③ 同十年前发表的《共产党宣言》和十年后发表的《资本论》第一卷相比，在对取代资本主义的未来社会的定性上，《手稿》和它们是高度一致的，但不同之处在于，《手稿》强调了人的"自由个性"，并把个人全面发展和公有制联系起来，因为自由个性以"个人全面发展和他们共同的、社会的生产能力成为从属于他们的社会财富"为基础。而社会个人的社会财富是他们的共同的社会的生产能力，正是公有制或社会所有制的本质特征。不仅如此，马克思还第一次在一段论述中以个人的发展状态为标准划分人类

---

① 《马克思恩格斯文集》第2卷，北京：人民出版社2009年版，第53页。
② 《马克思恩格斯文集》第5卷，北京：人民出版社2009年版，第683页。
③ 《马克思恩格斯全集》第30卷，北京：人民出版社1995年版，第107—108页。

社会发展的阶段。虽然在其他著作如《资本论》中也有类似的思想，但《手稿》的论述如此明白、如此集中这是首次，为后人研究经济的社会形态的发展提供了一个独特的视角和层次。此外，马克思还逻辑地叙述了前后相继的三个阶段的关系。

在以传统的自给自足的自然经济为基础的社会形态下，人的发展属于"早期阶段"①，其典型特征是"人的依赖关系"。在这个早期阶段，人们的生产只是在狭小的范围内和孤立的地点上发展着；个人和社会之间的联系是贫乏的，只存在着自然血缘关系、统治服从关系和地方性联系，个人还生活在受他人限制的那种规定性之中。与此同时，因为社会分工还没有出现或者出现了还不够细化和深化，单个人还显得比较全面，呈现出一种原始的丰富。《手稿》在"资本主义生产以前的各种形式"中，分析了以血缘为基础的氏族以及氏族解体后的家庭，分析了原始部落，分析了亚细亚的、斯拉夫的、古代的、日耳曼等等所有制形式，分析了奴隶制、农奴制、行会（师傅）制，详细讨论了这些所有制形式及生产活动中人的依赖关系，证明在人类发展的早期阶段，单个的、孤立的个人离开对血缘关系、统治服从关系和地方性联系的依赖，不仅无法生产甚至无法生存。因此，"无论个人还是社会，都不能想象会有自由而充分的发展"②。

在以商品生产为生产形式的社会形态下，人的发展进入第二大阶段。第二个大阶段是第一个阶段的经济关系解体的结果，其典型特征是"以物的依赖性为基础的人的独立性"。马克思在《手稿》中详细地分析了作为人类发展"早期阶段"基础的经济关系解体的历史过程。他指出，这种历史上的解体过程，既是把劳动者束缚于土地和地主而实际又以劳动者对生活资料的所有权为前提的农奴制关系的解体，因而这实质上是劳动者与土地相分离的过程；也是使劳动者成为自耕农、成为自由劳动的小土地所有者或佃农（隶农）、成为自由的农民的土地所有制

---

① 《马克思恩格斯全集》第 30 卷，北京：人民出版社 1995 年版，第 112 页。
② 同上书，第 479 页。

关系的解体；也是以劳动者对劳动工具的所有权为前提的，并且把作为一定手工业技能的劳动本身当作财产的那种行会关系的解体；同样也是各种不同形式的保护关系的解体。在这些解体过程中，一方面形成了大批个人成为真正的自由工人或可能的自由工人，另一方面形成了与自由工人相对立的他人财产，同时使社会生产发生了从以使用价值为目的的生产向以交换价值为目的的生产即商品生产的转变。在商品交换中，交换者除了平等的规定之外，还有自由的规定，他们互相承认对方是所有者，是把自己的意志渗透到商品中去的人格。如果说商品交换"在所有方面确立了主体之间的平等，那么内容，即促使人们去进行交换的个人和物质材料，则确立了自由。"可见，平等和自由不仅在以交换价值为基础的交换中受到尊重，而且交换价值的交换是一切**平等**和**自由**的生产的、现实的基础。作为纯粹观念，平等和自由仅仅是交换价值的交换的一种理想化的表现；作为在法律的、政治的、社会的关系上发展了的东西，平等和自由不过是另一次方上的这种基础而已。"① 随着商品生产的发展，普遍的物质交换、全面的关系、多方面的需要以全面的能力为特点的普遍有用性的体系得以成立，从而使人的联系和发展和第一个阶段相比发生了重大的变化。在商品生产条件下，一切产品和活动要以生产者互相间的全面依赖为前提。每个个人的生产，依赖于其他一切人的生产；同样，他的产品转化为他本人的生活资料，也要依赖于其他一切人的消费。马克思指出："毫不相干的个人之间的互相的和全面的依赖，构成他们的社会联系。这些社会联系表现在**交换价值**上，因为对于每个个人来说，只有通过交换价值，他自己的活动或产品才成为他的活动或产品；他必须生产一般产品——**交换价值**，或本身孤立化的、个体化的交换价值，即**货币**。另一方面，每个个人行使支配别人的活动或支配社会财富的权力，就在于他是**交换价值**的或**货币**的所有者。他在衣袋里装着自己的社会权力和自己同社会的联系。"② 活动或产品的普遍交换已

---

① 《马克思恩格斯全集》第30卷，北京：人民出版社1995年版，第199页。
② 同上书，第106页。

成为每一单个人的生存条件,在交换价值上,人的社会关系转化为物的社会关系,人的能力转化为物的能力。这一阶段人的发展的根本特征是"以物的依赖性为基础的人的独立性"。这一阶段"在产生出个人同自己和同别人的相异化的普遍性的同时,也产生出个人关系和个人能力的普遍性和全面性"。①

在以产品经济为特征的未来社会中,人的发展进入第三个阶段,其典型特征是"建立在个人全面发展和他们共同的、社会的生产能力成为从属于他们的社会财富这一基础上的自由个性"。在这一阶段,联合起来的个人共同占有和共同控制社会的生产资料,按照社会需要有计划地进行生产和自由交换,在物质财富充分涌流的基础上按照个人需要分配消费品,每个个人都得到了全面而自由的发展,人的"自由个性"得以实现。

(二) 人的发展的第二个阶段为第三个阶段创造条件

马克思在《手稿》中不仅从人的发展角度提出了人类社会发展的三个阶段,而且还指出了他正在分析的第二个阶段如何为第三个阶段创造条件。这些条件概括起来主要有:

第一,商品生产的发展使人成为自由的平等的人。在人的发展的第二个阶段,商品生产是社会普遍的生产方式。在这种生产方式下,形成了普遍的社会物质变换,形成了日益深化细化的分工体系和生产体系,形成了人的多方面的需求体系,人的生产和生活通过商品交换依赖于其他一切人的生产和生活,人与人的关系通过物的关系紧密地联系起来。生产过程的任何生产要素和任何产品都成为可以交易的商品。商品是天生的平等派,它打破了人的依赖纽带、血统差别、等级差别、教养差别等一切差别,不承认任何身份、地位、民族、肤色、性别、年龄等方面的任何差别,参加交换的商品所有者获得了自由、平等、独立的身份。

---

① 《马克思恩格斯全集》第30卷,北京:人民出版社1995年版,第112页。

商品面前人人平等，价值面前人人平等，货币面前人人平等。在资本主义私有制的基础上，人们自由选择、自由生产、自由竞争、自由交换，自己承担自由选择的结果。商品交换中这种自由平等的关系渗透到社会生活的方方面面，成为社会的意识形态。在商品生产条件下，社会生产和社会生活使人成为自由、平等、独立的人。虽然在资本主义商品生产条件下，人的这种自由、平等、独立的地位仅仅是形式上的，但它毕竟打碎了"人的依赖关系"，实现了人的自由平等，为人的发展进入第三个阶段准备了形式上自由、平等、独立的人以及与其相适应的有待改造的自由平等观念。

第二，资本发展导致的全球化使人的联系普遍化，日益成为全面联系的人。资本的趋势是推广以资本为基础的生产方式，它把一切地区、一切民族、一切国家的生产变为以交换价值为目的的生产，变为资本的生产。以资本为基础的生产，其条件是创造一个不断扩大的流通范围，把更多的地点创造为生产地点和交换地点，征服全球作为它的市场，形成世界范围的生产和世界市场。"创造**世界市场**的趋势已经直接包含在资本的概念本身中。"① 马克思指出："世界市场不仅是同存在于国内市场以外的一切外国市场相联系的国内市场，而且同时也是作为本国市场的构成部分的一切外国市场的国内市场。"② 世界市场的形成使人的交往的普遍性变为现实，使人的全面性成为现实联系和观念联系的全面性。在生产和交换全球化的条件下，人的生产和消费受到世界市场的影响。人们的生产要考虑世界市场，要考虑世界范围内的消费需求和消费趋势，要考察世界范围的经济、政治、文化、社会、生态的因素及其变化对产品需求的影响。同样，人们的消费从世界各地的产品中自由选择，货比三家。世界市场上的人具有了全球视野和世界眼光，成为具有普遍联系的人和成为世界公民的可能性。

第三，社会生产力的发展为人腾出了时间，创造了手段，人的全面

---

① 《马克思恩格斯全集》第30卷，北京：人民出版社1995年版，第388页。
② 同上书，第239页。

发展成为可能。商品生产是以交换价值为基础的生产,"这种生产才在产生出个人同自己和同别人相异化的普遍性的同时,也产生出个人关系和个人能力的普遍性。"① 这种个人关系和个人能力的普遍性是如何产生的呢?这是和社会生产力的发展联系在一起的。由于资本的无止境的致富欲望及其唯一能实现这一欲望的条件不断地驱使劳动生产力向前发展,随着大工业的发展和科学被应用于生产过程,现实财富的创造较少地取决于劳动时间和已消耗的劳动量,较多地取决于在劳动时间内所运用的作用物的力量,这时,人的一些劳动可以让机器来代替,劳动表现为不再像以前那样被包括在生产过程中,工人不再是生产过程的主要作用者,而是以生产过程的监督者和调节者站在生产过程的旁边。社会生产力的发展和整个社会必要劳动时间的缩减,给人提供了时间和手段来发展自己,使人的全面发展有了可能。

第四,科学的发展使人在人与自然的关系上获得了自由。在第二个阶段,资本追求剩余价值和内在动力和许多资本竞争形成的外在压力,迫使资本通过提高劳动生产力的方式来生产相对剩余价值,迫使资本去探索地球,探索自然界,发展自然科学。资本克服把自然神化的现象,克服流传下来的、在一定界限内闭关自守地满足于现状和重复旧生产方式的状况,"摧毁一切阻碍发展生产力、扩大需要、使生产多样化、利用和交换自然力量的精神力量的限制"②,使自然界成为人的对象,成为有用物,服从于人的需要。资本赋予生产以科学的性质,利用机器体系运用从科学中得出的力学规律、化学规律等等,使机器能够完成以前工人的同样的劳动,使生产过程取决于科学在生产上的应用。在第二个阶段,表现为生产和财富的宏大基石的是对人本身的一般生产力的占有,是人对自然界的了解和通过人作为社会体的存在来对自然界的统治,人在对自然的关系上逐渐获得了自由。虽然这种自由的成果主要还由统治阶级享受,但为最终由广大人民群众共同享受创造了可能。

① 《马克思恩格斯全集》第30卷,北京:人民出版社1995年版,第112页。
② 同上书,第390页。

在第二阶段的社会生产中，人通过生产和交换活动不仅改造了自然，发展了社会生产力，同时也改造了自身，发展了自身的能力和关系。生产者炼出新的品质，通过生产而发展和改造着自身，造成新的力量和新观念，造成新的交往方式，为向人的发展新的阶段准备了条件。

（三）建立在人的全面发展和公有制基础上的自由个性

把《手稿》和《共产党宣言》、《资本论》等著作关于人的发展的论述联系起来考察，可以发现在马克思那里，人的自由发展比人的全面发展更本质。虽然马克思在不同的场合既强调人的全面发展，也强调人的自由发展，但对人的自由发展强调得更为充分。其一是，在《共产党宣言》中，马克思恩格斯是从人的自由发展这个角度来定义未来社会的联合体的。在未来社会里，"每个人的自由发展是一切人自由发展的条件"，每个人的自由发展和一切人的自由发展的统一就是社会个人的自由发展。而马克思没有从人的全面发展方面着眼，显然在马克思看来人的自由发展对于人的全面发展来说更重要。其二，马克思在最成熟的《资本论》第一卷，说过取代资本主义社会的未来社会是"一个更高级的、以每一个个人的全面而自由的发展为基本原则的社会形式"，把全面和自由放到一起来说明未来社会人的发展状态，并在同一本书中他曾以"自由人联合体"①来说明未来社会生产和分配的设想，他并没有用"全面人"而是用"自由人"来定义联合体。所以，在《资本论》第一卷中马克思还是更为看重每个人的自由发展，仍把社会个人的自由发展看作是人的发展更为本质的东西。其三，《手稿》在关于人的发展的三大阶段论述中，更是强调人的"自由个性"。他指出，"建立在个人全面发展和他们共同的、社会的生产能力成为从属于他们的社会财富这一基础上的自由个性"是未来社会的本质特征。这里，人的全面发展只是被看作是自由个性的基础之一。他在对比三大阶段的分配时指出，"一

---

① 《马克思恩格斯文集》第5卷，北京：人民出版社2009年版，第96页。

切劳动产品、能力和活动进行**私人交换**,既同个人相互之间的统治和从属关系(自然发生的或政治性的)为基础的分配相对立……又同在共同占有和共同控制生产资料的基础上联合起来的个人所进行的自由交换相对立。"① 很显然,马克思论证的第三个阶段的经济关系重视的仍然是自由。综上所述,在人的发展问题上,在马克思那里,人的自由发展不仅是人的发展的标志,而且是用来定义社会性质的,人的自由发展比人的全面发展更为重要、更为本质。我们在研究中一直强调人的全面发展,而对人的自由发展提的很少(至少提的不够),这可能把马克思关于人的发展的学说理解窄了!甚至偏了!

虽然人的发展的第二个大阶段为第三个大阶段准备了条件,但实现人的自由个性还必须具备人的全面发展和必要的制度基础。

人的全面发展是自由个性对人本身的要求。人的全面发展至少包括四个方面的规定。一是个人之间普遍的物质交换关系。个人之间普遍性的物质交换关系是通过社会化的商品生产来实现的。社会化的商品生产使人通过物紧紧地联系在一起,使人获得独立、平等和自由的地位。个人之间普遍性的物质交换是社会个人的基础,是人的全面发展的基础性条件。二是个人之间全面的丰富的联系,即个人间关系的全面性。在个人之间普遍的物质交换的基础上,必然形成包括物质关系和其他社会关系在内的全面的丰富的联系。三是个人需要的多方面的发展。个人需要不仅包括物质需要还包括精神需要,不仅包括生存需要还包括享受需要,不仅包括自我实现需要还包括自由发展需要,因此个人需要的结构必然是多方面的,必然是不断发展的。四是个人能力的全面发展。这就是说人有着多方面的才能,才有能力创造和享受生产生活实践。人的全面发展的可能性是由资本主义社会生产力的发展创造的。恩格斯曾经说过:"正是由于这种工业革命,人的劳动生产力才达到了相当高的水平,以致在人类历史上破天荒第一次创造了这样的可能性:在所有的人实行

---

① 《马克思恩格斯全集》第 30 卷,北京:人民出版社 1995 年版,第 108—109 页。

明智分工的条件下，不仅生产的东西可以满足全体社会成员丰裕的消费和造成充足的储备，而且使每个人都有充分的闲暇时间去获得历史上遗留下来的文化——科学、艺术、社交方式等——中一切真正有价值的东西；并且不仅是去获得，而且还要把这一切从统治阶级的独占品变成全社会的共同财富并加以进一步发展。"① 个人之间普遍的物质交换关系、个人之间全面的丰富的联系、个人需要的多方面的发展和个人能力的全面发展之间的联系是辩证的，但人的全面发展最终落实在人的能力的全面发展上。每个人的能力的全面发展，一方面必然会推动生产力的充分发展，另一方面生产力的充分发展又为每个人的能力的全面发展提供了保证。社会个人的发展，使人更加透彻地了解自然界，并通过人作为社会体的存在有效地实施对自然界的统治，那时，社会个人本身的生产力将成为社会生产和社会财富的宏大基石。

前面说过，人的发展的第二个阶段创造了人的全面发展的可能，并在形式上使个人成为自由、平等、独立的人。但是，资本主义私有制条件下生产力发展的结果是，在人的发展上，资产阶级占有社会的剩余劳动，获得全面发展的自由，而雇佣劳动者则为资产阶级提供剩余劳动，仅仅获得形式上以自由出卖劳动力为基础的自由；在产品的分配上，在资产阶级一方是财富的积累，而在雇佣劳动者一方则是贫困的积累、无知的积累。虽然无产阶级消费的范围和水平也随着生产力的发展而不断地提高，但相对于资产阶级的更大规模和更高程度的提高来说，只是高楼大厦旁边的稍微改善的棚舍而已。所以，要使生产力发展提供的人的全面发展的可能变为现实，在生产力发展的基础上实现人的自由个性，必须要消灭私有制，建立起"联合起来的个人""共同占有和共同控制生产资料"的经济制度。"共同占有和共同控制生产资料的基础上联合起来的个人所进行的自由交换"才能在人的全面发展的同时实现自由个性。马克思在《手稿》里所讲的"共同占有和共同控制

---

① 《马克思恩格斯文集》第 3 卷，北京：人民出版社 2009 年版，第 258 页。

生产资料的基础上联合起来的个人所进行的自由交换"实际上就是取代资本主义私有制的未来社会的经济制度。"联合起来的个人"就是联合体，就是社会，联合起来的个人共同占有和共同控制生产资料就是社会所有制。在共同占有和共同控制生产资料基础上联合起来的个人的自由交换就是未来社会的生产和分配机制。社会所有制是人的自由个性的制度基础。

其实，马克思关于人的全面而自由的发展和公有制关系的思想是一贯的。在《共产党宣言》中，马克思提出未来社会是一个"每个人的自由发展是一切人自由发展的条件"的联合体，建立这样的联合体的条件是"消灭私有制"[①]，"把资本变为公共的、属于全体社会成员的财产"[②]。"共产主义革命就是同传统的所有制关系实行最彻底的决裂；毫不奇怪，它在自己的发展进程中要同传统的观念实行最彻底的决裂。"[③] 当全部资本和全部生产集中在联合起来的个人的手里的时候，人的自由个性的实现就奠定在坚实的基础上。《共产党宣言》没有具体论述联合体如何组织生产和分配，《手稿》也仅仅在与资本主义生产进行对比的意义上提出"以交换价值为基础的生产便会崩溃，直接的物质生产过程本身也就摆脱了贫困和对立的形式"[④]，实行"共同占有和共同控制生产资料的基础上联合起来的个人所进行的自由交换"[⑤]。但是在《资本论》第一卷中，马克思则对未来社会的经济制度和经济运行作了非常系统而深刻的分析，为我们理解《手稿》的论述提供了思想佐证。《资本论》在讨论资本积累的历史趋势时对未来社会的经济制度作了明确的论述。马克思指出：消灭资本主义私有制之后的经济制度是"在资本主义时代的成就的基础上，也就是说，在协作和对土地及靠劳动本身生产的

[①] 《马克思恩格斯文集》第2卷，北京：人民出版社2009年版，第45页。
[②] 同上书，第46页。
[③] 同上书，第52页。
[④] 《马克思恩格斯全集》第31卷，北京：人民出版社1998年版，第101页。
[⑤] 《马克思恩格斯全集》第30卷，北京：人民出版社1995年版，第109页。

生产资料的共同占有的基础上，重新建立个人所有制。"① 将这段话的核心思想换成和《手稿》类似的句式是——在共同占有生产资料的基础上重新建立个人所有制。那可以推论的是，《手稿》中所说"共同占有和共同控制生产资料的基础上联合起来的个人所进行的自由交换"就是在共同占有土地和靠劳动本身生产的生产资料基础上重新建立个人所有制。在提出重新建立个人所有制的同一本书中，马克思通过对自由人联合体的生产和分配的分析论述了重新建立个人所有制的过程。马克思指出："设想有一个自由人联合体，他们用公共的生产资料进行劳动，并且自觉地把他们许多个人劳动力当做一个社会劳动力来使用。……这个联合劳动者的总产品是一个社会产品。这个产品的一部分重新用做生产资料，这一部分仍旧是社会的。而另一部分则作为生活资料由联合体成员消费。因此，这一部分要在他们之间进行分配。这种分配的方式会随着社会生产有机体本身的特殊方式和随着生产者的相应的历史发展程度而改变。仅仅为了同商品生产进行对比，我们假定，每个生产者在生活资料中得到的份额是由他的劳动时间决定的。这样，劳动时间就会起双重作用。劳动时间的社会的有计划的分配，调节着各种劳动职能同各种需要的适当的比例。另一方面，劳动时间又是计量生产者在共同劳动中个人所占的份额的尺度，因而也是计量生产者在共同产品的个人可消费部分中个人所占份额的尺度。"② 马克思这里的论述说明，自由人联合体共同占有的生产资料，联合起来的个人把他们的劳动力当作一个社会劳动力和生产资料结合起来劳动，生产出来的社会总产品在作出必要的扣除后按照每个劳动者提供的劳动分配消费品。在资本主义社会雇佣劳动者失去一切生产资料和生活资料的所有权，而在自由人联合体中，劳动者通过向联合体提供劳动，联合体按照劳动者提供的劳动分配消费品这种自由交换，即等量劳动相交换，重新建立了消费品的个人所有

---

① 《马克思恩格斯文集》第 5 卷，北京：人民出版社 2009 年版，第 874 页。
② 同上书，第 96 页。

制。马克思在后来写作的《哥达纲领批判》中更加详细地分析了这一过程。正是在共同占有和共同控制生产资料基础上的等量劳动相交换，为自由个性的实现提供了制度基础。"个性得到自由发展，因此，并不是为了获得剩余劳动而缩减必要劳动时间，而是直接把社会必要劳动缩减到最低限度，那时，与此相适应，由于给所有的人腾出了时间和创造了手段，个人会在艺术、科学等等方面得到发展。"① 自由个性的实现，既为个人生产力的充分发展，因而也为社会生产力的发展创造了广阔余地，导致了财富的涌流。那时，"一方面，社会的个人的需要将成为必要劳动时间的尺度，另一方面，社会生产力的发展将如此迅速，以致尽管生产将以所有的人富裕为目的，所有的人的**可以自由支配的时间**还是会增加。因为真正的财富就是所有个人的发达的生产力。那时，财富的尺度决不再是劳动时间，而是可以自由支配的时间"。②

---

① 《马克思恩格斯全集》第 31 卷，北京：人民出版社 1998 年版，第 101 页。
② 同上书，第 104 页。

第四部分　经典著作选编

马克思

1857—1858 年经济学手稿（摘选）[①]

一　交换价值和社会交换关系的性质

一切产品和活动转化为交换价值，既要以生产中人的（历史的）一切固定的依赖关系的解体为前提，又要以生产者互相间的全面的依赖为前提。每个个人的生产，依赖于其他一切人的生产；同样，他的产品转化为他本人的生活资料，也要依赖于其他一切人的消费。价格古已有之，交换也一样；但是，价格越来越由生产费用决定，交换延及一切生产关系，这些只有在资产阶级社会里，自由竞争的社会里，才得到充分发展，并且发展得越来越充分。亚当·斯密按照真正的18世纪的方式列为史前时期的东西，先于历史的东西，倒是历史的产物。

这种互相依赖，表现在不断交换的必要性上和作为全面中介的交换价值上。经济学家是这样来表述这一点的：每个人追求自己的私人利益，而且仅仅是自己的私人利益；这样，也就不知不觉地为一切人的私人利益服务，为普遍利益服务。关键并不在于，当每个人追求自己私人利益的时候，也就达到私人利益的总体即普遍利益。从这种抽象的说法反而可以得出结论：每个人都互相妨碍别人利益的实现，这种一切人反

[①]《手稿》篇幅巨大，《马克思恩格斯文集》第 8 卷着眼于服务广大群众学习，从《政治经济学批判（1857—1858 年手稿）》中选择了十三个片断。本书在《马克思恩格斯文集》第 8 卷摘选的基础上，根据本丛书的体例和编者的考虑从中精选了十一个片断。——编者注

对一切人的战争所造成的结果，不是普遍的肯定，而是普遍的否定。关键倒是在于：私人利益本身已经是社会所决定的利益，而且只有在社会所设定的条件下并使用社会所提供的手段，才能达到；也就是说，私人利益是与这些条件和手段的再生产相联系的。这是私人利益；但它的内容以及实现的形式和手段则是由不以任何人为转移的社会条件决定的。

毫不相干的个人之间的互相的和全面的依赖，构成他们的社会联系。这种社会联系表现在**交换价值**上，因为对于每个个人来说，只有通过交换价值，他自己的活动或产品才成为他的活动或产品；他必须生产一般产品——**交换价值**，或本身孤立化的，个体化的交换价值，即**货币**。另一方面，每个个人行使支配别人的活动或支配社会财富的权力，就在于他是**交换价值**的或**货币**的所有者。他在衣袋里装着自己的社会权力和自己同社会的联系。

不管活动采取怎样的个人表现形式，也不管活动的产品具有怎样的特性，活动和活动的产品都是**交换价值**，即一切个性，一切特性都已被否定和消灭的一种一般的东西。这种情况实际上同下述情况截然不同：个人或者自然地或历史地扩大为家庭和氏族（以后是共同体）的个人，直接地从自然界再生产自己，或者他的生产活动和他对生产的参与依赖于劳动和产品的一定形式，而他和别人的关系也是这样决定的。

活动的社会性质，正如产品的社会形式和个人对生产的参与，在这里表现为对于个人是异己的东西，物的东西；不是表现为个人的相互关系，而是表现为他们从属于这样一些关系，这些关系是不以个人为转移而存在的，并且是由毫不相干的个人互相的利害冲突而产生的。活动和产品的普遍交换已成为每一单个人的生存条件，这种普遍交换，他们的相互联系，表现为对他们本身来说是异己的、独立的东西，表现为一种物。在交换价值上，人的社会关系转化为物的社会关系；人的能力转化为物的能力。交换手段拥有的社会力量越小，交换手段同直接的劳动产品的性质之间以及同交换者的直接需要之间的联系越是密切，把个人互相联结起来的共同体的力量就必定越大——家长制的关系，古代共同体、封建制度和行会制度（见我的笔记本第Ⅻ本第34b页）。

每个个人以物的形式占有社会权力。如果从物那里夺去这种社会权力，那么你们就必然赋予人以支配人的这种权力。人的依赖关系（起初完全是自然发生的），是最初的社会形式，在这种形式下，人的生产能力只是在狭小的范围内和孤立的地点上发展着。以**物**的依赖性为基础的人的独立性，是第二大形式，在这种形式下，才形成普遍的社会物质变换、全面的关系、多方面的需要以及全面的能力的体系。建立在个人全面发展和他们共同的、社会的生产能力成为从属于他们的社会财富这一基础上的自由个性，是第三个阶段。第二个阶段为第三个阶段创造条件。因此，家长制的，古代的（以及封建的）状态随着商业、奢侈、**货币**、**交换价值**的发展而没落下去，现代社会则随着这些东西同步发展起来。

交换和分工互为条件。因为每个人为自己劳动，而他的产品并不是为他自己使用，所以他自然要进行交换，这不仅是为了参加总的生产能力，而且是为了把自己的产品变成自己的生活资料（见我的《经济学评论》第Ⅴ（13、14）页）。以交换价值和货币为中介的交换，诚然以生产者互相间的全面依赖为前提，但同时又以生产者的私人利益完全隔离和社会分工为前提，而这种社会分工的统一和互相补充，仿佛是一种自然关系，存在于个人之外并且不以个人为转移。普遍的需求和供给互相产生的压力，作为中介使漠不关心的人们发生联系。

个人的产品或活动必须先转化为**交换价值**的形式，转化为**货币**，并且个人通过这种**物**的形式才取得和证明自己的社会**权力**，这种必然性本身证明了两点：（1）个人还只能为社会和在社会中进行生产；（2）他们的生产不是**直接的**社会的生产，不是本身实行分工的联合体的产物。个人从属于像命运一样存在于他们之外的社会生产；但社会生产并不从属于把这种生产当做共同财富来对待的个人。因此，正像前面谈到发行小时券的银行时看到的那样，设想在**交换价值**，在**货币**的基础上，由联合起来的个人对他们的总生产实行控制，那是再错误再荒谬不过的了。

一切劳动产品、能力和活动进行**私人交换**，既同以个人相互之间的统治和从属关系（自然发生的或政治性的）为基础的分配相对立（不管这种统治和从属的性质是家长制的，古代的或是封建的）（在这种情况下，真正的**交换**只是附带进行的，或者大体说来，并未触及整个共同体的生活，不如说只发生在不同共同体之间，决没有征服全部生产关系和交往关系），又同在共同占有和共同控制生产资料的基础上联合起来的个人所进行的自由交换相对立。（这种联合不是任意的事情，它以物质条件和精神条件的发展为前提，这一点在这里就不进一步论述了。）

分工产生出密集、结合、协作、私人利益的对立、阶级利益的对立、竞争、资本积聚、垄断、股份公司——全都是对立的统一形式，而统一又引起对立本身——，同样，私人交换产生出世界贸易，私人的独立性产生出对所谓世界市场的完全的依赖性，分散的交换行为产生出银行制度和信用制度，这些制度的簿记至少可以使私人交换进行结算。虽然每个民族的私人利益把每个民族有多少成年人就分成多少个民族，并且同一民族的输出者和输入者之间的利益在这里是互相对立的；可是在汇率中，民族商业却获得了存在的**假象**，等等。谁也不会因此认为，通过**交易所改革**就可以铲除对内或对外的私人商业的**基础**。但是，在以**交换价值**为基础的资产阶级社会内部，产生出一些交往关系和生产关系，它们同时又是炸毁这个社会的地雷。（有大量对立的社会统一形式，而这些形式的对立性质决不是通过平静的形态变化就能炸毁的。另一方面，如果我们在现在这样的社会中没有发现隐蔽地存在着无阶级社会所必需的物质生产条件和与之相适应的交往关系，那么一切炸毁的尝试都是唐·吉诃德的荒唐行为。）

我们已经看到，虽然交换价值=物化在产品中的相对劳动时间，而货币又=同商品实体相分离的商品的交换价值；在这种交换价值或货币关系中，包含着商品同它的交换价值之间的矛盾，包含着作为交换价值的商品同货币之间的矛盾。我们已经看到，通过劳动货币形式直接创造商品的摹本的银行，是一种空想。因此，虽然货币仅仅是同商品实体相分离的交换价值，而且只是由于这种交换价值要使自身在纯粹形式上确定下来的趋势，货币才得以产生出来，但商品却不能直接转化为货币；也就是说，实现在商品中的劳动时间量的真凭实据，并不能在交换价值世界中充当商品的价格。怎么会是这样的呢？

（对于货币的一种形式——指货币充当交换**手段**（而不是交换价值的**尺度**）——经济学家们都清楚，货币存在的前提是社会联系的物化；这里指的是把货币表现为**抵押品**，一个人为了从别人那里获得商品，就必须把这种抵押品留在别人手里。在这种场合，经济学家自己就说，人们依赖的是物（货币），而不是作为人的自身。但为什么人们依赖物呢？显然，仅仅是因为这种物是人们互相间的**物化的关系**，是物化的交换价值，而交换价值无非是人们互相间生产活动的关系。每一种别的抵押品对抵押品持有者可以直接作为抵押品来用，而货币对于他只作为"**社会的抵押品**"来用，但货币所以是这种抵押品，只是由于它具有社会的（象征性的）属性；货币所以能拥有社会的属性，只是因为各个人让他们自己的社会关系作为对象同他们自己相异化。）

在一切价值都用货币来计量的**行情表**中，一方面显示出，物的社会性离开人而独立，另一方面显示出，在整个生产关系和交往关系对于个人，对于所有个人表现出来的异己性的这种基础上，商业的活动又使这些物从属于个人。因为世界市场（其中包括每一单个人的活动）的独立化（如果可以这样说的话）随着货币关系（交换价值）的发展而增长，以及后者随着前者的发展而增长，所以生产和消费的普遍联系和全面依赖随着消费者和生产者的相互独立和漠不关心而一同增长；因为这种矛盾导致危机等等，所以随着这种异化的发展，在它本身的基础上，人们试图消灭它；行情表、汇率、商业经营者间的通信和电报联系等等（交通工具当然同时发展），通过这些东西，每一单个人可以获知其他一切人的活动情况，并力求使本身的活动与之相适应。（就是说，虽然每个人的需求和供给都与一切其他人无关，但每个人总是力求了解普遍的供求情况；而这种了解又对供求产生实际影响。虽然这一切在现有基地上并不会消除异己性,但会带来一些关系和联系,这些关系和联系本身包含着消除旧基地的可能性。)(普遍的统计等等的可能性。)

(此外,这应当在考察"**价格、需求和供给**"这些范畴时加以阐述。这里只须指出一点,在行情表上实际呈现出来的整个商业和整个生产的概况,事实上提供了最好的证据,表明单个人本身的交换和他们本身的生产是作为**独立**于他们之外的**物**的关系而与他们相对立。在**世界市场上**,**单个人**与一切人发生**联系**,但同时**这种联系又不以单个人为转移**,这种情况甚至发展到这样的高度,以致这种联系的形成同时已经包含着超越它自身的条件。)

比较代替了实际的共同性和普遍性。

(人们说过并且还会说,美好和伟大之处,正是建立在这种自发的、不以个人的知识和意志为转移的、恰恰以个人互相独立和漠不关心为前提的联系即物质的和精神的新陈代谢这种基础上。毫无疑问,这种物的联系比单个人之间没有联系要好,或者比只是以自然血缘关系和统治从属关系为基础的地方性联系要好。同样毫无疑问,在个人创造出他们自己的社会联系之前,他们不可能把这种社会联系置于自己支配之下。如果把这种单纯**物的联系**理解为自然发生的、同个性的自然(与反思的知识和意志相反)不可分割的、而且是个性内在的联系,那是荒谬的。这种联系是各个人的产物。它是历史的产物。它属于个人发展的一定阶段。这种联系借以同个人相对立而存在的异己性和独立性只是证明,个人还处于创造自己的社会生活条件的过程中,而不是从这种条件出发去开始他们的社会生活。这是各个人在一定的狭隘的生产关系内的自发的联系。

全面发展的个人——他们的社会关系作为他们自己的共同的关系,也是服从于他们自己的共同的控制的——不是自然的产物,而是历史的产物。要使**这种**个性成为可能,能力的发展就要达到一定的程度和全面性,这正是以建立在交换价值基础上的生产为前提的,这种生产才在产生出个人同自己和同别人相异化的普遍性的同时,也产生出个人关系和个人能力的普遍性和全面性。在发展的早期阶段,单个人显得比较全面,那正是因为他还没有造成自己丰富的关系,并且还没有使这种关系作为独立于他自身之外的社会权力和社会关系同他自己相对立。留恋那种原始的丰富,是可笑的,相信必须停留在那种完全的空虚化之中,也是可笑的。资产阶级的观点从来没有超出同这种浪漫主义观点的对立,因此这种浪漫主义观点将作为合理的对立面伴随资产阶级观点一同升入天堂。

(这里可以用单个人对科学的关系作例子。)

(把货币比做血液——"流通"一词为这种比喻提供了理由——这大体上就像梅涅尼·阿格利巴把贵族比作胃一样不正确。)

(把货币比做语言同样不正确。观念不是这样转化为语言:观念的特性消失了,而观念的社会性同观念并存于语言中,就像价格同商品并存一样。观念不能离开语言而存在。观念必须先从本族语言翻译成别族语言才能流通,才能进行交流,这种场合的观念才可作较多的类比;但是这种类比不在于语言,而在于语言的异族性。)

(一切产品、活动、关系可以同第三者,同**物的东西**相交换,而这第三者又可以**无差别地**同一切相交换,就是说,交换价值(以及货币关系)的发展,同普遍收买、普遍贿赂是一回事。普遍的卖淫现象,表现为人的素质、能力、才能、活动的社会性质发展的一个必然阶段。说得文雅一点就是:普遍的效用关系和适用关系。使不同的东西等同起来,——莎士比亚对货币就有过这样中肯的理解。没有货币,就不可能有致富欲本身;其他的一切积累和积累欲,表现为自然发生的、有限的、一方面受需要、另一方面受产品的有限本性制约的东西(万恶的求金欲)。)

(货币制度的发展,显然已经以其他的一般发展为前提。)

如果考察的是产生出不发达的交换,交换价值和货币的制度的那种社会关系,或者有它们的不发达程度与自身相适应的那种社会关系,那么一开始就很清楚,虽然个人之间的关系表现为较明显的人的关系,但他们只是作为具有某种规定性的个人而互相发生关系,如作为封建主和臣仆、地主和农奴等等,或作为种姓成员等等,或属于某个等级等等。在货币关系中,在发达的交换制度中(而这种表面现象使民主主义受到迷惑),人的依赖纽带、血统差别、教养差别等等事实上都被打破了,被粉碎了(一切人身纽带至少都表现为**人的**关系);各个人**看起来似乎**独立地(这种独立一般只不过是错觉,确切些说,可叫做——在彼此关系冷漠的意义上——彼此漠不关心)自由地互相接触并在这种自由中互相交换;但是,只有在那些不考虑个人互相接触的**条件**即**生存条件**的人看来(而这些条件又不依赖于个人而存在,它们尽管由社会产生出来,却表现为似乎是**自然条件**,即不受个人控制的条件),各个人才显得是这样的。

在前一场合表现为人的限制即个人受他人限制的那种规定性,在后一场合则在发达的形态上表现为物的限制即个人受不以他为转移并独立存在的关系的限制。(因为单个人不能摆脱自己的人的规定性,但可以克服和控制外部关系,所以在第二场合他的自由**看起来**比较大。但是,对这种外部关系或这些条件的进一步考察表明,属于一个阶级等等的各个人如果不消灭这些关系或条件,就不能把它们全部加以克服。个别人偶尔能战胜它们;受它们控制的大量人却不能,因为它们的存在本身就表明,各个人从属于而且必然从属于它们。)

这些外部关系并未排除"依赖关系",它们只是使这些关系变成普遍的形式;不如说它们为人的依赖关系造成普遍的**基础**。个人在这里也只是作为一定的个人互相发生关系。这种与**人的**依赖关系相对立的**物的**依赖关系也表现出这样的情形(物的依赖关系无非是与外表上独立的个人相对立的独立的社会关系,也就是与这些个人本身相对立而独立化的、他们互相间的生产关系);个人现在受**抽象**统治,而他们以前是互相依赖的。但是,抽象或观念,无非是那些统治个人的物质关系的理论表现。

关系当然只能表现在观念中,因此哲学家们认为新时代的特征就是新时代受观念统治，从而把推翻这种观念统治同创造自由个性看成一回事。从意识形态角度来看更容易犯这种错误，因为上述关系的统治（上述物的依赖关系，不用说，又会转变为一定的，只不过除掉一切错觉的人的依赖关系）在个人本身的意识中表现为观念的统治，而关于这种观念的永恒性即上述物的依赖关系的永恒性的信念，统治阶级自然会千方百计地来加强、扶植和灌输。

（当然，对于封建时代的"纯粹人的关系"等等的错觉，一刻也不能忘记：（1）这种关系本身在自己的范围内，在一定的阶段上具有物的性质，例如，从纯粹军事隶属关系到地产关系的发展就表明这一点；但是（2）由这些关系没落而转变成的物的关系，其本身具有狭隘的、为自然所决定的性质，因而**表现为**人的关系，而在现代世界中，人的关系则表现为生产关系和交换关系的纯粹产物。）

产品成为商品。商品成为交换价值。商品的交换价值与商品并列获得特殊的存在，即商品采取这样一种形式，通过这种形式（1）它可以同其他一切商品相交换；（2）因而成为一般商品，它的自然特性消失了；（3）它的交换能力的尺度已经确定，即它与其他一切商品赖以相等的一定比例已经确定，它是作为货币的商品，而且不是作为货币一般，而是作为**一定数量的货币**的商品，因为，要表现交换价值的一切差别，货币必须是可以计数的，在量上是可分的。

货币，一切商品作为交换价值转化成的共同形式，一般商品，其本身必须作为**特殊**商品与其他商品并存，因为商品不仅在人的头脑中必须用货币来计量，而且在实际交换中必须与货币相交换和相兑换。由此而产生的矛盾，留待其他地方去阐述。正像国家一样，货币也不是通过协定产生的。货币是从交换中和在交换中自然产生的，是交换的产物。

最初充当货币的商品——不是作为需要和消费的对象，而是为着用它再去交换其他商品而换进来的商品——是最经常地作为需要的对象换进来的，即进行流通的商品；因而能够最可靠地用来再去交换其他特殊商品；因而在当时社会组织下最能代表财富，是最普遍的供求的对象，并且具有特殊的使用价值。如盐、毛皮、牲畜、奴隶。这样的商品在其作为商品的特殊形态上，实际上比其他商品更符合于作为交换价值的自身（遗憾的是，德语中没有合适的词来表达 denrée 和 marchandise 的区别①）。

商品的特殊有用性，不管是作为特殊的消费品（毛皮），还是作为直接的生产工具（奴隶），在这里给商品打上货币的烙印。但在发展的过程中恰好会发生相反的情况，就是说，那种最不容易直接成为消费品或生产工具的商品反而最适于代表这一方面：它为**交换本身**的需要服务。在前一种情况下，商品由于自己的特殊使用价值而成为货币；在后一种情况下，商品由于充当货币而获得自己的特殊使用价值。耐久性、不变性、易于分割和重新合并、因较小的体积包含着较大的交换价值而便于运送，——这一切使得贵金属在较后阶段特别适于充当货币。同时，它们构成从货币的最初形式开始的自然过渡。在生产和交换的略高一些的阶段上，生产工具**比**产品**重要**；而**金属**（起初是石块）是最初的和最不可缺少的生产工具。就在古代人的货币中扮演了重大角色的**铜**来说，充当生产工具的特殊使用价值，和不是来自商品的使用价值而是与商品作为交换价值（包括交换手段）的规定相适应的其他属性，在它身上还是结合在一起的。

以后，**贵**金属又从其他金属中分离出来，因为它不氧化等等，质地均匀等等，其次，贵金属更适于较高的发展阶段，因为它们对消费和生产的直接有用性降低了，而它们由于稀少却能更好地代表纯粹以交换为基础的价值。它们一开始就表示剩余，即财富最初表现的形式。而且人们更乐意用金属换金属，而不是换其他商品。

货币的最初形式是与交换和物物交换的低级阶段相适应的，那时货币更多地还是出现在它作为**尺度**而不是作为实际的**交换工具**的规定上。在这个阶段上，尺度还能够纯粹是想象的（不过在黑人那里，金属条块

---

① 法语"denrée"和"marchandise"不同，前者指作为消费品的商品，后者指作为贸易品的商品。——编者注

指的是铁）。（但**贝壳**等等更适于以金银为末端的那个系列。）

由于商品成为一般交换价值，结果交换价值成为一种特殊商品：交换价值之所以能够如此，只是因为一种特殊商品与其他一切商品相对立而获得代表或象征它们的交换价值的特权，即成为**货币**的特权。一种特殊商品与一切商品的货币属性相对立，作为货币主体而出现——这是由交换价值自身的本质产生的。在发展的过程中，货币的交换价值又能够获得一个脱离货币材料、脱离货币实体的存在，如纸币，但这种特殊商品的特权并没有消失，因为这种特殊的存在必须继续从这种特殊商品那里得到自己的名称。

因为商品是交换价值，所以它可以同货币交换，同货币相等。它同货币相等的关系，即它的交换价值的规定性，是它转化为货币的**前提**。特殊商品同货币相交换的比例，即一定的商品量可以转化成的货币量，决定于对象化在商品中的劳动时间。作为**一定的**劳动时间的体现，商品是交换价值；在货币上，商品所代表的劳动时间份额，不仅被计量，而且包含在它的一般的、符合概念的、可以交换的形式中。货币是这样一种物质中介：交换价值隐藏在其中，从而取得了一种符合自己一般规定的形态。亚当·斯密说，劳动（劳动时间）是用来购买一切商品的最初的货币。如果考察的是生产行为，那么这始终是正确的（就相对价值的规定来说，也始终是正确的）。在生产中，每个商品总是不断地同劳动时间相交换。

与劳动时间不同的货币的必然性，正是由于下述原因产生的：一定份额的劳动时间不应当表现在自己直接的和特殊的产品上，而应当表现在某种间接的和一般的产品上，即表现在与含有同一劳动时间的其他一切产品相等和可以相兑换的那种特殊产品上；这种劳动时间不是包含在一种商品中，而是同时包含在一切商品中，因而包含在代表其他一切商品的一种特殊商品中。

劳动时间本身不能直接成为货币（换句话说，这等于要求每个商品直接成为它自己的货币），正是因为劳动时间（作为对象）实际上始终只是存在于特殊产品中：作为一般对象，劳动时间只能象征性地存在，它恰好又存在于被设定为货币的那种特殊商品中。劳动时间并不是作为一般的、与商品的自然特殊性相脱离和相分离（相隔绝）的交换对象而存在。然而，要直接实现货币的条件，劳动时间又必须作为这样的交换对象而存在。正是劳动（从而交换价值中所包含的劳动时间）的一般性即社会性的对象化，使劳动的产品成为交换价值，赋予商品以货币的属性，而这种属性又意味着有一个独立存在于商品之外的货币主体。

一定的劳动时间对象化在具有特殊属性并与需要发生特殊关系的一定的特殊商品中；而作为交换价值，劳动时间必须对象化在这样一种商品中，这种商品只表现劳动时间的份额或量而同劳动时间的自然属性无关，因而可以变形为——即交换成——对象化着同一劳动时间的其他任何商品。作为对象，它们必须具有这种一般性质，而这种性质是与它们的自然特殊性相矛盾。这种矛盾只有通过矛盾本身的对象化才能解决，即只有使商品成为双重的东西才行：一方面处于自己自然的直接形式中，另一方面处于作为货币的间接形式中。这后一种情况要成为可能，只有某种特殊商品成为比如说交换价值的一般实体才行，或者说，只有把商品的交换价值跟某一区别于其他一切商品的特殊实体，跟某一特殊商品视为同一个东西才行。也就是说，商品必须先同这种一般商品，同劳动时间的象征性的一般产品或化身相交换，然后才能作为交换价值随便同任何其他商品相交换，变形为任何其他商品。

货币是作为一般对象的劳动时间，或者说，是一般劳动时间的对象化，是作为**一般商品**的劳动时间。劳动时间由于调节交换价值，它实际上就不仅是交换价值内在的尺度，而且是交换价值的实体本身（因为作为交换价值，商品没有任何其他实体，没有自然属性），并且还能直接充当交换价值的**货币**，即提供使交换价值本身得以实现的因素；如果说这一切看来十分简单，那么，这种简单的外表是骗人的。实际情况正相反，交换价值关系——商品作为彼此相同和彼此可以相等的劳动时间化身的关系——包含着矛盾，这种矛盾在与劳动时间**不同的货币**上取得了自己的物的表现。

在亚当·斯密那里，这种矛盾还是表现为同时并存的东西。除了特殊的劳动产品（作为特殊对象的劳动时间）以外，劳动者还必须生产某些数量的一般商品（作为一般对象的劳动时间）。斯密认为，交换价值的两种规定是在外部同时**并存的**。整个商品的内在实质显得尚未被矛盾所贯穿和浸透。这是与他所处的生产阶段相适应的，那里劳动者还直接在自己的产品中取得一部分自己的生存资料；无论是劳动者的全部活动还是他的全部产品，都不依赖于交换，也就是说，维持生活的农业（或斯图亚特的类似说法）还在很大程度上占优势，而且家长制的工业（与农业结合在一起的家庭手工织布和纺纱）也是这样。只有剩余物才在国内大范围内进行交换。交换价值及由劳动时间来决定，还没有在全国范围内充分发展起来。

（**附带说明**：如果认为商品的消费只能随着它们的生产费用的减少而增加，这种看法对金银来说比对任何其他商品来说更不正确。不如说，金银的消费随着一般财富的增加而增加，因为金银的使用专门代表财富、富裕、奢侈，因为它们本身**代表**一般财富。撇开作为货币使用不谈，金银的消费随着一般财富的增加而增加。因此，如果它们的供给突然增加，即使生产费用或它们的价值并没有相应降低，它们也会找到迅速扩大的市场，从而会阻碍它们的贬值。由于**澳大利亚**和**加利福尼亚**而发生的许多问题，对于那些认为金银的消费完全取决于它们生产费用的降低的经济学家来说，是无法理解的，他们在这些问题上总是兜圈子，现在这些问题得到说明了。这正好是同金银代表财富相联系的，即同它们充当货币的属性相联系的。）

（我们在配第的著作中看到的作为永久商品的金银同其他商品的对立，早在色诺芬的著作《雅典国家的收入》第一章谈到大理石和银时就已有论述：

"这块国土不仅就每年成长和凋谢的作物来说是上等的，而且还有长久的利益。它丰产石头〈即大理石〉……有这样的土地，播种后毫无收成，但如深挖下去，却比生产五谷能养活更多的人……"）

（应当指出，不同的部落或民族之间的交换——交换的最初形态正是这种交换，而不是私人交换——起初是开始于从未开化部落那里购买（骗取）剩余物，这不是它的劳动产品，而是它所占领的土地和自然界的自然产物。）

（由于货币必须通过一定的商品而象征性地表现出来，于是就要说明这种商品本身（金等等），说明由此产生的通常的经济矛盾。这是第二。其次，一切商品为要作为**价格**确定下来，必须与货币相交换，而不管这种交换是实际地进行还是仅仅想象地进行，因此就要确定金或银的量同商品价格的比例。这是第三。很明显，单是用金或银来**计量**，金银的量并不会影响商品价格；然而，只要货币真正充当流通工具，由于实际的交换，困难就产生了；供求关系等等。但是，凡是影响作为流通工具的货币的价值的因素，显然也会影响作为尺度的货币。）

劳动时间本身只是作为主体存在着，只是以活动的形式存在着。从劳动时间本身可以交换（本身是商品）来说，它不仅在量上被规定了，而且在质上也被规定了，并且，不仅在量上不相同，而且在质上也不相同；它决不是一般的、自我等同的劳动时间；作为主体的劳动时间同决定交换价值的一般劳动时间不相符合，正像特殊的商品和产品同作为客体的劳动时间不相符合一样。

亚·斯密认为，劳动者除了自己的特殊商品以外，还必须生产一般商品，换句话说，必须赋予自己的一部分产品以货币形式，总之，只要他的商品对于他自己不是充当使用价值，而是充当交换价值，就要赋予它们以货币形式，——这种论点从主体方面来表达无非是说：劳动者的特殊劳动时间不能直接同任何其他特殊劳动时间相交换，它的这种一般交换能力还需要通过中介而取得，它必须采取与本身不同的、对象的形式，才能获得这种一般交换能力。

从生产行为本身来考察，单个人的劳动就是他用来直接购买产品即购买自己特殊活动的对象的货币；但这是一种只能用来购买这种**特定**产品的**特殊**货币。为了直接成为**一般货币**，单个人的劳动必须一开始就不是**特殊**劳动，而是**一般**劳动，也就是说，必须一开始就**成为一般生产**的环节。但在这种前提下，不是交换最先赋予单个人的劳动以一般性质，而是单个人的劳动预先具有的共同性决定着对产品的参与。生产的共同性一开始就使产品成为共同的、一般的产品。最初在生产中发生的交换——这不是交换价值的交换，而是由共同需要、共同目的所决定的活动的交换——一开始就意味着单个人参与共同的产品界。在交换价值的基础上，劳动只有通过交换才能**被设定为**一般劳动。而在共同生产的基础上，劳动在交换以前就会**被设定为**一般劳动；也就是说，产品的交换决不会是促使单个人参与一般生产的**中介**。当然，中介必定是有的。

在以单个人的独立生产为出发点的第一种情况下——不管这些独立生产通过自己的互相联系而在事后怎样确立和发生形态变化——，中介作用来自商品交换，交换价值，货币，它们是同一关系的表现。在第二种情况下，**前提本身起中介作用**；也就是说，共同生产，作为生产的基础的共同性是前提。单个人的劳动一开始就被设定为社会劳动。因此，不管他所创造的或协助创造的产品的特殊物质的形态如何，他用自己的劳动所购买的不是一定的特殊产品，而是共同生产中的一定份额。因此，他也不需要去交换特殊产品。他的产品**不是交换价值**。这种产品无须先变成一种特殊形式，才对单个人具有一般性质。在这里，不存在交换价值的交换中必然产生的分工，而是某种以单个人参与共同消费为结果的劳动组织。

在第一种情况下，生产的社会性，只是由于产品变成交换价值和这些交换价值的交换，才在事后**成立**。在第二种情况下，**生产的社会性**是前提，并且参与产品界，参与消费，并不是以互相独立的劳动或劳动产品之间的交换为中介。它是以个人在其中活动的社会生产条件为中介的。

因此，要想使单个人的劳动（就是说，也使他的产品）直接成为**货币**，成为**已经实现的交换价值**，那就等于把它**直接**规定为一般劳动，这就恰好否定了使劳动必须成为货币和交换价值并依赖于私人交换的那些条件。使单个人的劳动直接成为货币的要求，只有在不再能提出这种要求的条件下，才能得到满足。因为以交换价值为基础的劳动的前提恰好是：不论是单个人的劳动还是他的产品，都不**直接**具有一般性；他的产品只有通过**对象的中介作用**，通过与它不同的**货币**，才能获得这种形式。

如果共同生产已成为前提，时间的规定当然仍有重要意义。社会为生产小麦、牲畜等等所需要的时间越少，它所赢得的从事其他生产，物质的或精神的生产的时间就越多。正像在单个人的场合一样，社会发展、社会享用和社会活动的全面性，都取决于时间的节省。一切节约归根到底都归结为时间的节约。正像单个人必须正确地分配自己的时间，才能以适当的比例获得知识或满足对他的活动所提出的各种要求一样，社会必须合乎目的地分配自己的时间，才能实现符合社会全部需要的生产。因此，时间的节约，以及劳动时间在不同的生产部门之间有计划的分配，在共同生产的基础上仍然是首要的经济规律。这甚至在更加高得多的程度上成为规律。然而，这同用劳动时间计量交换价值（劳动或劳动产品）有本质区别。同一**劳动部门**的各单个人的劳动，以及不同种类的劳动，不仅**在量上**不同，而且**在质上**也不同。物只**在量上**不同的前提是什么呢？是它们的**质的**同一性。因此，从量上计量劳动，其前提是它们的**质的**同类性，同一性。

二　资本的历史使命

资本的伟大的历史方面就是**创造**这种**剩余劳动**，即从单纯使用价值的观点，从单纯生存的观点来看的多余劳动，而一旦到了那样的时候，即一方面，需要发展到这种程度，以致超过必要劳动的剩余劳动本身成为普遍需要，成为从个人需要本身产生的东西，另一方面，普遍的勤劳，由于世世代代所经历的资本的严格纪律，发展成为新的一代的普遍财产,最后,这种普遍的勤劳,由于资本的无止境的致富欲望及其唯一能实现这种欲望的条件不断地驱使劳动生产力向前发展,而达到这样的程度,以致一方面整个社会只需要用较少的劳动时间就能占有并保持普遍财富,另一方面劳动的社会将科学地对待自己的不断发展的再生产过程,对待自己的越来越丰富的再生产过程,从而,人不再从事那种可以让物来替人从事的劳动,——一旦到了那样的时候,资本的历史使命就完成了。

因此,资本和劳动的关系在这里就像货币和商品的关系一样;如果说一方是财富的一般形式,那么,另一方就只是以直接消费为目的的实体。但是,资本作为孜孜不倦地追求财富的一般形式的欲望,驱使劳动超过自己自然需要的界限,来为发展丰富的个性创造出物质要素,这种个性无论在生产上和消费上都是全面的,因而个性的劳动也不再表现为劳动,而表现为活动本身的充分发展,而在这种发展状况下,直接形式的自然必然性消失了;这是因为一种历史地形成的需要代替了自然的需要。由此可见,**资本是生产的**,也就是说,是**发展社会生产力的重要的关系**。只有当资本本身成了这种生产力本身发展的限制时,资本才不再是这样的关系。

在1857年11月份的《泰晤士报》上,一位西印度的种植园主发出了十分可爱的叫嚣。这位辩护士像发表主张恢复黑人奴隶制的辩护词那样满腔激愤地诉说,这些**黑鬼**(牙买加的自由黑人)只满足于生产他们自己消费所绝对必需的东西,除了这种"使用价值"以外,他们把游手好闲本身(放纵和懒惰)视为真正的奢侈品;他们对糖和投在种植园中的固定资本满不在乎,却幸灾乐祸地嘲笑那行将破产的种植园主,甚至把传授给他们的基督教只用来为这种幸灾乐祸和懒惰辩护。

他们不再是奴隶了,但并没有成为雇佣工人,而是成为自给自足的、为自己十分有限的消费而劳动的农民。对他们来说,资本不是作为资本而存在,因为独立的财富**只有靠直接的**强制劳动即奴隶制,或者靠**间接的强制劳动即雇佣劳动**才能存在。与直接的强制劳动相对立的财富不是资本，而是**统治关系**。因而在直接的强制劳动的基础上再生产出来的也只是这种统治关系，对这种关系来说，财富本身只有享乐的意义，而没有作为财富本身的意义，因而这种关系决不能创造出**普遍的产业**。（我们以后还要谈奴隶制和雇佣劳动的这种关系。）

三 劳动和资本在生产过程中的作用

可见，价值的增加是资本自行增殖的结果；不管这种自行增殖是**绝对剩余时间**的结果，还是**相对剩余时间**的结果，或者说，不管是绝对劳动时间实际增加的结果，还是相对剩余劳动增加的结果，即工作日中规定为维持劳动能力的必要劳动时间，规定为一般**必要**劳动的那个可除部分减少的结果。

活的劳动时间再生产出来的只是对象化劳动时间（资本）的这样一部分，这一部分表现为对活劳动能力的支配权的等价物，因而，作为等价物，它必须补偿对象化在劳动能力中的劳动时间，也就是补偿活的劳动能力的生产费用，换句话说，必须维持工人作为工人的生活。活的劳动时间在此之外生产的，不是再生产，而是新的创造，并且是新的价值创造，因为这是新的劳动时间在一个使用价值中的对象化。至于原料和工具所包含的劳动时间与此同时被保存下来，这种情况并**不是劳动的量**的结果，而是劳动作为劳动的**质**的结果；而且劳动的一般的质，并不是劳动的特殊技能，不是特别规定的劳动，而在于**劳动是作为劳动的那种劳动**，——这种质是不用特别支付报酬的，因为资本在同工人的交换中已经购买了**这种质**。

然而，这种质（劳动的特有使用价值）的等价物，是单纯用生产这种质的劳动时间的**量**来计量的。工人把工具当做工具使用，赋予原料以形式，从而首先给原料和工具的价值追加上和他的工资中所包含的劳动时间相等的新劳动量；此外工人所追加的，就是剩余劳动时间，剩余价值。但是，由于这样一种简单的关系，即工具被用做工具，原料成为劳动的原料；由于这样一种简单的过程，即工具和原料同劳动接触，成为劳动的手段和对象，从而成为活劳动的对象化，成为劳动本身的要素；结果，原料和工具不是在形式上而是在实体上被保存下来，而从经济学的角度来看，它们的实体就是对象化劳动时间。对象化劳动时间不再以片面的对象的形式存在，从而不再作为单纯的物被化学等等过程分解，这是因为对象化劳动时间成了活劳动的物质存在方式——手段和对象。

从单纯对象化劳动时间，发展出物质对于形式的漠不相关性；在对象化劳动时间的物的存在中，劳动只是作为消失了的东西，作为这种对象化劳动时间的自然实体的**外在形式**而存在，这种形式对于这种实体本身来说是外在的（例如桌子的形式对于木头来说是外在的，轴的形式对于铁来说是外在的），劳动只是存在于物质的东西的外在形式中的东西。对象化劳动时间保存它的这种形式，并不像例如树木保存它的树木形式那样是由于再生产的活的内在规律造成的（木头所以在一定形式上作为树木保存自己，是因为这种形式是木头的形式；而桌子的形式对于木头来说则是偶然的，不是它的实体的内在形式），对象化劳动时间在这里只是作为物质的东西的外在形式而存在，或者说，它本身只是在物质上存在着。因此，它的物质遭到的分解，也会使形式遭到分解。可是，当原料和工具成为活劳动的条件时，它们本身又复活了。对象化劳动不再以死的东西在物质上作为外在的、漠不相关的形式而存在，因为对象化劳动本身又成为活劳动的要素，成为活劳动对处在某种对象材料中的自身的关系，成为活劳动的**对象性**（作为手段和对象）（活劳动的**对象**条件）。

这样，活劳动通过把自己实现在材料中而改变材料本身，这种改变是由劳动的目的和劳动的有目的的活动决定的——（这种改变不像在死的对象中那样是创造作为物质的外在物，作为物质存在的仅仅转瞬即逝的外表的形式）——，因此，材料在一定形式中保存下来，物质的形式变换就服从于劳动的目的。劳动是活的、造形的火；是物的易逝性，物的暂时性,这种易逝性和暂时性表现为这些物通过活的时间而被赋予形式。在简单生产过程中——撇开价值增殖过程不谈——物的形式的易逝性被用来造成物的有用性。

如果棉花变成纱,纱变成布,布变成印染布等,印染布再变成比如说衣服,那么,(1)棉花的实体在所有这些形式中都得到了保存(在化学过程中,在由劳动调节的物质变换中,到处都是等价物(自然的)相交换等等);(2)在所有这些连续的过程中,物质取得越来越有用的形式,因为它取得越来越适合于消费的形式;直到最后,物质取得使它能够直接成为消费对象的形式,这时物质的消耗和它的形式的扬弃成了人的享受,物质的变化就是物质的使用本身。棉花的物质在所有这些过程中都得到了保存,它在使用价值的一种形式上消失,是为了**让位给更高级的形式,直到对象成为直接的消费对象**。

但是,当棉花变成纱的时候,棉花就被置于同下一种劳动的一定关系之中。如果下一步劳动不进行,那么,不仅已经赋予棉花的形式没有用处,也就是说,以前的劳动没有得到新劳动的确认,而且连物质也要腐坏,因为这种物质在纱的形式中只有再经加工才有使用价值;只有被下一步劳动使用,它才是使用价值;只有它的纱的形式被扬弃而代之以布的形式,它才是使用价值;而棉花在作为棉花的存在中则可以无止境地使用下去。

可见,如果没有下一步劳动,棉花和纱的使用价值,材料和形式,就会损坏;这种使用价值就会被消灭,而不是被生产出来。材料和形式,物质和形式,由于下一步劳动而被保存,——作为使用价值被保存,直到它们取得一种其使用就是消费的使用价值形态。因而,简单生产过程的情形就是:生产的前一阶段由生产的后一阶段保存下来;旧的使用价值由于创造出更高的使用价值而保存下来,或者说,旧的使用价值只是从它作为使用价值被提高这个意义上来说才发生了变化。正是活劳动通过使未完成的劳动产品成为下一步劳动的材料,才保存了这种产品的使用价值。但是,活劳动保存这种产品,也就是说,使它免于报废和毁灭，只是由于按照劳动的目的对它进行了加工，总之，使它成了新的活劳动的对象。

旧使用价值的这种**保存**，并不是在用新劳动增加旧使用价值或使旧使用价值完美化的过程之外发生的过程，而是由提高使用价值的这一新劳动本身来实现的。由于织布劳动把纱变成布，也就是把纱当做织布（一种特殊的活劳动）的原料（而且纱只有用来织布才有使用价值），织布劳动就保存了棉花本身所具有的并且在棉纱这种特殊形式中所保存的使用价值。织布劳动由于把劳动产品变成新劳动的原料而保存了这种产品，但是，它（1）并没有为此追加新劳动；（2）同时以另一种劳动保存了原料的使用价值。**织布劳动通过把纱织成布而保存了棉花作为纱的有用性。**（所有这些已经属于**论述生产一般**的第一章的内容。）**织布劳动通过织布保存棉花**。由于劳动产品成为新劳动的原料，重新被当做有目的的活劳动的物质对象性，作为产品的劳动便得到保存，或者说，劳动产品的使用价值便得到保存，这种保存在简单生产过程中就已存在。就使用价值来说，劳动具有下面这样的属性：它保存现有使用价值，是由于它提高现有使用价值，而它提高现有使用价值，是由于它把现有使用价值变成一种由最终目的所决定的新的劳动对象；即从无所谓的存在形式重新变成劳动的对象材料形式，变成劳动的躯体形式。

（**工具的情况也是这样**。纱锭只有用于纺纱，才能作为使用价值被保存。否则，由于铁和木头在这里所具有的一定形式，无论是创造这种形式的劳动，还是劳动使之具有这种形式的物质，就都会毁坏而不能使用。只是由于纱锭成为活劳动的手段，成为活劳动的生命力的一个对象存在要素，木材和铁的使用价值以及它们的形式才得以保存。纱锭作为劳动工具的使命，就是要被消耗，但要在纺纱过程中被消耗。纱锭赋予劳动的更高的生产率，会创造出更多的使用价值，从而会补偿工具被消费时所消耗掉的使用价值。这种情况在农业中表现得最明显，因为［农产品］直接作为生活资料和使用价值，最容易同交换价值区别开来，表现为使用价值，因为最初便是如此。如果一个农民使用锄头获得的谷物比不用锄头时多一倍,那么他生产锄头本身所需要的时间就比较少;他有足够的粮食来置备一个新锄头。)

现在,在价值增殖过程中,资本价值的各个组成部分——其中一部分以材料形式存在,另一部分以工具形式存在——对于工人,即对于活劳动来说(因为工人在这个过程中只是作为活劳动而存在),不是表现为价值,而是表现为生产过程的简单要素,表现为供劳动用的使用价值,表现为劳动发挥作用的对象的条件,或者说表现为劳动的对象的要素。而工人把工具当做工具来使用,赋予原料以更高形式的使用价值,从而把工具和原料保存下来,这是劳动本身的性质。但是,这样保存下来的劳动的使用价值,作为资本的组成部分是交换价值;而它们作为这种交换价值,是由它们所包含的生产费用,由它们所包含的对象化劳动的量决定的。(同使用价值有关的,只是已经对象化的劳动的**质**。)**对象化劳动**的量被保存下来,是由于对象化劳动通过同活劳动相接触,它的**质作为下一步劳动的使用价值**被保存下来。

棉花的使用价值以及棉花作为纱的使用价值被保存下来,是由于棉花作为纱被织成布,是由于棉花[作为纱]在织布时是对象的要素之一(此外还有纺车)。**因此棉花和棉纱所包含的劳动时间量也就被保存下来**。同一种情况,**在简单生产过程中表现为过去劳动的质的保存,因而表现为体现过去劳动的那种材料的保存**,而在价值增殖过程中则表现为已经对象化的劳动的量的保存。**对于资本来说**,这是对象化劳动量**通过生产过程而得到的保存**;对于**活劳动**本身来说,这只是已经存在的、为劳动而存在的使用价值的保存。

活劳动追加一个**新的劳动量**;但是它保存已经对象化的劳动量并不是由于这种**量的**追加,而是由于它作为**活劳动的质**,或者说,是由于它作为劳动同那些包含过去劳动的使用价值发生关系。但是,活劳动被支付报酬,又不是由于它作为活劳动具有的这种质——如果它不是活劳动,根本就不会有人购买它——,而是由于它自身包含的劳动量。像其他一切商品一样,得到支付的,只是劳动的使用价值的**价格**。活劳动具有的特殊的质，即通过在已经对象化的劳动量上追加新的劳动量，同时把对象化劳动在其作为对象化劳动的质中保存下来这样一种质，是不被支付报酬的，而且也不花费工人什么，因为这是工人劳动能力的自然属性。

在生产过程中，劳动同它的对象的存在要素——工具和材料——的**分离被扬弃了**。资本和雇佣劳动的存在就是以这种分离为基础的。对于**在生产过程中实际发生的这种分离的扬弃**——因为不扬弃就根本不能进行劳动——，**资本并不支付报酬**。（这种扬弃也不是通过同工人的交换来实现的，而是**通过生产过程中的劳动本身**来实现的。但是，作为这种**当前的劳动**，劳动本身已经被并入资本，成为资本的一个要素。因而，劳动的这种保存力表现为资本的**自我保存力**。工人只是追加了新劳动；过去的劳动——只要资本存在——作为价值具有永恒的存在，完全不以价值的物质存在为转移。对资本和工人来说，事情就是如此。）如果资本对于这种分离被扬弃，也必须支付报酬，那么资本就不成其为资本了。这种扬弃完全有赖于劳动按其性质在生产过程中所起的物质作用，有赖于劳动的使用价值。

但是，劳动作为使用价值属于资本家；作为单纯的交换价值属于工人。劳动在生产过程本身中的活的质，即通过把对象化劳动时间变成活劳动的对象的存在方式来保存对象化劳动时间的这种质，同工人毫不相干。**在生产过程本身中，活劳动把工具和材料**变成自己灵魂的躯体，从而使它们起死回生，——**这种占有**，事实上同下述情况相矛盾：劳动是无对象的，或者说，劳动只有在工人身上作为直接的生命力才是现实的；而劳动材料和劳动工具却在资本中作为自为存在的东西存在着。（这一点，以后要回头来谈。）

资本的价值增殖过程是通过简单生产过程并在简单生产过程中实现的，这是靠活劳动同它的物质存在要素发生合乎自然的关系。但是，只要活劳动进入这种关系，这种关系就不是为活劳动本身而存在，而是为资本而存在；活劳动本身已经是资本的要素。

由此可见，资本家通过同工人的交换过程——由于资本家事实上为包含在工人劳动能力中的生产费用向工人支付了等价物，也就是说，给了工人维持他的劳动能力的资料——，资本家就占有了活劳动，他无偿地得到了双重的东西：第一，得到了增加他的资本价值的剩余劳动，第二，同时得到了活劳动的质，这种质使物化在资本的各个组成部分中的过去劳动得到保存，从而使原有的资本的价值得到保存。但是，这种保存并不是由于活劳动**增大了对象化劳动的量**，创造了价值，而只是由于活劳动在追加新劳动量时作为活劳动而存在，同劳动材料和劳动工具处于一种由生产过程决定的内在关系之中，也就是说，由于它作为活劳动的**质**。而作为这样的质，活劳动本身是简单生产过程的一个要素，它不要资本家花费什么，就像纱和纱锭除了它们的价格以外，并不由于它们也是生产过程的要素而要资本家再花费什么一样。

例如在商业等等的停滞时期，如果工厂停工，事实上就可以看到，机器和纱一旦中断了同活劳动的关系，机器就会生锈，纱就会成为无用的赘物，而且还会腐坏。如果说资本家让工人劳动只是为了创造剩余价值——为了创造还不存在的价值——，那么我们就可以看到，只要资本家不再让工人劳动，就连他的已有的资本也会丧失价值，可见，活劳动不仅追加新价值，而且正是通过在旧价值上追加新价值的行为，也保存了旧价值，使其永久化。

四　资本的二重倾向：扩大所使用的活劳动和缩小必要劳动

……

如果说一方面资本创造了剩余劳动，那么另一方面剩余劳动也是资本存在的前提。创造出可以自由支配的时间是财富整个发展的基础。**必要**劳动时间对**剩余**劳动时间（它首先从必要劳动的角度来看是如此）的比例在生产力的不同发展阶段上是会变化的。在较原始的交换阶段上，人们交换的不过是自己的**剩余劳动时间**；剩余劳动时间是他们交换的尺度，因而交换也只涉及剩余产品。在以资本为基础的生产中，**必要劳动时间**的存在以创造**剩余**劳动时间为条件。首先，在生产的最低阶段上，人类产生的需要还很少，因而要满足的需要也很少。就是说，必要劳动时间之所以有限，并不是因为劳动有生产效率，而是因为需要少。其次，在一切生产阶段上都存在着劳动的某种共同性，即劳动的**社会性质**，等等。以后，社会生产力不断发展，等等。(关于这一点，以后再回头来谈。)

剩余时间是作为工作日中我们称为**必要**劳动时间的那部分以外的余额而存在的；其次，是作为**同时并存**的**工作日**的增加即**劳动人口**的增加而存在的。

(剩余时间的产生也可以通过强制地把工作日延长到超过其自然界限的办法；通过把妇女和儿童纳入劳动人口的办法，——不过，这个问题在这里只能顺便提一下，它属于工资那一章。)

一日中的剩余时间对必要时间的最初比例，可以而且也会由于生产力的发展而发生变化，结果是必要劳动限于越来越小的部分。人口的情况相对地说也是这样。比如说，可以把 600 万劳动人口看做一个 600 万×12 即 7200 万小时的工作日；因此在这里也可以应用同一规律。

我们已经看到，资本的规律是创造剩余劳动，即可以自由支配的时间；资本只有推动**必要劳动**即同工人进行交换，才能做到这一点。因此，资本的趋势是要尽量多地创造劳动；资本的趋势也是要把必要劳动减少到最低限度。因此，资本的趋势也是：既增加劳动人口，又把劳动人口的一部分不断地变成过剩人口，即在资本能够利用他们之前先把他们变成无用的人口。(因此，关于过剩人口和剩余资本的理论是正确的。)

资本的趋势也是既要使人的劳动过剩(相对来说)，又要使人的劳动无限增加。价值只是对象化劳动，而剩余价值(资本的价值增殖)只是超过再生产劳动能力所必需的那部分对象化劳动而形成的余额。但是，前提总是并且始终是劳动一般，剩余劳动只是和必要劳动相比较而存在，因而只有在必要劳动存在时它才存在。因此，资本必须不断地推动必要劳动，才能创造出剩余劳动；资本必须增加必要劳动（即**同时并存的**工作日），才能增加剩余额；但是，资本同样必须把这种劳动作为必要劳动来扬弃，才能把它变为剩余劳动。

如果就单个工作日来看，过程当然很简单：（1）把工作日一直延长到自然所允许的界限；（2）使工作日的必要部分越来越缩短（也就是无限地提高生产力）。但是，如果从空间方面来看工作日——从空间方面来看时间本身——，那就是**许多工作日同时并存**。资本越是能同时与更多的工作日进行交换，即用**对象化劳动**同**活劳动**相交换，资本同时增殖的价值就越大。**在生产力发展的一定阶段上**（这种阶段是不断变化的，但这不会使事情本身有任何改变），资本只有在一个工作日**之外**，同时使用**另外**一个工作日，从空间方面增加**更多的同时并存的工作日**，才能超越一个人的活的工作日所形成的**自然**界限。

例如，我只能把 A 的剩余劳动延长 3 小时，但是，如果我再加上 B、C、D 等等的工作日，那它就变成 12 小时。我创造出的剩余时间就不是 3 小时，而是 12 小时了。因此，资本要求人口增加，而且减少必要劳动的过程本身使资本有可能使用新的必要劳动（从而剩余劳动）。（这就是说，随着**必要劳动时间**的减少，或者随着**活的劳动能力的生产**所需要的时间的相对减少，**工人的生产**变得便宜起来，用同一时间可以生产出更多的工人。这是同一个命题。）

（这还没有把以下情况考虑在内，即人口的增加会使劳动生产力增长，因为这会使劳动的更广泛的分工和结合等等成为可能。人口的增加是劳动的一种不用支付报酬的**自然力**。从这个观点出发我们把**社会力量**叫做**自然力**。**所有社会劳动的自然力**，本身都是历史的产物。）

另一方面，资本的趋势，像以前考察单个工作日时一样，现在涉及许多同时并存的必要工作日时（这些工作日只就价值来考察时，可以看做**一个**工作日），也是要把必要工作日数减少到最低限度，即把尽可能多的工作日数变成**不必要的**，并且，像以前考察单个工作日时资本的趋势是减少必要劳动小时一样，现在资本的趋势也是要减少必要工作日数对全部对象化劳动时间的比例。(如果为了生产12个剩余劳动小时需要使用6个工作日，那么资本就会极力设法使之仅仅需要4个工作日。或者，6个工作日可以被看做一个72小时的工作日；如果资本能够把必要劳动时间减少24小时，那就会省去2个必要工作日，即2个工人。)

另一方面，创造出来的新的剩余资本，只有再同活劳动相交换，才能作为资本来增殖价值。由此，资本的趋势也是：既增加**劳动人口**，又不断减少劳动人口的**必要**部分（资本不断地把劳动人口的一部分重新变为后备军）。增加人口本身就是减少其中必要部分的主要手段。

其实，这一切不过是单个工作日中〔必要劳动和剩余劳动〕所占比例的应用。因此，这里已经包含着现代人口理论中虽然还不被理解，但是已经作为矛盾表述出来的全部矛盾。资本作为剩余劳动的设定，同样并且同时既是必要劳动的设定又是必要劳动的非设定；资本所以存在，只是由于必要劳动既存在而同时又不存在。

〔以下问题虽然不属于这里的范围，但是已经可以在这里提一下：剩余劳动在一方创造出来，与此相适应，负劳动，即相对的懒惰（或者在最好的情况下，是**非生产**劳动）则在另一方面创造出来。不言而喻，这首先适用于资本，其次也适用于同资本分享〔剩余价值〕的其他阶级，因而适用于靠剩余产品过活的需要救济的贫民、侍从、食客等等，总之，一整批仆从，适用于不是靠资本生活，而是靠收入生活的那部分**仆役阶级**。

这种**仆役**阶级同**劳动**阶级之间有本质的区别。从整个社会来说，创造**可以自由支配的时间**，也就是创造产生科学、艺术等等的时间。社会的发展进程决不在于：因为一个人满足了自己的迫切需要，所以才创造自己的剩余额；而是在于：因为一个人或由许多人形成的阶级被迫去从事满足自己的迫切需要以外的更多的劳动，也就是因为在一方创造出**剩余劳动**，所以在另一方创造出非劳动和剩余财富。

从现实性来看，财富的发展只存在于这种对立之中；从可能性来看，财富的发展正是扬弃这种对立的可能性。换句话说，因为一个人只有当他同时满足了**另一个人**的迫切需要，并且为后者创造了超过这种需要的余额时，才能满足**他本人**的迫切需要。在奴隶制度下，这是以粗暴的方式实现的。只有在雇佣劳动的条件下，这才导致了**产业**，导致了**产业劳动**。

因此，马尔萨斯在剩余劳动和剩余资本以外，还要求有只消费而不生产的剩余有闲者，或者说，鼓吹挥霍、奢侈、浪费等等的必要性，他这样做倒也是前后完全一贯的。]

如果必要工作日对全部对象化工作日的比例本来=9∶12（因而剩余劳动=$\frac{1}{4}$），那么资本就会力图把这个比例降到6∶9（即$\frac{2}{3}$，因而剩余劳动=$\frac{1}{3}$）。（这一点以后再详细阐述；不过这里是一些基本要点，因为这里谈的是资本的一般概念。）

五　资本主义生产的作用及其界限

资本创造绝对剩余价值——更多的对象化劳动——要有一个条件，即流通范围要扩大，而且要不断扩大。在一个地点创造出的**剩余价值**要求在**另一个**地点创造出它与之交换的剩余价值；要求首先哪怕只是生产出更多的金银，更多的货币。这样，即使剩余价值不能直接再变为资本，它也可以在货币的形式上作为新资本的可能性而存在。因此，以资本为基础的生产，其条件是**创造一个不断扩大的流通范围**，不管是直接扩大这个范围，**还是在这个范围内把更多的地点创造为生产地点**。

如果说流通最初表现为既定的量，那么它在这里却表现为变动的量，并且是通过生产本身而不断扩大的量。就这一点来说，流通本身已经表现为生产的要素，因此，资本一方面具有创造越来越多的剩余劳动的趋势，同样，它也具有创造越来越多的交换地点的补充趋势；在这里从**绝对**剩余价值或**绝对**剩余劳动的角度来看，这也就是造成越来越多的剩余劳动作为自身的补充；从本质上来说，就是推广以资本为基础的生产或与资本相适应的生产方式。创造**世界市场**的趋势已经直接包含在资本的概念本身中。任何界限都表现为必须克服的限制。首先，要使生产本身的每一个要素都从属于交换，要消灭直接的、不进入交换的使用价值的生产，也就是说，要用以资本为基础的生产来代替以前的、从资本的观点来看是原始的生产方式。**商业**在这里不再表现为在各个独立生产部门之间交换它们的多余产品的活动，而是表现为生产本身的实质上包罗一切的前提和要素。

当然，一切以直接使用价值为目的的生产，既会减少交换者的人数，也会减少投入流通的交换价值总额，而首先是减少剩余价值的生产。因此，资本的趋势是（1）不断扩大流通范围；（2）在一切地点把生产变成由资本推动的生产。

另一方面，生产**相对剩余价值**，即以提高和发展生产力为基础来生产剩余价值，要求生产出新的消费；要求在流通范围内部扩大消费范围，就像以前［在生产绝对剩余价值时］扩大生产范围一样。**第一**，要求在量上扩大现有的消费；**第二**，要求把现有的消费推广到更大的范围来造成新的需要；**第三**，要求生产出**新**的需要，发现和创造出新的使用价值。换句话说这种情况就是：获得的剩余劳动不单纯仍然是量上的剩余，同时劳动（从而剩余劳动）的质的差别的范围不断扩大，越来越多样化，本身越来越分化。

例如，由于生产力提高一倍，以前需要使用 100 资本的地方，现在只需要使用 50 资本，于是就有 50 资本和相应的必要劳动游离出来；因此必须为游离出来的资本和劳动创造出一个在质上不同的新的生产部门，这个生产部门会满足并引起新的需要。旧产业部门的价值由于为新产业部门创造了基金而保存下来，而在新产业部门中资本和劳动的比例又以**新**的形式确立起来。

于是，就要探索整个自然界，以便发现物的新的有用属性；普遍地交换各种不同气候条件下的产品和各种不同国家的产品；采用新的方式（人工的）加工自然物，以便赋予它们以新的使用价值。[**奢侈品**在古代所起的作用和在现代所起的作用不同，这以后再谈。]要从一切方面去探索地球，以便发现新的有用物体和原有物体的新的使用属性，如原有物体作为原料等等的新的属性；因此，要把自然科学发展到它的最高点；同样要发现、创造和满足由社会本身产生的新的需要。培养社会的人的一切属性，并且把他作为具有尽可能丰富的属性和联系的人，因而具有尽可能广泛需要的人生产出来——把他作为尽可能完整的全面的社会产品生产出来（因为要多方面享受，他就必须有享受的能力，因此他必须是具有高度文明的人）——，这同样是以资本为基础的生产的一个条件。新生产部门的这种创造，即从质上说新的剩余时间的这种创造，不仅是一种分工，而且是一定的生产作为具有新使用价值的劳动从自身中分离出来；是发展各种劳动即各种生产的一个不断扩大和日益广泛的体系，与之相适应的是需要的一个不断扩大和日益丰富的体系。

因此，如果说以资本为基础的生产，一方面创造出普遍的产业，即剩余劳动，创造价值的劳动，那么，另一方面也创造出一个普遍利用自然属性和人的属性的体系，创造出一个普遍有用性的体系，甚至科学也同一切物质的和精神的属性一样，表现为这个普遍有用性体系的体现者，而在这个社会生产和交换的范围之外，再也没有什么东西表现为**自在的更高的东西**，表现为自为的合理的东西。因此，只有资本才创造出资产阶级社会，并创造出社会成员对自然界和社会联系本身的普遍占有。由此产生了资本的伟大的文明作用；它创造了这样一个社会阶段，与这个社会阶段相比，一切以前的社会阶段都只表现为人类的**地方性发展**和**对自然的崇拜**。只有在资本主义制度下自然界才真正是人的对象，真正是有用物；它不再被认为是自为的力量；而对自然界的独立规律的理论认识本身不过表现为狡猾①，其目的是使自然界（不管是作为消费品，还是作为生产资料）服从于人的需要。资本按照自己的这种趋势，既要克服把自然神化的现象，克服流传下来的、在一定界限内闭关自守地满足现有需要和重复旧生活方式的状况，又要克服民族界限和民族偏见。资本破坏这一切并使之不断革命化，摧毁一切阻碍发展生产力、扩大需要、使生产多样化、利用和交换自然力量和精神力量的限制。

但是，决不能因为资本把每一个这样的界限都当做限制，因而**在观念上超越它**，所以就得出结论说，资本已在**实际上**克服了它，并且，因为每一个这样的限制都是同资本的使命相矛盾的，所以资本的生产是在矛盾中运动的，这些矛盾不断地被克服，但又不断地产生出来。不仅如此。资本不可遏止地追求的普遍性，在资本本身的性质上遇到了限制，这些限制在资本发展到一定阶段时，会使人们认识到资本本身就是这种趋势的最大限制，因而驱使人们利用资本来消灭资本。

像李嘉图这样一些经济学家，把生产和资本的自行增殖直接看成一回事，因而他们既不关心消费的限制，也不关心流通本身由于在一切点上都必须表现对等价值而存在着的限制，而只注意生产力的发展和产业人口的增长，只注意供给而不管需求，因此，他们对资本的积极本质的理解，比西斯蒙第这样一些强调消费限制和对等价值现有范围限制的经济学家更正确和更深刻，虽然西斯蒙第对以资本为基础的生产的局限性，对它的消极的片面性的理解比较深刻。李嘉图比较理解资本的普遍的趋势，西斯蒙第比较理解资本的特殊的局限性。

从资本的角度来看**生产过剩**是不是可能的和必然的，这个问题的整个争论焦点在于：资本在生产中的价值增殖过程是否直接决定资本在流通中的价值实现；资本在**生产过程**中实现的价值增殖是否就是资本的**现实的**价值增殖。当然，李嘉图也曾猜想，**交换价值**没有交换就不是价值，只有通过交换，才能证明它是价值；但是，他认为生产由此而遇到

---

① 参看《马克思恩格斯文集》第5卷第3篇第5章脚注（2）。——编者注

的限制是偶然的，是可以克服的。因此，他认为资本的本质就包含着克服这些限制的可能性，不过他的阐述往往是荒谬的；而**西斯蒙第**则相反，他不但强调生产会遇到限制，而且强调这个限制是由资本本身产生的，于是资本陷入矛盾之中，他由此预言，这些矛盾必然导致资本的毁灭。因此，他想通过习惯、法律等等从外部给生产设置限制，但是，正因为这些限制只是外部的和人为的，所以必然会被资本推翻。另一方面，李嘉图及其整个学派始终不了解现实的**现代危机**，在这种危机中，资本的这种矛盾暴风雨般地突然爆发出来，越来越威胁到作为社会基础和生产本身基础的资本本身。

从正统的经济学观点来否认一定时期内会发生**普遍的生产过剩**，这种企图实际上是很幼稚的。或者，例如请看麦克库洛赫的著作，为了挽救**以资本为基础**的生产，而把这种生产的一切特有属性、它的概念规定全都抛开，相反地把它看成是提供**直接使用价值**的简单生产。本质的关系完全被抽象掉了。事实上，为了清除这种生产所具有的矛盾，干脆把这种生产抛弃和否定了。或者，例如像**穆勒**那样（庸俗的萨伊就是模仿他的），做得更机灵了：说什么**供给**和**需求**是同一的，因而必然是一致的；也就是说，供给就是由供给本身的量来计量的需求。

这里存在着很大的混乱：（1）供给的这种同一性，从而供给就是由供给本身的量来计量的需求，这只有在供给是**交换价值**，即等于一定量对象化劳动时，才是真实的。只有如此，供给才是自身的需求的尺度——这是就**价值**来说的。但是作为这样的价值，供给只有同**货币**相交换才能实现，而作为同货币交换的对象，供给取决于（2）自己的**使用价值**；但是作为使用价值，供给取决于对它的现有需求量，取决于对它的需要程度。但是作为使用价值，供给决不是由对象化在它本身中的劳动时间来计量的，而是用一种和它作为交换价值的性质毫无关系的尺度来计量的。

或者，进一步的说法是，**供给本身就是对具有一定的价值的一定产品的需求**（这个价值就表现在所需要的产品量上）。因此，如果供给的产品卖不出去，那就证明，供给的商品太多，而供给者所需要的商品生产得太少了。因此，不会存在普遍的生产过剩，只存在一种或几种商品的生产过剩，而另一些商品则会生产不足。可是在这里人们又忘记了，从事生产的资本所要求的，不是某种特定的使用价值，而是自为存在的**价值**，即货币——不是在流通手段这个规定上的货币，而是作为财富的一般形式的货币，或者说，它一方面是作为资本的实现形式，另一方面是作为资本复归到它原来的休眠状态的形式。

至于断言**货币**生产得**太少**，实际上这不过是断言生产同价值实现不一致，因而是**生产过剩**，或者同样可以说，这是产品不能转化为货币的、不能转化为**价值**的生产；是不能在流通中得到证实的生产。由此就产生了货币魔术师们（蒲鲁东等等也包括在内）的幻想：由于货币昂贵而**流通手段**短缺，因此必须人为地创造更多的货币。（并见伯明翰派，例如《双子座书简》。）

或者，人们说，**从社会的观点来看**，**生产和消费**是一回事，因此绝对不会出现过剩，或两者之间发生不协调。在这里，社会的观点是指这样一种抽象，它恰恰**抽掉**了一定的社会结构和社会关系，因而也**抽掉**了由它们所产生的各种矛盾。例如，**施托尔希**当时在反驳萨伊时就很正确地指出，很大一部分消费不是供人们直接使用的消费，而是生产过程中的消费，例如机器、煤、油、必要的建筑物等等的消费。这种消费同这里所说的消费决不是一回事。**马尔萨斯**和**西斯蒙第**也正确地指出，例如工人的消费本身对于资本家来说决不是**充分**的消费。在把生产和消费说成一回事的情况下，是把价值增殖这个要素完全抛弃了，并把生产和消费简单地加以对比，也就是说，把直接以**使用价值**而不是以资本为基础的生产当做前提了。

或者，按照**社会主义**的说法：劳动以及劳动的交换，即生产以及产品的交换（流通），这就是全部过程；既然如此，除非是由于错误，由于结算不正确，否则怎么会出现不协调呢？在这里，劳动没有被看做雇佣劳动，资本也没有被看做资本。一方面承认以资本为基础的生产的结果；另一方面却否认这种结果的前提和条件——必要劳动是通过剩余劳动并且为了剩余劳动而存在的劳动。

或者，例如**李嘉图**断言，因为生产本身由生产费用调节，所以生产会自行调节，如果一个生产部门不增殖价值，那么就会有一定量的资本从这个部门被抽出，投入另一个需要资本的地方。但是，即使撇开这种平衡的必然性本身就是以不平衡、不协调为前提，因而是以矛盾**为前提**不谈，在生产过剩的普遍危机中，矛盾并不是出现在各种生产资本之间，而是出现在产业资本和借贷资本之间，即出现在直接包含在生产过程中的资本和在生产过程以外（相对）独立地作为货币出现的资本之间。

最后，**按比例的生产**（这一点李嘉图等人早已提到过）只不过表示，如果说资本有按照正确比例来分配自己的趋势，那么，由于资本无限度地追求超额劳动、超额生产率、超额消费等等，它同样有超越这种比例的必然趋势。

（在**竞争**中，资本的这种内在趋势表现为一种由**他人**的资本对它施加的强制，这种强制驱使它越过正确的比例而不断地**前进，前进**！正如**韦克菲尔德**先生在他为斯密的著作所加的注释中正确地指出的那样，经济学家们大肆空谈过自由竞争，但**从来还没有阐明过**，尽管自由竞争是建立在资本上的整个资产阶级生产的基础。自由竞争只是被否定地理解，即被理解为对垄断、行会、法律调节等等的否定，被理解为对封建生产的否定。但是，它总还必须是某种**自为**存在的东西，因为单纯的零是空洞的否定，是抽象掉界限，这种界限例如在垄断、自然垄断等等的形式下会立即重新恢复起来。从概念来说，**竞争**不过是**资本的内在本性**，是作为许多资本彼此间的相互作用而表现出来并得到实现的资本的本质规定，不过是作为外在必然性表现出来的内在趋势。）（资本是而且只能是作为许多资本而存在，因而它的自我规定表现为许多资本彼此间的相互作用。）

资本既是**按比例的生产**的不断确立，又是这种生产的不断扬弃。现在比例必然会由于剩余价值的创造和生产力的提高而不断被扬弃。但是，要求生产**同时一齐按同一比例**扩大，这就是向资本提出外部的要求，这种要求决不是由资本本身产生的；同时，一个生产部门超出现有的比例，就会促使所有生产部门都超出这种比例，而且超出的比例又各不相同。到目前为止（因为我们还没有谈到资本作为**流动资本**的规定，我们还在一方面研究流通，另一方面研究资本，也就是说，我们还把生产看做流通的前提，或产生流通的根据），就是从生产的角度来看，流通已经同消费和生产都有关系，换句话说，剩余劳动表现为对等价值，而且劳动的专业化的形式越来越丰富。

在资本的简单概念中必然**自在地**包含着资本的文明化趋势等等，这种趋势并非像迄今为止的经济学著作中所说的那样，只表现为外部的结果。同样必须指出，在资本的简单概念中已经潜在地包含着以后才暴露出来的那些矛盾。

到目前为止，我们在价值增殖过程中只是指出了各个要素互不相关的情形；它们在内部是互相制约的，在外部是互相寻求的；但是可能寻求得到也可能寻求不到，可能互相一致也可能不一致，可能互相适应也可能不适应。联系在一起的一个整体的内在必然性，和这个整体作为各种互不相关的独立要素而存在，这已经是种种矛盾的基础。

但是，这还决不是问题的全部。生产和价值增殖之间的矛盾——资本按其概念来说就是这两者的统一——还必须从更加内在的方面去理解，而不应单纯看做一个过程的或者不如说各个过程的总体的各个要素互不相关的、表面上互相独立的现象。

更进一步考察问题，首先**就会看到一个限制，这不是一般生产的限制，而是以资本为基础的生产的限制**。这种限制是二重的，或者更确切些说，是从两个方向来看的同一个限制。这里只要指出资本包含着一种**特殊**的对生产的限制——这种限制同资本要超越生产的任何界限的一般趋势相矛盾——就足以揭示出**生产过剩**的基础，揭示出发达的资本的基本矛盾；就足以完全揭示出，资本并不像经济学家们认为的那样，是生产力发展的**绝对**形式，资本既不是生产力发展的绝对形式，也不是与生产力发展绝对一致的财富形式。

从资本的观点来看，资本以前的各个生产阶段都同样表现为生产力的桎梏。而资本本身，如果理解得正确，只有当生产力需要外部的刺激而这种刺激同时又表现为对生产力的控制的时候，才表现为生产力发展的条件。使生产力守纪律，在生产力发展的一定阶段上，会完全像行会等等那样成为多余和累赘。这些内在的界限必然和资本的性质，和资本的本质的概念规定本身相一致。这些必然的限制是：

（1）**必要劳动**是活劳动能力的交换价值的界限，或产业人口的工资的界限；

（2）**剩余价值**是剩余劳动时间的界限；就相对剩余劳动时间来说，是生产力发展的界限；

（3）同样可以说，**向货币的转化**，交换价值本身，是生产的界限；换句话说，以价值为基础的交换，或以交换为基础的价值是生产的界限。这就是说：

（4）同样又可以说，无非是**使用价值的生产**受交换价值的**限制**；换句话说，现实的财富必须采取**一定的**、与自身不同的形式，即不是绝对和自身同一的形式，才能成为生产的对象。

另一方面，**资本的一般趋势**造成的结果就是（这在简单流通中表现为：货币作为流通手段不过是转瞬即逝的东西，没有独立的必然性，因而不是表现为［生产过程的］界限和限制），资本忘记和不顾下列各点：

（1）必要劳动是活劳动能力的交换价值的界限；（2）剩余价值是剩余劳动和生产力发展的界限；（3）货币是生产的界限；（4）使用价值的生产受交换价值的限制。

由此造成生产过剩，也就是使人突然**想起**以资本为基础的生产的所有这些必然要素；结果是，由于忘记这些必然要素而造成普遍的价值丧失。与此同时，向资本提出了这样的任务：在生产力的更高发展程度上等等一再重新开始它［突破本身限制］的尝试，而它**作为资本却**遭到一次比一次更大的崩溃。因此很明显，资本的发展程度越高，它就越是成为生产的界限，从而也越是成为消费的界限，至于使资本成为生产和交往的棘手的界限的其他矛盾就不用谈了。

六 异化劳动和资本。资本的再生产和积累。原始积累

这样，新价值①本身又表现为资本，作为对象化劳动进入同活劳动相交换的过程，并因此分为不变部分——劳动的客观条件即材料和工具——和劳动的主观条件，即活劳动能力生存的条件，也就是工人的必需品，生活资料。当资本在这种形式上第二次出现时，问题都清楚了，而当资本第一次出现时，即它表现为从价值的规定过渡到资本的规定的货币时，这些问题还完全不清楚。现在，价值增殖过程和生产过程本身对这些问题作了解释。当资本第一次出现时，它的**前提条件**本身表现为从外部由流通中来的，对资本的形成来说表现为外在的前提条件，因而不是由资本的内在本质产生的，也不能用资本的内在本质加以解释。这些**外在的**前提条件现在表现为资本本身运动的要素，因此资本本身预先要求这些条件成为它自身的要素——不论这些条件在历史上是如何形成的。

资本强制压榨出来的剩余价值，在生产过程本身内部表现为**剩余劳动**，本身具有活劳动的形式，但是，活劳动不可能从无中创造出任何东西，所以它要找到它的客观条件。现在，**这种剩余劳动**以对象化的形式表现为**剩余产品**，而这种剩余产品为了作为资本来增殖价值又分为两种形式：**劳动的客观条件**——材料和工具；劳动的主观条件——现在必须开始工作的活劳动的生活资料。

---

① 指新创造的剩余价值。——编者注

一般的、不言而喻的前提条件，当然是价值这种一般的形式，即对象化劳动，而且是来自流通的对象化劳动。其次，整个剩余产品，即整个客体化的剩余劳动，现在表现为**剩余资本**（与开始这一周转之前的原有资本相对而言），也就是说，表现为把活劳动能力作为自己的**特有的使用价值**而与之相对立的、独立化的交换价值。作为**异己的、外在的权力**，并且作为在**不以活劳动能力本身为转移的一定条件**下消费和利用活劳动能力的权力来同活劳动能力相对立的一切要素，现在表现为**活劳动能力自身的产品和结果**。

第一，剩余价值或剩余产品无非是对象化了的活劳动的一定数额——剩余劳动的数额。这个新**价值**，即作为独立的、与活劳动相交换的价值，作为资本而同活劳动相对立的价值，是**劳动的产品**。它本身无非是**一般劳动超过必要劳动的余额**——处于客体形式上的，因而表现为**价值**的那个余额。

第二，因此，这个价值为了重新增殖，即为了变为资本而必须采取的特殊形态——一方面作为原料和工具，另一方面作为生产行为期间劳动的生活资料——同样只是剩余劳动本身的**特殊**形式。原料和工具是由这种剩余劳动本身按以下比例生产出来的，换句话说，这种剩余劳动本身是按以下比例在客观上表现为原料和工具的。这种比例不仅允许一定量的必要劳动即再生产生活资料（它们的价值）的活劳动可以在这种剩余劳动的结果中对象化，并且不断地对象化，因而会不断重新分裂为活劳动的自我保存和自我再生产的客观条件和主观条件；而且，这种比例还允许活劳动在完成自己的物质条件的这种再生产过程时，同时按下述比例生产出原料和工具，这种比例使活劳动能够作为**剩余劳动**，即作为**超过必要劳动的劳动**实现在这些原料和工具中，因而能够把它们变为**新的**价值创造的材料。可见，**剩余劳动**的客观条件——这些条件要受到超出必要劳动需要以上的原料和工具的一定比例的限制，而必要劳动的客观条件在其客体性的范围内分为客观要素和主观要素，分为劳动的物质要素和主观要素（活劳动的生活资料）——现在表现为即设定为剩余劳动本身的产品、结果、客观形式、外部存在。相反，在最初，这样一种情况，即工具和生活资料具有的规模必须不仅能够使活劳动作为**必要劳动**，而且还能够作为**剩余劳动**得到实现这种情况，却表现为同活劳动本身无关，表现为资本方面的行为。

第三，同活劳动能力相对立的价值的独立的自为存在——从而价值作为资本的存在；劳动的客观条件对活劳动能力的客观的漠不相干性即**异己性**——已经达到如此地步，以致这些条件以资本家的人格的形式，即作为具有自己的意志和利益的人格化，同工人的人格相对立；财产即劳动的物质条件同活劳动能力的这种绝对的**分裂**或**分离**——以致劳动条件作为**他人的财产**，作为另一个法人的实在，作为**这个法人**的意志的绝对领域，同活劳动能力相对立，因而另一方面，劳动表现为同人格化为资本家的价值相对立的，或者说同劳动条件相对立的**他人的劳动**；财产同劳动之间，活劳动能力同它的实现条件之间，对象化劳动同活劳动之间，价值同创造价值的活动之间的这种绝对的分离——从而劳动内容对工人本身的异己性；上述这种分裂，现在同样也表现为劳动本身的产品，表现为劳动本身的要素的对象化，客体化。因为通过新的生产行为本身——这种行为只是证实了在它之前发生的资本和活劳动之间的交换——，剩余劳动，从而剩余价值，剩余产品，以至劳动（剩余劳动和必要劳动）的全部结果，都表现为资本，表现为同活劳动能力相独立的和与之无关的交换价值，或把活劳动能力只当做自己的使用价值而与之相对立的交换价值。

劳动能力占有的只是必要劳动的主观条件——从事生产的劳动能力的生活资料，也就是劳动能力单纯作为同它的实现条件相分离的劳动能力再生产出来——，而且劳动能力使这些条件本身变成以他人的、实行统治的人格化的形式而同劳动能力相对立的**物**，**价值**。劳动能力从过程中出来时不仅没有比它进入时更富，反而更穷了。这是因为，劳动能力不仅把必要劳动的条件作为属于资本的条件创造出来，而且潜藏在劳动能力身上的增殖价值的可能性，创造价值的可能性，现在也作为剩余价值，作为剩余产品而存在，总之，作为资本，作为对活劳动能力的统治权，作为赋有自己权力和意志的价值而同处于抽象的、丧失了客观条件的、纯粹主体的贫穷中的劳动能力相对立。劳动能力不仅生产了他人的财富和自身的贫穷，而且还生产了这种作为自我发生关系的财富同作为贫穷的劳动能力之间的关系，而财富在消费这种贫穷时则会获得新的生命力并重新增殖。

这一切都来源于工人用自己的活劳动能力换取一定量对象化劳动的交换；但是，现在这种对象化劳动，这些存在于劳动能力之外的劳动能力的生存条件和这些物质条件在劳动能力之外的独立存在，表现为**劳动能力本身的产品**，表现为它自身创造出来的东西，既表现为劳动能力自身的客体化，又表现为它自身被客体化为一种不仅不以它本身为转移，而且是统治它，即通过它自身的活动来统治它的权力。

在**剩余资本**中，一切要素都是**他人**劳动的产品，即转化为资本的**他人的剩余劳动**：必要劳动的生活资料；必要劳动能够再生产出以生活资料的形式同它自身相交换的那一价值所必需的客观条件，即材料和工具；最后，实现新的剩余劳动，或者说创造新的剩余价值所需的必要数量的材料和工具。

在这里，初次考察生产过程时还存在的那种假象，即资本本身似乎会从流通中带来一些价值的假象消失了。相反，劳动的客观条件现在表现为劳动的产品——无论就这些条件是价值一般来说，还是就它们是用于生产的使用价值来说，都是如此。但是，如果说资本因此表现为劳动的产品，那么劳动的产品也表现为资本——不再表现为简单的产品，也不表现为可交换的商品，而是表现为**资本**，表现为统治、支配活劳动的对象化劳动。下述情况同样表现为劳动的产品：劳动的产品表现为**他人的财产**，表现为独立地同活劳动相对立的存在方式，也表现为自为存在的**价值**；劳动的产品，对象化劳动，由于活劳动本身的赋予而具有自己的灵魂，并且使自己成为与活劳动相对立的**他人的权力**。

如果从劳动的角度来考察，那么劳动在生产过程中是这样起作用的：它把它在客观条件中的实现同时当做他人的实在从自身中排斥出来，因而把自身变成失去实体的、完全贫穷的劳动能力而同与劳动相异化的、不属于劳动而属于他人的这种实在相对立；劳动不是把它本身的现实性变成自为的存在，而是把它变成单纯为他的存在，因而也是变成单纯的他在，或同自身相对立的他物的存在。

劳动的这种变为现实性的过程，也是丧失现实性的过程。劳动把自己变成客观的东西，但是它把它的这种客体性变为它自己的非存在，或它的非存在——资本——的存在。劳动作为创造价值或增殖价值的单纯可能性返回到自身，因为全部现实财富，现实价值世界以及劳动本身得以变为现实性的现实条件，都成了同它相对立的独立的存在。孕育在活劳动本身中的可能性，由于生产过程而作为现实性存在于劳动之外，但这种现实性对于劳动来说是**他人的现实性**，它构成同劳动相对立的财富。

只要剩余产品被当做剩余资本重新用来增殖价值，重新进入生产过程和价值自行增殖过程，那么它就分为：（1）用来同活劳动能力相交换的工人的生活资料，这部分**资本**被称为**劳动基金**，这种劳动基金是资本中用来维持劳动能力的部分——而且是累进地维持劳动能力，因为剩余资本不断增长——，这部分现在也同样表现为**他人**劳动的产品，即对**资本**来说是他人的劳动的产品；（2）资本的其他组成部分——再生产这些生活资料的价值并获取剩余价值所需要的物质条件。

其次，如果考察这个剩余资本，那么，资本划分为不变部分——劳动之前早就存在的部分，即原料和劳动工具——和可变部分，即可以同活的劳动能力相交换的生活资料，这纯粹是形式上的划分，因为这两部分同样都是由劳动**创造出来**的，而且同样都被劳动当成劳动本身的**前提**。资本本身内部的这种划分现在倒是这样表现出来：劳动本身的产品——客体化的剩余劳动——分解为两个组成部分，即分解为（1）重新实现劳动所需要的客观条件，（2）维持这种活劳动的可能性，即把活劳动能力作为活的能力来加以维持所需要的劳动基金，——不过是这样分解的：劳动能力只是在它不仅再生产自身的价值，而且还增殖一部分新资本的情况下，即代表实现新的剩余劳动和剩余生产，或生产剩余价值所需要的客观条件的那部分新资本的情况下，才能重新占有它本身的成果中——即客体形式上的它本身的存在中——用做劳动基金的那一部分，才能从与劳动能力相对立的他人的财富的形式中取得那一部分。劳动本身创造了使用新的必要劳动所需要的新的基金，或者说维持新的活劳动能力即新的工人所需要的基金，但与此同时，劳动还创造了这样的条件：这种基金只有在剩余资本的其余部分会吸收新的剩余劳动的情况下才能被使用。因此，在劳动所生产的剩余资本——剩余价值中，新的剩余劳动的现实必然性同时也就被创造出来，这样，剩余资本本身同时就是新的剩余劳动和新的剩余资本的现实可能性。

这种情况表明，通过劳动本身，客观的财富世界作为与劳动相对立的异己的权力越来越扩大，并且获得越来越广泛和越来越完善的存在，因此相对来说，活劳动能力的贫穷的主体，同已经创造出来的价值即创造价值的现实条件相比较，形成越来越鲜明的对照。劳动本身越是客体化，作为他人的世界——作为他人的财产——，而同劳动相对立的客观的价值世界就越是增大。劳动本身通过创造剩余资本而迫使自己不得不一再地去创造新的剩余资本，等等，等等。

同最初的非剩余资本相比较，劳动能力的状况发生了以下变化：(1) 同必要劳动相交换的那一部分资本是由这种劳动本身再生产出来的，也就是说，它不再是从流通中归于劳动的，而是劳动本身的产品；(2) 在原料和工具的形式上代表实现活劳动所需要的现实条件的那一部分价值，是劳动本身在生产过程中保存下来的，同时，因为任何使用价值就其本性来说都是由非永久材料构成的，而交换价值只有在使用价值中才存在，才具有，所以这种保存等于防止资本家所占有的价值的灭亡，或者说等于否定资本家所占有的价值的非永久性质，因而等于把这些价值变成自为存在的价值，**长久的财富**。因此，这种最初的价值额也只是在生产过程中通过活劳动才变为资本。

现在从资本的角度来考察：只要考察的是**剩余资本**，那么，资本家通过单纯**占有他人的劳动**就代表自为存在的价值，即在货币的第三个要素上的货币，财富，这是因为剩余资本的每一种要素，即材料、工具、生活资料，都归结为资本家不是通过同现有价值的**交换**，而是**不经过交换**就占有的**他人的劳动**。当然，对于这种**剩余资本**来说，作为**最初的条件**表现出来的，是属于**资本家所有的一部分价值**，或者说资本家所占有的**一部分对象化劳动**，同他人的活劳动能力相交换。

对于**剩余资本**Ⅰ——我们这样称呼从最初的生产过程中产生的剩余资本——的形成来说，也就是对于**占有他人劳动即占有对象化的他人劳动**来说，作为其条件表现出来的，是资本家方面占有**价值**，资本家用这种价值中的一部分**在形式上**同活劳动能力相交换。我们说"在形式上"，是因为活劳动必须再把它**所交换的**价值归还给资本家，偿还给资本家。无论如何，对于**剩余资本**Ⅰ的形成来说，也就是说，对于占有他人劳动或占有对象化着这种劳动的价值来说，作为其条件表现出来的，是归资本家所有的、由他投入流通并由他提供给活劳动能力的价值的交换，——这种价值**不是**从资本家同活劳动的**交换**中产生的，换句话说，不是从他作为**资本同劳动**的关系中产生的。

现在我们设想，剩余资本又投入生产过程，又在交换中实现了它的剩余价值，并在第三次生产过程开始时又作为新的剩余资本出现。这个**剩余资本**Ⅱ的前提和剩余资本Ⅰ的前提不同。剩余资本Ⅰ的前提是归资本家所有的并由他投入流通的价值，更确切地说，由他在同活劳动能力的交换中投入的价值。剩余资本Ⅱ的前提无非就是剩余资本Ⅰ的存在，换句话说，就是这样一个前提：资本家不经过交换就占有他人劳动。这使资本家能够不断地重新开始过程。固然，为了创造剩余资本Ⅱ，资本家必须用剩余资本Ⅰ的一部分价值在生活资料的形式上同活劳动能力相交换，但是，他这样拿去进行交换的东西，从一开始就不是由他从自己的基金中投入流通的价值，而是他人的对象化劳动，他没有支付任何等价物就占有了这种对象化劳动，并且现在又用它来同他人的活劳动相交换；同样，这种新的劳动借以实现自己并创造剩余价值的材料等等，不经过交换，通过单纯的占有便落入资本家的手中。

对他人劳动的过去的占有，现在表现为对他人劳动的新占有的简单条件；换句话说，他人的劳动以客观的形式，以现有价值的形式成为资本家的财产，这种情况是使资本家能够重新占有他人的**活**的劳动能力，因而占有剩余劳动即没有得到等价物的劳动的条件。资本家已经作为资本同活劳动相对立，这是资本家不仅作为资本保存自己，而且作为不断增长的资本越来越多地不支付等价物便**占有**他人劳动的唯一条件，或者说这是资本家扩大他的权力，扩大他同活劳动能力相对立的作为资本的存在，而另一方面，一再地把处于主体的贫穷中，即丧失物质实体的贫穷中的活劳动能力重新变为活劳动能力的唯一条件。

对过去的或客体化了的他人劳动的所有权，表现为进一步占有现在的或活的他人劳动的唯一条件。由于剩余资本Ⅰ是通过对象化劳动和活劳动能力之间的简单交换创造出来的，而这种简单交换是完全根据等价物按其本身包含的劳动量或劳动时间进行交换的规律进行的，并且，**由于**从法律上来看这种交换的前提无非是每一个人对自己产品的所有权和自由支配权——从而，剩余资本Ⅱ同剩余资本Ⅰ的关系是这前一种关系的结果——，我们看到，通过一种奇异的结果，所有权在资本方面就辩证地转化为对他人的产品所拥有的权利，或者说转化为对他人劳动的所有权，转化为不支付等价物便占有他人劳动的权利，而在劳动能力方面则辩证地转化为必须把它本身的劳动或它本身的产品看做**他人财产**的义务。所有权在一方面转化为占有他人劳动的权利，在另一方面则转化为必须把自身的劳动的产品和自身的劳动看做属于他人的价值的义务。

不过，作为在法律上表现所有权的最初行为的等价物交换，现在发生了变化：对一方来说只是表面上进行了交换，因为同活劳动能力相交换的那一部分资本，第一，本身是没有支付等价物而被占有的**他人的劳动**，第二，它**必须由劳动能力附加一个剩余额来偿还，**也就是说，这一部分资本实际上并没有交出去,而只是从一种形式变为另一种形式。可见,交换的关系完全不存在了,或者说,成了**纯粹的假象**。

其次,所有权最初表现为以自己的劳动为基础。现在所有权表现为占有他人劳动的权利,表现为劳动不能占有它自己的产品。所有权同劳动之间,进一步说,财富同劳动之间的完全分离,现在表现为以它们的同一性为出发点的规律的结果。

最后,生产过程和价值增殖过程的结果,首先表现为**资本和劳动的关系本身**的,**资本家和工人的关系本身**的再生产和新生产。这种社会关系,生产关系,实际上是这个过程的比其物质结果更为重要的结果。这就是说,在这个过程中工人把他本身作为劳动能力生产出来,也生产出同他相对立的资本,同样另一方面,资本家把他本身作为资本生产出来,也生产出同他相对立的活劳动能力。每一方都由于再生产对方,再生产自己的否定而再生产自己本身。资本家生产的劳动是他人的劳动;劳动生产的产品是他人的产品。资本家生产工人,而工人生产资本家,等等。

以资本为基础的生产一旦成为前提——确切地说,只有当**第一个生产**过程再生产出资本和新生产出剩余资本Ⅰ而**结束时**,货币才转化为资本;但是,只有当剩余资本Ⅰ生产出剩余资本Ⅱ,也就是说,只有当正在转化为资本的货币那些还处于**现实**资本的运动之外的前提已经消失,因而资本本身根据自己的内在本质,事实上创造出它在生产中当做出发点的那些条件本身时,剩余资本Ⅰ才**设定**为即实现为剩余资本——,那么,这样一个条件,即资本家要成为资本,就必须把通过他本人的劳动或通过其他方式(只要不是通过已经存在的过去的雇佣劳动)创造出来的价值投入流通这样一个条件,就属于资本的洪水期前的条件,属于资本的**历史前提**,这些前提作为这样的**历史**前提已经成为过去,因而属于**资本的形成史**,但决不属于资本的**现代**史,也就是说,不属于受资本统治的生产方式的实际体系。

例如,如果说农奴逃往城市是城市制度的**历史**条件和前提之一,那么这决不是发达的城市制度的**条件**，决不是它的现实的要素，而是城市制度的**过去的**前提，是城市制度形成时的前提，这些前提在城市制度存在时已被扬弃。资本**生成，产生**的条件和前提恰好预示着，资本还不存在，而只是**在生成**；因此，这些条件和前提在现实的资本存在时就消失了，在资本本身从自己的现实性出发而创造出自己的实现条件时就消失了。举例来说，如果说货币或自为存在的价值最初生成为资本时，要以资本家作为**非资本家**时所实现的一定积累——即使是靠节约他自己的劳动所创造的产品和价值等等——为前提，因此，如果说货币生成为资本的前提表现为资本产生的一定的外在的**前提**，那么，一旦资本成为资本，它就会创造它自己的前提，即**不通过交换**而通过它本身的生产过程来占有创造新价值的现实条件。

这些前提，最初表现为资本生成的条件，因而还不能从资本**作为资本**的活动中产生；现在，它们是资本自身实现的结果，是由资本造成的现实的结果，它们**不是资本产生的条件，而是资本存在的结果**。资本为了生成，不再从前提出发，它本身就是前提，它从它自身出发，自己创造出保存和增殖自己的前提。因此在创造剩余资本Ⅰ之前存在的条件，或者说表现资本的生成的条件，不属于以资本为前提的生产方式的范围，而是资本生成的史前阶段，处于资本以前的时期，就像地球从流动的火海和气海的状态变为地球现在的形态所经历的过程，处于已经形成的地球的生命的彼岸一样。这就是说，个别资本仍然可能例如通过贮藏而产生。但是贮藏只有通过剥削劳动才能转化为资本。

资产阶级经济学家们把资本看做永恒的和**自然的**（而不是历史的）生产形式，然后又竭力为资本辩护，把资本生成的条件说成是资本现在实现的条件，也就是说，把资本家还是作为非资本家——因为他还只是正在变为资本家——用来进行占有的要素，说成是资本家已经**作为资本家**用来进行占有的条件。这些辩护的企图证明他们用心不良，并证明他们没有能力把资本作为资本所采用的占有方式同资本的社会自身所宣扬的**所有权的一般规律**调和起来。

另一方面，对我们来说更为重要的是，我们的方法表明历史考察必然开始之点，或者说，表明仅仅作为生产过程的历史形式的资产阶级经济，超越自身而追溯到早先的历史生产方式之点。因此，要揭示资产阶级经济的规律，无须描述**生产关系的真实历史**。但是，把这些生产关系作为历史上已经形成的关系来正确地加以考察和推断，总是会得出这样一些原始的方程式——就像例如自然科学中的经验数据一样——，这些方程式将说明在这个制度以前存在的过去。这样，这些启示连同对现代的正确理解，也给我们提供了一把理解过去的钥匙——这也是我们希望做的一项独立的工作。另一方面，这种正确理解的考察同样会得出预示着生产关系的现代形式被扬弃之点，从而预示着未来的先兆，变易的运动。如果说一方面资产阶级前的阶段表现为**仅仅是历史的**，即已经被扬弃的前提，那么，现在的生产条件就表现为**正在扬弃自身**，从而正在为新社会制度创造**历史前提**的生产条件。

如果我们现在首先考察已经形成的关系，考察变成资本的价值和作为单纯同资本相对立的使用价值的活劳动，——因而，活劳动只不过是这样一种手段，它使对象化的死的劳动增殖价值，赋予死劳动以活的灵魂，但与此同时也丧失了它自己的灵魂，结果，一方面把已创造的财富变成了他人的财富，另一方面只是把活劳动能力的贫穷留给自己，——那么，问题简单表现为，活劳动的物的条件（即用来增殖价值的那些材料，用来增殖价值的那些工具，以及为了煽起活劳动能力的劳动火焰，为了防止这种火焰熄灭而为活劳动能力的生命过程提供必要物质的那些生活资料），在过程中和通过过程本身，成为他人的独立的存在或**他人的人格**的存在方式，成为自在地同活劳动能力（而活劳动能力也脱离了这些物的条件并作为主体而存在）相对立的东西，成为坚持独立的、自为存在的价值，因而成为这样的价值，这种价值对于劳动能力来说构成他人的财富，资本家的财富。

活劳动的客观条件对于作为主体存在的活劳动能力来说，表现为**分离的、独立的**价值，因而活劳动能力对于客观条件来说，也只是表现为另一种价值（它不是作为价值，而是作为使用价值来同客观条件相区别）。这种分离一旦成为前提，生产过程就只能新生产，再生产这种分离，而且是在更大规模上再生产这种分离。生产过程怎样生产这种分离，我们已经看到了。活劳动能力的客观条件作为与活劳动能力相对立的独立存在，作为不同于活劳动能力并且与之相对立而独立的主体的客观性而成为前提；因此，这些**客观条件**的再生产和它们的**价值增殖**，即它们的扩大，同时就是这些条件作为与劳动能力无关的并与之相对立而独立的他人的主体的财富所进行的再生产和新生产。再生产和新生产出来的，不仅是活劳动的这些客观条件的**存在**，而且是这些条件作为**独立的价值**，即属于他人的**主体**的价值，而同这种活劳动能力相对立的**存在**。

劳动的客观条件取得了与活劳动能力相对立的主体的存在——从资本变成资本家；另一方面，劳动能力与它自己的条件相对立的单纯主体的存在，使劳动能力具有对于这些条件来说只是无所谓的客观形式——劳动能力只是具有特殊使用价值的**价值**，而与实现它自身的条件，即与具有别种使用价值的**各价值相并列**。因此，并不是这些条件在生产过程中作为劳动能力的实现条件来实现，而是相反，劳动能力仅仅作为把**这些条件**当做与劳动能力相对立的自为存在的价值来增殖和保存的条件，而从生产过程中出来。

劳动能力加工的材料是**他人**的材料；同样工具是**他人**的工具；工人的劳动只表现为材料和工具这些实体的附属品，因而对象化在不属于**他**的东西中。甚至活劳动本身也表现为**他人的东西**而与活劳动能力相对立——而活劳动就是活劳动能力的劳动，就是活劳动能力为自己的生命表现——，因为活劳动为换取对象化劳动，为换取劳动自身的产品已经出让给资本了。劳动能力把活劳动看作他人的东西，如果资本愿意向劳动能力支付报酬而**不**让它劳动，劳动能力是会乐意进行这种交易的。可见，劳动能力自身的劳动对劳动能力来说，就像材料和工具一样是他人的——从对劳动的管理等方面来看，劳动对劳动能力来说也是他人的。

因此，对劳动能力来说，产品也表现为他人的材料、他人的工具和他人的劳动的结合，即表现为**他人的财产**，而劳动能力在生产结束后，由于消耗了生命力而变得更加贫穷，然而又总是作为与自己的生活条件相分离的单纯主体的劳动能力而重新开始自己的苦工。

认识到产品是劳动能力自己的产品，并断定劳动同自己的实现条件的分离是不公平的、强制的，这是了不起的觉悟，这种觉悟是以资本为基础的生产方式的产物，而且也正是为这种生产方式送葬的丧钟，就像当奴隶觉悟到他**不能作第三者的财产**，觉悟到他是一个人的时候，奴隶制度就只能人为地苟延残喘，而不能继续作为生产的基础一样。

如果我们反过来考察在货币进入价值自行增殖过程以前存在的原始关系，我们就会看到，历史上必须产生或者必须存在种种条件，才能使货币变成资本，使劳动变成设定资本即创造资本的劳动，变成雇佣劳动。（**雇佣劳动**，在这里是严格的经济学意义上的雇佣劳动，我们也只是在这个意义上使用这一术语，今后我们应该把严格的经济学意义上的雇佣劳动同短工等等其他劳动形式区别开来。雇佣劳动是设定资本即生产资本的劳动，也就是说，是这样的活劳动，它不但把它作为活动来实现时所需要的那些对象条件，而且还把它作为劳动**能力**存在时所需要的那些客观要素，都作为同它自己相对立的异己的权力生产出来，**作为自为存在的、不以它为转移的价值**生产出来。）

本质的条件本身已经存在于最初表现出来的关系中：（1）一方面是活劳动能力作为单纯**主体的**存在而存在，同它的客观现实的要素相分离，也就是，既同活劳动的**条件**相分离，也同活**劳动能力的生存资料、生活资料**，自我保存资料相分离；处在这种完全抽象中的劳动的活的可能性，这是一方面；（2）另一方面，存在的价值或对象化劳动，必须是使用价值的足够积累，这种积累不仅要为再生产或保存活劳动能力所必需的产品或价值的生产提供对象条件，而且要为吸引剩余劳动提供对象条件，为剩余劳动提供客观材料；（3）双方之间的自由的交换关系——货币流通；两极之间的以交换价值为基础而不是以统治和奴役关系为基础的关系；因而也就是这样的生产，它不是直接地而是以交换为中介向生产者提供生活资料，而且，它不能直接占有他人的劳动，而是必须向工人本人购买劳动，换取劳动；最后，（4）其中的一方——以独立的、自为存在的价值的形式表现劳动的对象条件的那一方——必须作为**价值**出现，把创造价值，价值自行增殖，创造货币当做最终目的，而不是把直接的享用或创造使用价值当做最终目的。

只要**双方**仅仅以**对象化**劳动的形式交换自己的劳动，这种关系就不可能存在；同样，如果**活劳动能力**本身是另一方的财产，也就是说，它不是进行交换的人，这种关系也不可能存在。（在资产阶级生产制度范围内的个别地点可能存在奴隶制，这种情况与上述论点并不矛盾。但是奴隶制在这种情况下所以能够存在，只是因为它在其他地点并不存在，它对资产阶级制度本身来说是一种异常现象。）

这种关系先前得以表现的条件，或者说表现为生成这种关系的历史前提的那些条件，乍一看来表现出某种二重性：一方面是活劳动的比较低级形式的解体，另一方面［对直接生产者来说］是活劳动的比较幸福的关系的解体。

首先第一个前提，是奴隶制或农奴制关系的消灭。活劳动能力属于本人自己，并且通过交换才能支配它的力的表现。双方作为人格互相对立。**在形式上**他们之间的关系是一般交换者之间的平等和自由的关系。

至于这种形式是**表面现象**，而且是**骗人的表面现象**，这一点在考察法律关系时表现为处于这种关系**之外**的东西。自由工人所出卖的，始终只是一定的、特定量的力的表现；劳动能力作为总体是处于每个特殊表现之上的。工人把力的特殊表现出卖给某个特殊的资本家，工人独立地同这个作为**单个人**的资本家相对立。很明显，这不是工人同作为资本的资本的存在，即同资本家阶级的关系。但是，就单个的、现实的人格来说，在这种情况下，工人有选择和任意行动的广阔余地，因而有形式上的自由的广阔余地。在奴隶制关系下，劳动者属于**个别的特殊的**所有者，是这种所有者的工作机。劳动者作为力的表现的总体，作为劳动能力,是属于他人的物,因而劳动者不是作为主体同自己的力的特殊表现即自己的活的劳动活动发生关系。在农奴制关系下,劳动者表现为土地财产本身的要素,完全和役畜一样是土地的附属品。在奴隶制关系下,劳动者只不过是活的工作机,因而它对别人来说具有价值,或者更确切地说,它是价值。对于自由工人来说,他的总体上的劳动能力本身表现为他的财产,表现为他的要素之一,他作为主体支配着这个要素,通过让渡它而保存它。这个问题在以后研究雇佣劳动时要作进一步的说明。

对象化劳动同活劳动相交换,一方面还不构成资本,另一方面也还不构成雇佣劳动。整个所谓的**服务**阶级,从擦皮鞋的到国王,都属于这个范畴。不论在东方公社,还是在由自由土地所有者组成的西方公社,凡是这些组织由于人口增长、战俘释放、各种偶然性造成个人贫穷和丧失独立劳动的客观条件,以及由于分工等原因,而分解为一些单个要素的地方,我们到处都可零散地见到自由的短工,他们也属于上述范畴。

如果 A 用某一价值或货币,即对象化劳动,交换 B 的某种服务,即活劳动,那么这可能属于:

(1) **简单流通的关系**。双方互相交换的,实际上只是使用价值;一方用来交换的是生活资料,另一方用来交换的是劳动,即他方所希望消费的服务;这或者是直接的个人服务,或者是一方为另一方提供材料等,后者通过自己的劳动,通过自己劳动的对象化,用这些材料等创造出一种使用价值,创造出供前者消费的使用价值。例如,过去常有这种情况:农民把一个走乡串里的裁缝领到自己家里,供给他衣料要他为自己做衣服。或者我给一个医生一些钱,要他给我治病。在这些场合,重要的是双方彼此提供服务。在这里,"我给,为了你做",同"我做,为了你给",或者同"我给,为了你给",是完全一样的。

一个人为我缝衣服,为此我向他提供材料,他给我使用价值,但他不是立即以物的形式提供使用价值,而是以活动的形式提供使用价值。我给他一种现成的使用价值,他为我制造另一种使用价值。过去的对象化劳动同现在的活劳动之间的差别,在这里仅仅表现为劳动的不同时态的形式上的差别，一个是处于完成时态，另一个是处于现在时态。不论 B 是自己生产他用来维持生存的食品，还是从 A 那里取得这些食品，即他不直接生产食品而生产衣服，用衣服从 A 那里换得食品，这实际上只表现为由分工和交换所引起的形式上的差别。在这两种情况下，他只有付给 A 一种等价物，才能占有属于 A 的使用价值，而这种等价物归根到底总是他自己的活劳动，不论这种活劳动在交换完成以前还是由于这次交换而采取什么样的对象化形式。现在衣服不仅包含一种特定的赋予形式的劳动，即由劳动的运动赋予衣料的特定效用形式，而且还包含一定的劳动量，所以它不仅包含使用价值，而且包含**价值**一般，**价值**本身。但这种价值对 A 来说是不存在的，因为他消费衣服，而不是服装商人。因此，他交换来的劳动并不是**创造价值**的劳动，而是创造效用即使用价值的活动。

在提供个人服务的情况下，这种使用价值是作为使用价值来消费的，没有从运动形式转变为实物形式。如果像在简单关系中经常发生的那样，提供服务的人得到的不是**货币**，而是直接的使用价值本身，那么，这样一种假象，即似乎对这一方或另一方来说具有意义的是与使用价值不同的**价值**的假象，也就不存在了。但是，即使假定 A 用货币支付服务费，这也不是把他的货币转化为资本，而是把货币当做换取消费品即一定的使用价值的单纯流通手段。因此，这种行为也不是生产财富的行为，反而是消费财富的行为。在这里，对于 A 来说，问题完全不在于［裁缝 B 的］劳动本身，一定的劳动时间，即**价值**客体化于衣料中，而在于满足一定的需要。当 A 把他的货币从价值形式变为使用价值形式时，他的货币并没有**增殖价值**，反而**丧失价值**。劳动在这里不是当做生产价值的使用价值，而是当做一种特殊的使用价值本身，当做供消费的价值交换进来的。A 重复交换的次数越多，他就越穷。这种交换对他来说不是**发财致富**的行为，不是**创造价值**的行为，而是使现有的、归他所有的**价值丧失**的行为。A 在这里用来交换活劳动——现实的服务或客体化于某种实物中的服务——的货币不是

资本，而是**收入**，是为了取得使用价值而被用做流通手段的货币，是只具有转瞬即逝的价值形式的货币，不是那种想通过购买劳动来保存自己并且增殖自己价值的货币。**货币作为收入**，作为单纯流通手段同活劳动相交换，决不可能使货币变为资本，因而也决不可能使劳动变为经济学意义上的雇佣劳动。

消费货币不是生产货币，这一点用不着详细稀释。在大部分剩余劳动是农业劳动，因而土地所有者既是剩余劳动又是剩余产品的所有者的情况下，土地所有者的收入就构成了自由劳动者的劳动基金，构成了与农业劳动者相对立的工业（这里指手工业）劳动者的劳动基金。

同手工业劳动者相交换，是土地所有者的一种消费形式，他的另一部分收入则通过换取个人服务——往往只是服务的假象——直接分给他的一群侍从。在亚洲各社会中，君主是土地剩余产品的唯一所有者，他用他的收入同自由人手（斯图亚特的用语）相交换，结果出现了一批城市，这些城市实际上不过是一些流动的营房。这种关系尽管**可能**而不是**必然**同奴隶制和农奴制相对立，但它同雇佣劳动毫无共同之处，因为它在劳动组织的所有各种不同形式下一再重复出现。如果这种交换是由**货币**作中介的，那么价格规定对双方都是重要的，但对 A 之所以重要，只是因为 A 不愿意为劳动创造的**使用价值**支付过多，而不是因为他关心劳动创造的价值。这种最初多半是习惯造成的和世代沿袭的价格，逐渐由经济来决定，先是由供求之间的比例，最后则由能够创造出这类活服务的出卖者本身所需要的生产费用来决定；这种情况毫不改变关系的本质，因为同以前一样，价格规定对于单纯使用价值的交换来说仍然只是形式上的要素。但是，这种价格规定本身是由其他的关系，由占统治地位的生产方式的一般的、可以说是在这种特殊交换行为背后实现的那些规律以及这种生产方式的自我规定产生的。

军队是古代共同体中最先采用这种发薪饷方法的形式之一。普通士兵的薪饷也被压低到最低限度，只由他的再生产所必需的生产费用决定。但是，他用自己的服务交换来的是国家的收入，而不是**资本**。

在资产阶级社会本身，个人服务——也包括为个人消费进行的劳动，烹调、缝纫等，园艺劳动等，直至所有非生产阶级，即官员、医生、律师、学者等等——同收入的一切交换也属于这一类，属于这个范畴。所有卑贱的奴仆等。所有这一切劳动者，从最低下的到最高级的，都通过他们提供的服务——往往是被迫的——分到剩余产品中的一份，分到资本家**收入**中的一份。但是任何人也不会认为，资本家用自己的收入同这类服务相交换，即通过自己的个人消费，会使自己成为资本。相反，由于这种交换，他花掉自己资本的果实。收入同这类活劳动相交换的比例本身决定于生产的一般规律，这一点丝毫不改变关系的性质。

正如我们在**货币**章已经谈到的，在这里真正设定**价值**的宁可说是提供服务的人；他把一种使用价值——一定种类的劳动、服务等等——换为**价值**，换为**货币**。因此在中世纪，同从事消费的土地贵族相反，从这方面，从活劳动方面，部分地出现了追求生产和积累货币的人；他们进行了积累，因而有可能在以后某个时期变成资本家。资本家有一部分是由被解放的农奴变成的。

因此，领取报酬的人究竟是得到短工工资，酬金，还是王室费，——而且，他比对他的服务支付报酬的人是显得高贵些还是卑下些，——这也不取决于关系本身，而取决于所提供的服务的自然特性。

在资本作为统治力量的前提下，所有这些关系当然或多或少会被**玷污**。但这里还不应讨论这些个人服务**丧失神圣光彩**的问题——不管传统等等赋予这种个人服务多么崇高的性质。

由此可见，构成资本，从而构成雇佣劳动的，不单纯是**对象化劳动**同**活劳动**——这两种劳动从这一角度来看是两种不同的规定，即两种不同形式的使用价值，一种劳动是客观形式上的规定，另一种劳动是主观形式上的规定——之间的交换，而是作为**价值**，作为自身保持的价值的对象化劳动同作为**这种对象化劳动的**使用价值（不是供某种特定的享用或消费的使用价值，而是用来创造**价值**的使用价值）的活劳动之间的交换。

在货币同劳动或服务相交换以便用于直接消费的情况下，所发生的总是现实的交换。双方交换一定的**劳动量**，这只具有**形式上的**意义，使双方能够互相衡量劳动的**特殊**效用形式。这只涉及交换的**形式**，而不构成其**内容**。在资本同劳动相交换的情况下，**价值**不是两种使用价值相交换的尺度，而是**交换的内容**本身。

（2）在**资产阶级以前**的各种关系解体的时期，零散地出现一些自由劳动者，购买这些人的服务不是为了消费，而是为了**生产**；但是，**第一**，即使规模很大，这也只是为了生产**直接的**使用价值，而不是为了生产**价值**；**第二**，例如，如果说贵族除了自己的农奴，还使用自由劳动者，并把他们创造的一部分产品又拿去出售，因而自由劳动者为他创造了**价值**，那么这种交换只涉及多余的产品，并且只是为了多余的产品，为了**奢侈品的消费**而进行的；因而这实际上只是为了把他人劳动用于直接消费或用做使用价值而对这种劳动进行的伪装的购买。然而，凡是这种自由劳动者的数量不断增多，而且这种关系日益扩展的地方，旧的生产方式，即公社的、家长制的、封建制的生产方式等等，就处于解体之中，并准备了真正雇佣劳动的要素。但这种自由的奴仆，像在波兰等地那样，也可能出现以后又消失，而生产方式并未改变。

〔为了把资本同雇佣劳动的关系表述为**所有权的关系**或**规律**，我们只需要把双方**在价值增殖过程**中的行为表述为**占有的过程**。例如，剩余劳动变为资本的剩余价值，这一点意味着：工人并不占有他自己劳动的产品，这个产品对他来说表现为**他人的财产**，反过来说，**他人的劳动**表现为资本的财产。资产阶级所有权的这第二条规律是第一条规律①转变来的，并通过继承权等等而长期存在下去，不受单个资本家的易逝性的影响；它同第一条规律一样被承认为规律。第一条是劳动和所有权的同一性；第二条是劳动表现为被否定的所有权，或者说，所有权表现为对他人劳动的异己性的否定。

实际上，在资本的生产过程中，正如在进一步考察这一过程时将更

---

① 指对自己劳动的产品拥有所有权的规律。——编者注

加清楚地表明的那样，劳动是一个总体，是各种劳动的结合体，其中的各个组成部分彼此毫不相干，所以，总劳动作为总体**不**是单个工人的**事情**，而且，即使说它是不同工人的共同的事情，也只是从这样的意义来说的：工人们是被结合在一起的，而不是他们彼此互相结合。这种劳动就其结合体来说，服务于他人的意志和他人的智力，并受这种意志和智力的支配——它的**精神的统一**处于自身之外；同样，这种劳动就其物质的统一来说，则从属于**机器**的，固定资本的**物的统一**。这种固定资本像一个**有灵性的怪物**把科学思想客体化了，它实际上是实行联合者，它决不是作为工具同单个工人发生关系，相反，工人却作为有灵性的单个点，作为活的孤立的附属品附属于它。

所以，结合劳动从两个方面来看都是**自在的**结合，这种结合既不表现为共同劳动的个人互相发生的关系，也不表现为这些个人支配其特殊的或孤立的职能，或支配劳动工具。因此，如果说工人把自己劳动的产品看做是他人的产品，那么他也把结合劳动看做是他人的劳动；正如他把自己的劳动看做虽然属于他自己，但对他来说却是异己的、被强制的生命活动，因此，亚当·斯密等人把这种生命活动看成是**辛苦、牺牲**等。正像劳动的产品一样，劳动本身作为**特殊的孤立的劳动者的劳动被否定了**。被否定的孤立劳动，实际上是被肯定的共同劳动或结合劳动。但是，这样建立起来的**共同劳动或结合劳动**，不论是作为活动还是转化为客体的静止形式，同时直接表现为某种与实际存在的单个劳动不同的东西，——既表现为**他人的客体性**（他人的财产），也表现为**他人的主体性**（资本的主体性）。因此，资本作为被否定的孤立劳动者的孤立劳动，从而也作为被否定的孤立劳动者的财产，既代表劳动，也代表劳动的产品。所以，资本是社会劳动的存在，是劳动既作为主体又作为客体的结合，但这一存在是同劳动的现实要素相对立的独立存在，因而它本身作为**特殊的**存在而与这些要素并存。因此，资本从自己方面看来，表现为扩张着的主体和**他人劳动的**所有者，而资本的关系本身就像雇佣劳动的关系一样，是完全矛盾的关系。〕

七 资本主义生产和交换的普遍性趋势

可见，流通时间表现为劳动生产率的限制＝必要劳动时间的增加＝剩余劳动时间的减少＝剩余价值的减少＝资本价值自行增殖过程的障碍或限制。因此，资本一方面要力求摧毁交往即交换的一切地方限制，征服整个地球作为它的市场，另一方面，它又力求用时间去消灭空间，就是说，把商品从一个地方转移到另一个地方所花费的时间缩减到最低限度。资本越发展，从而资本借以流通的市场，构成资本流通空间道路的市场越扩大，资本同时也就越是力求在空间上更加扩大市场，力求用时间去更多地消灭空间。

（如果不把劳动时间看做单个工人的工作日，而是看做人数不定的工人的不定的工作日，那么这里就要加进所有**人口关系**，因此，人口的基本原理，也和利润、价格、信用等的基本原理一样，包含在论资本的这第一章里。）

这里表现出了资本的那种使它不同于以往一切生产阶段的全面趋势。尽管按资本的本性来说，它本身是狭隘的，但它力求全面地发展生产力，这样就成为新的生产方式的前提，这种生产方式的基础，不是为了再生产一定的状态或者最多是扩大这种状态而发展生产力，相反，在这里生产力的自由的、无阻碍的、不断进步的和全面的发展本身就是社会的前提，因而是社会再生产的前提；在这里唯一的前提是超越出发点。这种趋势是资本所具有的，但同时又是同资本这种狭隘的生产形式相矛盾的，因而把资本推向解体，这种趋势使资本同以往的一切生产方式区别开来，同时意味着，资本不过表现为过渡点。以往的一切社会形式都由于财富的发展，或者同样可以说，由于社会生产力的发展而没落了。因此，在意识到这一点的古代人那里，财富被直接当做使共同体解体的东西加以抨击。封建制度也由于城市工业、商业、现代农业（甚至由于个别的发明，如火药和印刷机）而没落了。

随着财富的发展，因而也就是随着新的力量和不断扩大的个人交往的发展，那些成为共同体的基础的经济条件，那些与共同体相适应的共同体各不同组成部分的政治关系，以理想的方式来对共同体进行直观的宗教（这二者又都是建立在对自然界的一定关系上的，而一切生产力都归结为自然界），个人的性格、观点等等，也都解体了。**单是科学——**即财富的最可靠的形式，既是财富的产物，又是财富的生产者——**的发展**，就足以使这些共同体解体。但是，**科学**这种既是观念的财富同时又是实际的财富**的发展**，只不过是**人的生产力的发展**即财富的发展所表现的一个方面，一种形式。

如果**从观念上**来考虑，那么一定的意识形式的解体足以使整个时代覆灭。在现实中，意识的这种限制是同**物质生产力的一定发展程度**，因而是同财富的一定发展程度相适应的。当然，发展不仅是在旧的基础上发生的，而且就是**这个基础本身的发展**。这个**基础本身的最高发展**（这个基础变成的花朵；但这仍然是**这个**基础，是作为花朵的**这株**植物；因此，开花**以后**和开花的结果就是枯萎），是达到这样一点：这时基础本身取得的形式使它能和**生产力的最高发展**，因而也和个人的最丰富的发展相一致。一旦达到这一点，进一步的发展就表现为衰落，而新的发展则在一个新的基础上开始。

前面我们已经看到，［劳动者］对生产条件的所有制表现为同共同体的狭隘的、一定的形式相一致，因而同个人的狭隘的、一定的形式相一致，这种个人具有为组成这种共同体所需的特性，即狭隘性和自己的生产力的狭隘发展。而这个前提本身又是生产力的狭隘的历史发展阶段的结果：既是财富的，也是创造财富的方式的狭隘的历史发展阶段的结果。共同体的目的，个人的目的——以及生产的条件——是再生产**这种一定的生产条件**和个人，既是单个的，也是处于他们的社会分离和社会联系之中的个人，即作为这些条件的活的承担者的个人。

资本把**财富本身的生产**，从而也把生产力的全面的发展，把自己的现有前提的不断变革，设定为它自己再生产的前提。价值并不排斥使用价值，因而不把特殊种类的消费等等，特殊种类的交往等等，当做绝对条件包括进来；同样，社会生产力、交往、知识等等的任何发展程度，对资本来说都只是表现为它力求加以克服的限制。它的前提本身——价值——表现为产品，而不是表现为凌驾于生产之上的更高的前提。**资本**的限制就在于：这一切发展都是对立地进行的，生产力、一般财富等等，知识等等的创造，表现为从事劳动的个人本身的**外化**；他不是把他自己创造出来的东西当做**他自己的财富**的条件，而是当做**他人财富**和自身贫穷的条件。但是这种对立的形式本身是暂时的，它产生出消灭它自身的现实条件。

结果就是：生产力——财富一般——从趋势和可能性来看的普遍发展成了基础，同样，交往的普遍性，从而世界市场成了基础。这种基础是个人全面发展的可能性，而个人从这个基础出发的实际发展是对这一发展的**限制**的不断扬弃，这种限制被意识到是限制，而不是被当做**神圣的界限**。个人的全面性不是想象的或设想的全面性，而是他的现实联系和观念联系的全面性。由此而来的是把他自己的历史作为**过程**来理解，把对自然界的认识（这也作为支配自然界的实践力量而存在着）当做对他自己的现实躯体的认识。发展过程本身被设定为并且被意识到是这个过程的前提。但是，要达到这点，首先必须使生产力的充分发展成为**生产条件**，不是使一定的**生产条件**表现为生产力发展的界限。

八 剥削社会中的劳动和真正自由的劳动

〔**亚当·斯密**的观点是，**劳动决不改变自己的价值**，所谓不改变，是指**一定量的劳动对工人来说**始终**是一定量的劳动**，也就是说，在亚当·斯密看来，始终是**同样数量的牺牲**。不管我一个劳动小时得到的报酬是多还是少——这取决于一个劳动小时的生产率和其他种种情况——，我**已劳动了**一小时。不管这一个劳动小时的结果有什么变化，我必须为我的劳动结果，为我的工资付出的东西，始终是同样的一个**劳**

动小时。

"等量劳动,在任何时候和任何地方,对于完成这一劳动的工人必定具有相同的价值。在通常的健康、体力和精神状况下,在工人能够掌握通常的技能和技巧的条件下,他总要牺牲**同样多的安逸、自由和幸福。他所支付的价格**总是不变的,不管他以劳动报酬的形式得到的商品量有多少。诚然他用这个价格能买到的这些商品的量,有时多有时少,但这里发生变化的是这些商品的价值,而不是购买商品的劳动的价值。可见,劳动本身的价值永远不变。由此看来,劳动是商品的**实际价格**,而货币只是商品的名义价格。"([亚·斯密《国民财富的性质和原因的研究》]加尔涅[的新译本,1802年巴黎版]第1卷第64—66页,[P.]7)

"你必须汗流满面地劳动!"① 这是耶和华对亚当的诅咒。而亚当·斯密正是把劳动看做诅咒。在他看来,"安逸"是适当的状态,是与"自由"和"幸福"等同的东西。一个人"在通常的健康、体力、精神、技能、技巧的状况下",也有从事一份正常的劳动和停止安逸的需要,这在斯密看来是完全不能理解的。诚然,劳动尺度本身在这里是由外面提供的,是由必须达到的目的和为达到这个目的而必须由劳动来克服的那些障碍所提供的。但是克服这种障碍本身,就是自由的实现,而且进一步说,外在目的失掉了单纯外在自然必然性的外观,被看做个人自己提出的目的,因而被看做自我实现,主体的对象化,也就是实在的自由——而这种自由见之于活动恰恰就是劳动——,这些也是亚当·斯密料想不到的。

不过,斯密在下面这点上是对的:在奴隶劳动、徭役劳动、雇佣劳动这样一些劳动的历史形式下,劳动始终是令人厌恶的事情,始终表现为**外在的强制劳动**,而与此相反,不劳动却是"自由和幸福"。这里可以从两个方面来谈:一方面是这种对立的劳动;另一方面与此有关,是这样的劳动,这种劳动还没有为自己创造出(或者同牧人等等的状况相比,是丧失了)一些主观的和客观的条件,从而使劳动会成为吸引人的

---

① 《旧约全书·创世记》第3章第19节。——编者注

劳动，成为个人的自我实现，但这决不是说，劳动不过是一种娱乐，一种消遣，就像傅立叶完全以一个浪漫女郎的方式极其天真地理解的那样。真正自由的劳动，例如作曲，同时也是非常严肃，极其紧张的事情。

物质生产的劳动只有在下列情况下才能获得这种性质：（1）劳动具有社会性；（2）这种劳动具有科学性，同时又是一般的劳动，这种劳动不是作为用一定方式刻板训练出来的自然力的人的紧张活动，而是作为一个主体的人的紧张活动，这个主体不是以单纯自然的，自然形成的形式出现在生产过程中，而是作为支配一切自然力的活动出现在生产过程中。

不过，斯密所想到的仅仅是资本的奴隶。例如，甚至中世纪的半艺术性质的劳动者也不能列入他的定义。然而，**在这里我们首先**感兴趣的不是分析斯密对劳动的见解，不是他的哲学见解，而是经济学因素。把劳动单纯看做**牺牲**，而且，因此把它看做设定价值的东西，看做是对物所支付的**价格**，而且按照各物所花费的劳动的多少来决定它们的价格，这纯粹是**消极**的规定。因此，例如**西尼耳**先生竟会把资本看成和劳动具有同样意义的一种独特的生产源泉，**价值**生产的源泉，因为资本家似乎也作出**牺牲**，即**节欲**的牺牲，他没有直接把自己的产品吃光，而是用它来发财致富。单纯消极的东西什么也不创造。例如，如果劳动使工人愉快——正像西尼耳所说的**节欲**无疑会使守财奴得到愉快一样——，那么，产品不会失掉丝毫价值。进行生产的**只有**劳动；它是**价值**这种产品的唯一**实体**。

〔蒲鲁东的公理是：一切劳动都应当提供一个余额。从这里可以看出他对这个问题多么不理解。他所否认的属于资本的东西，都被他变为劳动的自然属性。可是，关键在于，满足绝对需要所必需的劳动时间留下了**自由**时间（它在生产力发展的不同阶段上是不同的），因此，只要进行**剩余劳动**，就能创造剩余产品。目的是要消除〔必要劳动和剩余劳动的〕关系本身；这样，剩余产品本身就表现为必要产品了，最后，物质生产也就给每个人留下了从事其他活动的剩余时间。现在这已经不是什么神秘的事情了。最初,大自然的赐予是丰富的,或者说,顶多只要去占有它们就行了。联合体(家庭)以及与之相适应的分工和协作,一开始是自然产生的。其实在最初,需求也是极少的。需求本身也只是随着生产力一起发展起来的。〕

因此,劳动的尺度,劳动时间——在劳动强度相同的前提下——就是价值的尺度。工人之间质的差别只要不是自然形成的,不是由性别、年龄、体力等等决定的——也就是说,只要这种差别实际上表现的不是劳动的质的价值,而是分工,劳动的分化——,那么,这种差别本身不过是历史的结果,而且对大多数劳动来说这种差别又会被消除,因为大多数劳动是简单劳动;而质上较高的劳动在经济上可以通过同简单劳动相比来找到它的尺度。

劳动时间,或劳动量,是价值的尺度,——这无非是说,劳动的尺度就是价值的尺度。两个东西只有当它们具有**同样性质**的时候,才能用同样的尺度来计量。各种产品能够用劳动的尺度——劳动时间——来计量,只是因为它们按性质来说都是**劳动**。它们是客体化的劳动。产品作为客体具有各种形式,它们作为劳动的存在固然可以表现在这些形式上(作为从外面赋予它们的目的性;但是,例如在公牛身上就看不出这一点,在一切再生产出来的自然产品上看不出这一点),但是,它们之间已经没有什么共同之处。产品只有作为活动而存在的时候,才作为等同的东西存在。活动是由时间来计量的,因此,时间也成为客体化劳动的尺度。我们将在别的地方探讨,这种**计量**同交换,同没有组织的社会劳动——社会生产过程的一定阶段——有多大联系。

使用价值同作为产品源泉的人的活动没有关系,同产品由人的活动来创造这一点没有关系,而是同产品为人的存在有关系。要说产品有它自己的尺度,那就是自然尺度,作为自然物的产品的尺度,那就是:重量、分量、长度、体积等等,效用的尺度等等。但是,产品作为创造产品的力量的效果或这种力量的静态存在,它只能由这种力量本身的尺度来计量。劳动的尺度是时间。仅仅因为各种产品**是劳动**，所以它们能用劳动的尺度，即劳动时间来计量，或用消耗在它们上面的劳动量来计量。对安逸的否定，作为单纯的否定，作为禁欲主义的牺牲，不创造任何东西。**一个人可以像僧侣之类那样整天灭绝情欲，自己折磨自己等等，但是他所作出的这些牺牲不会提供任何东西。**物的**自然**价格不是为这些物所作的牺牲。这倒使人想起那种非产业的观点，即认为向神灵供献牺牲就能获得财富。除开牺牲之外，还需要有某种别的东西。所谓牺牲安逸，也可以称做牺牲懒惰、不自由、不幸，即否定某种消极状态。

亚·斯密是从心理方面来考察劳动的，是从劳动使个人愉快或不愉快这方面来考察的。但是除了个人对自己的活动在**情绪方面的**关系以外，劳动毕竟还是某种别的东西，首先，对他人来说是这样，因为 A 的单纯牺牲，对 B 没有什么好处；其次，是个人本身对他所加工的物和对他自己的劳动才能的一定关系。劳动是**积极的、创造性的活动**。劳动的尺度——时间——自然不依赖于劳动生产率；劳动的尺度无非是一种单位，它的一定数目表示劳动的相应部分。由此当然不应得出结论说，劳动的**价值**是固定不变的；换句话说，只有在相同的劳动量都是相同的尺度量这个意义上才是固定不变的。

以后在进一步探讨时还可以弄清楚，产品的价值不是用消耗在产品上的劳动来计量，而是用生产产品所必要的劳动来计量的。因而，作为生产条件的不是牺牲，而是劳动。等价把产品再生产的条件表现为经过交换而得出的产品条件，也就是说，把生产活动更新的可能性表现为由生产活动本身的产品造成的东西。〕

九 资本主义社会中的个人自由

〔因为竞争从历史上看在一国内部表现为把行会强制、政府调节、国内关税以及诸如此类的事情取消，在世界市场上表现为把闭关自守、禁止性关税或保护关税废除，总之，从历史上看它表现为对作为资本的前导的各生产阶段所固有的种种界限和限制的否定；因为竞争在历史上曾被重农学派完全正确地称为自由放任并且加以提倡，所以，对竞争也就只是从它的这种单纯否定方面，单纯历史方面来考察的，而另一方面，又得出一种更荒谬的看法，就是把竞争看成是摆脱了束缚的、仅仅受自身利益制约的个人之间的冲突，看成是自由的个人之间的相互排斥和吸引，从而看成是自由的个性在生产和交换领域内的绝对存在形式。再没有比这种看法更错误的了。

如果说自由竞争消除了以往生产关系和生产方式的限制，那么，首先应当看到，对竞争来说是限制的那些东西，对以往的生产方式来说却是它们自然地发展和运动的内在界限。只有在生产力和交往关系发展到足以使资本本身能够开始作为调节生产的本原而出现以后，这些界限才成为限制。资本所打碎的界限，就是对资本的运动、发展和实现的限制。在这里，资本决不是废除一切界限和一切限制，而只是废除同它不相适应的、对它来说成为限制的那些界限。资本在它自己的界限内——尽管这些界限从更高的角度来看表现为对生产的限制，会由于资本本身的历史发展而变成这种限制——感到自由，没有限制，也就是说，只受自身的限制，只受它自己的生活条件的限制。正如行会工业在它的繁荣时期在行会组织中完全找到了它所需要的自由，即同它相适应的生产关系一样。行会工业正是从它自身中产生出这些生产关系并使它们作为**自己**的内在条件发展起来的，因而根本不是把它们当做外在的、束缚性的限制。资本通过自由竞争对行会制度等等所作的否定这个历史方面只不过意味着，足够强大的资本借助于与它相适应的交往方式，摧毁了束缚和妨碍与资本相适应的运动的那些历史限制。

但是，竞争决不仅仅具有这样的历史意义，或者仅仅是**这样的否定**的东西。**自由竞争**是资本同作为另一个资本的它自身的关系，即资本作为资本的现实行为。只有随着自由竞争的发展，资本的内在规律——这些规律在资本发展的历史准备阶段上仅仅表现为一些倾向——才确立为规律，以资本为基础的生产才在与它相适应的形式上确立起来。因为自由竞争就是以资本为基础的生产方式的自由发展，就是资本的条件和资本这一不断再生产这些条件的过程的自由发展。

在自由竞争中自由的并不是个人，而是资本。只要以资本为基础的生产还是发展社会生产力所必须的、因而是最适当的形式，个人在资本的纯粹条件范围内的运动，就表现为个人的自由，然而，人们又通过不断回顾被自由竞争所摧毁的那些限制来把这种自由教条地宣扬为自由。自由竞争是资本的现实发展。它使符合资本本性，符合以资本为基础的生产方式，符合资本概念的东西，表现为单个资本的外在必然性。各资本在竞争中相互之间施加的、以及资本对劳动等等施加的那种相互强制（工人之间的竞争仅仅是各资本竞争的另一种形式），就是财富作为资本取得的**自由的**同时也是**现实的**发展。这甚至使最深刻的经济思想家们，例如李嘉图，都把自由竞争的绝对统治**作为前提**，以便有可能研究和表述资本的那些相适应的规律，这些规律同时表现为统治着资本的生死攸关的趋势。

但是，自由竞争是与资本生产过程相适应的形式。自由竞争越发展，资本运动的形式就表现得越纯粹。例如，李嘉图以自由竞争的绝对统治为前提，这就不由自主地承认了资本的**历史本性**和自由竞争的局限性，而自由竞争恰恰只不过是各资本的自由运动，也就是说，资本已不是在属于解体了的准备阶段的条件中运动，而是在资本本身的条件中运动。资本的统治是自由竞争的前提，就像罗马的皇帝专制政体是自由的罗马"私法"的前提一样。

只要资本的力量还薄弱，它本身就还要在以往的或随着资本的出现而正在消逝的生产方式中寻求拐杖。而一旦资本感到自己强大起来，它就抛开这种拐杖，按它自己的规律运动。当资本开始感到并且意识到自身成为发展的限制时，它就在这样一些形式中寻找避难所，这些形式看起来使资本的统治完成，但由于束缚自由竞争同时却预告了资本的解体和以资本为基础的生产方式的解体。包含在资本本性里面的东西，只有通过竞争才作为外在的必然性现实地表现出来，而竞争无非是许多资本把资本的内在规定互相强加给对方并强加给自己。因此，任何一个资产阶级经济学范畴，即使是最初的范畴，例如价值规定，要成为实际的东西，都不能不通过自由竞争，也就是说，不能不通过资本的实际过程，这种过程表现为各资本以及其他一切由资本决定的生产关系和交往关系的相互作用。

另一方面，由此也产生一种荒谬的看法，把自由竞争看成是人类自由的终极发展，认为否定自由竞争就等于否定个人自由，等于否定以个人自由为基础的社会生产。但这不过是在有局限性的基础上，即在资本统治的基础上的自由发展。因此，这种个人自由同时也是最彻底地取消任何个人自由，而使个性完全屈从于这样的社会条件，这些社会条件采取物的权力的形式，而且是极其强大的物，离开彼此发生关系的个人本身而独立的物。

揭示什么是自由竞争，这是对于资产阶级先知们赞美自由竞争或对于社会主义者们诅咒自由竞争所作的唯一合理的回答。如果说，在自由竞争的范围内，个人通过单纯追求他们的私人利益而实现公共的利益，或更确切些说，实现**普遍的**利益，那么，这无非就是说，在资本主义生产的条件下他们的相互压榨，因而他们的相互冲突本身也只不过是发生这种相互作用所依据的条件的再创造。不过，一旦把竞争看做自由个性的所谓绝对形式这种错觉消失了，那么这种情况就证明，竞争的条件，即以资本为基础的生产的条件，已经被人们当做限制而感觉到和考虑到了，因而这些条件已经**成为**而且越来越成为这样的限制了。断言自由竞争等于生产力发展的终极形式，因而也是人类自由的终极形式，这无非是说资产阶级的统治就是世界历史的终结——对前天的暴发户们来说这当然是一个愉快的想法。]

十　机器体系和科学发展以及资本主义劳动过程的变化

"机器分为：（1）生产动力的机器；（2）单纯传送动力和完成工作的机器。"（拜比吉［《论机器和工厂的节约》1833年巴黎版第20—21页］，[B.]10)

"工厂的标志是各种工人即成年工人和未成年工人的协作，这些工人熟练地勤勉地看管着由一个中心动力不断推动的、进行生产的机器体系，一切工厂，只要它的机械不形成连续不断的体系，或不受同一个发动机推动，都不包括在这一概念之中。属于后一类工厂的例子，有染坊、铸铜厂等。——这个术语的准确意思使人想到一个由无数机械的和有自我意识的器官组成的庞大的自动机，这些器官为了生产同一个物品而协调地不间断地活动，并且它们都受一个自行发动的动力的支配。"（尤尔［《工厂哲学》1836年布鲁塞尔版第1卷第18—19页］，[B.]13)

在生产过程本身中逐渐消费的资本，或者说固定资本，从严格意义上说，是**生产资料**。从更广泛的意义上说，整个生产过程和它的每一个要素，以及流通的每一个要素——从物质方面来看——只是资本的生产资料，对资本来说，只有价值才作为目的本身而存在。从物质本身方面来看，原料也是产品的生产资料，等等。

但是，固定资本作为在生产过程本身中逐渐耗尽的资本，其使用价值的规定就是：固定资本在这个过程中只是作为手段被使用，并且它本身只是作为使原料变为产品的作用物而存在。作为这样的生产资料，它的使用价值可以归结为：它只是生产过程运行的工艺条件（生产过程运行的场所），例如建筑物等等，或者，它是真正的生产资料发挥作用的直接条件，例如一切辅助材料。无论建筑物还是辅助材料，又只是进行整个生产过程的物质前提，或者只是使用和保存劳动资料的物质前提。而本来意义上的劳动资料只是在生产范围内并为了生产才被使用的，它没有任何其他的使用价值。

最初，当我们考察价值向资本的过渡时，劳动过程不过包括在资本里，而资本，按其物质条件，按其物质存在来看，表现为这个过程的各种条件的总和，并和这个过程相应，分为一定的、质上不同的各个部分，即**劳动材料**（正确的概念是劳动材料，而不是原材料），**劳动资料和活劳动**①。一方面，资本按其物质组成来看，分成这三种要素；另一方面，这些要素的运动的统一是**劳动过程**（或者说这些要素共同加入这一过程），它们的静止的统一是产品。在这种形式中，物质要素——劳动材料、劳动资料和活劳动——只表现为资本的占有的劳动过程本身的基本要素。而这个物质方面——或资本作为使用价值和现实过程的规定——同资本的形式规定完全不相符合。在资本的形式规定自身中，

（1）在资本同劳动能力交换以前，在实际的过程以前，这三个要素只是表现为资本本身在量上的不同的部分，表现为价值量，而作为总和的资本本身则构成这些部分的统一体。这些不同的部分借以存在的那种物质形式，使用价值，丝毫没有改变这一规定的同质性。从形式规定方面看，它们只是这样表现的：资本在量上分为几个部分。

（2）在过程本身内部，从形式来看，劳动这个要素和另外两个要素相互区别的地方只是：后两个要素是不变的价值，而劳动是创造价值的东西。但就使用价值上的差别来说，就物质方面来说，这种差别完全不属于资本的形式规定之内。但是现在，在流动资本（原材料和产品）**和固定资本**（劳动资料）之间的差别上，作为使用价值的各要素之间的差别，同时表现为作为资本的资本在形式规定上的差别。各要素之间的关系过去只是量的关系，现在则表现为资本本身的质的差别，表现为决定资本的总运动（周转）的东西。劳动材料和劳动产品——劳动过程的这个中和的沉淀物——作为**原材料和产品**，从物质方面来看，也已经不再是劳动的材料和产品，而是资本本身在各个阶段上的使用价值。

只要劳动资料仍然是本来意义上的劳动资料，像它在历史上直接地被资本纳入资本价值增殖过程时的情形那样，它所经受的就只是形式上的变化，也就是说，现在它不仅从物质方面来看表现为劳动的资料，同

---

① 见《马克思恩格斯全集》中文第 2 版第 30 卷第 256—257 页。——编者注

时还表现为由资本的总过程决定的特殊的资本存在方式——表现为**固定资本**。

但是，加入资本的生产过程以后，劳动资料经历了各种不同的形态变化，它的最后的形态是**机器**，或者更确切些说，是**自动的机器体系**（即机器体系：**自动的机器体系**不过是最完善、最适当的机器体系形式，只有它才使机器成为体系），它是由自动机，由一种自行运转的动力推动的。这种自动机是由许多机械器官和智能器官组成的，因此，工人自己只是被当做自动的机器体系的有意识的肢体。在机器中，尤其是在作为自动体系的机器装置中，劳动资料就其使用价值来说，也就是就其物质存在来说，转化为一种与固定资本和资本一般相适合的存在，而劳动资料作为直接的劳动资料加入资本生产过程时所具有的那种形式消失了，变成了由资本本身规定的并与资本相适应的形式。

机器无论在哪一方面都不表现为单个工人的劳动资料。机器的特征决不是像［单个工人的］劳动资料那样，在工人的活动作用于［劳动］对象方面起中介作用；相反地，工人的活动表现为：它只是在机器的运转，机器作用于原材料方面起中介作用——看管机器，防止它发生故障，这和对待工具的情形不一样。工人把工具当做器官，通过自己的技能和活动赋予它以灵魂，因此，掌握工具的能力取决于工人的技艺。相反，机器则代替工人而具有技能和力量，它本身就是能工巧匠，它通过在自身中发生作用的力学规律而具有自己的灵魂，它为了自身不断运转而消费煤炭、机油等等（辅助材料），就像工人消费食物一样。只限于一种单纯的抽象活动的工人活动，从一切方面来说都是由机器的运转来决定和调节的，而不是相反。科学通过机器的构造驱使那些没有生命的机器肢体有目的地作为自动机来运转，这种科学并不存在于工人的意识中，而是作为异己的力量，作为机器本身的力量，通过机器对工人发生作用。

活劳动被对象化劳动所占有——创造价值的力量或活动被自为存在的价值所占有——，这种包含在资本概念中的占有，在以机器为基础的生产中，也从生产的物质要素和生产的物质运动上被确立为生产过程本身的性质。从劳动作为支配生产过程的统一体而囊括生产过程这种意义来说，生产过程已不再是这种意义上的劳动过程了。相反，劳动现在仅仅表现为有意识的机件，它以单个的有生命的工人的形式分布在机械体系的许多点上，被包括在机器体系本身的总过程中，劳动自身仅仅是这个体系里的一个环节，这个体系的统一不是存在于活的工人中，而是存在于活的（能动的）机器体系中，这种机器体系同工人的单个的无足轻重的动作相比，在工人面前表现为一个强大的机体。在机器体系中，对象化劳动在劳动过程本身中与活劳动相对立而成为支配活劳动的力量，占有活劳动的资本就其形式来说就是这样的力量。由于劳动资料转变为机器体系，由于活劳动转变为这个机器体系的单纯的活的附件，转变为机器运转的手段，劳动过程便只是作为资本价值增殖过程的一个环节而被包括进来，这一点从物质方面来看，也被肯定了。

提高劳动生产力和最大限度否定必要劳动，正如我们已经看到的①，是资本的必然趋势。劳动资料转变为机器体系，就是这一趋势的实现。在机器体系中，对象化劳动在物质上与活劳动相对立而成为支配活劳动的力量，并主动地使活劳动从属于自己，这不仅是通过对活劳动的占有，而且是在现实的生产过程本身中实现的。在作为机器体系存在的固定资本中，资本作为把创造价值的活动占为己有的价值这样一种关系，同时表现为资本的使用价值与劳动能力的使用价值的关系。

其次，对象化在机器体系中的价值表现为这样一个前提，同它相比，单个劳动能力创造价值的力量作为无限小的量而趋于消失。由于机器体系所造成的规模巨大的生产，产品同生产者的直接需要的任何联系也消失了，从而同直接使用价值的任何联系也都消失了。产品生产的形式和产品生产的关系已经意味着：产品只是作为价值的承担者被生产出来，而它的使用价值只是实现这一目的的条件。在机器[体系]中，

---

① 见《马克思恩格斯全集》中文第 2 版第 30 卷第 406 页。——编者注

对象化劳动本身不仅直接以产品的形式或者以当做劳动资料来使用的产品的形式出现,而且以生产力本身的形式出现。劳动资料发展为机器体系,对资本来说并不是偶然的,而是使传统的继承下来的劳动资料适合于资本要求的历史性变革。因此,知识和技能的积累,社会智力的一般生产力的积累,就同劳动相对立而被吸收在资本当中,从而表现为资本的属性,更明确地说,表现为**固定资本**的属性,只要后者是作为真正的生产资料加入生产过程。

因此,**机器体系**表现为**固定资本**的最适当的形式,而固定资本——就资本对自身的关系来看——则表现为**资本一般的最适当的形式**。另一方面,就固定资本被束缚在自己一定的使用价值的存在中这一点来看,它是不符合资本的概念的,因为作为价值来说,资本采取任何特定的使用价值形式都是无所谓的,它可以把任何一种使用价值形式作为自己一视同仁的化身来加以采用或者抛弃。从这方面来看,从资本对外部的关系来看,**流动资本**同固定资本相比表现为资本的适当形式。

其次,从机器体系随着社会知识的积累、整个生产力的积累而发展来说,代表一般社会劳动的不是劳动,而是资本。社会的生产力是用**固定资本**来衡量的,它以物的形式存在于固定资本中,另一方面,资本的生产力又随着被资本无偿占有的这种普遍的进步而得到发展。这里无须详细地研究机器体系的发展;而只要求从一般的方面考察;只要**劳动资料**变为**固定资本**,就从自己的物质方面失去了自己的直接形式,并且在物质上作为**资本**同工人相对立。在机器体系中,对工人来说,知识表现为外在的异己的东西,而活劳动则从属于独立发生作用的对象化劳动。只要工人的活动不是[资本的]① 需要所要求的,工人便成为多余的了。

因此,只有当劳动资料不仅在形式上被规定为**固定资本**,而且扬弃了自己的直接形式,从而,**固定资本**在生产过程内部作为机器来同劳动

------

① 手稿此处缺损。——编者注

相对立的时候,而整个生产过程不是从属于工人的直接技巧,而是表现为科学在工艺上的应用的时候,只有到这个时候,资本才获得了充分的发展,或者说,资本才造成了与自己相适合的生产方式。可见,资本的趋势是赋予生产以科学的性质,而直接劳动则被贬低为只是生产过程的一个要素。同价值转化为资本时的情形一样,在资本的进一步发展中,我们看到:一方面,资本是以生产力的一定的现有的历史发展为前提的——在这些生产力中也包括科学——,另一方面,资本又推动和促进生产力向前发展。

因此,资本作为固定资本来发展时所达到的数量和效能(强度),一般说来,表明资本作为资本,作为支配活劳动的力量的发展程度和资本支配整个生产过程的程度。从固定资本表现对象化生产力和对象化劳动的积累这方面来说,情况也是如此。但是,如果说资本只有在机器体系中以及固定资本的其他物质存在形式如铁路等等中(关于这一方面我们以后再谈)才取得自己在生产过程内部作为使用价值的适当的形式,那么这决不是说,这种使用价值,这种机器体系本身就是资本,或者说它作为机器体系的存在同它作为资本的存在是一回事。正像黄金不再是**货币**时,它不会丧失黄金的使用价值一样,机器体系不再是资本时,它也不会失去自己的使用价值。决不能从机器体系是固定资本的使用价值的最适合的形式这一点得出结论说:从属于资本的社会关系,对于机器体系的应用来说,是最适合的和最好的社会生产关系。

劳动时间——单纯的劳动量——在怎样的程度上被资本确立为唯一的决定要素,直接劳动及其数量作为生产即创造使用价值的决定要素就在怎样的程度上失去作用;而且,如果说直接劳动在量的方面降到微不足道的比例,那么它在质的方面,虽然也是不可缺少的,但一方面同一般科学劳动相比,同自然科学在工艺上的应用相比,另一方面同产生于总生产中的社会组织的、并表现为社会劳动的自然赐予(虽然是历史的产物)的一般生产力相比,却变成一种从属的要素。于是,资本也就促使自身这一统治生产的形式发生解体。

因此，如果说，一方面生产过程从简单的劳动过程向科学过程的转化，也就是向驱使自然力为自己服务并使它为人类的需要服务的过程的转化，表现为同活劳动相对立的**固定资本**的属性，如果说，单个劳动本身不再是生产的，相反，它只有在征服自然力的共同劳动中才是生产的，而直接劳动到社会劳动的这种上升，表现为单个劳动在资本所代表、所集中的共同性面前被贬低到无能为力的地步，那么，另一方面，一个生产部门的劳动由另一个生产部门的**并存劳动**来维持，则表现为**流动资本**的属性。

在小流通中，资本把工资预付给工人，工人用工资交换他的消费所必需的产品。工人得到的货币所以具有这种力量，仅仅是因为在他以外同时还有人在劳动；而且，仅仅因为资本占有这个工人的劳动，资本才会以货币形式付给他支取他人劳动的凭证。本人劳动和他人劳动的这种交换，在这里不是以他人同时并存的劳动为中介和条件，而是以资本所作的预付为中介和条件。工人在生产期间能够实现他的消费所必需的物质变换这件事，表现为转到工人手里的那一部分**流动资本**的属性，并表现为流动资本一般的属性。这一情况不是表现为同时并存的劳动力之间的物质变换，而是表现为资本的物质变换，表现为流动资本的存在。

于是，劳动的一切力量都转化为资本的力量。在固定资本中体现着劳动的生产力（这种生产力存在于劳动之外，并且（有物质上）不以劳动为转移而存在着）。而在流动资本中，一方面，工人本身有重复自己劳动的前提条件，另一方面，工人的这种劳动的交换以其他工人的并存劳动为中介，——这种情况表现为，资本对工人实行预付，另一方面资本又造成各个劳动部门的同时并存。（后面这两个规定其实属于积累。）在流动资本的形式中，资本表现为不同工人之间的中介。

固定资本在它作为生产资料（机器体系是生产资料的最适合的形式）的规定中，只是从两方面生产价值，即增加产品的价值：（1）由于固定资本具有**价值**，就是说，它本身就是劳动产品，是对象化形式上的一定的劳动量；（2）由于固定资本通过提高劳动的生产力，使劳动能在较短的时间内创造出更大量的维持活劳动能力所必需的产品,从而提高剩余劳动对必要劳动的比例。可见,说什么由于资本家利用固定资本(况且,固定资本本身就是劳动的产品,并且不过是被资本占有的**他人劳动**的产品)使工人的劳动减轻了(相反,资本家利用机器使工人的劳动失去了一切独立性和吸引力),或者使工人劳动的时间缩短了,所以工人就和资本家分享劳动产品了,这种说法是极其荒谬的资产阶级滥调。

相反,只有在机器使工人能够把自己的更大部分时间用来替资本劳动,把自己的更大部分时间当做不属于自己的时间,用更长的时间来替别人劳动的情况下,资本才采用机器。的确,通过这个过程,生产某种物品的必要劳动量会缩减到最低限度,但只是为了在最大限度的这类物品中使最大限度的劳动价值增殖。第一个方面所以重要,是因为资本在这里——完全是无意地——使人的劳动,使力量的支出缩减到最低限度。这将有利于解放了的劳动,也是使劳动获得解放的条件。

由此可见,罗德戴尔把固定资本说成是和劳动时间无关的、独立的价值源泉,是何等荒谬。固定资本只有从它本身是对象化劳动时间来说,并且从它创造剩余劳动时间来说,才是这样的源泉。机器体系本身的采用——见前面莱文斯顿的论述①——在历史上要以多余的人手为前提。只是在劳动力过剩的地方,机器体系才出现,以便代替劳动。只有在经济学家的想象中,机器体系才对单个工人有帮助。只有使用大量工人,机器体系才能发生作用,而对资本来说,工人的积聚,正如我们看到的②,是资本的历史的前提之一。机器体系的出现,不是为了弥补劳动力的不足,而是为了把现有的大量劳动力压缩到必要的限度。只有在劳动能力大量存在的地方,机器体系才会出现。(关于这个问题,以后还要返回来谈。)

---

① 见本卷第82页和《马克思恩格斯全集》中文第2版第31卷第87—88页。——编者注

② 见《马克思恩格斯全集》中文第2版第30卷第587—593页。——编者注

罗德戴尔断言，机器体系不增加劳动的生产力，因为它不过是代替了劳动，或者说做那种劳动本身用自己的力量不能做的工作，他认为这是他的伟大发现。而属于资本概念的东西却是：增长了的劳动生产力表现为劳动之外的力量的增长和劳动本身的力量的削弱。劳动资料使工人独立——使他变成所有者。机器体系——作为固定资本——则使工人不独立，使他成为被占有者。机器体系所以发生这种作用，只是由于它变成固定资本，而机器体系所以变成固定资本，只是由于工人是以雇佣工人的身份，而且总的说来，从事活动的个人只是以工人的身份同它发生关系。

如果说，在此以前固定资本和流动资本仅仅表现为资本的不同的暂时的规定，那么，现在它们却硬化为资本的特殊存在方式，并且在固定资本之旁出现流动资本。现在有了资本的两个特殊种类。如果就一定生产部门的一笔资本来看，这笔资本就分成这两个部分，或者说按一定比例分成资本的这两个种类。

生产过程内部的区别，最初本来是劳动资料和劳动材料，最后是劳动产品，现在则表现为流动资本（劳动材料和劳动产品）和固定资本[劳动资料]。资本单纯按其物质方面所作的划分，现在被包括在资本的形式本身中，并且表现为使资本分化的东西。

罗德戴尔之流认为资本本身离开劳动可以创造**价值**，因而也可以创造**剩余价值**（或利润），对这种观点来说，固定资本——特别是以机器体系为其物质存在或使用价值的资本——是最能使他们的肤浅谬论貌似有理的形式。同他们相反，例如，在《保护劳动》中指出，是道路的修建者，而不是"道路"本身，可以分享道路的使用者所得到的利益。

至于流动资本，既然要以它确实经过不同的阶段为前提，那么即使流通不中断，流通时间的增减，长短，经过不同流通阶段的难易，也会使一定时间内所能创造的剩余价值减少，——这或是因为**再生产**[周期]**的次数减少了**，或是因为**生产过程中经常使用的资本**量缩减了。在两种情况下，预先存在的价值都没有减少，而是价值增长的速度减慢了。但是，一旦固定资本发展到了一定的规模——正如过去所指出的，固定资本的这种规模是一般大工业发展的尺度，因而也就随大工业的生产力（固定资本本身是这些生产力的对象化，它就是作为预先存在的产品的这种生产力本身）按相同的程度增长——，从这时起，生产过程的任何中断所起的作用都直接使资本本身减少，使资本的预先存在的价值减少。

固定资本的价值只有在生产过程中被消费，才再生产出来。固定资本不被利用，就丧失它的使用价值，没有把它的价值转移到产品上去。因此，在我们这里所考察的意义上，固定资本发展的程度越高，**生产过程的连续性**或再生产过程的不断进行，就越成为以资本为基础的生产方式的外在的强制性条件。

在机器体系中，资本对活劳动的占有从下面这一方面来看也具有直接的现实性：一方面，直接从科学中得出的对力学规律和化学规律的分解和应用，使机器能够完成以前工人完成的同样的劳动。然而，只有在大工业已经达到较高的阶段，一切科学都被用来为资本服务的时候，机器体系才开始在这条道路上发展；另一方面，现有的机器体系本身已经提供大量的手段。在这种情况下，发明就将成为一种职业，而科学在直接生产上的应用本身就成为对科学具有决定性的和推动作用的着眼点。

但是，这并不是机器体系在整体上产生时所经过的道路，更不是机器体系在细节上不断进展时所走过的道路。机器体系的这种道路是分解——通过分工来实现，这种分工把工人的操作逐渐变成机械的操作，而达到一定地步，机器就会代替工人。（关于**力的节省**。）因此，在这里直接表现出来的是一定的劳动方式从工人身上转移到机器形式的资本上，由于这种转移，工人自己的劳动能力就贬值了。由此产生了工人反对机器体系的斗争。过去是活的工人的活动，现在成了机器的活动。所以，带着粗暴情欲同工人对立的是资本对劳动的占有，是"好像害了相思病"似地吞噬活劳动的资本。

活劳动同对象化劳动的交换，即社会劳动确立为资本和雇佣劳动这二者对立的形式，是**价值关系**和以价值为基础的生产的最后发展。这种发展的前提现在是而且始终是：直接劳动时间的量，作为财富生产决定因素的已耗费的劳动量。但是，随着大工业的发展，现实财富的创造较少地取决于劳动时间和已耗费的劳动量，较多地取决于在劳动时间内所运用的作用物的力量，而这种作用物自身——它们的巨大效率——又和生产它们所花费的直接劳动时间不成比例，而是取决于科学的一般水平和技术进步，或者说取决于这种科学在生产上的应用。（这种科学，特别是自然科学以及和它有关的其他一切科学的发展，本身又和物质生产的发展相适应。）例如，农业将不过成为一种物质变换的科学的应用，这种物质变换能加以最有利的调节以造福于整个社会体。

现实财富倒不如说是表现在——这一点也由大工业所揭明——已耗费的劳动时间和劳动产品之间惊人的不成比例上，同样也表现在被贬低为单纯抽象物的劳动和由这种劳动看管的生产过程的威力之间在质上的不成比例上。劳动表现为不再像以前那样被包括在生产过程中，相反地，表现为人以生产过程的监督者和调节者的身份同生产过程本身发生关系。（关于机器体系所说的这些情况，同样适用于人们活动的结合和人们交往的发展。）这里已经不再是工人把改变了形态的自然物作为中间环节放在自己和对象之间；而是工人把由他改变为工业过程的自然过程作为中介放在自己和被他支配的无机自然界之间。工人不再是生产过程的主要作用者，而是站在生产过程的旁边。

在这个转变中，表现为生产和财富的宏大基石的，既不是人本身完成的直接劳动，也不是人从事劳动的时间，而是对人本身的一般生产力的占有，是人对自然界的了解和通过人作为社会体的存在来对自然界的统治，总之，是社会个人的发展。**现今财富的基础是盗窃他人的劳动时间**，这同新发展起来的由大工业本身创造的基础相比，显得太可怜了。一旦直接形式的劳动不再是财富的巨大源泉，劳动时间就不再是，而且必然不再是财富的尺度，因而交换价值也不再是使用价值的尺度。**群众的剩余劳动**不再是一般财富发展的条件，同样，**少数人的非劳动**不再是人类头脑一般能力发展的条件。于是,以交换价值为基础的生产便会崩溃,直接的物质生产过程本身也就摆脱了贫困和对立的形式。个性得到自由发展,因此,并不是为了获得剩余劳动而缩减必要劳动时间,而是直接把社会必要劳动缩减到最低限度,那时,与此相适应,由于给所有的人腾出了时间和创造了手段,个人会在艺术、科学等等方面得到发展。

资本本身是处于过程中的矛盾,因为它竭力把劳动时间缩减到最低限度,另一方面又使劳动时间成为财富的唯一尺度和源泉。因此,资本缩减必要劳动时间形式的劳动时间,以便增加剩余劳动时间形式的劳动时间;因此,越来越使剩余劳动时间成为必要劳动时间的条件——生死攸关的问题。一方面,资本唤起科学和自然界的一切力量,同样也唤起社会结合和社会交往的一切力量,以便使财富的创造不取决于(相对地)耗费在这种创造上的劳动时间。另一方面,资本想用劳动时间去衡量这样造出来的巨大的社会力量,并把这些力量限制在为了把已经创造的价值作为价值来保存所需要的限度之内。生产力和社会关系——这二者是社会个人的发展的不同方面——对于资本来说仅仅表现为手段,仅仅是资本用来从它的有限的基础出发进行生产的手段。但是,实际上它们是炸毁这个基础的物质条件。

"一个国家只有在劳动 6 小时而不是劳动 12 小时的时候,才是真正富裕的。**财富**〈现实的财富〉不是对剩余劳动时间的支配,而是除了耗费在直接生产上面的时间以外,**每一个个人**和整个社会**可以自由支配的时间**"〔查·迪尔克《国民困难的原因及其解决办法》1821 年伦敦版第 6 页〕

自然界没有造出任何机器,没有造出机车、铁路、电报、自动走锭精纺机等等。它们是人的产业劳动的产物,是转化为人的意志驾驭自然界的器官或者说在自然界实现人的意志的器官的自然物质。它们是**人的手创造出来的人脑的器官**;是对象化的知识力量。固定资本的发展表明,一般社会知识,已经在多么大的程度上变成了**直接的生产力**,从而社会生活过程的条件本身在多么大的程度上受到一般智力的控制并按照这种智力得到改造。它表明，社会生产力已经在多么大的程度上，不仅以知识的形式，而且作为社会实践的直接器官，作为实际生活过程的直接器官被生产出来。

再从另一方面看，固定资本的发展也表明财富一般发展的程度，或者说资本发展的程度。直接以使用价值为目的的生产，以及直接以交换价值为目的的生产，其对象都是供消费用的产品本身。生产固定资本的那部分生产既不生产直接的消费品，也不生产直接的交换价值，至少不生产可以直接实现的交换价值。**因此，越来越大的一部分生产时间耗费在生产资料的生产上，这种情况取决于已经达到的生产率水平，取决于用一部分生产时间就足以满足直接生产的需要。**

这就要求社会能够等待；能够把相当大一部分已经创造出来的财富从直接的享受中，也从以直接享受为目的的生产中抽出来，以便（在物质生产过程本身内部）把这一部分财富用到**非**直接生产的劳动上去。这就要求已经达到的生产率和相对的富裕程度都有高度水平，而且这种高度水平是同流动资本转变为固定资本成正比的。正如**相对剩余劳动的大小取决于必要劳动的生产率**一样，用于**生产固定资本的劳动时间——**活劳动时间和对象化劳动时间——**的大小取决于用于直接生产产品的劳动时间的生产率。**

过剩人口（从这个观点来看），以及**过剩生产**，是达到这种情况的条件。这就是说，用在直接生产上的时间所取得的成果必定相对说来很大，超出了这些生产部门所使用的资本的再生产的直接需要。**固定资本**直接带来的成果**越少**，越少参与**直接生产过程**，这种相对的**过剩人口和过剩生产就必定越多**；因而，修建铁路、运河、自来水、电报等等场合，同制造直接用于直接生产过程的机器的场合相比，过剩人口和过剩生产就必定多些。由此（我们以后将回过来谈这一点）就产生出——通过现代工业经常生产过剩和经常生产不足的形式——这样一种状态：流动资本向固定资本的转化有时过多有时过少，这种不平衡状态经常波动和痉挛。

〔在必要劳动时间之外，为整个社会和社会的每个成员**创造大量可以自由支配的时间**（即为个人生产力的充分发展，因而也为社会生产力的充分发展创造广阔余地），这样创造的非劳动时间，从资本的立场来看，和过去的一切阶段一样，表现为少数人的非劳动时间，自由时间。资本还添加了这样一点：它采用技艺和科学的一切手段，来增加群众的剩余劳动时间，因为它的财富直接在于占有剩余劳动时间；因为它的**直接目的**是**价值**，而不是使用价值。

于是，资本就违背自己的意志，成了为社会可以自由支配的时间创造条件的工具，使整个社会的劳动时间缩减到不断下降的最低限度，从而为全体〔社会成员〕本身的发展腾出时间。但是，资本的趋势是：一方面**创造可以自由支配的时间，另一方面把这些可以自由支配的时间变为剩余劳动**。如果它在第一个方面太成功了，那么，它就要吃到生产过剩的苦头，这时必要劳动就会中断，因为**资本无法实现剩余劳动**。

这个矛盾越发展，下述情况就越明显：生产力的增长再也不能被占有他人的剩余劳动所束缚了，工人群众自己应当占有自己的剩余劳动。当他们已经这样做的时候——这样一来，**可以自由支配的时间**就不再是**对立的存在物了**——，那时，一方面，社会的个人的需要将成为必要劳动时间的尺度，另一方面，社会生产力的发展将如此迅速，以致尽管生产将以所有的人富裕为目的，所有的人的**可以自由支配的时间**还是会增加。因为真正的财富就是所有个人的发达的生产力。那时，财富的尺度决不再是劳动时间，而是可以自由支配的时间。**以劳动时间作为财富的尺度**，这表明财富本身是建立在贫困的基础上的，而可以自由支配的时间只是**在同剩余劳动时间的对立中并且是由于这种对立**而存在的，或者说，个人的全部时间都成为劳动时间，从而使个人降到仅仅是工人的地位，使他从属于劳动。**因此，最发达的机器体系现在迫使工人比野蛮人劳动的时间还要长，或者比他自己过去用最简单、最粗笨的工具时劳动的时间还要长。**〕

"假定一个国家的全部劳动所生产的只够维持全部人口的生活，那就不会有**剩余劳动**，因而也就没有什么东西可以作为资本积累起来。假定人们在一年中所生产的足够维持他们两年的生活，那就或者是一年的消费资料必须毁掉，或者是人们必须停止一年的生产劳动。但是，**剩余产品——或者说资本——的所有者**……会把人们用于**某种不是直接生产的工作**，例如用来装配机器等等。如此反复不已。"（《国民困难的原因及其解决办法》1821年伦敦版第4—5页）

〔正如随着大工业的发展，大工业所依据的基础——占有他人的劳动时间——不再构成或创造财富一样，随着大工业的这种发展，**直接劳动**本身不再是生产的基础，一方面因为直接劳动变成主要是看管和调节的活动，其次也是因为，产品不再是单个直接劳动的产品，相反地，作为生产者出现的，是社会活动的**结合**。

"当分工发达的时候，几乎每个人的劳动都是整体的一部分，**它本身没有任何价值或用处。因此工人不能指任何东西说：这是我的产品，我要留给我自己。**"（[托·霍吉斯金]《保护劳动［反对资本的要求］》[1825年伦敦版第25页]，[L.] Ⅺ，1、2）

在直接的交换中，单个的直接劳动实现在某个特殊的产品或产品的一部分中，而它［单个的直接劳动］的共同的、社会的性质——劳动作为一般劳动的对象化和作为满足一般需要的［手段的］性质——只有通过交换才被肯定。相反，在大工业的生产过程中，一方面，发展为自动化过程的劳动资料的生产力要以自然力服从于社会智力为前提，**另一方面，单个人的劳动在它的直接存在中已成为被扬弃的个别劳动，即成为社会劳动。于是，这种生产方式的另一个基础也消失了**。〕

在资本的生产过程本身内部，用于生产固定资本的劳动时间和用于生产流动资本的时间的关系，就像**剩余劳动时间和必要劳动时间的关系**一样。为满足直接需要的生产越是具有生产率，就越能有更大的一部分生产用来满足生产的需要本身，换句话说，用来生产生产资料。既然**固定资本**的生产，甚至从物质方面来看，其直接目的不是为了生产直接的使用价值，也不是为了生产资本的直接再生产所需要的价值，即在创造价值的过程中又相对地代表使用价值的价值；相反地，固定资本的生产是为了生产创造价值的手段，就是说，它不是为了取得作为直接对象的价值，而是为了创造价值，为了取得价值增殖的手段这一生产的直接对象——从物质上看，价值的生产以生产对象本身的形式表现为生产的目的，也就是资本的生产力对象化这一目的，资本生产价值的能力对象化这一目的——，既然如此，那么，正是在**固定资本**的生产中，和**在流动资本的生产中**相比，**资本在更高程度上使自己成为目的本身**并作为**资本**发挥作用。因此，从这方面来看，固定资本的规模和固定资本的生产在整个生产中所占的规模，也是以资本的生产方式为基础的财富**发展的尺度**。

"工人人数取决于允许工人消费的**并存劳动的产品**的量，从这个意义上来说，工人人数取决于**流动资本**［的量］。"（［托·霍吉斯金］《保护劳动［反对资本的要求］》［1825年伦敦版第20页］）

上面从一些不同的经济学家的著作中摘录的引文[①]，都把固定资本看做是固着在生产过程中的那部分资本。

"在巨大的生产过程中，流动资本是被消费的；而固定资本只是被使用。"（［1847年11月6日］《经济学家》［第219期第1271页］，[L.]Ⅵ,1)

这是错误的，这仅仅适用于本身被固定资本消费的那部分流动资本——辅助材料。如果把"巨大的生产过程"当做直接生产过程来看，那么，在这个过程中被消费的仅仅是**固定资本**。但是生产过程内的消费，事实上就是**使用，磨损**。

其次，**固定资本的较大的耐久性**也不应单纯从物质上来理解。制造我睡觉的床所用的铁和木材，或者建造我居住的房屋所用的石头，或者装饰宫殿用的大理石雕像，这一切都像用来制造机器的铁和木材

[①] 见《马克思恩格斯全集》中文第2版第31卷第85—88页。——编者注

等等一样耐久。但是**耐久性**所以是工具、生产资料的条件，这不仅是由于技术上的原因，即金属等等是一切机器的主要材料，而且是由于工具要在不断重复的生产过程中反复地起同一种作用。作为生产资料，它的耐久性，是它的使用价值的直接要求。生产资料越是需要时常更新，费用就越大，就越是需要把更大一部分资本无益地花费在它上面。它的耐久性就是它作为生产资料而存在。它的耐久性就是它的生产力的提高。相反地，流动资本如果不变为固定资本，它的耐久性就同生产行为本身毫无关系，因而就不是概念上所包含的要素。在投入消费储备的各种物品当中，有些物品由于是很缓慢地被消费的，并且能被许多个人轮流消费，因而被规定为**固定资本**，这种情况涉及一些进一步的规定（租赁代替出售，利息等等），关于这些规定，我们在这里还没有谈到。

"自从在不列颠的制造业中普遍运用无生命的机器以来，除了少数的例外，人都被当做次要的和附属的机器，人们对于改善木材和金属等原料远比对于改善人的身体和精神要重视得多。"（罗·欧文《论人性的形成》1840年伦敦版第31页）

〔真正的经济——节约——是劳动时间的节约（生产费用的最低限度——和降到最低限度）。而这种节约就等于发展生产力。可见，决不是**禁欲**，而是发展生产力，发展生产的能力，因而既是发展消费的能力，又是发展消费的资料。消费的能力是消费的条件，因而是消费的首要手段，而这种能力是一种个人才能的发展，生产力的发展。

节约劳动时间等于增加自由时间，即增加使个人得到充分发展的时间，而个人的充分发展又作为最大的生产力反作用于劳动生产力。从直接生产过程的角度来看，节约劳动时间可以看做生产**固定资本**，这种固定资本就是人本身。

此外，直接的劳动时间本身不可能像从资产阶级经济学的观点出发所看到的那样永远同自由时间处于抽象对立中，这是不言而喻的。劳动不可能像傅立叶所希望的那样成为游戏，——不过，他能宣布最终目的不是把分配，而是把生产方式本身提到更高的形式，这依然是他的一大功绩。自由时间——不论是闲暇时间还是从事较高级活动的时间——自然要把占有它的人变为另一主体，于是他作为这另一主体又加入直接生产过程。对于正在成长的人来说，这个直接生产过程同时就是训练，而对于头脑里具有积累起来的社会知识的成年人来说，这个过程就是［知识的］运用，实验科学，有物质创造力的和对象化中的科学。对于这两种人来说，只要劳动像在农业中那样要求实际动手和自由活动，这个过程同时就是身体锻炼。

正如资产阶级经济学体系在我们面前逐步展开那样，它的自我否定也是如此，而这种否定便是它的最终结果。我们现在研究的还是直接的生产过程。如果我们从整体上来考察资产阶级社会，那么社会本身，即处于社会关系中的人本身，总是表现为社会生产过程的最终结果。具有固定形式的一切东西，例如产品等等，在这个运动中只是作为要素，作为转瞬即逝的要素出现。直接的生产过程本身在这里只是作为要素出现。生产过程的条件和对象化本身也同样是它的要素，而作为它的主体出现的只是个人，不过是处于相互关系中的个人，他们既再生产这种相互关系，又新生产这种相互关系。这是他们本身不停顿的运动过程，他们在这个过程中更新他们所创造的财富世界，同样地也更新他们自身。］

［……］

我们在上面已经指出，生产力（固定资本）所以能把价值转给［生产出来的产品］，只是因为它具有价值，因为它本身是被生产出来的，本身是一定量的对象化劳动时间。但是，这里还要加上自然作用物，例如水、土地（特别是这土地）、矿藏等等。它们被占有，从而具有交换价值，因此作为价值列入生产费用。总之，这就是要加上土地所有制（包括土地、矿藏、水）。本身不是劳动产品的那些生产资料，它们的价值还不属于这里讨论的范围，因为这些生产资料不是从考察资本本身得出来的。对于资本来说，它们首先表现为现成的历史的前提。作为这种前提，我们这里把它们撇开不谈。只有与资本相适应而变化了的土地所有制形式——或者作为决定价值的量的自然作用物——，才属于资产阶级经济学体系考察的范围。在我们目前的分析阶段上，对于考察资本来说，把土地等看做固定资本的形式丝毫不会使问题发生变化。

因为在已经生产出来的生产力这个意义上的**固定资本**，作为生产的作用物，会增加一定时间内创造的使用价值的量，所以，如果它加工的原料不增加，它本身就不可能增加（在加工工业中就是这样。在采掘工业中，例如渔业和采矿业，劳动只是为了克服获取和占有原产品或原始产品所遇到的障碍。这里的生产不是加工原料，而只是占有现存的原产品。相反地在农业中，原料就是土地本身；流动资本就是种子等等）。可见，在更大的规模上使用固定资本，是以扩大由原料构成的那部分流动资本为前提的；因而总的说来，是以资本的增加为前提的。同样，是以减少（相对减少）同活劳动相交换的那部分资本为前提的。

在固定资本中，资本不仅也在物质上作为充当新劳动的手段的对象化劳动而存在，而且作为这样一种价值而存在，这种价值的使用价值就是新价值的创造。可见，固定资本的存在主要地是它作为生产资本的存在。因此，以资本为基础的生产方式的已经达到的发展程度——换句话说，资本本身已经在多大程度上成为它自己的生产的前提条件，即以自身为前提——，是以固定资本的现有规模来衡量的；不仅是以固定资本的量，而且是以固定资本的质来衡量的。

最后，**在固定资本**中，劳动的社会生产力表现为资本固有的属性；**它既包括科学的力量，又包括生产过程中社会力量的结合，最后还包括从直接劳动转移到机器即死的生产力上的技巧**。相反地，在**流动资本**中，劳动的交换，不同劳动部门的交换，它们的交错连结和形成体系，生产劳动的并存，表现为**资本的属性**。

十一　资本主义条件下和共产主义条件下的社会生产力

随着劳动生产力的发展，劳动的物的条件即对象化劳动，同活劳动相比必然增长——这其实是一个同义反复的命题，因为，劳动生产力的增长无非是使用较少的直接劳动就能创造较多的产品，从而社会财富越来越表现为劳动本身创造的劳动条件——，这一事实，从资本的观点看来，不是社会活动的一个要素（物化劳动）成为另一个要素（主体的、活的劳动）的越来越庞大的躯体，而是（这对雇佣劳动是重要的）劳动的客观条件对活劳动具有越来越巨大的独立性（这种独立性就通过这些客观条件的规模而表现出来），而社会财富的越来越巨大的部分作为异己的和统治的权力同劳动相对立。关键不在于**对象化**，而在于**异化，外化**，外在化①，在于不归工人所有，而归人格化的生产条件即资本所有，归巨大的对象[化]的权力所有，这种对象[化]的权力把社会劳动本身当做自身的一个要素而置于同自己相对立的地位。

从资本和雇佣劳动的角度来看，活动的这种物的躯体的创造是同直接的劳动能力的对立中实现的，这个对象化过程实际上从劳动方面来说表现为劳动的外化过程，从资本方面来说表现为对他人劳动的占有过程，——就这一点来说，这种扭曲和颠倒是**真实的**，而不是**单纯想象的**，不是单纯存在于工人和资本家的观念中的。但是很明显，这种颠倒的过程不过是**历史**的必然性，不过是从一定的历史出发点或基础出发的生产力发展的必然性，但决不是生产的一种**绝对的**必然性，倒是一种暂时的必然性，而这一过程的结果和目的（内在的）是扬弃这个基础本身以及扬弃过程的这种形式。

资产阶级经济学家受一定的社会历史发展阶段的观念的严重束缚，

---

① 异化，外化，外在化的原文分别是 Entfremdetsein, Entäußertsein, Veräußertsein。——编者注

在他们看来，劳动的社会权力**对象化**的必然性是跟这些权力同活劳动相**异化**的必然性分不开的。但是，随着活劳动的**直接**性质被扬弃，即作为单纯**单个**劳动或者作为单纯内部的一般劳动或单纯外部的一般劳动的性质被扬弃，随着个人的活动被确立为直接的一般活动或**社会**活动，生产的物的要素也就摆脱这种异化形式；这样一来，这些物的要素就被确立为这样的财产，确立为这样的有机社会躯体，在其中个人作为单个的人，然而是作为社会的单个的人再生产出来。使个人在他们的生活的再生产中，在他们的生产的生活过程中处于上述状况的那些条件，只有通过历史的经济过程本身才能创造出来；这些条件既有客观的条件，也有主观的条件，它们只不过是同一些条件的两种不同的形式。

工人丧失所有权，而对象化劳动拥有对活劳动的所有权，或者说资本占有他人劳动——两者只是在对立的两极上表现了同一关系——，这是资产阶级生产方式的基本条件，而决不是同这种生产方式毫不相干的偶然现象。这种分配方式就是生产关系本身，不过是从分配角度来看罢了。因此，例如**约翰·斯图亚特·穆勒**的下述说法是极端荒谬的（约·斯·穆勒《政治经济学原理》1849年伦敦第2版第240页）：

"财富生产的规律和条件具有物理真理的性质……财富的分配却不是这样。这种分配仅仅是人间制度的事情。"（第239、240页）

财富生产的"规律和条件"与"财富分配"的规律是不同形式下的同一些规律，而且两者都在变化，都经历同一历史过程，总的说来，只不过是一个历史过程的各个要素。

不需要有什么特殊的洞察力就可以理解：例如，如果把从农奴制的解体中产生的自由劳动即雇佣劳动当做出发点，那么，机器只有在同活劳动的对立中，才能作为与活劳动相异化的财产和与它敌对的力量**产生出来**；也就是说，机器必然作为资本同活劳动相对立。但是同样也不难理解：机器一旦比如说变成联合的工人的财产，也不会不再是社会生产的作用物。但在第一种场合，机器的分配，也就是它们**不属于**工人这一情况，正是以雇佣劳动为基础的生产方式的条件。在第二种场合，改变了的分配将以**改变了的**、由于历史过程才产生的新的生产基础为出发点。

卡·马克思大约写于 1857 年底——1858 年 5 月

原文是德文

1939—1941 年第一次用德文以单行本形式在莫斯科出版，书名是：《政治经济学批判大纲（草稿）（1857—1858）》

中文根据《马克思恩格斯全集》历史考证版第 2 部分第 1 卷第 1、2 分册并参考《马克思恩格斯全集》德文版第 42 卷翻译

选自《马克思恩格斯文集》第 8 卷，北京：人民出版社 2009 年版，第 50—78、82—121、169—209 页。

第五部分 附 录

附录 I　研究文献精选

一　关于马克思 1857—1858 年经济学手稿——《马克思恩格斯全集》历史考证版第 2 部分第 1 卷前言[①]

马克思主义的经济理论是在 19 世纪 40 年代开始形成的。在这个年代中马克思和恩格斯创立了唯物史观，在唯物史观的基础上，研究了资产阶级社会的"解剖学"。

马克思于 1844 年在巴黎开始从事经济学的研究。在布鲁塞尔继续进行这一工作。他在以后的岁月里制定他的经济理论时，经常引用他在学习英国和法国经济学家著作时所作的篇幅巨大的摘记。

还在 1844 年 8 月，在恩格斯的著作《政治经济学批判大纲》问世后不久，正如马克思在他的第一部经济学著作《经济学哲学手稿》的前言所写的，马克思表示要对资产阶级的经济关系和资产阶级的政治经济学给以全面的批判。但这一著作没能完成，在马克思逝世后许多年才为人们所知。按 1880 年马克思自己的评价，在 1847 年上半年所写的《哲学的贫困。答蒲鲁东先生〈贫困的哲学〉》一书中已包含着未来的《资本论》的胚芽。1847 年 12 月，马克思在布鲁塞尔德意志工人协会

[①] 选自黄晓武主编：《〈1857—1858 年经济学手稿〉研究》，北京：中央编译出版社 2014 年版，第 3—18 页。此文原载《马克思恩格斯全集》历史考证版 MEGA² 第 2 部分第 1 卷，沈渊译，张钟朴校。

举行了数次关于政治经济学的讲演,这些讲演后来以《雇佣劳动与资本》为标题,发表在 1849 年 4 月的《新莱茵报》上。1847 年底到 1848 年初,马克思和恩格斯最后共同完成了著名的《共产党宣言》,于 1848 年 2 月发表了。其中包含着一系列无产阶级政治经济学的基本命题。

《资本论》直接产生的历史,是 19 世纪 50 年代开始的,那时马克思在 1848—1849 年的革命失败后定居于伦敦,并于 1850 年重新从事他对政治经济学的研究。关于这一重要阶段,马克思自己指出,"英国博物馆中堆积着政治经济学史的大量资料,伦敦对于考察资产阶级社会是一个方便的地点,最后,随着加利福尼亚和澳大利亚金矿的发现,资产阶级社会似乎踏进了新的发展阶段,这一切决定我从头开始,用批判的精神来透彻地研究新的材料。"① 直到 1857 年 7 月,马克思的工作首先是搜集和批判地吸收各种不同的经济理论的材料,以及直接研究英国和其他国家经济生活中发生的一切重大事件和事实。

马克思从资产阶级经济学家和空想社会主义者的著作中,从官方文件和期刊中摘录写下的无数本笔记,证明他在 50 年代进行的科学研究范围之广。马克思特别仔细地重新研究了资产阶级政治经济学的古典作家亚当·斯密和大卫·李嘉图的著作。从 1850 年至 1857 年,他写满了摘录和概要的笔记达数十本之多。除此之外,在这几年内,他用几个笔记本把那些引文以一定的题目("完成的货币制度","货币本质","信用制度","危机")综合在一起并加以简短的说明。这是对搜集的资料进行的最初的一次加工。

马克思在这一研究过程中开始作出的关于新的理论思想的最初的论述,包含在他 1851 年 1 月 7 日和 2 月 3 日致恩格斯的信中。马克思在这两封信中,批判了李嘉图根据马尔萨斯的土地收益递减"规律"得出的地租理论,以及李嘉图的货币数量论。在摘录笔记第四本(1850 年底)和第八本(1851 年初)中可以看到独创的思想,例如对李嘉图

---

① 《马克思恩格斯全集》第 13 卷,北京:人民出版社 1962 年版,第 10 页。

的主要著作《政治经济学和赋税原理》所作的评语。

马克思在50年代中特别注意欧洲一些国家的经济危机,他把经济危机看作是日益发展的革命形势的重大因素。新的危机的迫近和因此而期望新的革命高潮早日到来的心情,促使马克思加紧了他的经济学研究。1855年2月13日,他告诉恩格斯说,他正在通读他的经济学笔记本,"想把材料整理出来,至少也是为了掌握材料,为整理材料作好准备。"

马克思对他在40年代,特别是在50年代所搜集的材料,创造性地加以概括和系统化,这一工作所留下来的最重要的结果,就是本卷所收的1857—1858年写成的三份草稿。这是马克思计划中的经济学巨著的初稿。其中包括表明马克思经济理论一些重要观点的两份简短的未完成的手稿《巴师夏和凯里》和《导言》,还包括这一计划中的巨著的草稿,这一草稿,自从由莫斯科马克思恩格斯列宁研究院于1939年和1941以《政治经济学批判大纲》为书名发表以来,已是人所共知的了。

手稿《巴师夏和凯里》产生于1857年7月。这一未完成的草稿证明,马克思在这个时期对资产阶级经济学家的批判已经进行到怎样的程度,并证明他已经认识了资本主义经济规律的本质。

马克思以他特有的彻底性,揭示了资产阶级社会的社会矛盾和对抗,并指出了"新大陆"(美国)的资本主义的一些特点,它们不同于当时英国所表现的资本主义的典型模样。在他以前的经济学著作中,只是极其一般地论及资产阶级经济学的两个主要流派,而在这里第一次指出了资产阶级古典政治经济学不同于庸俗经济学的非常明显的特征,因为庸俗经济学是资产阶级经济学的堕落和崩溃的证明。

有的庸俗经济学家们认为必须"在古典经济学家朴素地描绘生产关系的对抗的地方,证明生产关系是和谐的"[①]。巴师夏和凯里就是这种庸俗经济学家的典型例子。他们的理论表现了对工人运动的一定的危

[①]《马克思恩格斯全集》第46卷上册,北京:人民出版社1979年版,第4页。

险，掩饰了资本世界中工人的实际状况，充当了投合资产阶级心意的种种社会幻想的支柱。马克思研究了作为这两个经济学家观点的基础的经济关系，并指出："他们两人是在完全不同的，甚至是在相反的民族环境中从事写作的，但是他们却产生了同样的意向。"① 这些经济学家认为资本主义生产是社会的和谐发展的典范；他们认为，资产阶级社会所以会发生动乱的灾害，或者是由于封建的残余和国家干涉经济生活——这是巴师夏的看法；或者是由于"竭力追求工业垄断的英国对世界市场的破坏作用"② ——这是巴师夏的看法。马克思通过对资本主义经济、它的客观规律性和它内在的对抗性矛盾所进行的科学分析，驳斥了这些辩护论观点。

另一个未完成的草稿《导言》是 1857 年 8 月底写成的。马克思后来决定不把它发表出来，因为在他看来，"预先说出正要证明的结论总是有妨害的"③。

在《导言》中，马克思比其他任何地方更为全面地阐明了他关于政治经济学的对象和方法的见解。

资产阶级经济学家把分配置于突出地位，不把资本主义看作是历史上的制度。马克思同资产阶级经济学家相反，他是从社会生产占优先地位这一点出发的。他分析了生产、分配、交换和消费之间辩证的相互作用，得出了这样的结论：生产不仅是出发点，而且是这个统一体中的决定性的因素，分配形式只是生产形式的另一种表现而已。他把生产看作一定社会性质的生产，并把它作为他研究的对象。

马克思从社会发展的经济基础出发，又转而研究属于政治的和意识形态的上层建筑的过程，并探究这一领域与经济基础的相互作用。《导言》中未完成的最后一节专门论述了艺术作为社会意识的一种形式的特征，在这里马克思强调指出这样一个事实：物质生产在社会生活中的决

---

① 《马克思恩格斯全集》第 46 卷上册，北京：人民出版社 1979 年版，第 4 页。
② 同上书，第 6 页。
③ 《马克思恩格斯全集》第 13 卷，北京：人民出版社 1962 年版，第 7 页。

定性作用，并不排斥人类活动的上层建筑的这样一些要素，如艺术和文学的相对独立性。鉴于古希腊的艺术在简单的、未成熟的生产关系基础上却达到了高度的繁荣，马克思以莎士比亚的创作和人民史诗的古典形式作为例子指出，不能简单化地谈上层建筑对基础的依赖性。相反地，起着支配作用的是一种错综复杂的中介环节体系，而中介环节的最后决定因素是历史上具体的、不断发展着的社会生活条件。因此，古代的艺术和文学仍然能够给我们以最高的艺术享受，而且就某方面来说是规范和范本，虽然它们是社会生产关系处于低级发展阶段上的产物。

在《导言》中，阐明了从抽象上升到具体这一科学上正确的、唯物辩证的方法。这里所谓具体，就是多样化的统一，就是许多规定性的综合，即思维在这一综合过程中的产物。

马克思特别注意对研究的对象持逻辑的和历史的态度这个问题。他指出，必须逻辑一贯地考察经济范畴，并考虑到它们在一定的经济结构中的作用。然而经济范畴不仅表现为认识的枢纽点和手段，而且表现为社会历史发展的产物；因而逻辑分析不能是同真实的过程相脱离的一种任意的、纯思维的结构。科学的抽象在马克思的理论中是同作为它的前提的具体的现实不可分离地结合在一起的，所以从简单上升到复杂的抽象思维进程并不忽视客观的实在性，而且本质上是合乎实际的历史过程的。

马克思从他对政治经济学的对象和方法的见解出发，在《导言》中作出了关于他的经济学著作的结构的一个最初草案，这个草案包括了资产阶级社会的一切重要方面。他写道，"显然，应当这样来分篇：（1）一般的抽象的规定，因此它们或多或少属于一切社会形式……（2）形成资产阶级社会内部结构并且成为基本阶级的依据的范畴。资本、雇佣劳动、土地所有制。它们的相互关系。城市和乡村。三大社会阶级。它们之间的交换。流通。信用事业（私人的）。（3）资产阶级社会在国家形式上的概括。就它本身来考察。'非生产'阶级。税。国债。公共信用。人口。殖民地。向外国移民。（4）生产的国际关系。

国际分工。国际交换。输出和输入。汇率。(5) 世界市场和危机。"①

从 1857 年 10 月至 1858 年 5 月,马克思写下了篇幅为 50 多印张的手稿《政治经济学批判大纲》,这是未来的《资本论》最初的草稿。这一手稿在马克思主义产生史上占有特殊的地位。在这里,马克思第一次制定了他的价值理论的基本要点和主要细节,并在此基础上制定了剩余价值理论这一"马克思经济理论的基石"②。唯物史观和剩余价值理论是两大发现,正如恩格斯所说,由于这两大发现,社会主义从空想变成了科学。

《大纲》既使人了解马克思的研究方法,同时又使人了解他进行创作的情况,使得有可能一步一步地去探索马克思创立他的经济学说基本要素的过程。自然,《大纲》中不仅有马克思称为"自己弄清问题"③的东西,而且还叙述了他研究的结果。但是,如果说在他的主要著作的以后的手稿中,主要是系统地阐述他的经济学说已经成熟的部分,那么,在 1857—1858 年的手稿中,我们能够直接地探索马克思是沿着什么途径达到他在政治经济学上的伟大发现的。

马克思在手稿上一开始就批判蒲鲁东主义者阿尔弗勒德·达里蒙的经济观点,首先是批判蒲鲁东主义的货币理论。马克思认为,批判蒲鲁东主义,远远抛弃这个"假兄弟"④,这是科学社会主义的一项重要任务。1880 年马克思在法国报纸《平等报》重新刊载他的著作《哲学的贫困》一文时所加的引言中写道:为了给力求阐明社会生产的真实历史发展的、批判的、唯物主义的社会主义扫清道路,必须断然同唯心主义政治经济学决裂,这个唯心主义政治经济学的最新的体现者,就是自己并没有意识到这一点的蒲鲁东。⑤

马克思于 1847 年在《哲学的贫困》中第一次对蒲鲁东的小资产阶

---

① 《马克思恩格斯文集》第 8 卷,北京:人民出版社 2009 年版,第 32—33 页。
② 《列宁全集》第 19 卷,北京:人民出版社 1989 年版,第 6 页。
③ 《马克思恩格斯全集》第 13 卷,北京:人民出版社 1962 年版,第 7 页。
④ 《马克思恩格斯全集》第 29 卷,北京:人民出版社 1972 年版,第 554 页。
⑤ 《马克思恩格斯全集》第 19 卷,北京:人民出版社 1963 年版,第 248 页。

级观点进行了深入的批判，不过当时他所根据的，在很大程度上还是李嘉图的经济学说。而在1857—1858年的手稿中，马克思是在已经大大成熟了的他自己的经济学说的立场上来继续批判蒲鲁东主义的。他驳斥了蒲鲁东主义者关于所谓的"劳动货币"或"小时券"是消除劳动群众的贫困和受剥削的一种有效手段的论调，并说明，资本主义社会中矛盾的对立性质"决不是通过平静的形态变化就能炸毁的"①，指出，蒲鲁东主义者提出要消除资本主义的一些"缺陷"，可是却不触动其经济基础，这是一种使工人阶级迷失方向的、使他们脱离完成其历史使命的道路的空想。

后来，马克思将手稿第一部分加了《货币章》的标题，显然半年以后才补加了数字Ⅱ。就在同一章中已表明，"论交换价值的一篇"②，或者"关于交换价值本身那一章"③ 必须置于这一章之前。实际上马克思在货币章中不仅研究了货币范畴，而且研究了价值范畴，而表现为价值的物质承担者的，不仅是货币，而且首先是商品。在批判蒲鲁东主义者的观点的过程中，马克思在《大纲》中奠定了他的价值理论的基础，包括资产阶级社会中劳动的二重性和商品的二重性以及商品转化为货币的必然性。

《大纲》中第一次制定的关于资本主义生产中劳动二重性的论点，是马克思思想的卓越成果。这个论点成了他的价值理论的基础，而最重要的是这个论点使他的价值理论不同于资产阶级政治经济学古典作家的劳动价值理论。这些经济学家不了解资产阶级社会中具体劳动和抽象劳动之间的对立，而只知道价值量单纯由劳动时间决定。与此相反，马克思强调指出，对劳动二重性的认识是"对事实的全部理解的基础"④。

马克思在《大纲》中制定他的价值理论时，发现商品是资本主义

---

① 《马克思恩格斯全集》第46卷上册，北京：人民出版社1979年版，第106页。
② 同上书，第142页。
③ 同上书，第153页。
④ 《马克思恩格斯全集》第31卷，北京：人民出版社1972年版，第331页。

的经济细胞形式。而这意味着，对资产阶级社会经济结构进行分析的出发点，不能像李嘉图所认为的那样，是商品的价值，也不能是商品的价值关系，而相反地是商品本身，即这种关系的物质承担者。因此，马克思更改了他的著作第一章的标题。他把这一章不称为"价值"而称作"商品"。在《大纲》手稿的末尾这一章的草稿中，马克思就写道："表现资产阶级财富的第一个范畴是**商品**的范畴"①。

由于劳动具有二重性，由于劳动在生产资料私有制下直接地是私人劳动，而它的社会性质必须在市场上才会表现出来，就产生了商品的使用价值和价值之间的矛盾——这个矛盾的外部运动形式就是商品二重化为商品和货币，即商品价值在一种特殊的商品即货币上获得了独立的存在。马克思回答了资产阶级经济学家从未想到的问题，即关于商品和货币必然的内在联系的问题。当货币在表面上解决了商品的使用价值和价值之间的矛盾时，它同时也使以私人交换为基础的商品生产的一切矛盾尖锐化了，使资本主义不可避免地面临经济危机。

虽然对蒲鲁东主义的批判在《大纲》中占很大篇幅，但资产阶级古典政治经济学仍然是马克思批判的主要对象。1859年2月22日马克思在致斐迪南·拉萨尔的信中写道："当然，我有时不能不对其他经济学家进行批判，特别是不能不反驳李嘉图，因为作为资产者，李嘉图本人也不能不犯**即使从严格的经济学观点看来**的错误。"② 马克思在货币章中阐述他的价值理论和货币理论时，也对李嘉图的货币数量论进行了批判。他指出，决定商品价格的不是流通的货币量，而是商品的价值（包括贵金属的价值）。

马克思一步一步地探索货币的逐步发展，以及随着生产规模的日益扩大，货币在一切经济机制错综复杂的情况下，在分工和交换中所执行的日益广泛的职能。

马克思在考察商品和货币这些范畴时，分析了作为资产阶级社会特

---

① 《马克思恩格斯全集》第46卷下册，北京：人民出版社1980年版，第411页。
② 《马克思恩格斯全集》第29卷，北京：人民出版社1972年版，第531页。

征的社会关系的物化,个人受他们的经济关系的支配而所处的被奴役地位,个人要摆脱这种关系,只能通过革命的途径。

马克思在货币章中所取得的最重要研究成果之一,就是他确证了,在生产资料私有制的条件下,商品生产的发达形式必然是以货币转化为资本为前提的。商品生产和交换价值的发展趋势必然导致"劳动和所有权的分离,而这样一来,劳动将创造他人的所有权,所有权将支配他人的劳动"①。

在《大纲》的下一个主要部分,资本章中,马克思解决了他研究的中心问题——研究资本主义剥削的本质和机制。

资产阶级经济学家曾徒劳无益地力图从价值直接过渡到资本;他们把资本看作简单的价值额,不理解货币转化为资本的本质。马克思断言,"在纯粹流通中进行的交换价值的简单运动,决不能实现资本"②。

资本主义生产关系的本质是由工人和资本家之间的关系、劳动和资本之间的关系决定的。对这种关系进行分析的困难在于证实,工人和资本家之间的交换是在价值规律的基础上,即在等价交换的基础上实现的。

如果说资产阶级经济学说也承认价值产品中存在着被资本家无偿地占为己有的那部分——按照马克思的定义,即剩余价值,那么,他们也只是分析了产品在雇佣工人和资本家之间进行分配的量的关系。空想社会主义者攻击这种分配的不合理性,并提出了许多消除这种不合理性的方法。斯密、李嘉图及其学派在阐明剩余价值的定义上被难住了,因为他们没有使劳动和资本之间的交换,即较多的活劳动和较少的物化劳动的交换同价值规律一致起来。

马克思在资本章中的分析,主要是以货币章中所研究过的商品的二重性为基础的,即把商品看作是使用价值和价值的对立统一。

在资本和劳动之间的交换中,马克思区分了两个性质不同的过程:

---

① 《马克思恩格斯全集》第46卷上册,北京:人民出版社1979年版,第189页。
② 同上书,第207页。

1. 工人和资本家之间的特别的交换，交换的结果是资本家换来了生产力，"这种生产力使资本得以保存和增殖"①。2. 劳动过程本身，在这个过程中，资本的保存和增殖得以实现。马克思在分析第一个过程时阐明了下述认识：在资本和劳动的关系中，"一方（资本）首先作为**交换价值**同另一方相对立，而另一方（劳动）首先作为使用价值同资本相对立"②。马克思在这里迈出了重要的一步，从资产阶级经济学家关于"劳动商品"和"出卖劳动"的通常的公式跨到了劳动力商品。在马克思看来，劳动已不再是商品，而是工人出卖给资本家的劳动力或劳动能力的使用价值。"工人要向资本提供的使用价值，也就是工人要向他人提供的使用价值，并不是物化在产品中的，它根本不存在于工人之外，因此不是在实际上，而只是在可能性上，作为工人的能力存在。"③ 要劳动和资本之间进行交换的第一个过程中，对工人活劳动即他的劳动力的支配权也转入资本家手中。这种交换的第二个过程就是劳动过程本身，同时也就是保存和增殖资本的过程。

马克思指出，非生产资料所有者的工人，也不可能是他自己劳动产品的所有者，不可能是他在生产过程中所创造的价值的所有者。但是，这个由工人创造而属于资本家所有的价值中一定的、事先决定的一部分，资本家必须以工资的形式还给工人，用以支付劳动力的价值，也就是说，支付为"生产"工人本身所消费的劳动量。工人所创造的价值大于他劳动力的价值，因而资本家就获得一个剩余价值，这个剩余价值的大小等于活劳动创造的价值和劳动力价值之间的差额。

在《大纲》中，马克思第一次形成了不变资本和可变资本的概念，并阐明了它们的关系。把资本区分为这两个组成部分，对工人阶级政治经济学具有决定性的意义，因为它表明，利润在生产过程中不是由全部资本，而只是由为劳动力所支付的那部分资本创造的。不变资本的价值

---

① 《马克思恩格斯全集》第46卷上册，北京：人民出版社1979年版，第231页。
② 同上书，第223页。
③ 同上书，第222页。

在生产过程中并不增长,而仅仅是被转移到产品上。

资产阶级古典政治经济学从未纯粹地研究过剩余价值本身,而只是研究它的特殊形式,利润、利息和地租。撇开剩余价值的特殊形式来研究剩余价值,这是马克思经济学说的最重大成就之一。

在资本章中,马克思第一次大体上阐述了他关于两种剩余价值,即绝对剩余价值和相对剩余价值的学说,并在这一联系中揭示了资本的双重趋向:延长工作日作为增加绝对剩余价值的手段和通过提高劳动生产率来缩短必要劳动时间作为增加相对剩余价值的手段。

马克思在《大纲》中用这种方式在经济科学史上第一次阐明了资本主义的剥削机制;他指出,资本家阶级占有工人所创造的剩余价值,是资本主义生产方式的基础,这种占有是在完全与资本主义生产方式的内在规律,首先是价值规律相一致的情况下实现的。在马克思的理论中,剩余价值表现为资本主义生产关系的必然结果;剩余价值的生产和占有是这种关系的本质,是资本家的主要目的,它决定着资产阶级社会的其他范畴和其他关系,它是资本主义生产方式的运动规律的基础,并不可避免地决定着资本主义生产方式的日趋没落并被共产主义所取代。既然如马克思所证明的,资本主义的剥削是由资本主义生产方式的本质产生的,那么由此就得出结论,在资本主义制度的框子中,工人阶级是不可能摆脱这种社会的不公平的。

马克思还以他的剩余价值理论为基础,在《大纲》中已经开始阐明在资产阶级社会的表面上表现出来的剩余价值的各种特殊形式。他也接近于发现平均利润规律和生产价格的定义,从而接近于阐明资本主义条件下包含矛盾的价格形成机制,这个问题是李嘉图及其学派所不可能解决的。相等的资本,不管它们的有机构成如何,在同一时间内得到平均的相等利润,这个普遍承认的事实显然与下述论点相矛盾:剩余价值的从而利润的唯一源泉,是工人的劳动。这在过去和现在都被劳动价值论的反对者利用来攻击资产阶级古典作家的基本概念和李嘉图学派。上述矛盾被马克思首次解决了。他明确指出,整个资本家阶级的利润不可能大于全部剩余价值总额，并由此得出结论，各不同生产部门中必然存在的不同利润率，由于各生产部门之间竞争的结果，平均化为一般利润率。正如马克思所阐明的，一般利润率之所以形成，是由于所有资本主义生产部门中所创造的全部剩余价值都按照这一或那一部门中所投资本的大小重新进行分配的结果。因而商品是按一种与它的价值相偏离的生产价格出售的，这个生产价格在一些部门高于价值，而在另一些部门低于价值。诚然，在《大纲》中这个事实还只是作了大体上的阐述。平均利润和生产价格这个难题在稍后的1861—1863年的手稿中作了详细的叙述。

马克思在写作资本章时，一方面通过研究过去的社会形式，充实了对资本主义生产方式的分析，另一方面他瞩目于未来，瞩目于那种必然要代替资本主义的社会制度。马克思写道："我们的方法表明必然包含着历史考察之点，也就是说，表明仅仅作为生产过程的历史形式的资产阶级经济，包含着超越自己的、对早先的历史生产方式加以说明之点。……另一方面，这种正确的考察同样会得出预示着生产关系的现代形式被扬弃之点，从而预示着未来的先兆，变易的运动。一方面，如果说资产阶级前的阶段表现为**仅仅是历史的**，即已经被扬弃的前提，那么，现代的生产条件就表现为**正在扬弃自身**，从而正在为新社会制度创造**历史前提**的生产条件。"①

与此相联系，马克思在资本章中从历史上论述了资本主义生产以前的各种形式。他研究了所有制的发展，从原始公社制度直到资本主义占有方式的产生，从而在制定他关于社会经济形态的学说方面迈进了重大的一步。

马克思在分析资本主义以前的所有制形式时，强调指出生产力在社会发展过程中的积极作用，因为它必然要引起一种社会形态被下一种更高级的社会形态所代替。

---

① 《马克思恩格斯全集》第46卷上册，北京：人民出版社1979年版，第458页。

关于人类历史的最早阶段，马克思表述了深刻的思想。马克思强调说，在原始社会没有阶级存在，占统治地位的是氏族亲属关系和公社所有制。马克思在进一步阐明中，分析了资本主义以前的剥削形式，奴隶劳动的特殊性，以及它们同雇佣劳动的区别。马克思特别注意农业公社的发展，因为它的解体是产生资本主义生产方式的条件。

马克思在研究资本主义以前各种所有制形式时，深入研究了作为资本主义发展前提的那些历史条件的本质，并且指出，劳动者对自己生产条件的各种不同占有形式发生解体的历史过程，是资本主义产生的前提。他深刻地阐明了资本原始积累的过程，并指出资本原始积累的本质在于：在摆脱了传统的、封建的和行会的障碍的情况下，一方面形成了没有生产资料的雇佣工人阶级，另一方面，生产资料转化为资本。在这里，原始积累时期第一次被明确划为历史发展的特别的过渡时期，马克思指出，资本主义的根子不仅在于要从城市工业的发展中去寻找，而且要从农业的资本主义转变过程中去寻找，这个过程在一些国家（英国、荷兰）中，在资本主义的初期阶段就已开始了。

在《大纲》中，马克思又深入论述了他在 40 年代就已大致论述过的问题，即根据什么来科学地划分资本主义社会的历史时期。他论证了必须在资本主义的发展中区分出工场手工业阶段和机器阶段。他强调说，工场手工业还没有建立使资本主义关系普遍扩大和排挤资本主义以前的形态的物质基础。机器大工业才是最终确立资本主义制度的物质基础，它才是与资本的完全统治相一致的。

马克思通过研究资本主义的产生和揭示它的产生和发展的规律，指出了资本主义的历史地位，他论证了资本主义的必然没落，资本主义所特有的那种劳动和所有权相分离的必然扬弃。"为了使劳动重新把劳动的客观条件当作是自己的财产，就必须有另一种制度来取代私人交换制度"[1]。与此有关，马克思对于将要取代资本主义的新的社会制度的一

---

[1] 《马克思恩格斯全集》第 46 卷上册，北京：人民出版社 1979 年版，第 514 页。

些本质特征所作的分析，值得特别注意。

在《大纲》中，马克思是这样说明共产主义社会的特征的："建立在个人全面发展和他们共同的社会生产能力成为他们的社会财富这一基础上的自由个性。"① 他强调指出向共产主义社会过渡的历史必然性，而共产主义社会的产生是以物质的和精神的条件发展到一定的程度为前提的。

马克思认为，在未来的共产主义社会中，劳动具有直接社会劳动的性质：在共同生产的条件下，单个人的劳动从一开始就是社会的劳动。不是交换使劳动具有一般的性质，而是生产资料的公有制和生产的集体性使劳动产品从一开始就成为一种公共的、一般的产品。

马克思这样论述共产主义社会中的生产："时间的节约，以及劳动时间在不同的生产部门之间有计划的分配，在共同生产的基础上仍然是首要的经济规律。"② 任何真正的节约都表现为劳动时间的节省，表现为生产费用尽可能地降到最低限度，换言之，表现为劳动生产率的提高。这同发展生产力是一回事。劳动时间的节省意味着自由时间，也就是使劳动者得到充分全面的发展所需要的时间的扩大，这又对劳动生产力发生反作用。自由时间——作为闲暇时间，作为从事较高级的活动的时间——使社会的每一个成员得以充分发挥他的脑力和体力。

一些空想社会主义者幻想，在共产主义社会中，劳动将从资本主义社会中绝大多数劳动者的可厌的负担、苦难，转变为娱乐、单纯的消遣，而马克思与他们不同，他谈到共产主义社会中劳动的普遍性时，把劳动看作是生活的第一需要，看作是"非常严肃的事情"。共产主义劳动具有科学性，它是知识的实际运用，是"实验科学，物质创造和物化的科学"。科学转化为一种直接的生产力。

马克思在阐述他的经济理论的过程中，同时着手拟定他的经济著作的结构。上面已经提到过1857年8月底马克思在未完成的《导言》中

---

① 《马克思恩格斯全集》第46卷上册，北京：人民出版社1979年版，第104页。
② 同上书，第120页。

所作的第一个计划草案。在货币章的末尾①,马克思几乎以同一形式重述了这一计划,按照这个计划,著作应由五部分构成,其中第一部分应包括一切社会制度以这种形式或那种形式所特有的一般抽象规定。

1857年11月,马克思在资本章的开头②更详细得多地谈到他著作的那一部分的计划,这一部分的直接对象就是资本的一切形式和一切方面,所以他在"一般性"那篇中(后来马克思对此篇所加的标题是《资本一般》)把材料分为三部分,这对以后《资本论》的结构起着巨大的作用。

在拟定的三部分中,最详细地研究资本一般的是《大纲》中关于资本生产和资本流通的那两篇。马克思对于考察的问题所作的阐述还不够系统化。而且常常被各种各样的插入部分所中断。后来《资本论》以四卷的形式所采用的这个如此巨大的基本手稿的原始草稿,有这种不足之处也是不可避免的。

二 张钟朴:《资本论》第一部手稿(《1857—1858年经济学手稿》)——《资本论》创作史研究之二③

一、走进马克思的科学实验室

马克思的第一部经济学手稿是在1857—1858年期间写成的,人们通常称之为《政治经济学批判大纲》(以下简称《大纲》),它有什么特点呢?它首先展现了马克思理论制定过程的特点,即他的理论是通过与资产阶级经济学家的论战得出的。其次,他的理论是用辩证法为工具

---

① 《马克思恩格斯全集》第46卷上册,北京:人民出版社1979年版,第178页。
② 同上书,第219、232页。
③ 选自黄晓武主编:《〈1857—1858年经济学手稿〉研究》,北京:中央编译出版社2014年版,第122—140页。此文原载《马克思主义与现实》2013年第5期。

的，这种辩证法是马克思通过改造德国古典哲学的伟大成果——黑格尔的辩证法创立的。再次，是唯物史观，即以实践为标准来反驳那些纯粹的理论推理和空谈。这些特点在马克思的手稿里表现得非常清楚。

马克思从40年代开始研究经济学，做了大量的笔记。《伦敦笔记》写于1851—1853年期间。在这之后，马克思把这些笔记消化了几年，重新加工整理。1854年写了《完成的货币体系》等笔记。当时正发生经济危机，马克思还写了3本危机笔记。这几年马克思身体非常不好。到了1857年，马克思一看经济危机又开始了，就赶紧把成果写出来，他怕"洪水"到来之前来不及把研究成果写出来，革命来了研究的东西再没有机会付诸文字。《1857—1858年经济学手稿》就是这时写出来的，它距马克思开始研究经济学已经过去15年了。这部手稿被认为是从1857年7月到1858年5月写成的。但据现在的考证，还有一种可能，是从1857年1月开始写的。为什么呢？《大纲》开始的时候没有注明日期，但从里面可以找到一些日期，一处是1857年7月，另一处是1857年8月，马克思在1857年1月的信中就提到了达里蒙，而且这部分引用了1857年1月、2月的材料，所以有人说，他有可能1857年1月就开始写了。究竟是哪一年写的，现在一般说是1857年7月到1858年5月，因为1858年5月马克思给恩格斯写了一封信，提到他写的手稿很乱，但整个"轮廓"（即大纲）已经有了。《1857—1858年经济学手稿》有狭义和广义两种说法，广义的《1857—1858年经济学手稿》包括《巴师夏和凯里》、《导言》、《政治经济学批判（1857—1858年手稿）》、《金称量机》、《七个笔记本的索引（第一部分）》，还有人把1858年写的《政治经济学批判。第一分册》的手稿算在内。狭义的《1857—1858年经济学手稿》就是《政治经济学批判（1857—1858年手稿）》，加上《导言》和《七个笔记本的索引》，人们通常所说的《大纲》一般是指狭义的《1857—1858年经济学手稿》。

《大纲》包括8个笔记本，笔记本M和1—7笔记本。笔记本M是《导言》，主要交代马克思经济学的对象、方法、结构等等，直到最后一段讲述经济基础和上层建筑，还用希腊神话和莎士比亚做例子论述文学艺术的独特规律等等，是很有名的；还介绍了马克思原来设想的《政治经济学批判》的 6 册结构计划，关于这个"六册计划"的来龙去脉我写了文章做过专门介绍，这里就不详细讲了。①

手稿第 1—7 笔记本写的是《大纲》的主体部分，包括《货币章》和《资本章》。马克思自己加的标题是《政治经济学批判》。为了和《政治经济学批判》的其他手稿相区别，人们又加了一个圆括号，标明写作年代，这就是《政治经济学批判（1857—1858 年手稿）》。手稿一开头写的是《二、货币章》。为什么是"二"呢？因为在手稿写作过程中，他逐渐认识到第一章应该论述价值，资本主义财富的第一个形式应当是商品。所以他写完《资本章》后就写了《一、价值》这一章的开头。《价值章》也就是未来的《商品章》，他写了个"一"，然后回过来把原来的《货币章》加了个"二"字，所以现在《大纲》一开头就是《二、货币章》。这表明这时马克思形成了三层次的结构：第一章论述商品，第二章论述货币，第三章论述资本。在《大纲》中，首先是《货币章》取得了非常大的理论成果，关键是"劳动二重性"理论的制定，这在整个经济思想史上是具有突破性的、革命性的成就。在马克思以前的古典经济学中没有"劳动二重性"学说，所以很多问题解决不了。古典经济学主张劳动价值论，但是遇到了两大难题。一是如果劳动和资本的交换是等价的，那么剩余价值是怎么来的？二是既然各个不同的生产部门的资本有机构成各不相同，周转速度又不一样，等量资本怎么能得到大体相等的利润呢？古典经济学回答不上这些问题，最终导致了它的垮台。在《大纲》中可以看到马克思实现革命变革的过程。这是从"劳动二重性"理论开始的。

"劳动二重性"理论是怎么创造出来的呢？马克思总是在跟别人论战中创造自己的理论的，他这次论战的对象是蒲鲁东主义者阿·达里

---

① 张钟朴：《马克思经济学著作六册计划的来龙去脉》，载《马克思恩格斯列宁斯大林研究》2000 年第 4 辑。

蒙。达里蒙写了《论银行改革》一书，他认为经济危机的根源是货币居于特殊地位，如果实行货币和银行改革，经济危机就能得到克服。他提议发行劳动货币，就是"小时券"，印上几小时，然后到市场上像货币一样购买商品，这个商品花费了8小时的人类劳动，我给你一张8小时的券，这样就不会有经济危机了。这当然是不可能的。经济危机是资本主义固有的、必然的矛盾发展的产物，劳动货币不能解决这一问题。这说明达里蒙既不懂得经济危机的根源，更不知道货币的本质。马克思反驳了劳动货币主张，指出：首先，劳动生产率在不断提高，劳动生产率提高了以后，商品价值就降低了。原来生产这件商品需要的社会必要劳动时间是5小时，后来只需4小时，再后来就是3小时，小时券会不断贬值，因此是行不通的。其次，小时券到底是商品的价值还是价格呢？货币是商品的价格，价格跟价值是不相等的，价格围绕价值波动。小时券表面上好像是价格，但你让它等同于价值，这就制造了混乱。这个商品花费了5小时的人类劳动，给它5小时的券，这当然是它的价值，但你又当价格来花，这样的话价值就完全等同于价格了，这恰恰是不行的。因为在商品经济中，价格围绕着价值波动，这是非常重要的调节机制。价值是商品的内在属性，是固化的劳动时间，价格受市场上供求关系的影响而上下波动，供大于求时，价格就降低，低于价值，生产就受到抑制；供不应求时，价格上涨，高于价值，就促进了生产。这是一个非常重要的调节机制，小时券实现不了这种调节。马克思说小时券只有在共产主义社会中才是可行的，因为生产什么都有计划，生产出来的东西全都是社会需要的，所以那时没有商品交换，也不需要货币。

  在《资本论》中，在论述商品时，马克思一上来就讲商品二重性、劳动二重性，讲劳动二重性的根源是劳动的私人性和社会性之间的矛盾。但在本手稿中，马克思先反复揭示货币的本质，在揭示货币本质时，他的思路是这样的：产品变成商品，商品成为交换价值，交换价值的独立化成为货币。

我们知道，古典经济学家研究过商品的价值，但他们只注意价值量，却忽视了研究价值的质。马克思的重大贡献是，深刻揭示了价值的质的规定性，阐明了价值是商品的社会属性，体现着商品所有者之间的社会关系。在手稿中，马克思指出，商品价值首先表现为一种商品和另一种商品之间的比例关系，价值是看不见摸不着的，它只存在于交换关系中。价值是商品的一般交换能力，是商品交换的可能性，所以价值是一种社会关系。商品的价值反映的是一种普遍的关系，产品把自己看作是一定量的一般劳动即社会劳动的实现，每个商品在充当货币的时候就把它的价值表现出来了，每个商品都有价值的特点。商品为什么必须采取价值这种在别的社会当中没有的形式，这跟商品社会的特点有关，是由生产资料的私有制和社会的广泛分工造成的。由于社会分工和私有制，每个商品生产者都成了孤立的、彼此毫不相干的生产者，但他生产的东西又是社会性的，是为社会生产的，社会承认不承认这一点呢？这要通过商品交换来确定。交换成功就表明社会承认了，你的产品是社会需要的，交换不成功就等于白劳动了。在这样一种社会中，人与人之间的关系必须通过商品之间的关系表现出来，结果就造成了商品拜物教。

凡是在资产阶级眼中表现为物的关系的地方，马克思都揭示出隐藏在这背后的人与人之间的关系。"毫不相干的个人之间的互相的和全面的依赖，构成他们的社会联系。这种社会联系表现在**交换价值**上，因为对于每个个人来说，只有通过交换价值，他自己的活动或产品才成为他的活动或产品；他必须生产一般产品——**交换价值**，或本身孤立化的、个体化的交换价值，即**货币**。另一方面，每个人行使支配别人的活动或支配社会财富的权力，就在于他是**交换价值**的或**货币**的所有者。他在衣袋里装着自己的社会权力和自己同社会的联系。"① 这样马克思阐明了价值的质的规定性。

马克思在揭示商品的价值的规定性之后，就把商品的价值与商品的

---

① 《马克思恩格斯全集》第 30 卷，北京：人民出版社 1995 年版，第 106 页。

自然属性即使用价值结合起来考察，从而阐明了商品的二重性以及生产商品的劳动的二重性，揭示了商品的内在矛盾。这是马克思对劳动价值论做出的具有决定意义的贡献。在手稿中，马克思还没有把价值和交换价值区分开，他指出，商品不仅具有交换价值，它本身是自然产物，也具有使用价值，所以商品具有二重性。他说："一方面商品作为一定的产品存在，而这个产品在自己的自然存在形式中观念地包含着……交换价值；另一方面商品作为表现出来的交换价值（**货币**）存在，而这个交换价值又抛弃了同产品的自然存在形式的一切联系，——这种二重的、**不同的**存在必然发展为**差别**，差别必然发展为**对立和矛盾**。"① 商品二重性注定商品要发生矛盾，商品正是作为自然属性的使用价值和作为社会属性的价值两方面的矛盾统一。商品二重性及其矛盾必然给商品交换造成极大的障碍，商品内部的一般性（即价值）和商品的特殊性（即使用价值）之间的矛盾在一定条件下公开化，使统一的商品分裂为商品和货币。货币是商品内部矛盾发展的必然产物，但货币出现以后，矛盾更尖锐化了，因为人们交换别的商品不成功才在手中持有货币，而货币不一定马上就能购买到别的商品。货币的性质就是通过使交换价值的普遍化来解决矛盾，越解决矛盾越深。马克思通过对商品二重性及其矛盾的分析，充分证明了达里蒙提出的用"劳动货币"代替贵金属货币的办法根本不能消除商品流通中固有的困难，只要使人们的劳动产品采取商品形式的那些经济条件存在，这些经济条件所造成的矛盾就不会消失。马克思告诫人们必须清楚这一点，才不至于给自己提出无法解决的任务，才能认识到我们无法用货币改革和流通改革来改变生产关系以及以生产关系为基础的社会关系。

马克思阐明商品二重性及其矛盾之后，接着进一步阐明了与这种二重性相适应的生产商品的劳动二重性及其矛盾，在政治经济学史上第一次提出了劳动二重性学说。马克思当时还没有把"抽象劳动"和"具

---

① 《马克思恩格斯全集》第30卷，北京：人民出版社1995年版，第96页。

体劳动"相对立，而是使用"抽象劳动"和"特殊劳动"这样的说法。他说，"劳动作为同表现为资本的货币相对立的使用价值，不是这种或那种劳动，而是**劳动本身**，抽象劳动；同自己的特殊**规定性**决不相干……当然，对于构成一定资本的特殊实体来说，必须有作为特殊劳动的劳动与之相适应。"① 抽象劳动是一般劳动、社会劳动，它不是逻辑推理出来的，而是一种历史的抽象，它是在一定社会经济发展基础上产生的一个特有的概念。这就是说，抽象劳动是人类社会物质生产方式发展到某一个特定阶段的产物，是社会生产力发展到某一个特定阶段的产物。所以，商品有使用价值，是具体劳动、特殊劳动创造的结果。商品除了使用价值，还有价值，这是商品特有的一种社会关系的表现。在商品生产社会中，劳动是特殊劳动和抽象劳动的统一，这就是劳动二重性。要读手稿的话，我们会发现马克思不断重复论述这一过程，他的思路是从商品二重性推导出劳动二重性的。劳动二重性理论是区分资产阶级经济学和马克思主义经济学的分水岭。马克思本人极端重视劳动二重性的发现，认为这是理解政治经济学的"枢纽"。他在1868年1月8日致恩格斯的信中说："经济学家们毫无例外地都忽略了这样一个简单的事实：既然商品是二重物——使用价值和交换价值，那么，体现在商品中的劳动也必然具有二重性，而像斯密、李嘉图等人那样只是单纯地分析劳动本身，就必然处处碰到不能解释的现象。实际上，对问题的批判性理解的全部秘密就在于此。"②

马克思把商品社会和未来社会加以对比，进一步揭示了资本主义商品生产劳动的社会性和私人性之间的矛盾，从而揭示了资本主义矛盾的总根源。他指出，如果生产是公有的，个人的生产一开始就直接是社会生产的一部分。但在资本主义制度下，个人的生产不是直接的社会的生产，不是本身实行分工的联合体的产物。个人从属于像命运一样存在于他们之外的社会生产，但社会生产并不从属于把这种生产当作共同财富

---

① 《马克思恩格斯全集》第30卷，北京：人民出版社1995年版，第254页。
② 《马克思恩格斯文集》第10卷，北京：人民出版社2009年版，第276页。

来对待的个人,这是资本主义社会特有的矛盾。资本主义生产劳动内部的这种劳动的社会性和私人性之间的矛盾,是资本主义社会一切矛盾的总根源,"在以**交换价值**为基础的资产阶级社会内部,产生出一些交往关系和生产关系,它们同时又是炸毁这个社会的地雷。"①

在手稿的《资本章》中,马克思在劳动二重性的基础上研究剩余价值是怎么产生的。如何在价值规律基础上阐明劳动与资本的交换,剩余价值是怎么产生的,古典经济学家亚当·斯密和李嘉图回答不了这些问题,这导致了古典经济学劳动价值论的破产。

马克思是怎么解决这些问题的?他把资本和工人之间的交换分成了两个阶段:第一个阶段是在流通领域,商品在流通领域是等价交换,工人在流通领域跟资本家进行的交换也是等价交换,资本家要进行生产,就必须到市场上去购买各种商品,其中包括一种特殊的商品,那就是工人的劳动力。在原始积累的过程中,工人丧失了生产资料,除了自己的劳动力以外,他没有什么东西可以出卖。在市场上,工人跟资本家是等价交换,资本家给工人的工资等于工人的衣食住行和他延续后代所需要的价值。因此,在流通领域,资本跟工人的交换是平等的。但是,资本家购买了劳动力以后进入了生产过程,这一过程是剥削劳动的过程。在生产过程中,劳动力这种特殊商品生产出比自身价值更高的价值。这第二个过程是不平等的,因此,资本家跟工人的交换形式上是平等的,但实际上是不平等的,是对工人的剥削。这就解决了剩余价值产生的问题。这是资本主义社会特有的现象。资本主义社会比以前的社会进步,因为无论是封建社会,还是奴隶社会,存的都是人身依附关系,而在资本主义社会,是商品所有者之间的"等价交换"。

货币是平等、自由的制度的体现,但进一步发展却是不平等、不自由的。资本主义社会表面上看是平等的,但这种平等、自由恰恰到后来变成不平等、不自由。而这个不平等、不自由恰恰是资本主义平等、自

---

① 《马克思恩格斯全集》第30卷,北京:人民出版社1995年版,第109页。

由的实现,是商品内在矛盾发展的必然结果。在流通流域中,资本和劳动等价交换,这时候交换的劳动不是活动形式的劳动,而是劳动的可能性,马克思后来称之为"劳动能力"或"劳动力"。古典经济学认为资本家购买的是劳动,劳动产生价值,价值跟劳动是等价交换,结果说不清楚剩余价值从何而来。马克思对劳动和劳动力作出了科学的区分,指出工人在市场上交换的不是劳动,而是劳动的可能性。所有商品的价值都是物化劳动,劳动能力这种商品的价值也是物化在它身上的劳动,也就是物化在工人的衣食住行和延续后代所需的全部价值中的劳动。马克思说:"工人出卖的只是对自己劳动能力的定时的支配权。"① 这种劳动能力只有在资本的推动下,提供给他生产资料,才能变成工人的生产活动。明确区分劳动和劳动能力,这在马克思经济思想史上具有十分重大的意义。正是由于对劳动力商品的本质做出了科学的说明,经济学才得以从古典经济学走入的死胡同中解脱出来,从而为实现政治经济学的革命奠定了基础。

马克思给资本下了一个定义。我们知道,资产阶级经济学包括古典经济学在内,几乎都把资本定义为社会关系,在本手稿中,马克思结合资本主义的商品和货币流通,把资本定义为"在流通中并通过流通保存自己;并且使自己永存的交换价值"②。因此,资本是在流通中通过流通保存自己并通过劳动使自己增殖的一种价值。在《资本论》中,马克思给资本下的定义则是"能带来剩余价值的价值"。资本在流通中完成交换后,必须进入生产过程,在生产过程中,劳动被剥削的真相才揭示出来。马克思提出,交换的第二阶段只是由于滥用字眼,才能被称为某种交换。这个过程是直接同交换价值相对立的,它本质上是另一个过程,就是剥削过程。这种剥削是在等价交换的基础上形成的,也就是说,表面上是平等的,实际上是不平等的。

马克思在本手稿是对交换的这第二个阶段进行了分析,揭示了剩余

---

① 《马克思恩格斯全集》第 30 卷,北京:人民出版社 1995 年版,第 251 页。
② 同上书,第 218 页。

价值的本质及其产生的全部秘密。马克思提出："工人要向资本提供的使用价值，也就是工人要向他人提供的使用价值，并不是物化在产品中的，它根本不存在于工人之外，因此不是现实地存在，而只是在可能性上，作为工人的能力存在。这种使用价值只有在资本的要求下，推动下，才能变成现实……只要这种使用价值受到资本的推动，它就会变成工人的一定的生产活动；这是工人的用于一定目的的、因而是在一定的形式下表现出来的生命力本身。"① 马克思对生产过程作了进一步的分析，在生产过程中，劳动和生产资料相结合，产生出新产品。这个过程也有两方面，从劳动过程来看，它是物质生产过程，从形式来看，它是价值增殖过程，即剩余价值的产生过程，工人在这个过程中受资本家支配，不但要创造出劳动力的等价，而且要创造剩余价值。马克思运用劳动二重性理论，把劳动分为具体劳动和抽象劳动。这是同一个过程的两个方面，具体劳动把生产资料的价值转移到新产品上，抽象劳动创造出新价值。古典经济学根本说不清这个问题。马克思还指出，剥削有两种形式，即绝对剩余价值方式（延长工作日）和相对剩余价值方式（提高劳动生产率），相对剩余价值还没有像《资本论》中那样分类三个阶段。之后，他分析了资本的不同部分在剥削工人中起的不同作用，区分了不变资本（C）和可变资本（V），而 V/C 剩余价值率最明显地表现出了对工人的剥削程度，这也是马克思对政治经济学的又一重大贡献。

在手稿中，商品二重性理论、劳动二重性理论、劳动力商品理论、不变资本和可变资本理论等等都是马克思创造的，这些理论把劳动价值论难题解决了，它解答了在等价交换基础上、劳动价值规律基础上，剥削是如何实现的，剩余价值是怎么产生的。这是科学的劳动价值理论和剩余价值理论创造的，这部手稿可以说是《资本论》创作史上的里程碑。如果说马克思在政治经济学史上实现了伟大的革命，那么实际的革命过程都发生在他的手稿中。《1857—1858 年经济学手稿》制定了狭义

---

① 《马克思恩格斯全集》第 30 卷，北京：人民出版社 1995 年版，第 223—224 页。

的剩余价值理论问题，下一部手稿即《1861—1863年经济学手稿》解决了平均利润生产价格问题，就是解决了广义的剩余价值理论问题。

二、理论宝库

除了主要理论成果外，《大纲》还取得了多方面的成果，例如：关于资本的生产性和资本的局限性的问题；关于大机器生产以及科学运用于生产的问题；关于共产主义理论；关于资本主义原始积累问题，等等。

资本的生产性和局限性。马克思在本手稿中对资本促进社会进步的作用作了很好的论述。他指出，资本为追求剩余价值，结果大大促进了生产，因此资本有传播文明的很大作用。"资本的伟大的历史方面就是**创造**这种**剩余劳动**，即从单纯使用价值的观点，从单纯生存的观点来看的多余劳动。""由于资本的无止境的致富欲望及其唯一能实现这种欲望的条件不断地驱使劳动生产力向前发展，而达到这样的程度，以致一方面整个社会只需用较少的劳动时间就能占有并保持普遍财富，另一方面劳动的社会将科学地对待自己的不断发展的再生产过程，对待自己的越来越丰富的再生产过程，从而，人不再从事那种可以让物来替人从事的劳动，——一旦到了那样的时候，资本的历史使命就完成了。"① 资本的使命就是创造非常丰富的财富，促进生产力极大发展。丰富的财富促进生产力极大发展，资本作为孜孜不倦追求财富的一般形式欲望，驱使劳动超越自己资源需要的界限，来发展丰富的个性，创造出物质要素。而这个要素，无论在生产上还是在消费上都是全面的，因而个人的劳动不再表现为劳动，而表现为活动本身的充分发展。在这种发展状况下，直接形式的自然必然性消失了，这是因为一种历史形成的需要代替了自然需要，由此可见，资本是生产的，也就是说资本是发展社会生产力的重要关系。资本促进了生产的大发展，当资本本身成了这种生产力

---

① 《马克思恩格斯全集》第30卷，北京：人民出版社1995年版，第286页。

发展的限制时，资本本身就完成了使命。

资本要促进生产力的发展，"就要探索整个自然界，以便发现物的新的有用属性；普遍地交换各种不同气候条件下的产品和各种不同国家的产品；采用新的方式（人工的）加工自然物，以便赋予它们以新的使用价值。（**奢侈品**在古代所起的作用和在现代所起的作用不同，这以后再谈。）要从一切方面去探索地球，以便发现新的有用物体和原有物体的新的使用属性，如原有物体作为原料等等的新的属性；因此，要把自然科学发展到它的最高点；同样要发现、创造和满足由社会本身产生的新的需要。培养社会的人的一切属性，并且把他作为具有尽可能丰富的属性和联系的人，因而具有尽可能广泛需要的人生产出来——把他作为尽可能完整的和全面的社会产品生产出来（因为要多方面享受，他就必须有享受的能力，因此他必须是具有高度文明的人）——这同样是以资本为基础的生产的一个条件"①。资本生产就这样促使人们去普遍探索地球。

资本具有伟大的文明的作用，"它创造了这样一个社会阶段，与这个社会阶段相比，一切以前的社会阶段都只表现为人类的**地方性发展**和**对自然的崇拜**。只有在资本主义制度下自然界才真正是人的对象，真正是有用物；它不再被认为是自为的力量；而对自然界的独立规律的理论认识本身不过表现为狡猾，其目的是使自然界（不管是作为消费品，还是作为生产资料）服从于人的需要。资本按照自己的这种趋势，既要克服把自然界神化的现象，克服流传下来的、在一定界限内闭关自守地满足于现有需要和重复旧生活方式的状况，又要克服民族界限和民族偏见。资本破坏这一切并使之不断革命化，摧毁一切阻碍发展生产力、扩大需要、使生产多样化、利用和交换自然力量和精神力量的限制"②。但是资本是有局限性的，资本不是发展生产力的绝对形式，它的局限性表现在以下四个方面。

---

① 《马克思恩格斯文集》第 8 卷，北京：人民出版社 2009 年版，第 89—90 页。
② 同上书，第 90—91 页。

第一，必要劳动是活劳动能力交换价值的局限。资本主义生产的扩大受有支付能力的需求的限制。资本家尽量扩大生产，但又想尽办法限制和压缩工人的工资，使得工人消费只限于再生产自己劳动力所必须的范围。这样的话，就限制了工人消费，限制了工人的交换能力。因此，它一方面要扩大生产，另一方面又限制消费。这就给自己造成了局限。

第二，剩余价值是生产力发展的界限。在资本主义下，所有的生产力发展，必须为剩余价值服务，没有剩余价值的东西就不允许生产，这当然是很大的局限性。比如，资本不断地提高劳动生产力，创造出新的生产部门，到处去创造，发展自然科学，培养科学人才，这些发展都服从于剩余价值的生产。只要是没有剩余价值，它就不再努力了，把所有生产都纳入为生产剩余价值服务的轨道，这是一方面。另一方面，剩余价值创造越多，所占比重越大，工人阶级受剥削越厉害，工人消费的部分就越少，跟第一个矛盾一样。工人被游离出来，失业，消费市场受到了很大的限制，因此资本生产不能无限制地扩大。

第三，货币是生产的界限。资本主义生产的扩大要求扩大流通，马克思用资本主义国家之间，特别是宗主国与殖民地之间的一些贸易做例子来说明这一问题，富国不断地剥削穷国，结果穷国越来越没有钱购买富国的东西，富国把钱借给穷国，让穷国再买它的东西，穷国越来越穷，越来越没有购买能力。

第四，使用价值的生产受到交换价值限制。在资本主义下，一定的产品只有在一定限度内才能被消费，才是需要的对象，生产多少不在于生产者想生产多少，而在于生产出来的东西有没有交换价值。当人们不再需要某种使用价值时，它就不再是流通对象了。每个资本家都想扩大生产，但是他没法估计市场的需求，因此会出现经济危机。

从这几个方面看，资本有伟大的生产性，有使社会前进的巨大的推动力，但也有很大的局限性，不可能长期无限制地发展，资本到一定程度就完成了历史使命。这是资本的生产性和资本的局限性。

大机器生产和科学在生产中的应用。马克思在本手稿的固定资本部分讲了机器生产的问题。而不是像《资本论》中那样在相对剩余价值的生产中讲机器大生产问题。马克思在本手稿中认为机器出现以后，造成了生产中的极大变化，科学直接运用到生产中去，极大地促进了生产力。他讲了机器生产的很多特点。这些特点的论述在《资本论》和其他手稿中都没有这么丰富。

马克思说："自然界没有造出任何机器，没有造出机车、铁路、电报、自动走锭精纺机等等。它们是人的产业劳动的产物，是转化为人的意志驾驭自然界的器官或者说在自然界实现人的意志的器官的自然物质；它们是**人的手创造出来的人脑的器官**；是对象化的知识力量。固定资本的发展表明，一般社会知识，已经在多么大的程度上变成了**直接的生产力**，从而社会生活过程的条件本身在多么大的程度上受到一般智力的控制并按照这种智力得到改造。它表明，社会生产力已经在多么大的程度上，不仅以知识的形式，而且作为社会实践的直接器官，作为实际生活过程的直接器官被生产出来。"① 这个说法对机器生产的评价比其他任何地方都高。

在固定资本中，社会生产力表现为资本固有的属性，这个社会生产力既包括科学的力量，又包括生产过程中社会力量的结合，即协作。马克思提到，生产过程最初是人的头脑和手结合在一起的，在小生产当中是师傅带徒弟，生产中只有狭义的经验的积累。生产中的"诀窍"有时候能生产出非常精致的东西。但是它与生产中科学技术的应用没法比。头脑和手相结合变成了科学跟劳动相结合，这就对社会生产发生了极大的推动作用。在机器大生产中，人在生产中的技巧转移到机器上去。在资本主义大生产中，有一种不费分文的生产力是科学的力量。当然资本要为科学家、学者支付一定的培养费。但是，科学只有通过机器才能在生产中发挥作用。机器体系和自动化工厂的出现，使科学的应用达到了新的高峰，知识和技能的积累，社会智力的一般生产力的积累，

---

① 《马克思恩格斯文集》第8卷，北京：人民出版社2009年版，第197—198页。

都体现在固定资本的属性中。

"随着大工业的发展，现实财富的创造较少地取决于劳动时间和已耗费的劳动量，较多地取决于在劳动时间内所运用的作用物的力量，而这种作用物自身——它们的巨大效率——又和生产它们所花费的直接劳动时间不成比例，而是取决于科学的一般水平和技术进步，或者说取决于这种科学在生产上的应用。……例如，农业将不过成为一种物质变换的科学的应用，这种物质变换能加以最有利的调节以造福于整个社会体。"[1] 当大机器出现的时候，人的位置也变了，"劳动表现为不再像以前那样被包括在生产过程中，相反地，表现为人以生产过程的监督者和调节者的身份同生产过程本身发生关系。（关于机器体系所说的这些情况，同样适用于人们活动的结合和人们交往的发展。）这里已经不再是工人把改变了形态的自然物作为中间环节放在自己和对象之间；而是工人把由他改变为工业过程的自然过程作为中介放在自己和被他支配的无机自然界之间。工人不再是生产过程的主要作用者，而是站在生产过程的旁边"[2]。马克思论述到，由于大机器生产的发展，生产力极大提高，科学技术直接作用于生产过程，产生了巨大的生产力，大大改变了社会的面貌。

关于社会发展和共产主义的论述，马克思在本手稿中对社会发展阶段，对未来的共产主义社会有很多论述，这些非常丰富的思想也是这部手稿很重要的一个贡献。

我们知道，马克思在《德意志意识形态》中把人类社会分成四种形态，后来我们一般讲五种形态：原始社会、奴隶社会、封建社会、资本主义社会、共产主义社会。在本手稿中，马克思通过对商品生产和交换的分析，把人们的联系分成三个阶段。"人的依赖关系（起初完全是自然发生的），是最初的社会形式，在这种形式下，人的生产能力只是在狭小的范围内和孤立的地点上发展着。以**物**的依赖性为基础的人的独

---

[1] 《马克思恩格斯文集》第8卷，北京：人民出版社2009年版，第195—196页。
[2] 同上书，第196页。

立性，是第二大形式，在这种形式下，才形成普遍的社会物质变换、全面的关系、多方面的需要以及全面的能力的体系。建立在个人全面发展和他们共同的、社会的生产能力成为从属于他们的社会财富这一基础上的自由个性，是第三个阶段。第二个阶段为第三个阶段创造条件。"①

马克思在本手稿中对于未来的共产主义社会，谈了许多见解。例如，关于节约时间的问题："如果共同生产已成为前提，时间的规定当然仍有重要意义。社会为生产小麦、牲畜等等所需要的时间越少，它所赢得的从事其他生产，物质的或精神的生产的时间就越多。正像单个人的场合一样，社会发展、社会享用和社会活动的全面性，都取决于时间的节省。一切节约归根到底都归结为时间的节约。正像单个人必须正确地分配自己的时间，才能以适当的比例获得知识或满足对他的活动所提出的各种要求一样，社会必须合乎目的地分配自己的时间，才能实现符合社会全部需要的生产。因此，时间的节约，以及劳动时间在不同的生产部门之间有计划的分配，在共同生产的基础上仍然是首要的经济规律。"② 马克思还说："节约劳动时间等于增加自由时间，即增加使个人得到充分发展的时间，而个人的充分发展又作为最大的生产力反作用于劳动生产力。从直接生产过程的角度来看，节约劳动时间可以看作生产**固定资本**，这种固定资本就是人本身。"③ 也就是说，节约时间等于把人作为一个完美的人生产出来。"自由时间……自然要把占有它的人变为另一主体，于是他作为这另一主体又加入直接生产过程。对于正在成长的人来说，这个直接生产过程同时就是训练，而对于头脑里具有积累起来的社会知识的成年人来说，这个过程就是［知识的］运用，实验科学，有物质创造力的和对象化中的科学。对于这两种人来说，只要劳动像在农业中那样要求实际动手和自由活动，这个过程同时就是身体

---

① 《马克思恩格斯全集》第30卷，北京：人民出版社1995年版，第107—108页。
② 同上书，第123页。
③ 《马克思恩格斯全集》第31卷，北京：人民出版社1998年版，第107—108页。

锻炼。"①

　　共产主义社会最醒目的标志就是人的全面发展，马克思反复提到人是主要的生产力，生产力的最高发展和社会个人的最丰富的发展是一致的。科学只不过是生产力发展及财富发展所表现的一个方面，表现为生产的丰富的宏大基石的就是社会个人的发展，等等。在共产主义社会中，个性得到了自由发展，这并不是为了获得剩余劳动、缩减必要劳动，而是直接把社会必要劳动缩减到最低限度。与此相适应，由于给所有人都腾出了时间和创造了手段，个人将会在艺术科学等方面得到很大的发展，这就是人的全面发展。共产主义劳动还有一些特点，它具有主体性，人作为支配一切自然力量的那种活动出现在生产过程中。这种主体性表明，人在劳动过程中属于支配者、调节者、监督者，它不再从属于劳动，不再从事那种可以让物来代替人从事的活动。工人不再是生产过程的主要当事人，而是生产过程的监督者。那时，工人就不再是旧式分工所形成的那种片面发展的人，而是用那种把不同社会职能当做互相交替的活动方式的全面发展的人。在资本主义社会中，每个人承担一个社会局部职能，因而形成局部的个人，而到共产主义社会是全面发展的个人。同时马克思也提到，共产主义劳动成为吸引人的劳动，成为个人的自我实现，"但这决不是说，劳动不过是一种娱乐，一种消遣，就像傅立叶完全以一个浪漫女郎的方式极其天真地理解的那样。真正自由的劳动，例如作曲，同时也是非常严肃，极其紧张的事情"②。马克思在别处没有讲这么多有启发性的东西。

　　手稿的另外一大成果是关于资本主义社会以前的各种形态的论述，这很有价值。在论述原始积累的部分，马克思谈到了资本主义以前的各种社会形态，讲了几种所有制：原始共同体的所有制、亚细亚生产方式的所有制、古希腊罗马的生产方式、日耳曼的生产方式、斯拉夫的生产

---

① 《马克思恩格斯全集》第 31 卷，北京：人民出版社 1998 年版，第 108 页。
② 《马克思恩格斯全集》第 30 卷，北京：人民出版社 1995 年版，第 616 页。

方式，等等。这是马克思继《德意志意识形态》之后，进一步论述各种社会形式。马克思的这些论述在 50 年代介绍到我国以后，在研究历史的人们中引起了热烈的讨论，出现了各种各样的意见，争论的关键是亚细亚生产方式。亚细亚生产方式究竟是奴隶社会还是封建社会，讨论的意见很多。还有，马克思论述的斯拉夫方式，论述俄国的农村公社有可能直接过渡到社会主义等等，都跟本手稿的这部分有关。总之，本手稿中《资本主义以前的各种形式》这一部分①，具有独特的科学价值。

三 〔英〕马丁·尼古拉斯：从《政治经济学批判大纲》看马克思的研究方法和黑格尔的关系②

在任何科学中都有研究方法和叙述方式之间的差别。这是实验室和讲演厅之间在形式上的差别。比如说，关于物理世界的现象，如果只以显示科学工作的影片或日记的形式来"表述"结果，那是很少被广泛理解的。反过来说，如果关于科学的研究方法的知识的唯一来源是表示结果的书面的东西，那么，相对来说，关于科学的研究方法的问题就更少被人理解了。③

在这一方面，《大纲》是无与伦比的。从马克思一生的这一时期起，没有其他已发表的文章让人如此直接地去探究他最重要的成就和遗产，即他的研究方法。手稿"就像一部十足的启示录"；可以这么说，它把我们引入了马克思的经济实验室，并揭示了他的方法论的"一切精辟之处，一切复杂的僻径"。（罗斯多尔斯基语）《大纲》是马克思在进行工作，尽力解决基本理论问题时思想的记录。这就是手稿最有价值的

---

① 《马克思恩格斯全集》第 30 卷，北京：人民出版社 1995 年版，第 465—510 页。
② 选自黄晓武主编：《〈1857—1858 年经济学手稿〉研究》，北京：中央编译出版社 2014 年版，第 91—113 页。此文原载《马列主义研究资料》1985 年第 5 辑，沈渊译。
③ 《马克思恩格斯全集》第 23 卷，北京：人民出版社 1972 年版，第 23 页："当然，在形式上，叙述方法必须和研究方法不同。"

显著特征。

当然在这个《前言》的范围内，要找出《大纲》中所揭示的马克思方法的每个"精辟之处"和"僻径"，这是不可能的事。但是，对较重要的途径的最重要之处加以概括，却是完全必要的。

1858年1月14日，当马克思写至第四本笔记本中某处①的时候，向在曼彻斯特的恩格斯报告了它的进展情况："我取得了很好的进展。例如，我已经推翻了迄今存在的全部利润学说。完全由于偶然的机会……我又把黑格尔的《逻辑学》浏览了一遍，这在材料加工的方法上帮了我很大的忙。"②

《大纲》中所作出的、后来在《资本论》中所提出的新的利润理论③，是马克思在理论上和政治上的最重要突破。在它的基础上，马克思能够论证，并不像一般所理解的那样，认为利润率可以衡量工人受剥削的程度，相反地，可以衡量工人受剥削程度的，却是完全不同的剩余价值率。④ 马克思指出，利润率实际上歪曲了剥削率，而当资本主义发展时，它的歪曲达到了更高的程度。⑤ 这对马克思的工资理论，对工联主义和社会民主主义采取何种策略的理论等等来说，是十分重要的。

黑格尔的《逻辑学》所提供的"服务"，也并不限于利润率这个特殊问题。整个《大纲》证明它们的存在。虽然列宁并不知道《大纲》，但他在重新研究《资本论》第1卷时，看出了黑格尔对马克思的政治经济学在总体上的影响。他在《哲学笔记》中写道："不钻研和不理解黑格尔的全部逻辑学，就不能理解马克思的《资本论》。"

总之，在研究《大纲》时，黑格尔的问题几乎是不能回避的。黑格尔究竟是何许人，以及就马克思的研究方法来说，什么是黑格尔《逻

---

① 《马克思恩格斯全集》第46卷上册，北京：人民出版社1979年版，第344—480页。
② 《马克思恩格斯全集》第29卷，北京：人民出版社1972年版，第250页。
③ 《马克思恩格斯全集》第46卷上册，北京：人民出版社1979年版，第344—361页及下册第263—286页。
④ 同上书，第345—346页。
⑤ 《马克思恩格斯全集》第46卷下册，北京：人民出版社1980年版，第283页。

辑学》的长处和弱点？这些是《大纲》的任何认真的读者都会遇到的问题，因此，至少需要作一个扼要的解答。

乔·威·弗·黑格尔（1770—1831）是当时伟大的思想家和学者之一。他在数学、自然科学、历史、法律、政治理论、哲学、美学和神学方面都有造诣，并被认为与这些领域中的第一流专家不相上下。他作为一个哲学家，也是一种极端矛盾的现象。

剧作家布莱希特的剧中人物之一曾这样谈论过黑格尔："他如同具有类似方法的苏格拉底一样，具有成为哲学家中最伟大的幽默家之一的素质。但是，他很不幸，似乎变成了普鲁士的公务员，他就这样把自己卖给了国家。"① 这就是说，黑格尔的哲学，既是辩证的，颠覆性的，如同苏格拉底的哲学一样，又是唯心主义的，神秘的，像是一个教士的哲学。

他的哲学的唯心主义方面是，他否认感觉所觉察到的现实。他承认有感觉，而且它们确能觉察某种事物，他还正确地指出，这些知觉单独地只能抓住事物的现象，而不是它们的真相。只有通过逻辑推理对感性认识进行批判和改造，才能得出真相。从这个正确的原理，黑格尔引出了错误的结论：只有精神所建立起来的逻辑概念才有现实性。他论证感觉只能觉察现象，而现象是虚假的，于是立即得出结论：所以现象是不现实的。"只有起初才是现实的"。这是他的基本见解之一。然后，他更进了一步。他不希望给人一种印象，似乎只有他本人精神中的概念才是现实的，他把"精神"完全驱逐出它的肉体实验室，有力地赋予它大写字母，并断言，"精神"单独地存在于任何人的头脑之外，从而是独立于任何人的脑袋的，是绝对真理的总和及整体。因此，感性认识把在脑袋之外运动着的东西传达到脑子里的这一途径，对黑格尔来说，变成了无意义的迂回。这只是从那里到下面这样的观点的自然的一步：这一"客观的"，但非物质的"主体"支配着世界的发展，它一起是这样

---

① 布莱希特：《流亡者的谈话》，法兰克福1961年版，第108页。

行事的，而且，数世纪以来，它始终是乐意这样表明和出现的。从这里到上帝，就连一步之遥也没有了；这就使黑格尔只有走向这样的结局：一个哲学家教皇必须像教皇那样，给世俗的皇帝祝福，只有在这里，在普鲁士军事官僚政治的容克专制国家中，绝对精神才充分地表现出来，不仅表现为哲学，而且表现为感觉。黑格尔唯恐对他虔诚的真挚产生任何怀疑，在他的经典中插进了无数极尽卑鄙诌媚之能事的段落；照此行事；因而得到了国葬的荣誉。

黑格尔这个矛盾的另一个极端，是他的论述辩证法的著作。辩证法有很长的历史。(辩证法这个用语来自希腊字，是"用一分为二来进行推理"的意思) 希腊哲学家，也是早期的自然科学家中，有些人的特殊兴趣在于变化、运动、过程的现象。例如，看见一支飞行中的箭，或飞越江河的鸟，他们就以下面这样的方法进行推理：在物的运动中，它从这里改变到那里。既然"这里"和"那里"是互相排斥的，所以他们就推论出，运动是物的一种状态向对立状态的转化；或者说，既然运动包括开始及其对立面，即终点，所以运动是这两个对立面的统一；或者，简言之，运动就是矛盾。因为有其他一些哲学家断言，每个物都是运动，所以很能容易理解，为什么辩证法很早以来就能成为哲学中的一个重要倾向，虽然不同学派中不断的论战，社会发展和科学发展的缓慢，政权对颠覆性思想影响的恐惧（比如就苏格拉底来说），以及商业上把辩证法曲解为诡辩术和模棱两可的欺人之谈等等，严重地限制了本来可以取得的成就。①

黑格尔的伟大成就之一是，从世界各地区，如亚洲、中东，以及希腊和欧洲其他国家的许多文化中对以前的辩证法历史加以考察，并有系统地把它们搜集在一起。他指出，辩证法在他评价哲学中实际上所有的伟大人物，甚至——虽然是以单调的形式——在评价他的先辈和对手伊曼努尔·康德中起过作用。黑格尔的更大功绩是，通过把他的整个逻辑

---

① 《黑格尔全集》，德文版第18卷，第305、325页。也可见《列宁全集》第2版第38卷第278—286页。

体系建立在他所理解的辩证法原理的基础上,使辩证法达到了新的、更高的水平。对这种逻辑学方法,在他以逻辑学命名的著作中作了非常广泛的论述。

黑格尔问道,什么是获得事物的概念呢?获得事物的概念,首先意味着在精神上"掌握"或"紧夹"(如同以钳子、臂力一样),抓住它,使它保持静止状态。①但是,如果事物是在运动中,而这种运动是它的真理的一部分或全部,又将怎样呢?马克思是用这样的方式来表达这一困难的:"一切固定的前提本身在进一步的分析的过程中都会成为变动的。但只要一开始就把它们固定下来,在进一步的分析中就可以避免把一切都弄乱。"②

这种困难不限于专门研究变化的特殊的独立的哲学学科,也不限于致力研究发展问题的政治经济学的特殊分科。整体在运动,它的总体在发展,它全部都有一个开始,并包含着一个终结。

"如果从整体上来考察资产阶级社会,那么社会本身,即处在社会关系中的人本身,总是表现为社会生产过程的最终结果。具有固定形式的一切东西,例如产品等等,在这个运动中只是作为要素,作为转瞬即逝的要素出现。直接的生产过程本身在这里只是作为要素出现。生产过程的条件和物化本身也同样是它的要素,而作为它的主体出现的只是个人,不过是处于相互关系中的个人,他们既再生产这种相互关系,又新生产这种相互关系……他们在这个过程中更新他们所创造的财富世界,同样地也更新他们自身。"③

因为运动是唯一的不变因素,所以马克思像黑格尔一样,使用

---

① 黑格尔把"掌握"表征为占有(《黑格尔全集》,德文版第6卷,第255页)。见列宁的解释:"如果不把不间断的东西割断,不使活生生的东西简单化、粗糙化,不加以割碎,不使之僵化,那么,我们就不能想象、表达、测量、描述运动。思维对运动的描述,总是粗糙化、僵化。不仅思维是这样,而且感觉也是这样,不仅对运动是这样,而且对任何概念也都是这样。这里也有辩证法的本质。对立面的统一、同一这个公式是表现着这个本质。"(《列宁全集》第2版第38卷第285页。)
② 《马克思恩格斯全集》第46卷下册,北京:人民出版社1980年版,第344页。
③ 同上书,第226页。

"Moment"① 这个词来指在静止的体系中可以称为"要素"或"因素"的东西。在马克思的著作中，这一用语有"一段时间"和"运动体的力量"双重意义。他大大地改进了黑格尔的用法；黑格尔的用法是较机械的，它缺乏时间意义。②

"资本决不是简单的关系，而是一种**过程**，资本在这个过程的各种不同的要素上始终是资本。"③ "货币……作为资本失掉了自己的僵硬性，从一个可以捉摸的东西变成了一个过程。"④

总之，对马克思和黑格尔来说，理解某一事物这个问题，都首先是理解它是在运动中的问题。但是这一逻辑步骤变得比较困难，因为按事物的正常趋势，这样的问题决不是很显然的。只有当事物突然爆裂和粉碎时，事物内始终有一种动态这一点才变得明显起来；但是在平时，事物呈现的是静止的现象。这种在不断的不静止上面的平静的外表，黑格尔称之为定在；当感觉被带入关系时，这种外表就变成了事物的现象。黑格尔巧妙地把这种定在解释为在它外表下的各对立面所具有的片面的、直接的统一体形式。

片面的、直接的统一体，即静止而且谐和的外表的这种"定在"或现象，对马克思在描绘出简单流通领域的主要路线，以及它对其他领域的关系方面是很有用处的。市场是资本主义社会关系最普遍的、最明显的、最现存的形态，而从市场抽象出来的意识形态，则是一种复合体，不仅包括这种现象，而且包括更进一步的东西，即假象和幻觉。市

---

① "Moment"："瞬间"、"要素"双重意义。——译者注

② 黑格尔从牛顿那里采用"Moment"这个词的，尽管他一般蔑视"力学"，但是他还是从杠杆教理引出了这个相当重要的概念的意义。(《黑格尔全集》，德文第 5 卷，第 114、301 页。) 关于黑格尔著作中缺乏时间概念可看列宁关于逻辑学的论述。(《列宁全集》第 2 版第 38 卷第 246 页。) 马克思努力进行对时间问题的研究（生产时间、流通时间等等），完全与黑格尔的方法相反，标志着两种方法之间最为分明的对照。这个对黑格尔来说根本不存在的要素，对马克思来说，却是"一概节约归根到底都是时间的节约"。(《马克思恩格斯全集》第 1 版第 46 卷上册第 120、225—226 页。)

③ 《马克思恩格斯全集》第 46 卷上册，北京：人民出版社 1979 年版，第 213 页。

④ 同上书，第 219 页。

场就是出现自由和平等形式的地方；在那里，买者和卖者之间的差别化为他们的统一性。"他们之间看不出任何差别，更看不出对立，甚至连丝毫的差异也没有。"①

这种定在既不是偶然的，也不是不相干的。这只是表面，而且只表现底下过程的"片面的、直接的统一"，但它是整体的一个客观"要素"，因而必须包含在它的概念中。这种定在是一种有限的定在；它是某种东西，具有特殊的性质，而且可以加以定量和计量的。人们可能形成的关于这种定在的概念，可能是纯粹的错觉和幻想，因为这些概念没有超过这种定在同它自己的片面的统一。但是，作为表面，这种定在也是一种限制。因为它从一开始就反对事物的无限扩张。等价交换规律，即价值规律，就是这样一种对资本扩张的限制（货币形式的，最后工资形式的交换价值量），作为尺度的一种限制（劳动时间作为价值的尺度）；以及作为质量的一种限制（需要进行劳动完全是为了创造财富）；《大纲》中有许多段落是论述这一问题的。② 因此，把这表面过程看作只是一种空洞的形式，只是在名义上是重要的，这就是没有掌握整体；例如，这就是李嘉图在货币问题上的错误。

然而，停留在表面上，并被"它的存在的直接性"所迷惑，这就会陷入"纯粹的幻想"流通——表面——"是在流通背后进行的一种过程的表面现象"。③ 要掌握整体，就必须深入到它的本质；从货币到资本。在这里，在"非公莫入"的标牌后面，是铁丝网、武装巡逻兵和警犬，矛盾不再是一种纯粹的反思，因而可以在根源上加以研究。按黑格尔的观点，否定是创造性的力量。在这里，工人否定自己愈甚，或者被资本否定愈甚，他创造的财富就愈多。④ 对黑格尔来说，否定创造它的对立面"肯定"（断定）；所以，否定不仅使事物具有它的自在特

---

① 《马克思恩格斯全集》第 46 卷上册，北京：人民出版社 1979 年版，第 193 页。
② 例如，《马克思恩格斯全集》第 46 卷上册，北京：人民出版社 1979 年版，第 225—226、286—287、298—300、387—410 页。
③ 同上书，第 294—297 页。
④ 同上书，第 267—268 页。

性，而且，作为肯定，又使它具有它的为他的特性。① 在这里，在资本的本质中，当工人否定自己时，他不仅为他人设定剩余价值，而且他也创造和再创造他们自己中的雇佣劳动的关系，创造和再创造作为雇佣奴隶的他自己以及作为资本的资本。至于工人和资本家，就个别来说，他们在过程中只表现为自为的"雇佣劳动"和自为的"资本"，因为他们在其他方面可能具有的任何性质或关系，不是受到生产过程的抑制，就是与生产过程无关。生产过程在总体上倾向于本身的无限性，首先倾向于绝对否定工人，然后，使相对的矛盾无限尖锐化；它直冲一切界限。如果社会在总体上可以在运动中、在过程中加以掌握，那么，首先和最重要的是理解直接生产过程的动态，因为，正如黑格尔所说的，整体的能量和动力的来源是在它潜在的矛盾中。②

现在来看看，迄今为止包含在概念中的是什么。两个过程，一个是表面的过程，它导致片面的直接的同一，并缺乏使它自己更生的动力。另一个在表面下面，是一个猛烈的矛盾的过程。一个过程是同一，另一个过程是同一的对立面；所以在黑格尔的最抽象的阐述中，整体是"同一和非同一的同一"③ 在这个整体中，非同一，即矛盾，是压倒一切的要素；它在其他要素上打上它特有的烙印，并规定整体的性质。就是说，把整体命名为"市场体系"或"自由交换"或"自由企业"等等，这就是要求表面过程去规定整体的性质。事实上，表现是它的性质的障碍，所以在发展的过程中，这障碍变成了越来越麻烦的限制。在某一点上发生黑格尔和马克思所说的突变，即突然的、飞跃式的转化或推翻，在这一突变中，以前的障碍、同一性、等价规律等等被否定，潜在的矛盾被扬弃，从而整体转化为它的对立面，这种对立面具有同一性和不同层次的矛盾，而且是在更高的水平上。至于说到扬弃，这是马克思自己

---

① 黑格尔：《逻辑学》，德文版第 1 卷，第 116、130—131 页。
② 黑格尔：《逻辑学》，德文版第 2 卷，第 275—276 页。
③ 黑格尔：《逻辑学》，德文版第 1 卷，第 74 页；第 2 卷，第 40—42 页。

用这个词翻译①黑格尔的用语 Aufhebung 的。黑格尔很能喜欢用这个词，因为它在常用语中同时表示正好相反的意思："它的意义相当于保存、保持，而同时又相当于使之停止、终结的意思。"② 黑格尔特别费心地指出中断和消灭之间的差别；中断了的东西并未变成无，而是作为"从一种存在物产生的结果"在继续前进；"所以它本身仍然具有它所由产生的规定性……"。

如果有人不仅考虑《大纲》中广泛使用的黑格尔的术语，不仅考虑马克思自觉地思考黑格尔的方法并加以运用的许多段落，而且考虑《大纲》中论据的基本结构，那么很明显，马克思研究逻辑学所得到的帮助确实是很大的。术语是这些帮助中最小和最短暂的；马克思常常用黑格尔的用语来表达与黑格尔的用语刚好相反的关系，而在《资本论》出版以前，马克思就把这些特殊词汇的大部分作为包袱扔掉了，因为包袱虽然曾对其旅途是有用的，但是它的盛时已经过去了。③ 黑格尔的用处就在于提供了准则，指明应该做什么才能用精神来掌握运动中的、发展中的整体："准确地阐明资本概念是必要的，因为它是现代经济学的基本概念，正如资本本身——它的抽象反映就是它的概念——是资产阶级社会的基础一样。明确地弄清楚［资本主义］关系的基本前提，就必然会揭示出资产阶级生产的一切矛盾，以及这种关系超出它本身的那个界限。"④

这种方法，其实质就是把那些整体作为许多矛盾来加以把握，这是

---

① 《马克思恩格斯全集》第 46 卷下册，北京：人民出版社 1980 年版，第 269 页。马克思的包含了这个词的一句话是先用英文写的，接着基本上是用德文写的，重复了前一句话的意思。——译者注

② 黑格尔：《逻辑学》上册，北京：商务印书馆 1974 年版，第 98 页。

③ "……正当我写《资本论》第一卷时，愤懑的、自负的、平庸的、今天在德国知识界发号施令的模仿们，却己高兴地……对待黑格尔，即把他当作一条'死狗'了。因此，我要公开地承认我是这位大思想家的学生，并且在关于价值理论的一章中，有些地方我甚至卖弄起黑格尔特有的表达方式。"（《马克思恩格斯全集》第 23 卷，北京：人民出版社 1972 年版，第 24 页。但是在该著作的其余部分，表达方式是马克思自己特有的。)

④ 《马克思恩格斯全集》第 46 卷上册，北京：人民出版社 1979 年版，第 295 页。

马克思向黑格尔学到的最大教训。

但是，黑格尔的方法同时又有它自己的局限性。这不可能不是这样，因为黑格尔是一个人，而不是两个人。就他来说，唯心主义和辩证法形成了一个统一体，彼此互相渗透；正如他对国家的最为绝对论的祝福似乎包含着在这些祝福的表面下的矛盾一样，在他的辩证法的活跃的精髓上面，也笼罩着一种神秘主义的气氛。

马克思对黑格尔的批判，是一个具有两个较大逻辑阶段的过程。其中第一个较大阶段要求掌握住"独立的客观精神"的整个领域，这种客观精神是黑格尔曾送入天国飘浮又使它回到它在世俗人体中的故居的。黑格尔的"主体"和他的"客体"是被颠倒了的。而现在又重新倒过来了。现在很清楚，世界的现实历史并不是一种特殊"精神"的产物，而是相反地，这种"精神"及其一切关系是人脑的产物；而且是定居在现实历史中的人脑的产物，两者都受特殊的、不断变化的社会经济的存在方式的推动和限制；最后，人脑并入一个感觉的、物质的和社会的物体，这个物体，通过它的行为，能够、而且的确改变着它的历史，因而也改变着思想的源泉和条件。这一大阶段在推翻黑格尔哲学中，早在19世纪40年代就被费尔巴哈和马克思两人在不同程度上完成了；在《大纲》前面的导言中，对这一阶段作了卓越的概述①，而且在马克思于1873年为《资本论》第2卷②所写的第2版跋中，总结为把黑格尔重新"倒过来"③。

费尔巴哈曾把黑格尔的绝对"精神"中范畴和概念的冲突称为"诸神的战争"④。这就产生一个问题：一旦天国的战场降到了地上，而且它的无形的敌手是一定的身体，那么，必须以什么方式使他们的作战规律、他们冲突的战术和战略变为真实的呢？唯心主义辩证法的基本结

---

① 《马克思恩格斯全集》第46卷上册，北京：人民出版社1979年版，第38—40页。
② 应为第1卷。——编者注
③ 《马克思恩格斯全集》第23卷，北京：人民出版社1972年版，第29页。
④ 《马克思恩格斯全集》第2卷，北京：人民出版社1957年版，第118页。

构，它的运动的基本过程，无非是历史上发生的现实的冲突和转化的映入理念世界；但是，在那种映射中，在那种概念化中，基本上出现在物质历史的辩证法中的某种东西必然已经被掩盖起来，看不见了。在推翻黑格尔体系中，马克思把这第二个较大阶段说成是"发现神秘外壳中的合理内核"①。这是对黑格尔辩证方法的批判，因此，是对他的矛盾理论的批判，从而也是对黑格尔概念的基本过程，即黑格尔对运动的基本理解的批判。

当然，像马克思对黑格尔的辩证法的批判这样一个大而复杂的主题，是不可能在这前言的范围内得到全面地、充分地论述的。《大纲》反映了马克思对以前的辩证法逐一进行检验的过程。在这里只是想引起人们对特别显著的两种观点的注意，因为无论如何，这两种观点对适当评价马克思的导言及其对主要正文的关系来说是不可避免的。这两点特别鲜明地表明黑格尔的辩证方法概念和马克思的辩证方法概念之间的某些重要差别。这两点就是：首先是何处开始的问题；其次是，任何统一体内的矛盾是直接地和必然地同一的，还是间接地和有条件地同一的问题。

黑格尔是从哲学中最一般的和最普遍的抽象，即他断言是最基本现实的那种纯粹的、不定的存在，一般的存在，开始他的逻辑的。对唯物主义者马克思来说，这种"一般的存在"是哲学精神的一种虚构物，是只有在捏造者的幻想中才具有"现实性"的一种范畴。因此，马克思写《大纲》前面的导言是从物质生活范畴，从政治经济学范畴，即从"物质生产"开始的，并且赶忙补充说，当然，社会的物质生产是它存在的唯一实际形式。②正如黑格尔所表明的，纯"存在"是与"无"同一的，没有它的对立面就不可能被表达出来。所以马克思在导

---

① "必须把它倒过来，以便发现神秘外壳中的合理内核。"（《马克思恩格斯全集》第23卷，北京：人民出版社1972年版，第24页）请注意，马克思并未说把黑格尔的辩证法重新倒过来，这是充分具有唯物辩证法的，只有进行了这一步，才有可能着手进行第二步（发现）。

② 《马克思恩格斯全集》第46卷上册，北京：人民出版社1979年版，第18页。

言中也是这样进入对物质生产的对立面即消费的论述的。然而，甚至在开始检验两个对立面（生产和消费）的同一性①以前，刚开始的开端就已受到了怀疑。"物质生产"被证明是一种范畴，它是对历史发展进行抽象，而不是对它进行解释。"生产一般是一个抽象，但是只要它真正把共同点提出来，定下来，免得我们重复，它就是一个合理的抽象。不过，这个一般，或者说，经过比较而抽出来的共同点，本身就是有许多组成部分的、分别有不同规定的东西……对生产一般适用的种种规定所以要抽出来，也正是为了不致因为有了统一……而忘记本质的差别。"②总之，"生产一般"是一个范畴，用这个范畴"不可能理解任何一个现实的历史的生产阶段"③。

简言之，仅仅以"唯物主义"范畴（即物质生产）来代替唯心主义范畴（即纯粹的、不确定的存在）仍然没有使马克思感到满意。其结果是，从社会生产一般开始，然后进入它的直接对立面，即消费一般，这并不是它看起来那样似乎是向前迈进了重大的一步。它把一种非历史的抽象用另一种抽象来代替，最终还是没有比那些"平庸的经济学家"更进一步，因为他们写作他们的著作时也是从列举这样一些一般性开始的。

在导言中有几页是论述"生产和消费之间的同一性"的，它们同时是对这标准教科书的开端的认真模仿，并且是对这种开端的带有嘲讽的模仿。开始的命题，"生产是直接与消费同一的"，同黑格尔的命题"存在是直接与无同一的"相呼应；而同通常从这一命题得出的推断相比，马克思的论述是永垂不朽的。但是，这基本上是唯心主义辩证法的表现，证明唯心主义辩证法比之机械唯物主义或经验唯物主义要优越得多。④重要的是，不要忽视马克思在开端和以后关于这些"同一性"的

---

① 《马克思恩格斯全集》第46卷上册，北京：人民出版社1979年版，第27—32页。
② 同上书，第22页。
③ 同上书，第25页。
④ 《列宁全集》第38卷，北京：人民出版社1986年版，第305页。

带有嘲讽的评论,"……好象这里的问题是要对概念作辩证的平衡,而不是解释现实的关系"。① 马克思按黑格尔的方式,把这些同一性适当地延伸为三个方面②,他不加渲染地作出结论:"这样看来,对于一个黑格尔主义者来说,把生产和消费等同起来,是最简单不过的事。不仅社会主义美文学家这样做过,而且平庸的经济学家也这样做过。"③

什么是适当的开端,这个问题在马克思的导言中"政治经济学方法"这整个一节中要进一步思考的问题。④ 在这里,马克思一开始就描绘了政治经济学的探究所采取的两条路线或道路。第一条道路是以"生动的整体"作为出发点,例如,一定的民族、国家、法国、英国等等,最后是"从分析中找出一些有决定意义的抽象的一般的关系,如分工、货币、价值等等"⑤。另一条路程的方向相反,从简单的、抽象的、一般的关系开始,最后达到"生动的整体"。马克思作出结论认为,后一条道路显然是科学上正确的道路。⑥

在这里,似乎马克思在较早时期所遇到的疑问,即关于从"物质生产"这一范畴开始是否适当的问题——当然,是最简单、最一般和最抽象不过的关系——现在已经消除了。但是,从不同的方面又立即产生了一个新的疑问:"但是,这些简单的范畴在比较具体的范畴以前是否也有一种独立的历史存在或自然存在呢?"⑦ 换言之,如果有人从比如"物质生产"这样的范畴开始,那么,他因此是否就必须从新石器时代的人和他的燧石工具开始,并循序渐进,费力地走迂回的道路,直至所

---

① 《马克思恩格斯全集》第46卷上册,北京:人民出版社1979年版,第27页。
② 同上书,第30—31页。
③ 同上书,第31页。
④ 同上书,第37—46页。
⑤ 同上书,第38页。
⑥ 某种意义上说,黑格尔《逻辑学》所关心的,除了两条路程这一问题外,没有别的什么了。隐喻、要点,甚至把具体的东西说成是许多抽象的集中,都是从那一著作中来的,见《逻辑学》德文版第2卷,第276、296、326、360页。就是黑格尔也坚持认为,后者是科学的正确方法。
⑦ 《马克思恩格斯全集》第46卷上册,北京:人民出版社1979年版,第39页。

要研究的主体本身，即资本主义社会形式的物质生产呢？马克思对这个问题的深刻看法——这些页包含着马克思主义的历史编纂法的基本原理——使他得出了结论：上述这样看法是错误的。适当的开端不是从历史的黎明开始，相反，却是从所研究的特殊社会形式占统治地位的范畴开始。① 因此，似乎可以说，——虽然马克思并不这样说——，对资产阶级经济范畴（和体系）的批判的适当开端，并不是"物质生产一般"，而是"资本"，或者至少是"为了交换价值而进行的生产"；因为这些经济范畴是统治着这个历史社会的范畴。

这适当的开端问题，在马克思的导言中仍然没有得到解决。他在一概括性的段落中关于这个问题所说的②是没有作出结论的话："显然，应当这样来分篇：（1）一般的抽象的规定，因此它们或多或少属于一切社会形式，不过是在上面所阐述的意义上。"但是，这显然是不可能的，因为"上面所阐述的意义"恰恰是，应当形成出发点的并非那些或多或少属于一切社会的范畴，而是统治着不同于其他社会的一个特殊社会的范畴。这种提法解决不了的问题。《货币章》所作的犹豫的、临时的，而且在某种意义上说是纯粹偶然的开端——达里蒙的银行改革论——证明这个问题持久不得解决。

要找到适当的开端——出发点，在那里，神秘的黑格尔，"平庸的经济学家"和马克思自己的疑问都被丢下了——就必须翻到《大纲》的第七本笔记本的最后一页③，即马克思用小标题"1.（价值）"，并注明"这一篇应补充进去"字样的那一节。这短短的片断，是对全部手稿的内容进行有系统的、紧密结合在一起的概括的最初尝试。它的开头是："表现资产阶级财富的第一个范畴是商品的范畴。商品本身表现为两种规定（即使用价值和交换价值）的统一……"

形成马克思的《政治经济学批判》（1859年）和《资本论》第1

---

① 《马克思恩格斯全集》第46卷上册，北京：人民出版社1979年版，第45—46页。
② 同上书，第46页。
③ 《马克思恩格斯全集》第46卷下册，北京：人民出版社1980年版，第411页。

卷（1867年）的出发点的，也是这个范畴，即商品。这个开端既是具体的、物质的、几乎可以触知的，又是在历史上（资本主义生产）所特有的；所以它包含着（它是对立面的统一）基本的对立面（使用价值和交换价值），这对立面的发展包含着这一生产方式的其他一切矛盾。这个开端不同于黑格尔的逻辑学，也不同于马克思自己较早时期最初的尝试，它不是从纯粹的、不确定的、永久的和一般的抽象开始，而是相反，从复合的、限定的、有确定界限的和具体的整体，即从"许多规定的综合，因而是多样性的统一"① 开始。总之，作为《大纲》结尾的这种"不纯的"开端，作为辩证法，比之以前的开端优越，因为它一开始，在萌芽时期就包含着矛盾；而"纯粹的"（不确定的、永久的、绝对的和一般的）开端，却是错误地，通过排斥对立面（否则它就不是纯粹的！）而开始的，因此，必须拉着头发用魔术把它的对立面从"无"拉进来，而这个过程随后就变成了后来一切发展和转化的坏的先例。因此，只有唯物主义的开端，也就是，从具体的、有限的，因而（正如黑格尔自己所坚持的）从矛盾的东西本身开始的开端，才可能是真正辩证的开端，而且只有这样才能认清黑格尔使之完善并神秘化的方法中的潜在力量。

马克思在第二次重写《货币章》准备付印之后大约一年半，即1859年，承认《大纲》导言的开端是一个错误的开端。那种认为研究的途径必须从简单的、一般的、抽象的关系进到复杂的、特殊的整体这一概念，当时在他看来已不再是"显然合乎科学的正确过程"了。他在为替代《大纲》导言而写的非常著名的《政治经济学批判》的序言中，写了如下一段话："我把已经起草好的一篇总的导言压下了，因为仔细想来，我觉得预先说出正要证明的结论总是有妨害的，读者如果真想跟着我走，就要下定决心，从个别上升到一般。"②

---

① 《马克思恩格斯全集》第46卷上册，北京：人民出版社1979年版，第38页。
② 《马克思恩格斯全集》第13卷，北京：人民出版社1962年版，第7页。

现在来谈上述第二点，在这一点中出现了唯心主义者手中的辩证方法和唯物主义者手中的辩证方法之间的本质差别，即同一性的直接性问题。这里的问题是：假定每个统一体（同一性、总体、整体；这在这里都无关紧要）是由矛盾的两极或两个方面构成的，那么，是否我们应该理解为：这些对立面统一是绝对的、直接的并且无条件的，还是相反，对立面必须由一个中介来形成一个统一体，而且这中介的有效性（从而整体的维护）取决于某些可能存在或可能不存在的条件？

我们可以用《大纲》导言中的某几段同正文中的另几段加以对照来证明这一问题的某种经济和政治意义，无需为弄清这个问题而进行冗长的哲学讨论。

如果有人把《导言》中所"论证"的生产和消费的"同一性"①，同《大纲》笔记本正文中相应的观点加以比较，他就会非常明显地看出，马克思在导言中关于直接的同一性"并不排斥它们直接是两个东西"②这一讽刺的评论的去向。对于进行比较来说，最有战略意义的时刻是当资本主义生产过程已经完成，而它的结果，即商品，为了消费的目的而即将重新进入流通的时候。在这里，它们作为两个对立面的同一性问题，不是"一般地"在整个历史上提出来的，而是特别针对资本主义提出来的。生产和消费（价值增殖）的统一是一种**直接**的统一吗？正好相反："这里，在考察资本的一般概念时，具有重要意义的是：资本并不**直接是生产和价值增殖的统一**，而只是和各种条件联结在一起的过程……"③

在正文里论述资本主义生产和资本主义消费的统一问题的那整个（逻辑的）小节中④，马克思明确地攻击"生产与消费是直接同一的"这种概念，并证明，这个概念，在极有才能的人手中，例如，李嘉图手

---

① 《马克思恩格斯全集》第 46 卷上册，北京：人民出版社 1979 年版，第 27—32 页。
② 同上书，第 28 页。
③ 同上书，第 390 页。
④ 同上书，第 383—456 页。

中，可能导致深刻的洞察力，但不是导致理解过程的总体，最后，在能力较差的人手中，则导致幼稚和荒谬。① "**首先就会看到一个限制，这不是一般生产固有的限制，而是以资本为基础的生产固有的限制。**"②这是对对立面的同一性的唯物主义论述，它否认这种同一性的直接性和绝对性，即**必然性**，并且适当地断言，这种同一性是在空间和时间中发生的一个过程，需要一种物质手段，是生来就受限制的，而且在性质上是有条件的。

详细研究《大纲》中的唯物主义辩证法，必须是对马克思的那些中介的研究③。在《大纲》和数卷《资本论》中都有丰富的材料可供进行这样的研究。

说黑格尔也谈到中介，并且说黑格尔论述中介的那一章同马克思论述货币那一章之间有许多连接线，这也许会引起黑格尔的辩护者的争辩。事实就是这样。而且那一章是黑格尔最唯物主义的一章。④但是，在黑格尔论点的基本结构中，中介或者是主观的，或者是绝对的，或者通常是同时两者兼而有之。言归开端：黑格尔究竟在哪里指出，存在和无的同一性所取决的条件呢？它们的矛盾的什么要素包含着它们非同一性的可能性？究竟有何根据说形成变化过程的中介运动有可能发生停顿？什么也没有。没有这样的根据，没有这样的可能性；同一性和中介是无条件的和绝对的。现在试比较一下马克思在《政治经济学批判》或《资本论》中的出发点：商品。这是两个对立面，即使用价值和交

---

① 《马克思恩格斯全集》第46卷上册，北京：人民出版社1979年版，第394—398页。
② 同上书，第399页。
③ 要理解黑格尔的辩证法和马克思的辩证法之间的差别的尝试已经很多了。最清晰、最明确而且被《大纲》充分证实的本质差别，就是列宁在他的未完成的论文《谈谈辩证法问题》中所说的，并散见于《哲学笔记》许多评注中的本质差别（《列宁全集》第2版第38卷，第293、313—314、324、335—336、356—357、407—412页）。当然，当列宁写《哲学笔记》的时候，《大纲》还没有被发现。
④ 马克思货币理论的灵感，在黑格尔《逻辑学》上册（商务印书馆1974年版，第354—402页）和《目的论》那几页（《逻辑学》下册，第422—430页）中可以找到。

换价值的统一（同一性）。能想象这种同一性会完结吗？难道有什么根据认为，中介运动（货币、交换）可能不发生吗？当然，整个著作正是论述这些决定这种最初的同一性的历史的、经济的、政治的等等条件的；而且其主要目的是要论证，这种同一性内的矛盾必然导致这些同样条件的中止，从而导致商品生产遭到破坏和以使用价值为基础的生产体系的产生。对马克思来说，对立面的同一性是有条件的；但它们的非同一性，它们的斗争、对抗和崩溃却是不可避免的。在黑格尔那里正好相反。这是调和的、谐和的"辩证法"（最终根本不是辩证法）与革命的、破坏的方法之间的差别。

两者的结果也不一样。黑格尔以简单的自我同一的存在、静止的存在、没有无的存在为结束的；而对马克思来说，结果就是新的变化过程的形成，它是以不存在社会的对抗为条件的。

我们回到开头提出的特殊问题作为结束，黑格尔的《逻辑学》以什么方式帮助了马克思推翻李嘉图的利润学说呢？有兴趣进一步探讨的读者，将在《大纲》第557页[①]上找到必要的线索，那里表明，工资和利润两个对立面的同一性（或者，如现代人的说法，它们的伴随关系），正如李嘉图所认为的，既不是绝对的，也不是直接的；而是相反，取决于某种波动着的中介物和不断变化着的外在条件。

因而正文的形式在初次探讨时似乎显得障碍重重。经过第二次努力，障碍就会消除，而使人得到一种洞察力，而这种洞察力是任何已发表的马克思著作所给予人的洞察力都不能比拟的。

把《大纲》作为一种精神劳动的记录来阅读，就会认识到，马克思在当时必须进行一场反对古典政治经济学的战斗，并同时锻造他的武器；反过来说也是对的：他必须反对必然同一性的神秘方法，并必须理解资本的本质，作为进行这一战斗的手段。在《大纲》中，结构和方法的统一在表面上是显而易见的；而这是它极端重要的显著特征。

[①] 《马克思恩格斯全集》第46卷上册，北京：人民出版社1979年版，第50—51页。

然而，方法和结构的统一，唯物主义辩证法和政治经济学论题的统一，在《大纲》中并不比世界其他任何地方更为直接。要理解这种统一，就得把这一著作作为对起源和结果的认识的一个过程，一种同飞跃和倒退的斗争来阅读。对马克思的导言来说，尤其是如此。这是一篇非常深远、非常重要的文章。它的每一行文字都反映着马克思对黑格尔、李嘉图和蒲鲁东的斗争。从斗争中，马克思达到了最重要的目的，即辩证地写作历史的基本原则；但是，他在当时当地并没有在一切细节上，甚至没有在某些很重要的细节上取得他的胜利。对黑格尔和李嘉图进行去粗取精，破除他们学说中形而上学的、神秘的东西，保持合理的核心，这是马克思在这七本著作中自始至终进行的斗争。所以，正如黑格尔所说，合理的核心仍然带有作为它的来源的存在物的某些方面。马克思在写作手稿的时候，就承认他手稿中的这些胎记。他对"唯心主义的提法"，比如说"产品变成商品；商品变成交换价值；交换价值变成货币"，进行了明确的自我批判。这样的说法——而且在其他地方也有——来源于黑格尔的《逻辑学》，在那里，"变易"是永不衰退的"中介"；精神只须断定它，思考它，所以各种矛盾是一个整体。这些说法对马克思来说是一种速记，暗示他自己，对变换的实际条件和中介以后应详加考虑。对马克思来说，绝对的东西本身是有条件的。他说，只有当资本主义关系强加给人的生产率的障碍被打破并被抛弃的时候，才谈得上人类进入"变易的绝对运动之中"。①

在阅读《大纲》的时候，务必不要忘记它的变易的过程和条件，不然，它所开拓的视野将重新变为障碍。

除了这里所涉及的方法外，在《大纲》和黑格尔的《大逻辑》中还有许多的方法。黑格尔与马克思的非常复杂的关系的许多组成部分，为了简短起见，这里就略而不谈了。

在1857—1858年很早以前，马克思在他的第一篇论述黑格尔的著

---

① 《马克思恩格斯全集》第46卷上册，北京：人民出版社1979年版，第486页。

名的手稿中，就曾宣告要对《逻辑学》作一批判的评论，并抽象地指出辩证方法在黑格尔提出和使用它时的不足之处。①

马克思在前面援引过的关于《逻辑学》写给恩格斯的信中说道，"如果以后再有功夫做这类工作的话"，他很愿意用明白易懂的语言"把黑格尔所发现、但同时又加以神秘化的方法中所存在的合理的东西"写成文章。② 这个时间始终没有来到；因此，马克思根本没有对他关于神秘的外壳和合理的内核的评论作详细的说明。

自从写成《大纲》以来，尽管这个手稿长时间没有出现，但是唯物主义辩证法的知识还是发展了、传播了而且增长了。③ 唯物主义辩证法不能免除它自己的规律。它并不是刻在碑匾上的。如果马克思关于发展进程的论述是对的，那么，在遥远的将来，有朝一日，唯物辩证法将成为人类非常普遍的一个法宝，普遍得不需要作特殊的努力，就能学习它，精通它，因而它在生活中的使用将如同呼吸一样平常。

---

① 参看《马克思恩格斯全集》第 7 卷，北京：人民出版社 1959 年版，第 247—404 页，特别是第 354—358 页。这里表现了马克思作为唯物主义者和辩证论者所具有的一切特征要素，但是，上面所宣告的意图，即用黑格尔的《逻辑学》把许多差别之点集中起来并加以系统化，却没有实现。

② 《马克思恩格斯全集》第 29 卷，北京：人民出版社 1972 年版，第 250 页。

③ 列宁的《哲学笔记》包含着所有后来的发展的精髓，因而是关于这个问题的不可不读的著作。布哈林的《历史唯物主义》包含着某些观念，但是，作为一个整体，是倒退到黑格尔以前的，近似于康德的辩证法水平。斯大林的《辩证唯物主义和历史唯物主义》把列宁的"十六个论点"精简为四个论点，因而是第一个有用的入门书，特别是对教学目的来说是如此。真正发展了列宁论点的是毛泽东的《矛盾论》和《实践论》。这两篇论文是严谨正统的马克思主义的，同时又是具有高度独创见解的。它们写作于 1937 年，今天仍然是对唯物主义辩证法作为一个整体的经典性解释，是其他的著作都必须用以衡量的标准，而且将在很长一段时间内可能仍是独一无二的。理解这两篇论文是着手研究《大纲》的准备。

四 〔英〕艾瑞克·霍布斯鲍姆：霍布斯鲍姆谈马克思的《大纲》诞生150年及其现实意义[①]

2008年劳特利奇出版公司出版了由加拿大约克大学政治学系讲师马塞罗·默斯托博士主编的纪念马克思的《大纲》创作150年的论文集《卡尔·马克思的〈大纲〉——〈政治经济学批判大纲〉150年》，由国际上三十多位知名的马克思主义研究专家撰稿。著名历史学家、"漫长的19世纪"三部曲《革命的年代》、《资本的年代》和《帝国的年代》的作者、伦敦大学伯拜克学院院长和纽约社会研究新学院荣誉教授艾瑞克·霍布斯鲍姆为本书撰写了前言。2008年9月15日Z-Communictions网站发表了本书编者默斯托与霍布斯鲍姆关于"马克思的《大纲》的当代意义"的一个对话。本文从不同的角度、以不同的形式叙述了《大纲》的出版与其在世界上被接受的漫长历程，并探讨了《大纲》的当代意义，认为《大纲》体现了远比《资本论》更丰富的思想，比如它是唯一一部超越了马克思本人在《德意志意识形态》中对未来共产主义所做的提示的文本，同时指出马克思的思想仍然是理解这个世界和我们必须面对的问题的最佳指南。

一、前　言

（一）《大纲》（*Grundrisse*）出版的漫长历程

从多方面看，在卡尔·马克思的全部作品中，《大纲》的地位及其命运都是独特的。首先，《大纲》作为马克思成熟时期作品的一个主要组成部分，由于实际的原因而在马克思去世半个多世纪的时间里完全不为马克思主义者所知，这一点是独一无二的；而且，它们实际上几乎完

[①] 选自黄晓武主编：《〈1857—1858年经济学手稿〉研究》，北京：中央编译出版社2014年版，第217—228页。此文原载《国外理论动态》2011年第1期，孙寿涛、闫月梅译。

全是得不到的，直到这些手稿写成近一个世纪，它们才被冠以《大纲》这样的名字编辑出版。无论对其意义有何争议，1857—1858年手稿显然是为《资本论》所做的理论努力的一部分，特别是作为一位经济学家的马克思成熟时期的代表作。这一点将《大纲》与其他写作年代更早一些而同样在马克思去世后出版并添加到马克思全集中的著作，即1932年出版的《早期著作》，区别开来。围绕这些写于19世纪40年代早期的作品在马克思的理论发展中所占的确切位置，发生了许多或对或错的争论，但对于1857—1858年手稿的成熟地位，则不会有多大争议。

其次，有点令人意外的是，正是在可以确切认为最不利于对马克思和马克思主义思想进行任何原创性发展的条件下，即在正处于斯大林时代高峰期的苏联和民主德国，《大纲》得以全部出版。要知道，即使是后来，出版马克思和恩格斯的著作这样的事情仍需要得到政府当局的许可。这一点，从事他们的著作的外文版工作的编者有理由可以证明，至今仍不清楚，当时是如何克服这些出版障碍的，包括对马克思恩格斯研究院的清洗和对该学院创建者及院长达维德·梁赞诺夫的清除乃至谋杀，或者从1925年到1949年间负责手稿工作的帕维尔·韦勒是如何度过1936—1938年的恐怖而完成工作的。有一点可能是有利的，即当局并不确切知道怎么处理这份庞大的棘手的文稿。但是，他们显然对于这份文稿的准确地位有所怀疑，因为毕竟斯大林认为三卷《资本论》反映了马克思的成熟立场和观点，而这些带有草稿性质的手稿并不像《资本论》那么重要。事实上，《大纲》的俄文译本直到1968—1969年才全部出版，而且，无论是1939—1941年的德文原版（出版于莫斯科），还是1953年的重印本（柏林），都不是作为《马克思恩格斯全集》历史考证版（MEGA）的组成部分（而仅仅是"以MEGA的编排方式"），或作为《马克思恩格斯全集》德文版（MEW）的组成部分而出版的。然而，与最初载于MEGA（1932年版）、后来由官方出版的马克思全集中未予刊载的1844年的《早期著作》不同，它们实际上出版于斯大林时代的高峰期。

第三个特点是关于 1857—1858 年手稿的地位的长期不确定性，这反映在 20 世纪 30 年代，马克思恩格斯列宁研究院关于这些手稿的名称不断变化，一直到交付打印前不久才确定下《大纲》这一名称。实际上，它们与由马克思出版和由弗里德里希·恩格斯编辑的三卷《资本论》、由考茨基从 1861—1863 年手稿中编辑的所谓第四卷（《剩余价值理论》）之间关系的真正性质，仍是有争议的。曾通读过这些手稿的考茨基似乎并不知道如何处理它们。他除了在其杂志《新时代》上出版了这些手稿的两篇摘录外，再没做什么工作。这两篇摘录分别是几乎没有什么影响的简短的《巴师夏和凯里》（1904）以及所谓的《政治经济学批判》的《导言》（1903），《导言》从未完成，因而也未在 1859 年出版的同名著作中发表。它后来成为那些希望将马克思主义的解释拓展到流行的正统观点，特别是奥地利马克思主义者之上的人的早期根据。迄今为止，《导言》可能是《大纲》中受到最广泛讨论的部分，虽然本书援引的一些评论者质疑它是否属于《大纲》的组成部分。当时，手稿的其他部分仍未出版，实际上也一直不为人们所知，直到梁赞诺夫及其在莫斯科的合作者于 1923 年获得了这些手稿的照相拷贝，将它们按顺序整理并计划在 MEGA 中将它们出版。猜想一下这样一个问题是很有意思的，即如果它们按最初计划的那样在 1931 年出版，将会造成什么影响。它们实际出版日期——1939 年末和 1941 年希特勒入侵苏联后一个星期——意味着它们几乎仍然完全不为西方所知，直到 1953 年东柏林的重印本发行。虽然鲜有几本到达美国，但从 1948 年以来，这部作品就得到伟大的先驱式的《大纲》阐释者罗曼·罗斯多尔斯基的分析，当时他经由奥斯威辛和其他集中营刚刚到达美国。很难相信，这部大部头的德文原版著作"被寄到前线作为反对德国士兵的宣传鼓动材料，后来又被寄到战俘营作为战俘的学习材料"，从而达到了其理论或实际目的。

1939—1941 年版的全文重印本成为国际上接受《大纲》的第一个版本，它于 1953 年在东德重印，比《马克思恩格斯全集》（德文版）

的出版提前了几年,但有意割断了与这些著作的联系。除了一处例外,这部作品直到 20 世纪 60 年代才开始产生重要影响。这里例外的就是《资本主义生产以前的各种形式》这一节,它于 1939 年用俄文首次单独出版(正如稍微早些时候出版的《货币章》的情况)。它于 1947—1948 年被译成日文,1952 年用德文出版,而后又被译成匈牙利文(1953)和意大利文(1954),当然也在英语世界的马克思主义历史学者中得到了讨论。带有一篇解释性导言的英译本不久就以西班牙文在阿根廷(1966)和佛朗哥的西班牙(1966)出版。可能由于马克思主义历史学者和社会人类学者对它的特殊兴趣,以及它与争议颇大的对第三世界社会的马克思主义分析的特定相关性,这一文本在人们可以得到全文《大纲》之前得到了广泛的发行。这一文本为西方因卡尔·奥古斯特·魏特夫的《东方专制主义——集权的比较研究》这样的著作极具争议地重新恢复关于"亚细亚生产方式"的辩论提供了线索。

(二)关于《大纲》的接受史

1857—1858 年手稿的接受史实际上开始于 1956 年危机之后,当时,在不再是铁板一块的各种共产党之内或之外,大家主要致力于将马克思主义从苏联正统的紧身衣中解放出来。无论是 1844 年手稿,还是 1857—1858 年手稿,既然它们不属于"经典著作"的正式全集,但无疑又是马克思所写的,那么,正如本书第三部分有几章所表明的那样,它们都可以被视为为合法突破共产党内一贯封闭的立场奠定了基础。几乎同一时间,国际上对安东尼奥·葛兰西作品的发现——这些著作在苏联第一次出版的时间是 1957—1959 年——起到了类似的作用。相信《大纲》具有异端倾向,表现为此时出现了非官方的自由作家的译本,如法国人文科学出版社出版的改良主义者的译本(1967—1968)和《新左派评论》支持的马丁·尼古劳斯的译本。在共产党之外,《大纲》起到了证明一种非共产主义的,但无疑仍是马克思主义的合理性的作用。但是直到 20 世纪 60 年代的学生造反时代,这一点才开始在政治上具有重大意义,当然,在 20 世纪 50 年代,它们的重大意义就已经被接近法兰克福学派传统的学问精深的德国人如乔治·李希特海姆和年轻的于尔根·哈贝马斯所认可，只是这种认可并不具有政治行动主义的背景。在快速扩张的大学中，学生日益激进，这也为像这样极端难懂的文本提供了以往未曾料到的更大规模的读者。要不是因为这一点，像企鹅图书这样的商业性出版公司肯定不会愿意出版《大纲》，即使是作为"塘鹅马克思文库"的一部分。同时，这一文本在苏联也或多或少有些勉强地被接受为马克思著作全集的内在组成部分，在1968—1969年被收入马克思恩格斯著作中，尽管是以一种小于《资本论》的开本的形式。随后不久，它在匈牙利和捷克斯洛伐克也出版了。

因此，将有关《大纲》的争论与其政治背景分开是不容易的，而且是政治背景激发了这种争论。在争论最激烈的20世纪70年代，它们也遭受了代际或文化障碍，即大多数（主要是中东欧）极富献身精神且常识渊博的先驱派马克思文本学者如梁赞诺夫和罗斯多尔斯基等陆续辞世。一些严肃的努力实际上是由较年轻的托洛茨基主义知识分子做出的。他们尝试着对1857—1858年手稿在马克思思想的发展中，更具体地说，在成为《资本论》躯干的总体计划中所占的位置进行了较早的分析。然而，著名的马克思主义理论论战则是由像法国的路易·阿尔都塞和意大利的安东尼奥·内格里这样的、对马克思的文献坦率说并不十分了解的理论家发起的。这些论战被年轻的男男女女们所接受，这些年轻人可能当时还十分缺乏对这些文本的了解，或者说也缺乏能力判断过去有关它们的争论，但愿是由于语言的原因。一点也不奇怪，像本书中有关意大利那一章所说的那样，"《大纲》……的接受颇具独特性"，这不只适用于一个国家。

（三）总的看法

眼下的这本论文集出版于目前这样一个时代，此时，马克思主义政党和运动在全球舞台上仅仅是不太重要的角色。然而，此时世界呈现出的状况也证明了，马克思对资本主义制度的经济运行方式所做的分析独具慧眼。也许这是一个恰当的返回对《大纲》研究的时机，这时候的研究将不那么受从尼基塔·赫鲁晓夫公开谴责斯大林到米哈伊尔·戈尔巴乔夫垮台这一时期左翼政治短时考虑的妨害。从任何方面说，《大纲》都是一部非常难懂的文献，但也是一部非常值得读的文献。这是因为它不仅提供了有关那部连《资本论》也仅仅是其中一部分的专著的唯一全方位指南，还提供了对于成熟马克思的方法论的独特介绍。它包括了能使马克思对资本主义的分析适用于远远大于19世纪的范围的分析和洞见，它们可以用来分析制造不再倚重人工的社会的时代，自动化的时代，闲暇的潜力，以及异化在这些情景中的变化。比如说他对科技的看法，就有这样的力量。它是唯一一部在某种程度上超越了马克思本人在《德意志意识形态》中对未来共产主义所做的提示的文本。总之，《大纲》的确体现了最为丰富的马克思思想。

　　本论文集分为三部分。第一部分由八章组成，即由阅读《大纲》而产生的对其主要主题（方法、价值、异化、剩余价值、历史唯物主义、生态矛盾、社会主义，以及《大纲》和《资本论》的对比）的阐释。第二部分重现了《大纲》作者在1857年至1858年的思想传记。第三部分，即最后一部分，则对马克思的这一著作在全世界的传播和接受提供了一个全面而生动的说明。

　　总之，在展现《大纲》一些丰富宝藏方面，在国际背景下确定其原创的思想财富方面，本书进行了一次成功的尝试。

二、对话

马克思的当代意义：《大纲》创作150年

—— 与艾瑞克·霍布斯鲍姆的对话

　　马塞罗·默斯托（以下简称"默"）：霍布斯鲍姆教授，1989年，卡尔·马克思曾被匆匆遗忘，20年后，他又回到聚光灯下。在过去的几年中，他不仅通过新出版的著作而获得了知识界的关注，而且他也成为更广泛领域关注的焦点。实际上，2003年法国《新观察家》杂志出版了一期卡尔·马克思专刊——《卡尔·马克思——第三个千年的思想家》。一年后在德国，一次由电视公司德国电视二台（ZDF）发起的有关谁是所有时代最有影响的德国人的民间调查中，超过50万的受访者投票给马克思；他位居综合类第三，"当前影响"类第一。而后，2005年，《镜报》周刊将他作为封面人物，并冠以"一个幽灵又回来了"的标题，同时，英国广播公司（BBC）第四套节目"在我们的时代"栏目的听众投票公认马克思是最伟大的哲学家。

在最近一次与雅克·阿塔利的公开对话中，您曾说过，自相矛盾的是，"正是资本家而不是其他人重新发现了马克思"，您提到，当企业家和自由主义政治家乔治·索罗斯对您说"我刚才在读马克思的著作，他说的话里有极多东西"时，您很震惊。这次复兴虽然微弱并相当含糊，但其原因是什么？是否可能因为他的著作是被作为永远也不应当忘记的现代思想的伟大经典而进入了大学课程中，所以仅仅是一些专家和知识分子对其作品感兴趣？或者从政治方面可能一种新的"对马克思的需求"也即将来临？

霍布斯鲍姆（以下简称"霍"）：早在150年前，马克思就根据自己对"资产阶级社会"的分析，预言了21世纪初期世界经济的本质。聪明的资本家，特别是那些在全球化金融部门工作的资本家，对马克思印象很深是毫不奇怪的，因为他们比其他任何人都必定更了解他们在其中运作的资本主义经济的不稳定性质。面对20世纪80年代大多数北大西洋国家社会——民主方案的垮台，许多国家政府向自由市场意识形态的转变，以及那些宣称受马克思和列宁激发而建立的政治经济制度的坍塌，左翼意气沉沉。像女权主义这样的所谓"新社会运动"，要么与反资本主义没有合乎逻辑的关联（虽然其成员作为个人也许与之有关），要么已经不再相信人类对自然能够不断加强控制，而这一点是资本主义和传统社会主义都相信的。同时，"无产阶级"由于分化和减少了，已经不再被相信是马克思所说的社会变革的历史主体。而且，自1968年以来，最著名的激进运动都倾向于直接行动，而这样的行动并不必然是基于很多阅读和理论分析的。

当然,这并不意味着马克思不再被认为是一个伟大的和经典的思想家,虽然从政治角度来说,特别是在法国和意大利这样一度拥有强大的共产党的国家,曾经出现过一次针对马克思和马克思主义分析的过激的思想攻击,并可能在20世纪80年代和90年代达至顶峰。但有迹象表明,这种攻击现在已经销声匿迹。

默:马克思终其一生都是一个机敏而又不知疲倦的研究者,他比其同时代的其他任何人都更好地感知并分析了资本主义在世界范围的发展。他认识到,全球化国际经济的产生是资本主义生产方式所固有的,他预言这一过程不仅将促成自由派理论家和政客所吹嘘的增长和繁荣,同时也将导致暴力冲突、经济危机和广泛的社会不公。在过去的10年中,我们经历了开始于1997年夏的东亚经济危机,1999—2002年间的阿根廷经济危机,尤其重要的是开始于2006年的美国次贷危机,这次危机已经成为"二战"后最大的金融危机。因此,是否可以说重新对马克思感兴趣也是基于资本主义社会的危机和马克思对于解释当今世界的深刻矛盾的持久能力?

霍:将来的左翼政治是否会像过去的社会主义和共产主义运动那样,再次受到马克思分析的激励,将有赖于世界资本主义的演变。但是,这一点不仅适用于马克思,也适用于作为一个连贯的政治意识形态和事业的左翼。你说得对,既然对马克思兴趣的恢复在很大程度上是——在我看来主要是——基于当前资本主义社会的危机,那么,前景要比20世纪90年代更为乐观。当前的世界金融危机,在美国很可能会变成一次严重的经济衰退,将使不受控制的全球自由市场神话的失败更加戏剧化,甚至会迫使美国政府采取20世纪30年代以来业已忘记的公共行为。政治压力已经在削弱经济上的新自由主义政府对不受控制的、不受限制的和不受管制的全球化的承诺。在一些场合(例如中国),由向自由市场经济的整体转轨导致的巨大不公平和不公正,已经引发了影响社会稳定的主要问题,甚至引发了政府高层的质疑。

很显然,"回到马克思"必定是回到马克思对资本主义及其在人类历史进程中位置的分析——首先包括他对资本主义发展的主要的不稳定性的分析,也就是资本主义是在一系列自身引发的伴随着政治和社会方面的周期性经济危机中发展的。1989年,新自由主义意识形态家曾声称自由资本主义会永世长存,历史已经终结,马克思主义者则从不这么认为,他们从不相信任何关于人的关系的制度可能是最终的和决定性的。

默:国际左翼向自己提出社会主义在新世纪的问题,您不认为国际左翼的政治和知识力量放弃马克思的思想,他们就会失去一个审视和变革当今现实的基本指南吗?

霍:没有一个社会主义者会放弃马克思的思想,只要他不是基于希望或意愿,而是基于对历史发展特别是对资本主义时代的历史发展的认真分析,而相信资本主义必定为另一种社会形式所取代。马克思对于资本主义将被一个社会性的管理或计划的制度所取代的实际预言看起来仍然合理,尽管他显然低估了会在任何资本主义制度中存在的市场因素。既然他有意避免对未来的猜想,就不能让他来对"现实存在的社会主义"下组织起来的"社会主义经济"运行的特定方式负责。关于社会主义目标,马克思并不是唯一一个想要一个没有剥削和异化的思想家,在其中人类能充分实现其潜能,但是他比其他任何人都更有力地表达了这种渴望,他的话至今仍保留了鼓舞人心的力量。

然而,大家必须理解,马克思的著述不应当被当成政治纲领,不管是否权威,也不应当被当成对当今世界资本主义实际情况的描述,而应当被当成怎样理解马克思对资本主义发展本质的分析指南。否则马克思就不会作为一种政治灵感回归左翼。我们也不能且也不应该忘记,他没有能够完整地连贯地表述他的观点,虽然恩格斯和其他人尝试着从马克思的手稿中整理出《资本论》第二卷和第三卷。正如《大纲》所表明的,即使是完整的一部《资本论》,也只不过是马克思自己的、也许过分庞大的最初构想的一部分而已。

另一方面，除非激进活动家中风行的一种倾向——把反资本主义变成反全球化的倾向——停止，否则马克思不会回归左翼。全球化存在着，如果人类社会不崩溃，它是不可逆转的。事实上，马克思把全球化看成一种事实，而且，作为一个国际主义者，他原则上是欢迎它的。他所批评的，也就是我们必须批评的，是资本主义导致的那种全球化。

默：《大纲》是马克思著述中引起新读者和评论者最大兴趣的作品之一。它写于1857—1858年，是马克思政治经济学批判的第一个草稿，因此也是写作《资本论》之前的最初的准备工作；它包括了很多马克思在他没有完成的毕生之作的其他地方未加以展开的话题。在您看来，为什么虽然这些手稿只是马克思为了总结他的政治经济学批判的纲要而写的，但却持续地比其他任何著作引发了更多的争论呢？为什么它们能这样持久地引发人们的兴趣呢？

霍：在我看来，《大纲》对国际马克思主义知识界产生如此巨大影响的原因有两个，它们是互相联系的：第一，20世纪50年代以前，这些手稿实际上并没有出版，正如你说的，它们包含了大量马克思在别的著作中未加以展开的问题的反思。它们不是苏联社会主义世界中已经很大程度上被教条化的正统马克思主义的全集的一部分，但苏联社会主义无法简单地取消它们。那些想要批评正统马克思主义或者拓宽马克思主义分析范围的人，如果不想把他们的出发点建立在可能会被指责为异端或反马克思主义的文本上，就可以利用这些草稿。因此，20世纪70年代和20世纪80年代（远早于柏林墙的倒塌）的版本继续在引发争论，这很大程度是因为马克思在这些手稿中提出的重要问题在《资本论》中没有得到考察，比如说那些在我为您主编的书所写的前言中提到的问题。

默：作为结束，我提最后一个问题：为什么今天阅读马克思还是很重要？

霍：阅读马克思很重要，因为如果离开这个人的著作对20世纪所产生的影响，我们就无法理解生活于其中的当今世界。最后一点，应该读他的原因在于，正如他本人所写的，只有理解了这个世界才能有效地改变它——马克思仍然是理解这个世界和我们必须面对的问题的最佳指南。

五 顾海良：通向《资本论》的思想驿站——读《政治经济学批判（1857—1858年手稿）》[①]

马克思在1857年7月到1858年5月写的一系列经济学手稿，被统称为《1857—1858年经济学手稿》。在这一系列手稿中，除了著名的《政治经济学批判导言》外，就是以"政治经济学批判"为题的手稿正文，通常被称为《政治经济学批判（1857—1858年手稿）》（以下简称为《手稿》）。《手稿》写作之前十年，马克思和恩格斯发表了《共产党宣言》；《手稿》写作之后十年，马克思《资本论》第一卷德文第一版正式面世。《手稿》是继《共产党宣言》之后马克思思想发展的重要路标，也是马克思向《资本论》进展的思想驿站。

一、《手稿》是马克思自1843年之后15年间经济学研究的结晶

1843年底，马克思在巴黎开始经济学研究时，就研读了大量的经济学文献，认真研读了恩格斯的《国民经济学批判大纲》。到1845年11月离开巴黎前夕，马克思已经写了七本涉及政治经济学原理、政治经济学史、政治史和现实经济等问题的笔记。这些笔记现在被称作《巴黎笔记》。

1844年上半年，马克思撰写的《1844年经济学哲学手稿》，是他对政治经济学理论阐述的第一次尝试。这部手稿实际上是由后人根据马

[①] 选自《高校理论战线》2012年第3期，第4—17页。

克思写于 1844 年的三个分散的手稿整理并编辑而成的。手稿通篇主要运用的是哲学语言，如"异化"、"异化劳动"、"类本质"等就是来自黑格尔、费尔巴哈著作的概念，但是它所表达的以及所运用的主要材料却是经济学的。把这样一部用哲学语言阐述经济学问题的手稿，称作"经济学—哲学"手稿显然是合适的。在这部手稿中，马克思以反映当时社会经济关系两个基本范畴——私有财产、异化劳动为基础，展开他"从**当前的**国民经济的事实出发"①的批判。

　　1845 年到 1846 年间，马克思同恩格斯合作撰写的《神圣家族》和《德意志意识形态》，奠定了马克思唯物史观的基础，形成了理解整个社会的系统方法。依据这一方法理解的经济社会形态的整体结构，成为马克思经济学范式的基础。唯物史观的创立，使马克思经济思想发生了重要转折，取得了经济学初步研究的三个方面的重要成就：一是在唯物史观的基础上，政治经济学方法有了根本性突破，体现为马克思在《哲学的贫困》中对基于唯物史观的政治经济学方法的提出及运用。当然，从马克思经济思想的全部历史过程来看，这部著作只是用唯物史观的方法来理解劳动价值论等经济学的基本问题，特别是由劳动价值理论的质疑者转变为赞成者，但对劳动价值理论本身还没有创新性的见解。二是马克思准确地把握了资本主义经济关系据依旋转的轴心，即资本和雇佣劳动的关系，首次揭示了资本主义经济关系及其运行的本质。这突出地体现在《雇佣劳动与资本》的系列演讲中。这一系列演讲主要是一种针对现实存在的经济问题的批判，还不是一种更为深刻的、根本性的理论体系的批判。三是对现实经济问题的探索，马克思发表的《关于自由贸易的演说》就是最有意义的例证。1848 年初马克思和恩格斯合著的《共产党宣言》，对资本主义经济关系的内在矛盾、历史地位及其发展趋势作了深刻论述，这实际上也是 19 世纪 40 年代马克思经济思想的总结。在《共产党宣言》中，马克思还没有提出和创立科学的劳动价值

---

① 《马克思恩格斯文集》第 1 卷，北京：人民出版社 2009 年版，第 156 页。

理论和剩余价值理论。

1848年欧洲革命使马克思一度中断经济学研究。1849年8月底，马克思移居伦敦后，一方面继续从事共产主义者同盟领导机关的重组工作，总结1848年欧洲革命的新鲜经验；另一方面着手经济学理论的重新研究，以实现他创立无产阶级政治经济学理论的夙愿。从1850年8月开始，马克思利用大不列颠博物馆图书馆收藏的各种经济学著作和资料，再次研读了能够发现的所有重要的经济学文献。马克思这时的研究不只限于政治经济学原理和政治经济学学说史问题，还深入工业、农业、商业、财政、信用、外贸等现实经济问题以及土地关系史、技术史和发明史等相关问题。到1853年底（其中主要是1851年），马克思已写了包括24个笔记本的读书笔记。这些读书笔记除了对原文的摘录外，还包括一些评论、注释和相对独立的短篇文论。这些笔记现在被称为《伦敦笔记》。

《伦敦笔记》对以下四个方面的理论问题作了重点探讨。一是对货币、信用和危机问题的研究。当时欧洲经济学界围绕英国1844年皮尔银行法实施的争论，实质上涉及的是货币和危机问题的基本观点。马克思研读了大量相关理论资料和实际资料，对八十多位经济学家关于货币流通问题论著的有关论述作了摘录，对货币、信用和危机问题作了初步但深入的研究，写了《完整的货币体系》手稿。二是对导致李嘉图学派解体的原因作了初步研究，特别对李嘉图《政治经济学及赋税原理》的主要内容作了摘录和评注，对通货和货币流通问题的论述作了研究，推翻了他的货币数量理论。三是对雇佣劳动与资本的关系及工人阶级的状况、农业问题作了研究。马克思在收集有关资本原始积累材料和工人阶级为争取正常工作日斗争等材料基础上，研究了当时流行的各种工资基金理论，强调了工会斗争对缓解工人阶级贫困状况的意义。马克思在研究了大量的农业经济著作的基础上，对土地肥力递减规律的理论的失误作了深入分析。四是对人类社会多种经济形态的发展历史作了初步研究。对古罗马社会、中世纪封建社会等各种社会结构以及拉丁美洲的社会经济状况、亚细亚生产方式作了初步研究；对经济史、社会史以及技术史、工艺史、法制史、风俗史、文化史等作了研究。这些研究，为马克思后来研究殖民地理论、亚细亚生产方式理论以及原始积累理论准备了重要的材料。

1852年底，马克思中断了经济学研究，靠为报纸写稿谋生，主要为《纽约每日论坛报》撰写评论文章。这些文章的内容，大多是关于英国和欧洲大陆突出的政治经济事件。显然，这对马克思熟悉当时资本主义经济社会发展的新动向和面临的新问题有着重要的意义。1854年底到1855年初，马克思重读了他以往十余年间写的经济学笔记，并对这些笔记作了简短的索引。但是，由于家庭经济上的困难和接连的不幸事件以及马克思本人身体状况的恶化，他不得不再次中断经济学的研究和写作。贫困和家庭的不幸，给马克思留下了深切的忧伤，但他并没有放弃自己的崇高理想和科学追求。

1856年上半年，英国面临着一场新的严重的经济危机。这年9月，马克思在给恩格斯的一封信中提到："我不认为，一场大的金融危机的爆发会迟于1857冬天。"① 为了迎接危机后可能来临的无产阶级革命（他当时认为，危机之后革命就将来临），马克思决心在革命的"洪水"到来之前，至少把经济学的一些基本问题搞清楚。1856年下半年，马克思再次回到经济学研究上来，开始通宵达旦地总结他的经济学研究成果，撰写以《政治经济学批判》为题的著作。后来，尽管经济危机之后并没有爆发马克思所预期的新的革命，但是，马克思在这一期间写下的一系列经济学手稿，却实现了经济科学上的一场真正的革命。

---

① 《马克思恩格斯全集》第29卷，北京：人民出版社1972年版，第72—73页。

二、《手稿》实现了马克思经济思想发展的三个重大转折

《手稿》写在马克思自己标明的Ⅰ—Ⅶ的七个笔记本上,其主体内容包括"货币章"(从第Ⅰ笔记本第1页到第Ⅱ笔记本第7页)和"资本章"(从第Ⅱ笔记本第8页到第Ⅶ笔记本第62页)。并要"价值章"前写上"Ⅰ",表示这是第一章,回过头来在"货币章"前写上"Ⅱ"在"资本章"前写上"Ⅲ",表示它们分别为第二章和第三章。"价值章"只写了一页,它是以商品范畴为逻辑起点的。《手稿》还包括马克思为自己写作方便而编写的手稿索引和提要。这些索引和提要,对我们现在理解手稿的结构有很大的帮助。

从马克思经济思想的历史发展来看,《手稿》实现了马克思经济学的三个重大转折。

一是马克思从对现在的经济学理论批判为主的研究向以经济学体系构建为主的理论叙述的转变。马克思在论及经济学研究方法和叙述方法时曾指出:"在形式上,叙述方法必须与研究方法不同。研究必须充分地占有材料,分析它的各种发展形式,探寻这些形式的内在联系。只有这项工作完成以后,现实的运动才能适当地叙述出来。这点一旦做到,材料的生命一旦在观念上反映出来,呈现在我们面前的就好像是一个先验的结构了。"① 研究方法包括充分地占有材料、分析所有材料的各种发展形式和探寻这些形式的内在联系等主要环节。经过这些主要环节,就能得出一些理论结论。接着,把这些理论结论以思维的方式表达出来、再现出来,就是叙述方法。研究方法和叙述方法既有同时性也有继起性。从继起性上来看,研究方法的结果是叙述方法的起端,只有运用研究方法得出的理论结论,才有叙述方法的理论阐述和理论体系表达。从马克思经济思想的历史过程来看,在《手稿》之前,马克思经济学

---

① 《马克思恩格斯文集》第5卷,北京:人民出版社2009年版,第21—22页。

的发展主要是研究过程，是马克思充分地占有经济学的各种材料、分析所有这些材料的各种发展形式以及寻求这些形式的内在联系的过程。以《手稿》为起点，开始以叙述为主的经济学发展的新阶段。如从《导言》开始、从批判巴师夏和凯里开始或从批判达里蒙货币理论开始的连续尝试，一直到确立以商品范畴为逻辑起点的过程，都反映了马克思经济学发展的这一重大变化。这一重大变化的最直接的成果就是出版于1859年的《政治经济学批判》第一分册，最重大的成果就是出版于1867年的《资本论》第一卷德文第一版。

二是提出《政治经济学批判》"六册结构"的恢宏构想，这也是上述转变的集中体现。在《导言》中，马克思第一次提出关于《政治经济学批判》的"五篇结构"，这就是："（1）一般的抽象的规定，因此它们或多或少属于一切社会形式，不过是在上面所阐述的意义上。（2）形成资产阶级社会内部结构并且成为基本阶级的依据的范畴。资本、雇佣劳动、土地所有制。它们的相互关系。城市和乡村。三大社会阶级。它们之间的交换。流通。信用事业（私人的）。（3）资产阶级社会在国家形式上的概括。就它本身来考察。'非生产'阶级。税。国债。公共信用。人口。殖民地。向国外移民。（4）生产的国际关系。国际分工。国际交换。输出和输入。汇率。（5）世界市场和危机。"①

"五篇结构"第一篇中"一般的抽象的规定"，指的是"一些有决定意义的抽象的一般的关系，如分工、货币、价值等等"，或者说是"劳动、分工、需要、交换价值等等这些简单的东西"②。第一篇重点论述的是资本、雇佣劳动和土地所有制这三个形成资产阶级社会内部结构，并且成为基本阶级的依据的范畴及其相互关系。在现代资产阶级社会中，资本具有支配一切的经济权力，只有在考察资本范畴之后，才能考察其他两个范畴及其相互关系。第三篇主要探讨资产阶级社会在国家上的概括，如对国家的本质及其经济职能一般性质的研究，对国家经济

---

① 《马克思恩格斯全集》第30卷，北京：人民出版社1995年版，第50页。
② 同上书，第41—42页。

职能形式，其中包括对税、国债、公共信用、人口等问题的研究。第四篇和第五篇从国家对外经济关系和世界市场整体关系上，考察资本主义经济更为具体的规定性。

大约在1858年初，在"五篇结构"的基础上，马克思提出了《政治经济学批判》的"六册结构"。这六册依次为：《资本》、《土地所有制》、《雇佣劳动》、《国家》、《对外贸易》（或称《国际贸易》）、《世界市场》。原来"五篇结构"的第二篇，现在扩展为"六册结构"中的前三册，原来第一篇则成为第一册《资本》的绪论性的内容。在分三册对当时社会三个主要方面的经济关系、反映当时社会三大阶级之间关系叙述的基础上进一步研究"资产阶级社会在国家形式上的概括"。最后达到世界市场这一最具体的层面，这时，整个资本主义经济关系才能从整体上展现出来。

在"六册结构"中，第一册"资本"又分作四篇：一是"资本一般"篇，对资本的最抽象、最本质的规定性的研究；二是"竞争"篇，即相互竞争的许多资本之间的关系；三是"信用"篇；四是"股份资本"篇，股份资本是资本的最高的形式，是包含着扬弃自身的资本形式。"资本一般"篇又分作三章：第一章研究商品，第二章研究货币，第三章研究资本本身。其中第三章又分作资本的生产过程、资本的流通过程和总过程的各种形式三项内容。这也就是说，商品是马克思经济学体系的始基范畴，对商品的叙述才能理解货币的本质，对货币的叙述才能理解资本的本质。从最抽象的、最简单的商品范畴开始，一直到最具体的、最复杂的世界市场范畴，这之间存在着从抽象逐次上升到具体的逻辑过程。

《手稿》是马克思按"六册结构"撰写他的经济学著作的第一次尝试。1859年出版的《政治经济学批判》（第一分册），就是"六册结构"的开头部分，即第一册《资本》第一部分"资本一般"的起首两章。1860年下半年和1861年上半年，马克思着手撰写《政治经济学批判》第二分册，并在1861年至1863年间完成了一部卷帙浩繁的经济学手稿，现在通称之为《1861—1863年经济学手稿》。按照原先的计划，第二分册主要论述第一分册《资本》第一篇"资本一般"的第三章资本。但在对资本的深入论述中，大约在1862年底，马克思对原先的写作计划作了调整，决定把他正在写作的经济学著作定名为《资本论》，原先的《政治经济学批判》改作副标题。这样，马克思把他的经济学著作正式定名为《资本论·政治经济学批判》。

其实，马克思只是对他原先的写作计划作了调整，并没有改变"六册结构"的写作构思。马克思似乎感到，在他有生之年难以按"六册结构"完成全部经济学著作但首先要完成属于基本原理的第一册《资本》，这是他整个著作的最难叙述的部分，也是整个著作的"精髓"。这一部分论述清楚了，其余部分后人就可能较为容易地做出进一步的叙述了。1863年之后，马克思就是以《资本论》为标题写作他的经济学著作的。因此，现在的《资本论》前三卷，其实只相当于"六册结构"第一册《资本》的第一篇"资本一般"（商品货币、资本）的内容。"六册结构"为当代马克思主义经济学的发展留下宏大的理论空间。

三是第一次对劳动价值论、剩余价值论和资本主义经济运动趋势作了较为系统的论述，特别是完成了劳动价值论的科学革命，首次提出剩余价值范畴，初步阐述了剩余价值的来源、生产方式、流通过程和资本主义经济危机等重要问题，成为马克思经济学理论创新的重要标识，奠定了《资本论》理论大厦的基石。

三、《手稿》"货币章"实现了劳动价值论的科学革命

劳动价值论是马克思经济学说的基础，也是马克思实现经济学科学革命的最辉煌的成果之一。《手稿》的"货币章"，是马克思在《资本论》第一卷中作了全面叙述的劳动价值论的第一份科学实验记录。

"货币章"以对蒲鲁东主义者达里蒙《论银行改革》中的货币理论的批判为起点。针对达里蒙货币理论的错误，马克思提出了关于货币理

论的两个"基本问题"。一是否能够通过改变流通工具或流通组织,使现存的生产关系以及与这些关系相适应的分配关系发生革命呢?蒲鲁东主义者的回答是肯定的,马克思的回答是否定的。因为流通的每一次"改造",都是以生产条件的"改变"和社会"变革"为前提的,蒲鲁东主义者根本不了解生产关系、分配关系和流通关系之间的内在联系,根本没有从经济关系总体上来理解资本主义经济运行中个别环节的社会性质。二是否能够在保留货币的某一形式(如金属货币、纸币、信用货币、劳动货币)的同时,消除货币关系固有的矛盾呢?马克思认为:"一种货币形式可能消除另一种货币形式无法克服的缺点;但是,只要它们仍然是货币形式,只要货币仍然是一种重要的生产关系,那么,任何货币形式都不可能消除货币关系固有的矛盾,而只能在这种或那种形式上代表这些矛盾。"①

针对达里蒙对资本主义危机原因及其出路理解的"偏见","货币章"分析了货币关系和资本主义经济危机根源的关系问题。危机的直接原因在于社会供给和社会需求的尖锐矛盾,因而可以归结为"供求规律"作用的结果。但是,危机的根本原因则在于资本主义经济关系的内在矛盾。金银货币本身从两个方面影响危机,使危机更加恶化:一是银行针对金银的输出采取的措施,对国内流通产生了不利;二是外国只愿意以金银的形式,而不是以任何其他形式得到资本,加剧了国内流通的矛盾和危机的严重程度。在马克思看来,金银货币的存在并不是资本主义经济危机产生的原因;资本主义经济的内在矛盾才是金银货币内在矛盾深化的原因。

在对蒲鲁东主义"劳动货币"理论的批判中,"货币章"对价值的本质、价值和价格的关系作了初步论述,提出了劳动价值论中的三个基本的观点:一是一切商品的价值决定于制造这些商品所需要的劳动时间。二是由劳动时间决定的商品价值,只是商品的"平均价值"。商品

---

① 《马克思恩格斯全集》第30卷,北京:人民出版社1995年版,第69—70页。

的"市场价值"不同于商品的"平均价值",即"市场价值"总是低于或高于"平均价值"。货币所表现的是商品的"市场价值",即商品的价格。三是价值是作为价格运动的规律而出现的;价值和价格的差别既不是名和实的差别,也不是由于价格的金和银的名称引起的。价值和价格的不一致,与供求的变化有关。

"货币章"对达里蒙货币理论批判的逻辑思路就是:从对货币关系的探讨中,揭示出交换价值的内在规定性;从对交换价值的探讨中,揭示出价值的内在规定性以及价值向货币转化的内在必然性。由此,"货币章"进一步揭示出价值、交换价值作为商品的内在要素和机能的性质,货币成为商品内在矛盾运动的产物。在这一逻辑思路的转换中,商品作为最抽象的范畴必然成为逻辑起点。原先以货币或以价值为理论起点的叙述方法,不免带有某些唯心主义的痕迹。"货币章"据此强调:"有必要对唯心主义的叙述方式作一纠正,这种叙述方式造成一种假象,似乎探讨的只是一些概念规定和这些概念的辩证法。因此,首先是弄清这样的说法:产品(或活动)成为商品;商品成为交换价值;交换价值成为货币。"[①] 以此为新的阐述基点,马克思第一次确定了以商品为他的经济学理论体系的起始范畴,即以商品范畴为理论逻辑叙述的起点。从商品范畴到货币范畴的转化,反映了理论逻辑中从具有简单规定性范畴向具有复杂规定性范畴的转化,反映了从抽象上升到具体的总体方法在马克思经济理论体系中的成功运用。

"货币章"进一步围绕商品的内在矛盾以及商品向货币转化的问题作了详尽论述。这些论述,是马克思实现的劳动价值论革命的重要内容。"货币章"首先揭示了商品的二重存在形式——内在存在形式和外在存在形式的对立统一关系。商品的"二重存在"包含了以下两层涵义:其一,商品本身和商品价值的二重存在。商品本身指的是商品的"自然存在",它是商品经济关系上的质的规定性。马克思提到的"商

[①] 《马克思恩格斯全集》第30卷,北京:人民出版社1995年版,第101页。

品的自然差别必然和商品的经济等价发生矛盾"①,这就是他之后不久提到的商品使用价值和价值的两重规定及其矛盾。其二,商品的内在价值和外在交换价值的二重存在。价值不仅是商品的一般交换能力,同时也是一种商品交换其他商品的比例的指数,后者就是商品的交换价值。这就是说,"交换价值所表现的正是这个商品换成其他商品的比例;在实际的交换中,商品只有在和自己的自然属性相联系的并且和交换者的需要相适应的数量上,才是可交换的。"② 马克思对价值和交换价值关系的分析,不仅揭示了价值的内在规定性和外在表现形式之间的联系,而且还为货币和货币关系的产生确定逻辑前提。因为商品的交换价值实质上是商品内在的货币属性;货币同商品脱离的过程,就是这种内在属性取得外在独立存在的过程。在经济学说史上,马克思第一次从商品价值的内在规定中,揭示货币的起源和本质,从而使货币理论建立在科学的劳动价值理论基础之上。

商品的二重存在形式一方面是商品的自然存在形式,另一方面是在质上不同于另一种商品存在的作为交换价值符号的形式,即一方面是作为交换的商品本身,另一方面是与交换的商品本身相分离的,并作为交换价值独立存在的特殊商品。这种特殊的商品就是货币。因此,货币是商品内在的二重存在形式外在化的结果,是交换过程中商品内在矛盾发展的必然结果。据此,马克思初步得出了劳动价值论的两个重要结论。

第一个结论是:"产品的交换价值产生出同产品并存的货币。因此,货币同特殊商品的并存所引起的混乱和矛盾,是不可能通过改变货币的形式而消除的……同样,只要交换价值仍然是产品的社会形式,废除货币本身也是不可能的。"③

第二个结论是:货币作为同其他一切商品相对立的特殊商品,作为其他一切商品的交换价值的化身的规定性,使货币具有四个重要属性:

---

① 《马克思恩格斯全集》第30卷,北京:人民出版社1995年版,第90页。
② 同上。
③ 同上书,第94—95页。

商品交换价值的尺度；交换手段；在契约上作为商品的代表；同其他一切特殊商品并存的一般商品。马克思强调："所有这些属性都单纯来自货币是同商品本身相分离的和对象化的交换价值这一规定。"① 货币在其第四个属性上，已表现出为资本在历史上的"最初"形式。在转入"资本章"时，马克思专门论述了"货币转化为资本"的历史的逻辑过程。

货币是商品内在矛盾发展的结果。同时，货币的产生也进一步发展了商品的内在矛盾。这就是说，货币制度下商品交换出现的新的矛盾，只是商品内在矛盾的进一步的外在化形式。马克思把这些进一步发展的新矛盾归结为以下四点：

第一，商品内在的二重形式，一旦外在地表现为商品和货币的对立形式，商品内在的可交换性就以货币形式存在于商品之外，从而货币就可能成为某种与商品不同的、对商品来说是"异己的东西"。

第二，商品的交换行为也因此而分为两个互相独立的行为，即分为在空间上和时间上彼此分离的、互不相干的两个存在形式：买和卖。商品交换行为的直接同一已经消失。

第三，随着交换价值脱离商品而在货币形式上独立化，随着卖和买的空间上和时间上的分离，整个交换过程也开始同交换者、生产者相分离，在生产者之间出现了一个商人阶层。这一商人阶层参与交换的目的，不是为了占有作为产品的商品，而是为了取得交换价值本身。商人阶层的产生，形成了交换的"二重化"：一是为消费而交换，一是为交换而交换。后一种新的"不协调"的形式，已经包含了"商业危机"的可能性。

第四，交换价值一旦采取货币这一独立的形式，它就不再作为商品的一般性质而存在，它必然在与商品的并列中"个体化"，即成为一种与其他商品并列的"特殊商品"。从商业中分离出来的"货币经营业"

---

① 《马克思恩格斯全集》第30卷，北京：人民出版社1995年版，第95页。

就是专门经营这种"特殊商品"的。①

"货币章"还提出了货币作为价值尺度、作为交换手段和货币作为货币这三种规定的理论,实现了货币理论的创新。

四、《手稿》"资本章"奠定了剩余价值理论的重要基础

1858年1月,马克思正在写作《手稿》的"资本章",他在给恩格斯的信中提到:"我取得了很好的进展,例如,我已经推翻了迄今存在的全部利润学说。"② 这里提到的"很好的进展"和"推翻了迄今存在的全部利润学说",指的就是"资本章"在剩余价值理论研究上的重大突破,其重要标志就是剩余价值范畴的提出。

"货币章"已经提到,货币的第三种规定使金银积累取得了货币积累的形式,"W—G—G—W"的简单商品流通形式,转化为纯粹为了货币积累的"G—W—W—G"形式。在后一种形式中,生产过程的内容已经发生了根本的变化,成为为交换价值的生产。"资本首先来自流通,而且正是以货币作为自己的出发点。""货币是资本借以表现自己的最初形式。"③ 一旦货币表现为不仅与流通相独立,而且在流通中保存自己的交换价值,它就不再是货币,而是资本了。同直接的交换价值或货币相比较,资本的特征就是:"在流通中并通过流通保存自己,并且使自己永存的交换价值的规定性。"④

在货币转化为资本的论述中,"资本章"的逻辑就是:商品和货币是考察资本主义经济的必要前提,货币的完成形态表现为资本的最初规定性;要以流通作为考察资本形成及其根本性质的前提;资本运动的首要的一般特征,首先表现为资本和劳动能力相交换的特殊规定,"劳动

---

① 《马克思恩格斯全集》第30卷,北京:人民出版社1995年版,第96—101页。
② 《马克思恩格斯全集》第29卷,北京:人民出版社1972年版,第250页。
③ 《马克思恩格斯全集》第30卷,北京:人民出版社1995年版,第208页。
④ 同上书,第218页。

能力"的使用价值是价值增殖的"媒介"。因此，资本的生产过程表现为二重性：一方面表现为一般生产过程中活劳动和它的物质对象之间的自然联系，也就是表现为"简单生产过程"或"劳动过程"；另一方面表现为资本占有劳动而实现价值增殖的特殊的社会关系。劳动力商品理论是揭示资本运动过程根本性质、进而创立剩余价值理论的重要基础。

在对资本主义生产的价值的简单保存和价值增殖过程分析中，"资本章"首次提出剩余价值范畴。从价值的简单保存过程来看，商品价值只相当于生产商品的生产费用，即"产品的价格等于它的生产费用，也就是=在生产过程中消费掉的各商品的价格总和"①。假如资本以生产费用等于商品价值为界限，资本就不具有生产性，资本主义生产过程也就不可能发生。但要使预先存在的资本价值得到增殖，就必须使劳动能力使用所创造的价值大于劳动力自身的价值。"资本章"指出："价值所以能够增加，只是由于获得了也就是创造了一个超过等价物的价值。"因此，"在资本方面表现为剩余价值的东西，正好在工人方面表现为超过他作为工人的需要，即超过他维持生命力的直接需要的剩余劳动。"②马克思第一次把这一"超过等价物的价值"称作剩余价值。资本的使用就是创造这种剩余劳动，攫取剩余价值。

剩余价值范畴是马克思经济思想发展中的一次"术语的革命"。恩格斯指出："一门科学提出的每一种新见解都包含这门科学的术语的革命。"③ 马克思通过剩余价值揭开了资本主义生产方式的秘密，进而"发现了现代资本主义生产方式和它所产生的资产阶级社会的特殊的运动规律"。④ 正是在这种历史的和社会的意义上，剩余价值理论在马克思思想中的突出地位真正地得到彰显，剩余价值理论在《资本论》体系中的地位也由此而确定。

---

① 《马克思恩格斯全集》第30卷，北京：人民出版社1995年版，第272页。
② 同上书，第285—286页。
③ 《马克思恩格斯文集》第5卷，北京：人民出版社2009年版，第32页。
④ 《马克思恩格斯文集》第3卷，北京：人民出版社2009年版，第601页。

"资本章"在提出剩余价值概念以后,分别考察了绝对剩余价值和相对剩余价值问题。但是,"资本章"还没有对这两种剩余价值生产方式的历史的和逻辑的转化关系作出阐述。一方面,马克思没有论及资本主义生产从简单协作到工场手工业,再到机器大工业的发展阶段问题,因而还不能说明绝对剩余价值到相对剩余价值转化的历史过程;另一方面,马克思也没有提出超额剩余价值概念,因而还不能说明从绝对剩余价值到相对剩余价值转化的逻辑中介。在"资本章"中,马克思论述的只是剩余价值量的绝对和相对增加的问题。

在对劳动生产力的变化同剩余价值绝对量和相对量变化的相互作用问题的探讨中,"资本章"提出了关于生产力提高和剩余价值量增加之间关系的三条规则。这三条规则对于理解资本主义经济的动态过程有着重要意义。

规则一:生产力的提高之所以能够增加剩余价值,只是因为它缩小了必要劳动和剩余劳动的比例。"剩余价值恰好等于剩余劳动;剩余价值的增加可以用必要劳动的减少来准确地计量。"[1]

规则二:生产力"乘数"对剩余价值量增长的影响。生产力"乘数"是指生产力增长的倍数。"资本章"指出:"资本的剩余价值的增加数并不是生产力的乘数……的增加数,而是活的工作日中原来代表必要劳动的部分超出该部分除以生产力的乘数之后的余额。"[2] 假如在生产力提高以前,必要劳动和剩余劳动各占工作日的1/2,在生产力乘数为2时,剩余价值的增加数就等于必要劳动占工作日比例的1/2,减去该比例1/2除以生产力乘数2以后的余额,即 $1/2-1/2\div2=1/4$,现在剩余劳动占工作日的比例就从原来的1/2,增加到 $1/2+1/4$ 即 3/4。显然,原来必要劳动占全部工作日的比例越大,由一定生产力乘数引致的剩余价值增加数也就越大。这表明,同一生产力乘数对不同国家或不同产业部门剩余价值增加数的影响,是各不相同的。

---

[1] 《马克思恩格斯全集》第30卷,北京:人民出版社1995年版,第303页。
[2] 同上书,第303页。

规则三：从上述规则二可以推导出，在生产力提高以前，剩余劳动在全部工作日所占的比例越大，由生产力提高而增加的剩余价值越少。这就是说，"资本已有的价值增殖程度越高，资本的自行增殖就越困难。"① 在资本主义经济中，生产力的提高和剩余价值的增加之间，存在着一种内在的对立关系。

"资本章"进一步论述了不变资本和可变资本之间比例关系变动对剩余价值生产和剩余价值量变化的影响。通过对不变资本和可变资本比例变化的动态研究，"资本章"揭示了利润和剩余价值、利润率和剩余价值率之间的内在联系：一是不变资本和可变资本的划分及其对利润率和剩余价值率的影响；二是不变价值和可变价值比例变化的趋势及对利润和剩余价值的影响；三是同时并存的工作日剩余价值量的变化。"资本章"还没有使用"资本有机构成"这一用语，但是，关于资本有机构成理论的基本观点已经形成。不变资本和可变资本的比例及其变动趋势理论的形成，是马克思理解利润和剩余价值性质及其内在联系的必要理论前提。

在上述对资本生产过程考察的基础上，"资本章"进一步提出资本再生产和积累问题。资本的特殊社会性质及其基本矛盾的作用，必然在使资本不断扩张的同时，造成资本以"生产过剩"为基本特点的一系列"限制"。"如果说创造资本的剩余价值是以创造剩余劳动为基础的，那么资本作为资本来增加（即积累，而如果没有积累，资本就不可能成为生产的基础……）则取决于这种剩余产品的一部分转化为新资本。"② 剩余价值是资本积累的源泉。同时，积累的资本进入生产过程时，必须分为实现劳动所需的客观条件和"劳动基金"两部分。"劳动基金"成为新剩余价值的源泉。

"资本章"指出，作为资本主义扩大再生产源泉，资本积累的不断增长具有两重性质：一方面，资本积累是资本扩张的基础，它直接表现

---

① 《马克思恩格斯全集》第30卷，北京：人民出版社1995年版，第305页。
② 同上书，第434—435页。

为资本物质生产能力的不断增长,因而包含着"进步的因素";另一方面,资本积累也是资本主义生产关系再生产的过程。在这两重性质中,资本积累的意义首先就在于:"资本和劳动的关系本身的,资本家和工人的关系本身的再生产和新生产。这种社会关系,生产关系,实际上是这个过程的比其物质结果更为重要的结果。"①

"资本章"通过剩余价值生产和实现过程的分析,揭示资本对生产力发展的四个限制因素:(1)必要劳动是活劳动能力的交换价值的界限;(2)剩余价值是剩余劳动和生产力发展的界限;(3)货币是生产的界限;(4)使用价值的生产受交换价值的限制。实质上,这四个限制反映了资本主义经济关系发展中生产的扩张和雇佣工人的消费萎缩、资本价值增殖的生产目的和手段、价值生产和价值实现等一系列矛盾。在资本主义基本矛盾的作用下,资本再生产过程的结果必然是:"资本的发展程度越高,它就越是成为生产的界限,从而也越是成为消费的界限,至于使资本成为生产和交往的棘手的界限的其他矛盾就不用谈了。"② 由于这些限制因素的强制作用,资本在不断地推动生产力发展的同时,必然使资本遭到一次比一次更大的危机。

资本的原始积累属于资本的"形成史",不属于资本的"现代史",不属于受资本统治的生产方式的实际体系。但是,在论及资本主义生产方式"超越自己"的历史必然性时,有必要对资本主义生产方式的历史形成过程作一考察。因为通过这一考察,可以揭示资本主义生产方式发生、发展和灭亡的历史必然性。"资本章"指出:"如果说一方面资产阶级前的阶段表现为仅仅是历史的,即已经被扬弃的前提,那么,现在的生产条件就表现为正在扬弃自身,从而正在为新社会制度创造历史前提的生产条件。"③

"资本章"从对资本周转问题研究切入,对资本流通过程理论作了

---

① 《马克思恩格斯全集》第 30 卷,北京:人民出版社 1995 年版,第 450 页。
② 同上书,第 397 页。
③ 同上书,第 453 页。

展开论述。在一开始涉及的"资本流通和资本周转"问题中,集中探讨了以下三个问题:

第一,对资本周转构成的要素的分析。从"整体"上考察,资本流通包括生产过程和流通过程两大要素。这里的资本流通指的是"出发点就是复归点,复归点就是出发点"的资本运动过程,实际上就是周而复始、不断重复的资本周转。资本周转时间取决于生产过程经历的时间(生产时间)和流通过程经历的时间(流通时间)。其中的生产时间"直接同生产力的发展相一致",流通时间指的是"资本从转化为产品到产品转化为货币所经历的期间"。① 流通时间决定和制约着生产过程,因而也影响着一年内资本自行增殖的次数,影响着年利润率的高低。

资本周转由四个要素构成:Ⅰ.实际生产过程及其持续时间;Ⅱ.产品转化为货币;Ⅲ.货币转化为生产资本各要素;Ⅳ.资本同活劳动能力相交换。在这四个要素中,"第Ⅰ要素不在这里进行考察,因为它和价值增殖的一般条件相重合。第Ⅲ个要素只有当不是谈论资本一般,而是谈论许多资本的时候,才予以考察。第Ⅳ个要素属于工资等等那一篇。"② 因此,资本周转要讨论的只是第Ⅱ个要素,即资本由产品转化为货币的问题。

第二,对资本周转第Ⅱ要素的分析。资本由产品转化为货币这一要素对资本周转的影响,"只能是由于价值实现的较大困难而引起的"。③ 这一实现过程,首先涉及产品到销售地,即市场距离问题,这也就涉及"运输费用"问题。马克思指出,运输中耗费的劳动时间,同直接生产过程中物化在产品中的劳动时间一样,都是产品"生产费用"的组成部分。

第三,流通过程和生产过程的内在联系。在资本周转限度内,流通本身不仅是一般生产过程的要素,而且也是直接生产过程的要素,

---

① 《马克思恩格斯全集》第30卷,北京:人民出版社1995年版,第514页。
② 同上书,第517页。
③ 同上书,第518页。

如运输作为直接生产过程的继续，就是在流通过程中完成的；而且流通过程的时间、速度，对资本再生产过程中的价值增殖也具有决定性的影响。同时，资本生产过程只有顺利地通过流通阶段，才能开始资本的再生产过程。因此，流通过程也是对资本再生产过程的一种限制因素。

在资本的总体运动中，资本的价值增殖过程，实际上也就是资本丧失货币资格的"价值丧失"过程。这种"价值丧失"过程只有在被生产出来的包含了增殖价值的商品再度进入流通过程，并顺利地得到"实现"时，资本才重新取得了货币形式。可见，资本的再生产过程表现为"价值增殖——价值丧失——价值增殖实现"的序列转化过程，显然，从"价值丧失"到"价值增殖实现"的转化，对资本再生产有着极其重要的意义；而这转化的关键就在于各资本彼此按照一定的限定的比例进行交换。

"资本章"最后从"生产和流通的统一"的意义上，对"资本的总运动"问题作了论述。剩余价值是利息、利润的"纯粹"形式，利润是剩余价值的第二级的派生的和变形的形式。这里"第二级的"一词，不仅具有由原生的生产关系转化而来的意义，而且还具有在形式上脱离原生的生产关系，形成更高层次的"非原生的生产关系"的意义。利润作为剩余价值的"第二级的"转化形式，不仅说明剩余价值是利润的源泉，是利润的本质，而且还说明，在剩余价值转化为利润时，利润已较剩余价值具有更复杂、更具体的规定性。

从"资本的总运动"来考察资本运动的性质，首先产生剩余价值向利润转化问题。一旦剩余价值表现为利润，剩余价值率也就转化为利润率。循着这一逻辑思路，"资本章"进一步对两个重要的理论问题作了初步论述：一是通过对利润率变化趋势的考察，提出了利润率趋向下降规律的基本内容。就利润率趋向下降规律而言，"从每一方面来说都是现代政治经济学的最重要的规律，是理解最困难的关系的最本质的规律。从历史的观点来看，这是最重要的规律。这一规律虽然十分简单，可是直到现在还没有人能理解,更没有被自觉地表述出来。"① 二是通过对利润率形成过程的考察,提出了利润率"平均化"问题:"在各个不同的产业部门中,数量相等的各个资本的利润不相等,即利润率不相等,这是竞争的平均化作用的条件和前提。"② 但是,"资本章"对这两个理论问题并没作展开论述。因为马克思这时已制定了分册出版《政治经济学批判》的计划,并打算尽快出版论述商品和货币理论的第一分册。这样,许多应该在"资本的总运动"作详尽论述的问题只作了一些提示性的说明。

五、《手稿》对探寻马克思整体思想的重大意义

《手稿》不仅在马克思经济思想的历史发展中有着重要的地位,而且在马克思整体思想的发展中也有着重要的意义。《手稿》涉及马克思关于哲学、政治学、社会学、历史学的一系列重要理论观点,许多重要观点在马克思以后包括《资本论》在内的著述中,没有再度出现或没有再次直接论及。《手稿》无疑是探索"中年马克思"整体思想及其内在联系的历史档案和重要文献。

一是《手稿》提出的人的发展的三大形式,是以人为主体的社会发展观,是马克思关于经济的社会形态演进理论的重要内容。"货币章"指出,在社会生产过程中,根据"社会条件"的变化,作为生产主体的人的发展,第一大形式以"人的依赖关系"为特征。这时,人的生产能力只是在狭窄的范围内和孤立的地点上发展着,人直接从自然界再生产自己。第二大形式是以物的依赖性为基础的人的独立性为特征的。这时,一方面,生产中的人的一切固定的依赖关系已经解体;另一方面,毫不相干的个人之间的互相的全面的依赖,构成人们之间的社会联系,而这一联系的纽带就是普遍发展起来的产品交换关系,从而"人

---

① 《马克思恩格斯全集》第 31 卷,北京:人民出版社 1998 年版,第 148 页。
② 同上书,第 164 页。

的社会关系转化为物的社会关系；人的能力转化为物的能力"①。正是在这种普遍的社会物质交换关系中，才形成了人们之间的"全面的关系、多方面的需要以及全面的能力的体系"②。第三大形式就是以自由个性发展为特征的。这一社会形态中的"自由个性"，具有两方面的规定性：一是个人的全面的发展；二是人们共同的社会生产能力成为他们共同的社会财富。第三大形式的发展是以上述第二大形式的发展为基础的。

三大社会形式理论没有改变马克思对经济的社会形态（即后来马克思主义文献中所说的生产方式）演化关系的理解。相反，凸显了两者之间的内在联系。例如，"货币章"把第二大形式看作"资产阶级社会"，它同这一社会形态之前存在的家长制、古代的或封建的制度是相对立的，同时也与第三大形式中的以共同占有和共同控制生产资料为基础的、以联合起来的个人为特征的那种经济的社会形态相对立。"货币章"认为，在第二大形式中，个人之间的交换关系以及他们之间的社会关系，成为独立于他们之外并与他们对立的物与物之间的关系。在物的形式上，交换价值作为一种异己的力量与人相对立。三大社会形式理论突出了对资产阶级社会条件下社会关系物化性质的论述。因此，在第二大形式中，"物的依赖关系无非是与外表上独立的个人相对立的独立的社会关系，也就是与这些个人本身相对立而独立化的、他们互相间的生产关系"③。

二是《手稿》考察的前资本主义社会的各种所有制形式，主要如亚细亚的所有制形式、古代的所有制形式、日耳曼的所有制形式等，展示了马克思理解的"世界历史"的理论视阈，彰显了马克思对东方社会理解的理论意蕴。

"资本章"在对资本的直接生产过程问题的最后探讨中，考察了资

---

① 《马克思恩格斯全集》第30卷，北京：人民出版社1995年版，第107页。
② 同上。
③ 同上书，第114页。

本主义以前的一些形式——亚细亚的所有制形式、古代的所有制形式和日耳曼的所有制形式。在这些所有制形式中，对劳动的客体条件的占有，不是通过劳动进行的，而是劳动的前提，"劳动的主要客观条件本身并不是劳动的产物，而是已经存在的自然。"① 这时，劳动的主体条件是作为某一公社的成员，作为其从事劳动的基础，劳动主体（个人）是以公社为媒介才与劳动客体（土地）发生关系的。

对这些所有制形式的历史考察，深刻地揭示了资本主义生产方式中劳动主体和客体关系的基本性质及其历史趋势。马克思的结论就是："在资本对雇佣劳动的关系中，劳动即生产活动对它本身的条件和对它本身的产品的关系所表现出来的极端异化形式，是一个必然的过渡点，因此，它已经自在地、但还只是以歪曲的头脚倒置的形式，包含着一切狭隘的生产前提的解体，而且它还创造和建立无条件的生产前提，从而为个人生产力的全面的、普遍的发展创造和建立充分的物质条件。"② 这时，马克思主要是从经济的社会形态发展的自然历史过程的角度，展开对前资本主义生产方式探索的。

三是《手稿》对异化劳动和资本、机器体系和科学技术的资本主义使用方式和劳动过程的异化、资本主义的普遍化趋势与异化以及对异化和经济社会危机等问题的论述，是"青年马克思"思想的庚续，也是理解当代资本主义社会关系本质的理论指南。

《手稿》的异化理论是建立在劳动价值论和剩余价值理论基础之上的，是对《1844年经济学哲学手稿》中异化理论的拓展。"货币章"指出：货币作为交换价值的外在化形式，从"最初作为促进生产的手段出现的东西，成了一种对生产者来说是异己的关系"，货币的异化关系是人们生产中的社会关系发展的结果，"货币所以能拥有社会的属性，只是因为各个人让他们自己的社会关系作为对象同他们自己相异化。"③

---

① 《马克思恩格斯全集》第30卷，北京：人民出版社1995年版，第476页。
② 同上书，第511—512页。
③ 同上书，第95、110页。

在资本主义商品货币关系中,这种异化更为严重地发展起来。货币的异化作为一种"历史的产物",在资本主义的"基地"上是不会自行消除的,但它的发展会"带来一些关系和联系,这些关系和联系本身包含着消除旧基地的可能性"①。例如,资本主义经济危机作为货币关系发展到一定阶段的产物,和世界市场的"独立化"有着密切的联系,是货币的异化在世界市场上的体现。正是由于货币关系的异化和世界市场独立化的交互作用,才使生产和消费的普遍联系和全面依赖同消费者和生产者的相互独立和漠不关心形成鲜明的对立,由此导致资本主义普遍的生产相对过剩的经济危机。货币异化的抽象特征,在"世界市场"上才获得最为具体的展开形式,也才使得资本主义生产的"一切矛盾都展开"②。

"货币章"指出,资本主义生产过程就是"劳动本身的力量变成对工人来说是异己力量的必然过程"③。由活劳动的使用形成的生产力,成为与劳动力相脱离的资本的生产力,"文明的进步只会增大支配劳动的客体的权力。"④剩余价值完全成为人格化的资本对活劳动的权力,使得工人的活劳动"变成失去实体的、完全贫穷的劳动能力而同与劳动相异化的、不属于劳动而属于他人的这种实在相对立"⑤。在资本再生产过程中,机器和机器体系作为资本的物质力量,成为与活劳动相对立的,并最终成为活劳动的支配力量,"在机器体系中,对工人来说,知识表现为外在的异己的东西,而活劳动则从属于独立发生作用的物化劳动。"可见,"资本的趋势是赋予生产以科学的性质,而直接劳动则被贬低为只是生产过程的一个要素。"⑥马克思的异化劳动理论并没有终止于《1844年经济学哲学手稿》。如果说《1844年经济学哲学手稿》

---

① 《马克思恩格斯全集》第30卷,北京:人民出版社1995年版,第111页。
② 同上书,第181页。
③ 同上书,第268页。
④ 同上书,第267页。
⑤ 同上书,第445页。
⑥ 《马克思恩格斯全集》第31卷,北京:人民出版社1998年版,第93、94页。

通过对异化哲学意义的理解来解释资本主义经济关系，那么，《手稿》则通过对异化经济学意义的阐述来解释资本主义整体的社会关系。

四是《手稿》对科学技术是生产力的重要判断、对机器体系的发展及其社会应用意义的理解，凸显了马克思对科学技术革命社会意义的准确判断、对自动化时代人类文明进步与挑战的天才预测，是马克思留下的弥足珍贵的理论遗产。

科学技术在生产力发展中的作用之一，就是加大了个别劳动转化为社会劳动的速度和规模，从而为现代化大生产和全社会的协作提供基础。《手稿》指出："在大工业的生产过程中，一方面，发展为自动化过程的劳动资料的生产力要以自然力服从于社会智力为前提，另一方面，单个人的劳动在它的直接存在中已成为被扬弃的个别劳动，即成为社会劳动。"[1] 随着时间的推移，科学技术的进步和社会生产力的发展，可能使原来的生产发展的基础——直接劳动被"社会活动的组合"所代替。这同科学所具有的独立性、渗透性、互补性和传导性的特点分不开。现代社会生产力的发展的实践证明了这一点。由于科学技术的发展，尤其是信息技术的发展，使得生产和交换的全过程真正地被联结起来了，这是生产社会化的高级形式。

在资本主义的早期发展中，虽然人本身是生产力中最革命的因素，但人始终是围绕着生产工具或机器进行活动的。在一般意义上，这被看作劳动力对机器的一种隶属关系，这是人与物的异化。自从科学技术被广泛使用，人及其智力在经济发展中的作用日益显著。《手稿》谈道："随着大工业的发展，现实财富的创造较少地取决于劳动时间和已耗费的劳动量，较多地取决于在劳动时间内所运用的作用物的力量，而这种作用物自身——它们的巨大效率——又和生产它们所花费的直接劳动时间不成比例，而是取决于科学的一般水平和技术进步，或者说取决于这种科学在生产上的应用。这种科学，特别是自然科学以及和它有关的其

---

[1] 《马克思恩格斯全集》第31卷，北京：人民出版社1998年版，第105页。

他一切科学的发展,本身又和物质生产的发展相适应。"在耗费的劳动时间和劳动产品之间惊人的不成比例上,最主要的表现就是:"劳动表现为不再像以前那样被包括在生产过程中,相反地,表现为人以生产过程的监督者和调节者的身份同生产过程本身发生关系。"①

五是《手稿》对未来共产主义社会的预测,特别是对人的自由而全面发展理论的阐述,对人的现实关系和观念关系的全面性的探讨等,成为全面理解马克思关于未来社会理论的必修读本。

马克思从来不打算教条式地预料未来社会,更不打算用未来社会的幻想图景作为救世之道;他只是希望在批判旧世界中发现新世界,只是希望在对现实的资本主义社会的批判分析中,对未来社会作出科学的预测。《手稿》强调:未来社会的产生是以现在的"物质条件和精神条件的发展为前提的";资产阶级社会内部产生的"一些交往关系和生产关系",是"炸毁这个社会的地雷",是未来社会产生的现实基础。因此,"如果我们在现在这样的社会中没有发现隐蔽地存在着无阶级社会所必需的物质生产条件和与之相适应的交往关系,那么一切炸毁的尝试都是唐·吉诃德的荒唐行为。"②

《手稿》充分肯定资本主义制度中生产力发展的巨大社会意义,认为"资本是生产的,也就是说,是发展社会生产力的重要的关系。"③首先,资本主义生产力的发展,大大增加了超过工人维持生命力的直接需要而形成的剩余劳动,从而使"超过必要劳动的剩余劳动本身成了普遍需要,成为从个人需要本身产生的东西"④,为人的需要的丰富性和人的发展的全面性创立了坚实的物质前提。其次,资本主义生产力的发展培育了劳动过程的"严格纪律",并使之发展成新一代的"普遍财产"。再次,资本主义生产力的发展,为科学在直接生产过程中的运用

---

① 《马克思恩格斯全集》第31卷,北京:人民出版社1998年版,第100页。
② 《马克思恩格斯全集》第30卷,北京:人民出版社1995年版,第109页。
③ 同上书,第286页。
④ 同上。

开辟了广阔前景,科学力量成为不费资本分文的生产力。最后,资本对科学力量的占有是通过使用机器实现的,资本主义生产力的发展越来越多地表现为机器和机器体系的广泛运用,结果可能就是:"劳动的社会将科学地对待自己的不断发展的再生产过程,对待自己的越来越丰富的再生产过程,从而,人不再从事那种可以让物来替人从事的劳动。"①

马克思一直坚持从人的现实关系和观念关系的全面性上,把握未来社会的根本特征。《手稿》指出,个人的全面性决不是"想象的"或"设想的",而是以社会生产力的全面发展为基础的,"要达到这点,首先必须使生产力的充分发展成为生产条件,不是使一定的生产条件表现为生产力发展的界限。"②《手稿》坚持认为,"新的生产力和生产关系不是从无中发展起来的,也不是从空中,也不是从自己设定自己的那种观念的母胎中发展起来的,而是在现有的生产发展过程内部和流传下来的、传统的所有制关系内部,并且与它们相对立而发展起来的。"③ 未来社会产生的必然性,存在于资本主义所有制关系内部,存在于高度发展的社会生产力和越来越狭隘的生产关系的矛盾冲突中。

在对未来社会经济关系的科学预测中,《手稿》对资本主义私有制向未来社会公有制过渡的历史必然性作了探讨。在一定的历史条件下,资本主义所有制有其"伟大的文明作用",它突出地表现为"创造出社会成员对自然界和社会联系本身的普遍占有"。资本按照这种趋势,破坏以前社会中存在的一切地方性的发展和对自然的崇拜,"资本破坏这一切并使之不断革命化,摧毁一切阻碍发展生产力、扩大需要、使生产多样化、利用和交换自然力量和精神力量的限制"。④ 但是,资本力图克服以往社会阻碍生产力发展的限制,并不等于它"实际上"已经克服了它们。因为旧社会存在的每一种限制,在本质上与生产资料私有制

---

① 《马克思恩格斯全集》第30卷,北京:人民出版社1995年版,第286页。
② 同上书,第541页。
③ 同上书,第236页。
④ 同上书,第390页。

有着天然的联系。因此，资本在克服旧有限制的同时，新的限制又不断地产生。"资本不可遏止地追求的普遍性，在资本本身的性质上遇到了限制，这些限制在资本发展到一定阶段时，会使人们认识到资本本身就是这种趋势的最大限制，因而驱使人们利用资本本身来消灭资本。"①

从社会发展的整个历史过程来看，资本主义所有制与先前存在的所有制是相对立的。在这之前的所有制，表现为劳动和所有权的"同一性"，即劳动主体以私人形式占有生产资料，并对自己的劳动产品拥有所有权；而资本主义所有制则表现为劳动主体不占有自己的劳动产品，劳动产品表现为他人财产，即"劳动表现为被否定的所有权，或者说所有权表现为对他人劳动的异己性的否定"②。因此，资本主义私有制是对之前存在的小私有制的否定。资本主义私有制的发展，又必然造成对自身的否定，形成经济史发展中的否定之否定的过程。这时，与资本主义私有制相对立的就是劳动主体共同的生产能力，成为他们共同的社会财富的所有制形式，亦即在共同占有和共同控制生产资料的基础上，以联合起来的个人所进行的自由交换为特征的社会所有制形式。当然，这种新型的所有制形式，完全是以物质和精神条件的发展为前提的。马克思的这一探讨，深刻地揭示了资本主义私有制发展的历史趋势和未来社会公有制产生的必然性。

《手稿》只是从最一般的意义上概述了未来社会公有制的本质规定，着重指出了三个方面的特征：其一，对生产资料的"共同占有和共同控制"；其二，"共同的社会生产能力"成为社会的共同财富；其三，占有和控制这些生产资料的主体是"社会化的工人"，即以高度的"社会性"和"科学性"为基础的结合劳动主体，或者说是"联合起来的个人"。生产资料公有制是未来社会全部生产关系和社会关系的"基础"。首先，在这一基础上，社会宏观经济活动发生了本质的变化，形成了以有计划分配社会劳动时间为特征的经济运行模式。这就是说，

---

① 《马克思恩格斯全集》第30卷，北京：人民出版社1995年版，第390—391页。
② 同上书，第463页。

"劳动时间在不同的生产部门之间有计划的分配",成为这一社会经济运行的"首要的经济规律"。其次,在"共同生产"的基础上,形成了新的消费品分配机制。这时,由于"单个人的劳动一开始就被设定为社会劳动","因此,不管他所创造的或协助创造的产品的特殊物质形态如何,他用自己的劳动所购买的不是一定的特殊产品,而是共同生产中的一定份额"。① 这种以共同生产为基础的、以社会劳动时间为尺度的个人消费品分配原则,包含了马克思后来作了详尽阐述的按劳分配理论的基本思想。最后,在生产资料公有制基础上,社会生产的目的发生了根本的变化,社会生产完全是为了"实现符合社会全部需要的生产"②。于是,人及其需要、人的全面发展,就成了社会经济发展的最高目标——"人不是在某一种规定性上再生产自己,而是生产出他的全面性"。如个人的需要、才能、享用的普遍发展,人对自然力的统治和充分利用,人的创造天赋的绝对发展等等,都成了社会经济发展的目的。③ 社会发展、社会享用和社会活动的全面性,也为社会生产力的全面发展提供了更高层次的主体因素。

---

① 《马克思恩格斯全集》第30卷,北京:人民出版社1995年版,第122页。
② 同上书,第123页。
③ 同上书,第480页。

附录Ⅱ 参考文献

一 《1857—1858年经济学手稿》部分研究著作和论文（中文）

1. 北京大学经济系：《〈政治经济学批判〉序言、导言解说》，北京：人民出版社1974年版。

2. 卓炯：《〈政治经济学批判〉序言、导言解说》，广州：广东人民出版社1979年版。

3. 〔苏〕维·索·维戈茨基：《〈资本论〉创作史》，马健行、郭继严译，福州：福建人民出版社1983年版。

4. 王珏：《马克思的经济学手稿〈导言〉解说》，长沙：湖南人民出版社1983年版。

5. 常兆忠编著：《〈政治经济学批判〉序言、导言释注》，西安：陕西人民出版社1991年版。

6. 汪水波：《马克思黄金时代的理论结晶——〈资本论〉最初手稿研究》，北京：中共中央党校出版社1991年版。

7. 〔联邦德国〕罗曼·罗斯多尔斯基：《马克思〈资本论〉的形成》，魏埙、张彤玉、沈玉玲等译，济南：山东人民出版社1992年版。

8. 赵洪主编：《〈资本论〉第一稿研究：〈政治经济学批判〉（1857—1858年草稿）的理论成就》，济南：山东人民出版社1992年版。

9. 缪勒：《通往〈资本论〉的道路·1857—1863年马克思的资本

概念的发展》，济南：山东人民出版社1992年版。

10. 田光、陆立军：《〈资本论〉创作史简编》，杭州：浙江人民出版社1992年版。

11. 顾海良：《马克思"不惑之年"的思考》，北京：中国人民大学1993年版。

12. 汤在新：《马克思经济学手稿研究》，武汉：武汉大学出版社1993年版。

13. 汤在新编：《〈资本论〉续篇探索——关于马克思计划写的六册经济学著作》，北京：中国金融出版社1995年版。

14. 〔英〕戴维·麦克莱伦：《卡尔·马克思传》，王珍译，北京：中国人民大学出版社2005年版。

15. 〔英〕戴维·麦克莱伦：《马克思：思想导论》，北京：中国人民大学出版社2008年版。

16. 弗朗西斯·惠恩：《马克思〈资本论〉传》，北京：中央编译出版社2009年版。

17. 孙承叔：《真正的马克思——〈资本论〉三大手稿的当代意义》，北京：中国人民大学出版社2009年版。

18. 〔意〕马塞罗·默斯托：《马克思的〈大纲〉：〈政治经济学批判大纲〉150年》，闫月梅译，北京：中国人民大学出版社2011年版。

19. 刘英主编：《〈1861—1863年经济学手稿〉研究》，北京：中央编译出版社2013年版。

20. 郑锦主编：《〈1861—1863年经济学手稿〉及1867年后经济学手稿研究　恩格斯编辑〈资本论〉工作研究》，北京：中央编译出版社2013年版。

21. 刘元琪主编：《〈资本论〉结构形成研究》，北京：中央编译出版社2013年版。

22. 黄晓武主编：《〈1857—1858年经济学手稿〉研究》，北京：中央编译出版社2014年版。

23. 李志远：《马克思在政治经济学研究对象和方法上所完成的革命——学习〈政治经济学批判〉序言和导言的体会》，载《经济研究》1961 年第 10 期。

24. 郑杭生：《从抽象上升到具体的方法首先是建立科学体系的正确方法——重读〈政治经济学批判导言〉的一点体会》，载《光明日报》1963 年 5 月 3 日。

25. 田光：《〈资本论〉结构形成的早期阶段——谈〈1857—1858 年经济学手稿〉》，载《中国社会科学院经济研究所集刊》1979 年第 1 期。

26. 赵洪：《〈政治经济学批判〉（1857—1858 年草稿）在马克思再生产理论形成史上的地位》，载《东北师大学报（哲学社会科学版）》1982 年第 4 期。

27 田光：《论从抽象上升到具体——马克思〈政治经济学批判导言〉研究》，载《中国经济问题》1983 年第 1 期。

28. 田光：《马克思"货币章"剖析——〈1857—1858 经济学手稿〉研究之一》，载《中国社会科学院经济研究所集刊》1983 年第 6 期。

29. 高凤歧：《论〈资本论中〉的抽象上升到具体——读〈政治经济学批判导言〉札记》，载《河北学刊》1983 年第 1 期。

30. 杨国昌：《〈经济学手稿〉（1857—1858）在马克思价值理论形成中的历史地位》，见《马克思经济理论探索》，上海：上海人民出版社 1983 年版。

31. 丁冰：《马克思〈1857—1858 年经济学手稿〉中对劳动力商品学说的创立》，见《〈资本论〉研究》，南京：江苏人民出版社 1983 年版。

32. 陈惠如：《马克思五十年代手稿中的个人消费理论》，载《福建师范大学学报（哲学社会科学版）》1983 年第 1 期。

33. 刘金恒、林木西：《马克思在〈政治经济学批判 1857—1858 年手稿〉中对商品和劳动二重性的论述》，载《学习与探索》1983年第2期。

34．丁之江：《〈1857—1858年经济学手稿〉是马克思经济学说形成的里程碑》，载《浙江学刊》1983年第2期。

35．张赞洞、李善明：《马克思剩余价值理论（狭义）的创立——〈1857—1858年经济学手稿〉的研究》，载《四川大学学报（哲学社会科学版）》1983年第2期。

36．王干一：《学习马克思（1857—1858年）〈经济学手稿〉关于商品使用价值性质的论述——再论商品使用价值范畴的历史性》，载《经济理论和经济管理》1983年第2期。

37．马健行：《马克思关于资本主义经济危机理论的初步形成——读〈1857—1858年经济学手稿〉札记》，载《经济理论和经济管理》1983年第2期。

38．颜鹏飞：《资本概念的辩证法——〈经济学手稿〉（1857—1858年）研究》，载《晋阳学刊》1983年第3期。

39．袁博文：《马克思〈1857—1858年经济学手稿〉中的劳动价值理论》，载《人文杂志》1983年第4期。

40．高凤歧：《马克思劳动力商品学说的形成——读〈1857—1858年经济学手稿〉札记》，载《河北师范大学学报（哲学社会科学版）》1983年第4期。

41．成保良：《经济学手稿（1857—1858年）第四节初探》，载《社会科学战线》1983年第4期。

42．郭继严：《资本主义再生产中价值增殖与价值实现的矛盾——学习〈政治经济学学批判〉（1857—1858年草稿）札记》，载《教学与研究》1983年第5期。

43．李善明：《马克思劳动力商品学说的创立——〈1857—1858年经济学手稿〉研究》，载《马克思主义研究》1984年第1期。

44．商德文：《论政治经济学批判结构史的形成——马克思〈1857--

1858年经济学手稿〉研究》，载《北京大学学报（哲学社会科学版）》1984年第3期。

45. 周成启：《〈资本论〉第一稿中的货币理论及其意义》，载《贵州社会科学》1984年第4期。

46. 杨国昌：《相对剩余价值的生产与科学技术的发展——学习〈政治经济学批判〉（1857—1858年草稿）札记》，载《教学与研究》1984年第4期。

47. 刘金恒、周柏村：《马克思对资本构成问题的研究——读〈政治经济学批判〉（1857—1858年草稿）》，载《辽宁大学学报（哲学社会科学版）》1984年第6期。

48. 彭力：《马克思何时开始研究社会资本再生产问题？——读〈政治经济学批判〉（1857—1858年草稿）札记》，载《教学与研究》1985年第1期。

49. 赵洪：《〈经济学手稿〉（1857—1858）研究》，见《马克思恩格斯经济学论述概说》，北京：经济科学出版社1987年版。

50. 姬肃林：《1857—1858年马克思经济著作的结构变化及其意义》，北京：经济科学出版社1987年版。

51. 商德文：《异化·资本一般·共产主义——马克思在〈1857—1858年经济学手稿〉中对共产主义的分析和预测》，载《北京大学学报（哲学社会科学版）》1987年第4期。

52. 汪斌：《马克思〈1857—1858年经济学手稿〉中的生产力理论》，载《生产力研究》1988年第1期。

53. 汤在新：《关于〈政治经济学批判（1857—1858年）草稿〉中资本章的分篇问题》，载《经济研究》1990年第6期。

54. 王辅民：《马克思的社会再生产理论与〈经济学手稿〉（1857—1858年）——问题和争论》，载《经济学家》1990年第4期。

55. 颜鹏飞：《〈1857—1858年经济学手稿〉研究——关于共产主义经济形态之特征》，载《经济评论》1992年第5期。

56. 顾海良：《对资产阶级国家经济职能的开创性研究——马克思〈1857—1858年经济学手稿〉研究》，载《当代经济研究》1991年增刊第1期。

57. 顾海良：《神奇与腐朽：生产力和科学的资本主义利用——马克思〈1857—1858年经济学手稿〉研究》，载《当代经济研究》1993年第3期。

58. 张溟久：《对马克思关于人的存在价值思想的阐发——浅析马克思〈1857—1858年经济学手稿〉创作40周年学术研讨会综述》，载《江苏社会科学》1999年第2期。

59. 张溟久：《马克思的历史现象学和经济学批判——纪念马克思〈1857—1858年经济学手稿〉创作40周年学术研讨会综述》，载《江苏社会科学》1999年第2期。

60. 张一兵：《从抽象到具体的方法与历史唯物主义——〈1857—1858年手稿〉导言解读》，载《马克思主义研究》1999年第2期。

61. 张一兵：《重新遭遇异化：马克思历史现象学的最后逻辑层面——〈1857—1858年经济学手稿〉"资本章"的哲学研究》，载《马克思主义与现实》1999年第5期。

62. 张一兵：《马克思经济学语境中的历史现象学初探——〈1857—1858年经济学手稿〉"货币章"解读》，载《福建论坛（人文社会科学版）》1999年第3期。

63. 孙伯钦：《当代视域中的马克思经济哲学——〈1857—1858年经济学手稿〉研究》，载《学术月刊》1999年第9期。

64. 何中华：《人的历史发展的双重审视——读马克思〈政治经济学批判〉（1857—1858年草稿）》，载《烟台大学学报（哲学社会科学版）》1999年第4期。

65. 张一兵：《历史唯物主义、历史认识论与历史批判理论——马克思〈1857—1858年手稿〉的哲学定位》，载《哲学研究》1999年第10期。

66. 朱宝信：《人的自由而全面发展的思想宝库—马克思〈1857—1858年经济学手稿〉研究（总论）》，载《西南师范大学学报（人文社会科学版）》2002年第4期。

67. 郝峰：《重新遭遇异化：马克思社会关系物化理论探析——对〈1857—1858年经济学手稿〉的哲学解读》，载《南京林业大学学报（人文社会科学版）》2002年第4期。

68. 秦鸿滨：《超越经济学的视野——〈1857—1858年经济学手稿〉的哲学解读及其当代意义》，载《江淮论坛》2003年第1期。

69. 朱宝信：《马克思论资本的文明作用——〈1857—1858年经济学手稿〉研究》，载《西南师范大学学报（人文社会科学版）》2003年第2期。

70. 郭榛树：《论市场经济条件下原则上的平等和事实上的不平等——重读〈经济学手稿〉（1857—1858年）的一点体会》，载《桂海论丛》2003年第2期。

71. 秦美珠：《论人的自由个性的可能性与现实性——读马克思〈1857—1858年经济学手稿〉》，载《华东理工大学学报（社会科学版）》2003年第2期。

72. 王海传、于京珍：《人的发展的内涵及其实现路径——读〈1844年经济学哲学手稿〉、〈经济学手稿〉（1857—1858年）》，载《山东社会科学》2003年第5期。

73. 黄立军：《〈1857—1858年经济学手稿〉是如何对法律进行经济分析的》，载《政法论丛》2003年第5期。

74. 孙承叔：《关于马克思交换理论的哲学思考——读〈1857—1858年经济学手稿〉》，载《复旦学报》2004年第1期。

75. 沈明：《马克思生产—消费的伦理观——读马克思〈1857—1858年经济学手稿〉》，载《东南大学学报（哲学社会科学版）》2004年第1期。

76. 赵斌：《科学的历史批判理论——重读马克思〈1857—1858年

经济学手稿〉的一点体会》，载《胜利油田党校学报》2004 年第 1 期。

77. 胡义成：《马克思创作〈资本论〉时对劳动价值论一元论的明确否定——读〈政治经济学批判〉（1857—1858 年草稿）一个重要注释》，载《嘉兴学院学报》2004 年第 2 期。

78. 朱宝信：《社会联系和人的全面发展——马克思〈1857—1858 年经济学手稿〉研究》，载《西南师范大学学报（人文社会科学版）》2004 年第 4 期。

79. 胡义成：《不能把马克思的"生产力价值论"混同于李嘉图的"劳动价值论一元论"——读〈政治经济学批判（1857—1858 年）草稿〉一个重要注释》，载《嘉兴学院学报》2004 年第 5 期。

80. 孙承叔：《关于资本的哲学思考—读〈1857—1858 年经济学手稿〉》，载《东南学术》2005 年第 2 期。

81. 刘荣军：《论人的需要与人的全面发展》，载《西南师范大学学报》2005 年第 6 期。

82. 郭艳君：《"经济表述"的再阐释——重读马克思的〈政治经济学批判〉序言、导言》，载《哲学研究》2005 年第 11 期。

83. 余达淮：《〈1857—1858 年经济学手稿〉伦理思想探析》，载《盐城师范学院学报（人文社会科学版）》2006 年第 4 期。

84. 王东、林锋：《〈资本论〉第一手稿的五大哲学创新——〈1857—1858 年手稿〉的重新定位》，载《江汉论坛》2007 年第 6 期。

85. 杨兴业、邹广文：《论马克思的货币本质观—基于〈1857—1858 年经济学手稿〉的文本学解读》，载《马克思主义与现实》2008 年第 6 期。

86. 李波：《从自由观的角度看〈经济学手稿（1857—1858）〉的重要性》，载《湖北社会科学》2009 年第 7 期。

87. 黄瑾：《马克思式经济危机——〈政治经济学批判 1857—1858 年手稿〉对货币魔术师和流通魔术师的批判》，载《贵州师范大学学报》2009 年第 6 期。

88. 王海峰：《穿越时间的幻象——论马克思〈1857—1858年经济学手稿〉中的时间观》，载《内蒙古社会科学（汉文版）》2009年第6期。

89. 姚顺良：《物质生产与自由活动》，载《南京社会科学》2010年第9期。

90. 李培超：《个人自由全面发展的实现——论马克思〈1857—1858年经济学手稿〉的伦理主题》，载《湖南师范大学社会科学学报》2010年第6期。

91. 吴锦华：《政治经济学方法探析——重温〈政治经济学批判〉导言》，载《当代经济研究》2010年第6期。

92. 赵凯荣：《马克思哲学从"征兆"到"具有充分意义"的重大界标——〈1857—1858年经济学手稿〉研究》，载《武汉大学学报》2010年第5期。

93. 王志刚、张云翔：《政治经济学分析范式与资本主义社会正义批判——〈1857—1858年经济学手稿〉政治哲学解读》，载《江汉论坛》2011年第1期。

94. 陈一壮、罗月婵：《马克思两种劳动概念下的人的解放理论——从〈1844年经济学哲学手稿〉到〈政治经济学批判（1857—1858年草稿）〉》，载《湖南师范大学学报（社会科学）》2011年第1期。

95. 安启念：《马克思唯物史观思想的两个维度——从〈1857—1858年经济学手稿〉谈起》，载《中国人民大学学报》2011年第2期。

96. 张红岭：《如何看待"中国封建社会"论争——从马克思的〈1857—1858年经济学手稿〉谈起》，载《福建论坛·人文社会科学版》2011年第6期。

97. 王一程：《马克思解析抽象概念"生产一般"的方法论启示——读〈政治经济学批判导言〉的体会》，载《党建研究》2011年第9期。

98. 顾海良：《通向〈资本论〉的思想驿站——读〈政治经济学批

判（1857—1858 年手稿）〉》，载《高校理论战线》2012 年第 3 期。

99. 陈飞：《马克思三大历史阶段理论中的自由观念》，载《社会主义研究》2012 年第 4 期。

100. 孙乐强：《〈1857—1858 年经济学手稿〉与经济哲学问题的新突破》，载《南京政治学院学报》2013 年第 5 期。

101. 张钟朴：《资本论第一部手稿〈（1857—1858 年）经济学手稿〉》，载《马克思主义与现实》2013 年第 5 期。

102. 张开：《对〈政治经济学批判导言〉若干问题的理解》，载《理论视野》2014 年第 2 期。

103. 苗苗：《人的全面发展是一个渐进过程——〈1857—1858 年经济学手稿〉展示的人的发展观》，载《学术界》2014 年第 4 期。

104. 袁久红：《马克思〈1857—1858 年经济学手稿〉中的空间思想及其政治意蕴》，载《天津社会科学》2014 年第 4 期。

105. 郗戈、荣鑫：《重新理解"逻辑与历史相统一"——以〈政治经济学批判〉导言为中心的分析》，载《马克思主义研究》2015 年第 1 期。

106. 许光伟：《〈政治经济学批判导言〉的逻辑解析——文本问题、"科学抽象法"的反思及其他》，载《当代经济研究》2015 年第 7 期。

107. 孔智健：《遭遇政治经济学批判——论斯图亚特·霍尔对马克思〈导言〉的"阅读"》，载《山东社会科学》2016 年第 7 期。

108. 顾伟伟：《马克思〈政治经济学批判导言〉语境中的唯物辩证法》，载《湖北社会科学》2016 年第 10 期。

二 《1857—1858 年经济学手稿》部分研究著作（外文）

1. Müller, Manfred (1978), *Auf dem Wege zum 'kapital'. Zur Entwicklung des Kapitalbegriffs von Marx in den Jahren 1857—1863*, Berlin: Akademie

Verlag.

2. Reichelt, Helmut (1970), *Zur logischen Struktur des Kapitalbegriffs bei Karl Marx*, Frankfurt am Main: EVA.

3. Rosdolsky, Roman (1968), *Zur Entstehung des Marxschen 'Kapital'. Der 'Rohentwurf' des 'Kapital'* 1857—1858, Frankfurt am Main/Wien: EVA/Europa Verlag.

4. Schneider, Wolfgang (1988), *Einführung in Marx' Grundrisse der Kritik der politischen Ökonomie'*, Berlin: Dietz-Verlag.

5. Schrader, Fred E. (1980) *Restauration und Revolution. Die Vorarbeiten zum 'Kapital' von Karl Marx in seinen Studienheften* 1850—1858, Hildesheim: Gerstenberg Verlag.

6. Siebert, Rolf and Richter, Horst (1969), *Die Herausbildung der marxistischen politischen Ökonomie*, Berlin: Dietz-Verlag.

7. Tuchscheerer, Walter (1968), *Bevor 'Das Kapital' entstand. Die Herausbildung und Entwicklung der ökonomischen Theorie von Karl Marx in der Zeit von 1843 bis 1858*, Berlin: Akademie Verlag.

8. Vygodski, Vitali S. (1967), *Die Geschichte einer großen Entdeckung. Über die Entstehung des Werkes 'Das Kapital' von Karl Marx*, Berlin: Verlag die Wirtschaft.

9. Veller, Pavel (2001), 'Marx' ökonomische Manuskripte von 1857—1858, 3 August 1934', [Marx's Economical Manuscripts of 1857—1858, 3 August 1934'], *Beiträge zur Marx-Engels-Forschung. Neue Folge. Sonderband 3 (Stalinismus und Ende der ersten Marx – Engels – Gesamtausgabe. 1931—1941)*.

10. Vygodski, Vitalij S. (1965), *Istoriya odnogo velikogo okruitiya Karla Marxa*, Moscow: Izdatel'stvo Muisl'.

11. Vygodski, Vitalij S. (1970), *Kistorii sozdaniya 'Kapitala'* [*Concerning the History of the Creation of Capital*], Moscow: Izdatel'stvo

Muisl'.

12. Vv. Aa. (1987) , *Pervonachal' nuy variant ' Kapital'* (Ekonomicheskie rukopisi K Marksa 1857—1858 godov) (The first version of 'Capital'. K. Marx 's economic manuscripts of 1857—1858) , (Autors: Irina Antonova , Wolfgang Baumgart, Alexander Chepurenko, Rolf Hecker, Wolfgang Jahn, Albert Koban, Thomas Marxhausen, Larisa Miskievich, Rustem Nureev, Dina Plachotnaya, Mikhail Ternovsky, Vladimir Shkredov, Valentina Smirnova, Nely Numyanzeva, Lyudmila Vasina and Vitali Vybodski) , Moscow: politizdat.

13. Hirata, Kiyoaki (1971) , *Keizaigaku to rekishininshiki*, Tokyo: Iwanarmishoten.

14. Mochizuki, Seiji (1974) , *Marukusurekishiriron no kenkyu*, Tokyo: Iwanarmishoten.

15. Nakamura, Satoru(ed.) (2001) , *Keizaigakuhihan' yoko niokeru rekishi to riron*, Tokyo: Aokishoten.

16. Uchida, Hiroshi (1982) , *Keizaigakuhihan' yoko no kenkyu*, Tokyo: Shinhyoron.

17. Uchida, Hiroshi (1985) , *Grundrisse: Chukimarukusu no keizaigakuhihan*, Tokyo Yuhikaku.

18. Uchida, Hiroshi (1988) , *Marx's Grundrisse and Hegel's Logic*, London: Routledge.

19. Vv. Aa. (1974) , ' Keizaigakuhihan ' yoko ' kenkyu no shomondai ', *Gendainoriron'* [*Present-day Theory*] , June.

20. Bidet, Jacques(1985) , *Que faire du Capital?* Paris: Presses Universitaires de France.

21. Denis, Henri (1980) , *L' 《Économie》 de Marx. Histoired' un échec*, Paris: Presses Universitaires de France.

22. Henry, Michel(1979) , *Marx* Ⅰ. *Une philosophie de la réalité*, Ⅱ. *Une philosophie de l'économie* [Marx1. A Philosophy of Reality, 2. A Philosophy of

417

Economics] Paris: Gallimard.

23. Mandel, Ernest (1967), *La formation de la pensée économique de Karl Marx de 1843 jusqu'à la redaction du 'Capital'*, Etude génétique, Paris: Maspéro.

24. Sève, Lucien (1969), *Marxisme et théorie de la personnalité*, Paris: Éditions Sociales.

25. Negri, Antonio (1979), *Marx olter Marx. Quaderno di lavoro sui Grundrisse*, Milan: Feltrinelli; 2nd edn (1998) Rome: Manifestolibri.

26. Dussel, Enrique (1985), *La producción teórica de Marx. Un comentario a los Grundrisse* ['Marx's Theoretical Production. A Commentary on the Grundrisse'], Mexico City: Siglo XXI.

27. Heller, Agnes (1974), *La teoria dei bisogni in Marx* [Italian trans. of Hungarian manuscript] Milano: Feltrinelli.

图书在版编目（CIP）数据

马克思《1857—1858年经济学手稿》研究读本／
赵学清编著. —北京：中央编译出版社，2017.11
（马克思主义经典著作研究读本／杨金海，李惠斌主编）
ISBN 978-7-5117-3437-2

Ⅰ.①马… Ⅱ.①赵… Ⅲ.①《1857—1858年经济学手稿》-
马克思著作研究 Ⅳ.①A811.22

中国版本图书馆CIP数据核字（2017）第263277号

马克思《1857—1858年经济学手稿》研究读本

出 版 人：	葛海彦
出版统筹：	贾宇琰
责任编辑：	盛菊艳
责任印制：	刘 慧
出版发行：	中央编译出版社
地　　址：	北京西城区车公庄大街乙5号鸿儒大厦B座（100044）
电　　话：	（010）52612345（总编室）　（010）52612335（编辑室）
	（010）52612316（发行部）　（010）52612317（网络销售）
	（010）52612346（馆配部）　（010）55626985（读者服务部）
传　　真：	（010）66515838
经　　销：	全国新华书店
印　　刷：	北京汇林印务有限公司
开　　本：	787毫米×1092毫米　1/16
字　　数：	379千字
印　　张：	27
版　　次：	2017年11月第1版
印　　次：	2017年11月第1次印刷
定　　价：	95.00元

网　　址：	www.cctphome.com　　邮　　箱：cctp@cctphome.com
新浪微博：	@中央编译出版社　　微　　信：中央编译出版社（ID：cctphome）
淘宝店铺：	中央编译出版社直销店（http：//shop108367160.taobao.com）　（010）52612349

本社常年法律顾问：北京市吴栾赵阎律师事务所律师　闫军　梁勤
凡有印装质量问题，本社负责调换。电话：（010）55626985